U0136249

先秦史新論

作者：彭友生

蘭臺出版社

目 次

我為什麼要寫這本書

第一：我要把中國的歷史文化回復到四、五十萬年前三皇時代。所謂「五千年的歷史文化」是一種落伍的說法。雖然遠古的歷史披有神話的外衣，只要脫出那些外衣，仍是真實的歷史。

第二：幾千年前古人的記載，我們可以懷疑，但不能全然否認。民初的疑古派為了標新立異，幾乎把中國的古史一筆鈎銷，至到今天還有很多史家隨聲唱和，我要糾正這種揚棄家譜，連祖宗都不要的史觀。

第三：古史上若干史實，或被誤解曲解，或被張冠李戴，甚至污衊。夏商時代兩位偉大的女英雄，被政府當政治工具，從事間諜任務，卻被某些人視為「女人禍水」。為了私情逃離祖國，跑到敵國去盡忠的伍子胥，作了後世漢奸的壞榜樣，有些史家說他是大大忠臣，而伍子胥卻自己承認是「倒行逆施」。田單只是「逃亡有術」，後來用種種不人道的手段打敗敵人，後人把他捧上了天。史書上只記載越王勾踐「嚐膽」沒有「臥薪」，有些史學家硬說他「臥薪嚐膽」，居然還有名畫家畫了「臥薪嚐膽」圖掛在國軍英雄館。忠心耿耿，一腔熱血的愛國詩人屈原，竟有人批評他情感脆弱，缺乏殉道精神。我要為這些人應該褒的褒、貶的貶，使他們還原歷史的真面貌。

第四：堯舜「禪讓」並不是「傳賢」、「傳子」的問題，乃是古代的一種推舉賢能制度，堯舜禹只是推舉，最後還是由諸侯人民來決定；堯舜時的洪水，雖由禹帶領人民治平，但禹負責治水時是舜的臣子，所以洪水的治平是舜在位的時候。就因為禹有治洪水的功勞，舜乃推荐禹為繼承人，也就因為禹為天下人民解除了水患，天下諸侯人民才擁護他為天子。禹為人臣的時間很長，為人君的日子很短，很多史學家都把禹為舜的臣子時所作的事列入「夏朝」之中，乃是張冠李戴。再則，禹治平洪水的時間究竟有多少年，並沒有定論，有些史學家就根據禹貢上一句「十三年乃平」就誤以為禹十三年之內治平洪水，殊不知這「十三年乃平」乃是指抽稅的事，卻被人斷章取義。

類似問題不勝枚舉，請讀者細細研讀吧！

附註：

台灣的歷史教育已不再重視中國上古史（先秦史）甚至還有人把明朝以前的歷史視為「外國史」。將來若台灣獨立建國成立，台灣人就把本書當外國史來讀吧！若兩岸和平統一，或仍維持現況，本書當然還是「中國上古史」（先秦史）不管國勢如何演變，都無損本書之內容。

第一章　三皇

一、從三皇傳說看古史真象

三皇五帝是國史極早的部份了，其中「五帝」時序在後，事蹟較為明確而三皇則由於時代悠遠，文獻乏徵，因而發生種種不同的傳說。甚至許多疑古的史學家還根本否認其存在，這實在是國史研究上的一個錯誤歧路。我們不能因為文獻不足便索性把那僅存的史料也一齊抹殺掉，反之我們應該利用我們的科學知識，就此傳說悉心推敲，從此傳說所透露給我們的訊息，甚至能據而推出古史的意義與真象。這才是治史的正途。因此我們感到對這樣的傳說有鄭重再認識的必要。

未談三皇之前，先談談「有巢氏」。有巢氏在中國歷史的地位雖不及三皇的重要，但他是傳說中「王天下」的古帝，而且是三皇以前的一位古帝。

有的史書把他的「事蹟」述說在「三皇」的前面，如韓非子的〈五蠹篇〉；有的把他夾述在三皇的中間，如劉恕《通鑑外紀》等；有的說是三皇以後的帝王，如唐人司馬貞補《三皇本紀》。

就整個歷史演進的過程來看，把有巢氏列在三皇之前是比較正確的。因為「有巢氏」所代表的時代，在人類文明及生活方式的進步，並沒有顯著的特色，似乎除了「巢居」一事外，再找不出第二項發明。況且「巢居」並不比「穴居」進步，祇是在某種情形之下，可以一避獸蟲之害罷了。

如果因這個簡單的「發明」，便可以「王天下」，那只說明了那個時代人類距文明社會還遙遠得很。所以不能把「有巢氏」列於「三皇」中間，或「三皇」之後，因為三皇所代表的時代，其社會文明已有相當的進步，且替後世人類文明開鑿了一條流源，而有巢氏還只是這流源上的一個小點。

古書稱「有巢氏」為帝王者，惟見《韓非子‧五蠹篇》[1]，而《莊子‧盜跖》[2]

---

[1] 《韓非子‧五蠹篇》：「上古穴居，人民不勝禽獸蟲蛇，有聖人教之構木為巢，以避羣害，而民悅之，使王天下，號之曰有巢氏。」

[2] 《莊子‧盜跖》：「古有禽獸多而人民少，於是民皆巢居以避之，晝拾橡栗，夜栖木上，故命之曰有巢氏之民。」

僅稱有「巢」可居之民，並沒有說有巢氏是個發明聖主，更未提到有巢氏王天下。至於《禮記‧禮運篇》[3]所云，乃是指唐虞時代的情形，《藝文類聚》及《御覽》等引《項峻始學篇》[4]謂教人巢居者號大巢氏。劉恕編《資治通鑑外紀》，綜合諸說把「有巢氏」排列在「燧人」之下，「伏羲」之上，成為「三皇」之中的「小皇」，又像是「三皇」時代的一個「諸侯國」。前已說過，然就人類歷史演進過程來看，不論有巢氏是帝王也好，是發明聖主也好，都應該是三皇以前的事。其所代表的社會，乃是說明人類除了「穴居」之外，也知道「巢居」了。但「巢居」並不比「穴居」進步。

　　我們可以想見先人所居住的洞穴，不一定全是一個一個由天然形成，「天然洞穴」不會有那麼多，當然需人類自己去挖掘。自己去挖洞穴來居住的「工程」，其「勞力」的消耗，與「智慧」的運用，都比「構木為巢」高超。

　　遠古人類居洞穴，可以避風雨、禦寒氣、其缺點是潮濕，容易生疾病、且難避諸蟲獸之害。於是有人想到「構木為巢」。「構木為巢」四個字是後人的語意，對遠古人類來講，既不是「構造」，更不是「建設」，只是附會上去把他弄成。這可能得之於「鳥巢」的啟示，在茂密的森林中，利用縱橫交錯的樹幹，把雙手可以折斷的樹枝，用樹籐纏繞起來，宛如鳥巢，但不及在電影中所看到的「泰山」「樹屋」的堅穩，人棲其上，羣獸之害雖可去，却不能逃避風雨之襲，所以「巢居」與「穴居」各有利弊。我以為有巢居仍需有穴居，可以隨時隨地更換居所，也正如《禮記》所說：「冬則居營窟，夏則居橧巢」。

　　人類當先有「穴居」，然後有「巢居」。「巢居」當然也是一種發明，誰先發明，不得而知。最初總有一個人發明，這一發明增加了人類生活的方式與情趣，減少了蟲獸對人類的危害，人民對這發明聖主「感恩圖報」，於是「使王天下」。然而這個「發明家」，在當時只是一個天下「共主」，他姓甚名誰，後世人無從查考。以其教人有「巢」可居，故號曰「有巢氏」。據說他的都城在今山西樓縣的東

---

[3] 《禮記‧禮運》曰：「昔先王未有宮室，冬則居營窟，夏則居橧巢。」鄭玄注云：「寒則累土，暑則著薪柴居其上也。」

[4] 《藝文類聚》十一、《初學記》九、《御覽》七十八‧引《項峻始學篇》曰：「上古皆穴處，有聖人教之巢居，號大巢氏。」

南[5]，享有天下百餘年，或云百餘代[6]。這可能是三皇以前，中國最古的一個帝王。有人據莊子繕性篇「燧人伏羲始王天下」之句，認為有巢氏並沒有「王」天下，先民之有王，應自燧人伏羲始。我以為「燧人伏羲始王天下」始字或乃「使」字之誤，不然既稱「始」，何燧人伏羲並稱，而燧人伏羲並非同時代之聖主。況且我們知道燧人氏時代已有了火的運用，而有巢氏時代的人類為避禽獸蟲蛇之害，而啟「構木為巢」之思，若此時先有了火的運用，禽獸最怕火，防禽獸蛇之害，就不必高「住」在樹上了。由此知道有巢氏時代過去而進入燧人氏時代，人類文明便向前推進了一大步。關於有巢氏傳說就此打住，下面要談「三皇」的事。所謂三皇是指那三皇，他們所代表的是怎麼的一個時代，活動範圍包括那些地方，分別述說在下面。

有些史學家由於我國經傳不見「三皇之事」，他們也並不全信，此雖治史「謹慎」，但不「科學」。像《論語》等書，不是純粹歷史書，他們提不提某一個帝王，要看寫那本書有無提到某帝王的需要，提到的書固有其人，未提到的書並無損某人的存在。後人何苦從那些古籍中找三皇五帝的真偽。司馬遷著《史記》雖起自黃帝，但書中仍提到伏羲神農之事，只是未為作紀立傳而已。《呂氏春秋》是戰國末期集先秦學人的集體創作，見聞既廣，論三皇之事多，其中有四處提到[7]。尤其《周禮》春官宗伯有「外史掌三皇五帝之書」的句子，這些大約是比較最早提到「三皇」總名的記載。其後《淮南子·齊俗訓》云：「三皇五帝法籍殊方，其得民心均也。」雖其原道訓及精神訓中又談到「二皇」「二神」，我以為與齊俗訓中的「三皇」是各有所指，不必混為一談。

至於「三皇」之分名，據漢高誘注稱為「伏羲、神農、女媧」，然而比漢高誘註稱較早者甚多，第一次見於秦代李斯等的奏議[8]。他們說古有天皇、地皇、泰皇，而且認為泰皇最貴。李斯等向秦王政提出三皇的名稱，並尊秦王為泰皇，顯然這三

---

[5] 繹史引《遁甲開山圖》：「石樓山在琅琊昔有巢氏治此南山。」今人趙尺子教授考証謂石樓乃在山東琅琊，而非山西之琅琊。

[6] 見劉恕《通鑑外記》所引。

[7] 《呂氏春秋·用眾篇》：「此三皇五帝之所以大立功名也」〈禁塞篇〉：「上稱三皇五帝之業以愉其意」；〈孝行篇〉：「夫孝，三皇五帝之本務，而萬世之紀也」〈貴公篇〉：「此三皇五帝之德也」。

[8] 《史記·始皇本紀》：「⋯⋯臣等謹與博士議曰：古有天皇、有地皇、有泰皇，泰皇最貴，臣等昧死上尊號，王為泰皇⋯⋯」

皇的名字不是他們擬作的，也就是說「三皇」在秦以前早已存在，不然他們又為何知道其中的泰皇最貴呢。此外關於「三皇」之分名還有五種不同的說法：（1）天皇、地皇、人皇[9]；（2）燧人、伏羲、神農[10]；（3）伏羲、神農、祝融[11]；（4）伏羲、女媧、神農[12]；（5）伏羲、神農、黃帝[13]。

也許因為「三皇」有這些不同的說法，才引起後人的懷疑。宋人劉恕因為「秦以前諸儒，或言五帝，獨不及三皇」而首先懷疑三皇之存在，其後很多人都是如此想法，不僅認為以前諸儒不言，即沒有其事；而秦以後諸儒言之，又認為是偽託。真不知如何是好。不過劉恕雖治史謹慎，在他編撰的《通鑑外紀》中，仍將「三皇」列入，只是將庖羲氏（伏羲）列為第一，同時也列出「天、地、人皇」來，其下又列述有巢氏、燧人氏、女媧氏……而至神農、黃帝……。照劉恕編外紀的方式及記述先後來看，似是承認了「伏羲、神農、黃帝」為古之三皇。在他前兩代的唐人司馬貞替太史公補《史記》撰註的《三皇本紀》，仍以太皓庖羲氏、女媧氏、神農氏放在前面，文末也引出《河圖》及《三五歷記》的「天、地、人皇」，只是均未明確的指出三皇究竟是誰。至於司馬光也不敢斷然否認三皇之不存在[14]。總之，幾千年來的大史家，都不否認「三皇」的存在。直到清末出了個康有為寫了篇《孔子改制考》，把秦漢以前的歷史一律視為「荒誕」；接著又有位夏曾佑寫了一本《中國歷史教科書》，把三皇五帝之事，認為是「傳疑」不可信。但還只是「傳疑」而已。「五四運動」以後，出了幾位大史家如顧頡剛等，合寫了幾大本《古史辨》，幾乎把中國古史一筆勾銷了。這幾位大師的「魔力」實在不小，現在很多史家居然也被「迷惑」，他們情願相信《孔子改制考》《中國歷史教科書》以及那些《三皇·五帝考》，而鄙斥《史記》，《尚書大傳》，《帝王世紀》等真正的史書。

儘管疑古者如不同意三皇的存在，但古籍記載三皇是事實，那些述記「三皇」的作者，除李斯等是搞政治的有「阿諛奉承」之嫌外，其他諸人都是歷史家，他們

---

[9] 見前漢《春秋緯》、《命曆序》、《三五歷記》等。

[10] 見前漢伏勝《尚書大傳》、蜀漢譙周《古史考》等。

[11] 見後漢班固《白虎通》等。

[12] 見《呂氏春秋》、《水經渭水注》、《風俗通》等。

[13] 見晉皇甫謐《帝王本紀》、《世本》等。

[14] 見司馬光《稽古錄》。

寫史既無「政治色彩」就沒有「作偽」的必要。況且

他們的「書」並不僅是記述「三皇」一事，如果不承認「三皇」之事，則書中其他的事，豈不全被懷疑了。然而這些疑古論者既否認同書中的三皇五帝事，而對其他部份又無不贊同或引用。

疑古者固有「自圓其說」的一套大道理，但僅能供學述上的參考，不能認為是「歷史的考證」。如果今天再出幾位這樣的「考證大師」，中國的歷史恐怕只有從「民國」說起了，甚至從「今天」說起了，過去的事都靠不住，都是「傳說」了。事實上，不是親眼看到，親耳聽到的事，可不都是「傳說」嗎？

我以為時至今日，考證歷史的真偽固屬一門重要學問，但宏揚歷史的精神實在更重要。或者說「真偽不辨」，又怎能宏揚歷史精神？然而何者為真？何者屬偽？應先相信眾多的地上資料，單憑地下的幾塊「石頭」，幾片「廢銅」，以及幾根「枯骨」，又怎能研判出歷史的真偽呢？也許在古籍裏述說古帝王的事蹟是那麼「富麗堂皇」，而從田野間尋出的「東西」又是這樣的「落伍之極」。這之間並不產生矛盾，矛盾的是考古者能不能把幾千幾萬年的古物都挖出來，那麼久以前的東西，能不能一一留傳至今？如果只能找到千分之一，或千萬分之一便無法證明古史的真象。比如我們今天居住在台灣的人的社會經濟繁榮，民生康樂，幾千萬年後的吾民，要瞭解我們，他們只有憑今天所記下的典籍。幾萬年後，臺灣寶島也許「沉入海底」，臺灣海峽也許「變成陸地」，後人要考證這段歷史可就難了。如或不然，考證學者在阿里山挖出一座原住民所住的土草房屋，其他平地高樓大廈都未發現，於是後世史家也可大書特書「中華民國某年的人民生活是住草屋，過射獵生活……」試問就這樣考出了歷史的真象嗎？「今之視昔，亦如後之視今也」，若不信古籍，人類的歷史便僅限於一小段是真的了，豈不哀哉！

話又似乎扯得太遠了，現在回到三皇的本旨上來。

《史記・始皇本紀》中的三皇與《春秋緯》《命歷序》中的三皇，所不同者，一作「泰皇」，一作「人皇」，其他均作「天皇、地皇」。根據司馬貞《索隱》稱：「泰皇當人皇」；宋人羅苹的《路史》和清人馬繡的《繹史》都說「泰皇即人皇」，日人星野恆在《三皇五帝考》一文中[15]，不但承認「泰皇即人皇」，而且進一步由中國字源立說，以為中國古時「泰字通大通人」，證之《說文》一書：「天大、地大、人亦大，故大象人形。大，古文大也。」的說法，則泰字通人字，泰皇

---

[15] 見《史學雜誌》第二十編第五號。

即是人皇是不會錯的。總之此二說不必詳為討論，他們僅提出三皇之號，沒有指出某人是天皇，某人是地皇，某人是人皇，而這「天、地、人」乃是對一帝王的一個尊號，如同後世之諡法，諡曰「文王高祖太宗」的意思。也正如《白虎通德》所說：「皇、君也、美也、大也、天人之總，美大之稱也。」

至於《尚書大傳》、《白虎通》、《水經渭水注》，《帝王世紀》等雖分別提出四種不同的說法，但都認為古有三皇，而且在他們的著作中，值得我們注意的：「伏羲、神農」均公認為三皇中的二皇。表示異議者，只有其中一皇而已。而《尚書大傳》中的燧人[16]，與《白虎通》中的祝融[17]，以及《水經注》中的女媧[18]，都是與「火」有關係，我們可以把這三個不同主張統而合一[19]。另黃帝既名曰「帝」，而且是公認五帝之首，自可別論了。

我們對於「三皇」的不同說法，統一起來，可下一個結論：即《尚書大傳》中的燧人，以火紀，火，太陽也，故託於天，故尊號天皇，伏羲以人紀事，故託於人，故尊號人皇，神農悉地方，種穀蔬，故託於地，尊號地皇。

由是中國歷史由三皇五帝而夏商周而秦漢………有了一個完整的系統，也就是說由燧人而伏羲而神農而黃帝而顓頊、帝嚳、帝堯、帝舜，而夏、而商、而周，而秦、而漢………有了一個完整的而不斷的政治系統。

再從年代來論，三皇的說法也可以作我們推算國史的準據，尤其由於山西「西侯渡」「雲南元謀」「陝西藍田」以及「河北房山縣」出土的文物，更給我們提供了充分的證據。因此中國歷史最早可以上溯一百八十萬年的歷史了。

二、三皇事蹟及其在文化史上的意義

前面「從三皇傳說看古史真象」一文中已經指出過分疑古之不當，而國史應該

---

[16] 《太平御覽》七十八引《尚書大傳》：「……燧人以火紀，火、太陽也，陽尊故託燧皇於天……」

[17] 《白虎通》云「炎帝者太陽也，其神祝融。」

[18] 《淮南子·覽冥訓》稱：「往古之時，四極廢，九州裂，天不兼覆，地不周載，火爁炎而不滅，水浩洋不息………於是女媧煉五色石以補蒼天，斷鼇足以立四極，殺黑龍以濟冀州，積蘆灰以止淫水……」

[19] 或謂祝融女媧既為三皇別名，何以到堯舜時，《史記》等書中又有祝融女媧出現，豈不矛盾，而實不然，《史記》等書中之祝融、女媧不是人名而是官名，襲取帝王之名義耳，如《左傳》：「火正日祝融」；《國語》：「黎為帝辛氏火正淳鍵敦大，天明地德，光照四海故命之日祝融。」等是。

從三皇講起，現在我再進一步就三皇的事蹟來談，並指出其在文化史上的意義。

發明火使人類有熟食這是燧人氏的大功[20]有了火人類可以避臭去毒，有了火可以范金合土，鑄作種種容器，使人類生活方便多了[21]。

火的發明對人類的貢獻實在太大了，沒有「火」以前的世界，簡直不堪設想。

火是怎麼發明的，用燧石，還是鑽木。《韓非子》作「鑽燧取火」；《通鑑外紀》作「鑽木取火」，兩相比較，應以《韓非子》所記為是。讀者也許質疑用手去「鑽木鑽石」怎能生出火來？所以讀史不能望文生義，計較「鑽木鑽石」二字。按遠古石器時代，在石器演進的過程中，人類在石與石相擊間無意發現了火花，再經過時間的演變，人類便知用「燧石」發火了。這大概是「行而後知」，不是「知而後行」，所謂「鑽木取火」「鑽燧取火」，都是由「經驗」中得來的一種「取火」方法，當火熄滅之後，再用此種方法去「生火」，如今日之用火柴、打火機。抗戰以前，火柴還未流傳到我的家鄉，一般農人工人還是使用燧石取火，技術熟練的，一如火柴之便。

值得重視的不是那位無意中發現「火花」的先民，而是知道怎麼去「用火」的先民。火也許早就有了（考古學家認為早在一百七十萬年前，我們的祖先就知道用火），但大家並不知道火的好處，後來能夠控制火，知道火對人類的利益，便是燧人氏的傑作[22]。於是人類開始了「熟食」，後來又知道火可以禦寒，火可以防禽獸之害，火可以打獵，火可以改變冬天，延長白晝……。

這個教人控制火及如何使用火的人，無疑的被擁為「共主」，後人稱他為「燧人氏」，這是令人不可思議的事，更是一件偉大的發明，於是當時的人便尊奉他為「天皇」。

燧人氏以後便是伏羲氏，也就是天皇以後便是人皇。唐人司馬貞為《史記》補《三皇本紀》云：「太皞庖犧氏，風姓，代燧人氏繼天而王，母曰華胥，履大人迹於雷澤，而生庖犧於成紀，蛇身人首，有聖德，仰則觀象於天，俯則觀法於地，旁觀鳥獸之文與地之宜，近取諸身，遠取諸物，始畫八卦，以通神明之德，以類萬物

---

[20] 《白虎通通德論》：「謂之燧人何，鑽木燧取火，教民熟食，養人利性避臭去毒，謂之燧人也。」

[21] 《禮記・禮運》：「昔者先王……未有火化，食草木之實，鳥獸之肉，飲其血，茹其毛……後聖人作，然後修火之利，范金合土，以為台榭宮室牖戶，以炮以燔，以亨以炙，以為醴酪……」

[22] 「燧人氏上觀星辰，下察五水，以為火，鑽木取火，炮生為熟，養人利性，避臭去惡」，見《尸子・君治篇》及《通鑑外紀》所引。

之情，造書契以代結繩之政，於是始制嫁娶，以儷皮為禮，結網罟以教佃漁，故曰宓羲氏，養犧牲以供庖廚，故曰庖犧，有龍瑞，以龍紀官，號曰龍師，作三十五弦之瑟，木德王，注春令，故易稱帝出乎震，月令孟春其帝太皥是也，都於陳，東封太山，立一百一十年崩（原文為一十一年，當為排漏），其後裔當春秋時，有任宿須句顓臾，皆風姓之胤也。」

司馬貞這段記載是採自《國語》、《帝王世紀》以及《呂氏春秋》等書，其中「宓犧」音「伏羲」亦事見《漢書歷志》。宋人劉恕撰《通鑑外紀》，對伏羲的事蹟又作了一番取捨與考證：「包犧氏，風姓，生於成紀，象日月之明，謂之太昊，取犧牲以充包廚，號包犧，後世音謬，謂之伏羲，或謂之宓犧，一號皇雄氏，都陳。上古之時，人民無別，羣物不殊，未有三綱六紀，衣食器用之利，人民但知其母，不知其父，臥則呿呿，起則吁吁，饑則求食，飽則棄餘，茹毛飲血，而衣皮革。伏犧德合上下，天應以鳥獸文章，地應以河圖洛書，則而象之。仰觀象於天，俯觀法於地，中觀萬物之宜，造八卦，始作三畫，以象二十四氣，因而重之，爻象備至，筮之，紀陽氣之初，以為律法，建五氣立五常，定五行，始名官而以龍紀，有甲歷五運，象法乾坤，以正君臣父子夫婦之義。繼天而王，為百王先，度時制宜，作為網罟，以佃以漁，以贍民用，制嫁娶以儷皮為禮，於是人民乃治，君親以尊，臣子以順，羣生和洽，各安其性。」

他這篇記載是參考《列子·黃帝篇》左氏昭十七年傳文，《路史》，《太平御覽》，《帝王世紀》，《禮記·月令》，《藝文類聚》，《易繫辭》，《漢書·律志》，《白虎通·論德篇》，《晉書·律歷記》，譙周《古史考》等書相與配合而成。當然他也參考了司馬貞的《三皇本紀》。

研討古史，固貴在原始史料，但其中有些部份，我們已無法看到原文，司馬貞和劉恕既將這許多史料收入，顯然「皆前聞君子，考按古書」；且兩位都是謹慎的史家，其引用的史料，在唐宋或尚存在，當可直信無疑。故有關伏羲的事，自秦漢至唐宋的史家都不忘記述，為何後世史家反而懷疑不信。他們並未發現新的史料足以駁斥古史之「虛妄」，只是受了「外人」那種「科學治史」的影響，認為沒有地下的遺物作證，單憑地上的文獻是靠不住的。這固然是一種科學的治史方法，但這方法只可適用於外國，不適用於中國。因為中國歷史悠遠，先祖遺留下的史籍汗牛充棟，世界任何一國所望塵莫及。如果我們不信史籍，一一憑地下遺物，事實既不可能，而中國歷史文化將被遺棄大半，於「己」於「人」都是莫大的損失。

　　因此我們現在不是研究伏羲氏其人的有無問題，而是從諸史料中去認識伏羲氏時代中國文化已經進步到了什麼程度，而此時的外國人可能仍與禽獸為伍，一無文化可言。不過由於中國文化悠遠，當然惠及全球，今天西方科學的進步與發達，誰能不承認是受中華文化的被澤。中國文化何以能對世界如此深遠的影響？那就要歸功於我們的先聖先賢，列祖列宗了。

　　像我們的伏羲氏時代，已能作網罟以事漁獵了。所謂伏羲顯然就是馴伏野獸的開始，能夠知道把以前出獵生擒得來的禽獸飼養起來，久之便變成家禽家畜，我們今天所飼養的雞犬羊豬和牛馬，在以前當然也是「野獸」，豢養以後，便是今天的「六畜」了。於是「採集」的生活已經過去，人類進步到漁獵和畜牧的時代。

　　伏羲所以又作庖犧，庖就是庖廚的意思。老祖宗燧人氏雖告訴我們控制火和使用火，使人類有了「熟食」，但「熟食」的方法很多，庖犧氏時代已講求到食的「美」味，以及食的衛生了。

　　無論中外，遠古人類都是與禽獸雜居，人民但知有母，不知有父。而中國歷史上的伏羲氏時代，已經建立起有了婚嫁制度，才有正常夫妻關係，從而產生家庭倫理，此在前面所引司馬貞和劉恕所編撰的史料中談到了。漢初陸賈所著《新序·道基篇》也說：「先聖仰觀天文，俯察地理，圖畫乾坤，以定人道，民始開悟，知有父母之親，君臣之義，夫婦之道，長幼之序。」論者皆認為此處之「先聖」便是指伏羲而言。其他易序卦、《白虎通》都談到伏羲「定人倫」，首創嫁娶並以儷皮（鹿皮）作聘禮，開始建立了夫婦的正常關係。自是人倫既明，人道乃定，社會秩序便建立起來了。所以中國的政治哲學便是從「修身齊家」開始，這又是外國人所不及的。

　　《易經》是中國一部最古的哲學，也可能是世界上一部最古的哲學。我這個讀歷史的人雖不懂哲學，但對中國哲學思想的濫觴卻非常注意。司馬遷的《史記》雖避談「三皇」之事，但對於這個人皇畫八卦的事卻不敢不談[23]。《周易》這本書便是所謂「經則伏羲之畫，文則周公之辭，孔子所作之傳」而成，尤其孔子所作傳中，把伏羲畫八卦的經過說得很清楚[24]。其他《淮南子》、《白虎通》、《尸子》、《古史考》、《春秋內事》、《拾遺》等書，無不記載伏羲畫八卦之事，此在前引

---

[23]　《史記·太史公序》云：「伏羲至純厚，作八卦。」

[24]　《繫辭下傳》：「古者包犧氏之王天下也，仰則觀象於天，俯則觀法於地，觀鳥獸之文，與地之宜，近取諸身，遠取諸物，於是始作八卦，以通神明之德，以類萬物之情。」

司馬貞和劉恕的書已提到過。我相信，凡是一個真正的中國人是不會懷疑「伏羲畫八卦」的歷史的。據研究易經者說：《易經》一書，乃為闡明宇宙萬物生長衰化的道理，並包括象與數而言，從生命時時刻刻變易之中，求其變易之法則，故稱之曰「不易」，俾使人簡易能明，知天（環境）命（趨勢），以盡人力，為一極深奧之著作。」[25]筆者以前並指出，易經中的「八卦」不僅具有哲學思想，而且是今天「一至八」個數字的起源，它的符號可以在今天若干方塊字中求得，所以伏羲不僅是一位大哲學家，他更應是中國文字的最早創造者[26]。

伏羲氏還有一項驚人的貢獻，便是樂器的製作。下列史料便可證明。

《繹史》卷三引《世本》：「庖犧氏作瑟五十絃，女媧作簧。」

《楚辭·大招》註謂「伏羲作瑟，造駕辯之曲。」

王嘉《拾遺》：「黃帝使素女鼓庖羲氏之瑟，滿席悲不能已。」

《琴書》：「伏羲削桐為琴。」

《琴據》：「伏羲氏作琴以修身理性，反其天真。」

《史記·封禪書》：「或曰太帝使素女鼓五十弦瑟，悲，帝禁不止，故破其瑟為二十五弦。」按此太帝即人皇伏羲氏，顏師古註《漢書》說「泰帝者，即泰昊伏羲氏也」。

以外《呂氏春秋》，《帝系譜》，《偽三墳》等書均記載伏羲制琴瑟的事，可見中國樂器的制造者始自伏羲是沒有問題的。

伏羲氏以後便是神農氏，也就是人皇以後便是地皇。歷史愈近，史料愈多。有關神農氏的歷史記載，比以前諸古帝更要豐富，更多采多姿。

《易繫辭傳》：「庖犧氏沒，神農氏作，斲木為耜，揉木為耒，耒耜之利，以教天下。」

《逸周書考德篇》：「神農之時，天雨粟，神農遂耕而種之，作陶冶斤斧，為耒耜耡，以墾草莽，然後五穀興。」（按此篇已亡，此引朱雲影中國上古史，師大講義。未請教朱教授，不知引自何處。）

《淮南子·修務訓》：「古者民茹草飲水，采樹木之實，食蠃蜕之肉，時多

[25] 見民國五十五年八月二十五日中央日報副刊陳裕清訪問《四書道貫》作者陳立夫紀言。

[26] 參《新天地》五十三期拙文讀〈中華民族應由黃帝紀元後的感想〉。

　　疾病，毒傷之害，於是神農乃始教民播種五穀，相土地宜燥濕肥墝高下，嘗百草之滋味，水泉之甘苦，令民知所避就，當此之時，一日而遇七十毒。」

　　《新語·道基篇》：「人民食肉飲血，衣皮毛，至於神農，以為行蟲走獸難以養民，乃求為食之物，嘗百草之實，察酸苦之味，教民食五穀。」

　　史記《三皇本紀》：「斲木為耜，揉木為耒，耒耨之用，以教萬人，使教耕，故號神農氏。於是作蠟祭，以赭鞭鞭草木，始嘗百草，始有醫藥，又作五弦之瑟，教人日中為市，交易而退，各得其所，遂重八卦為六十四爻。」

　　司馬貞這段記述，當然也參考前述諸書。近世考古學家告訴我們七千年前的浙江餘姚河姆渡人大量採集能防蟲去病的樟樹葉，證實了神農氏「嘗百草，始有醫藥」的傳說。

　　遠古人類生活雖已進步至熟食，及於漁獵畜牧。但這些肉食，久久也會生厭，有時他們會採摘山中的野果，原野的植物來充饑。在長時間的演變中，在若干人的體驗中，漸漸的他們知道某些植物果實對身體有益或有害，某些可以醫治疾病，某些可以補充營養。於是在漁牧之餘，把那些可以吃的植物，種植起來，漸漸改進，漸漸增加，終於進入以農業為主的社會了。

　　當然不可能由「神農」一個人來「嘗百草」，也不可能由他一個人來發現「五穀」，但最初在某一個地域或某一個部落先有「種植」的開始，然後傳展開來。

　　這一個最初開始過農業生活的部落，就是神農氏所領導的，由他來指導他的臣民種植「五穀」。只是最初的農業，我們可以想像是以丘陵為主，而種植的種類，雖名之曰「五穀」，然稻穀等需要灌溉，故田野農業恐是夏朝才有的。神農時代可能是黍稷等類。其種植的方法也極為簡單，如《管子》所云「焚山林，破增藪」是了；又《易傳》所稱「剡耜而耕，磨蜃而耨」是了。這是先用火燒山，除其雜木叢草，然後又用天然的草灰作肥料，再用「耜、耒」將土翻鬆，把種子撒在土中，任其自生自長，自此天下人民有了「穀食」[27]。

　　神農指導人民種植「五穀」的方法如上，所以叫作「烈山氏」，皇甫謐《帝王世紀》：「神農氏本起於烈山，或時稱之，炎帝即神農也」，烈山即是燒山，「炎」「烈」皆是象徵火焚。

　　另外有關神農教民耕種的古史很多，如

---

[27]　《管子·輕重戊篇》：「神農作，樹五穀淇山之陽，九州之民乃知穀食，而天下化之。」

《國語‧魯語》：「昔烈山氏之有天下也，其子曰柱，能殖百穀百蔬。」

《左傳昭廿九年》：「稷，田正也（註：掌播殖也）。有烈山氏之子曰柱，為稷，自夏以上祀之。」

《商君書畫策篇》：「神農之世，男耕而食，婦織而衣。」

《呂氏春秋‧愛類篇》：「神農之教曰：士有當年而不耕者，則天下或受其饑，女有當年而不織者，則天下或受其寒矣，故身親耕，妻親織，所以見政利民也。」

由以上諸種史料來看，神農氏是中國農業的始祖是毫無疑問的。而且還是「男耕女織」的社會，而「耜、耒」迄今仍是農村中主要的兩種農具。另《易繫傳》中所稱「神農氏日中為市，致天下之民，聚天下之貨，交易而退，各得其所。」更顯示出商業社會也自此開始了。

我在〈讀中華民族應用黃帝紀元後的感想〉一文中已經列出，在黃帝以前，也就是由神農上而伏羲，再上而燧人，這「三皇」時代，中國已有了下列高度文化產生。

1.發明火控制火和使用火的文化。

2.製造網罟的文化。

3.畜牧漁獵的文化。

4.烹飪的文化。

5.建築的文化。

6.治麻絲布帛的文化。

7.哲學思想的文化。

8.創造數學的文化。

9.家庭制度的文化。

10.夫婦婚嫁的文化。

11.社會倫理的文化。

12.創造樂器的文化。

13.宗教信仰的文化。

14.工藝製作的文化。

15.天文星象的文化。

16.農業生產的文化。

17.發現「五穀」的文化。

18.發明醫藥的文化。

19.農具製作的文化。

20.煮海水為鹽的文化。

21.商業交易的文化。

由燧人而伏羲而神農，大概有四五十萬年的歷史，燧人氏起年雖不可考，但伏羲氏的起年據《列子‧揚朱篇》所說：「太古至於今日，年數固不可勝紀，但伏羲以來，三十餘萬歲。」二千多年以前的人說這些話是可能有依據的，好疑古者也以其言為可信。所以我說：「五千年的中國歷史文化已是落伍的說法了。」

其次關於三皇的血系，我在〈讀中華民族應用黃帝紀元後的感想〉一文中也曾提及過。那就是民國十八年，中外考古家在中國河北省房山縣周口店附近的山中，發掘出一個完整的人類頭骨化石，經專家鑑定是屬於五十萬年前的人類，學名叫做「中國猿人北京種」，簡稱「北京人」。現在「北京人」頭骨雖已不知下落，但它的出現，證明了中國人種不是外來的。他應該是中國人的老祖宗，也就是我們的祖先自古以來就在中華大地上生存繁衍延綿不斷。考古家們並已證明「北京人」有了控制火的能力，而火的發明在中國若干古史中記載，乃是天皇——燧人氏的傑作。雖然「北京人」不是燧人氏，但中國歷史卻可以自此開始，中華民族的老祖宗也暫可自此開始。歷史總得有個起點，民族總得有個先祖，中國歷史的起點和民族的先祖，謂從天皇——燧人氏開始，並不完全是假設，乃是有地上史料（已如前述）和地下史料（「北京人」的出現以及同一地點所發掘出來的古物等）為證的。大陸考古學家雖然又在山西發現「西侯渡」、雲南「元謀人」等地的遺址，比「北京人」遺址都要早，但遺物不及「北京人」之完整。

我們先確定天皇燧人氏是中國歷史的起點。也是中華民族的老祖宗，則燧人氏的後裔便是人皇伏羲氏了。《帝王世紀》說的很明白：「燧人氏沒，庖犧氏代之，繼天而王。」又說：「燧人之世，有巨人跡出於雷澤，華胥以足履之，有娠，遂生伏羲於成紀。」《偽三墳》說：「伏羲氏，燧人子也。」再根據《易繫辭傳》：「庖犧氏沒，神農氏作」，則人皇伏羲氏的後裔便是地皇神農氏了。

在此還有一點值得我們注意的，有些古史上記載，在伏羲氏之後，尚有一位女

皇——女媧氏的出現，《淮南子·覽冥篇》說她治平了冀州的洪水[28]，《風俗通義》說她是伏羲的妹妹，後人根據武梁祠石壁畫像中有伏羲與女媧相對像，兩人下體都為龍身，中間有一小兒[29]，便斷定伏羲與女媧是夫婦[30]。

前述夫婦關係及家庭制度自伏羲開始，大概女媧的功勞不小。

至於伏羲女媧又怎麼會結成夫婦的呢？我們可以參看：

唐李冗《獨異志》[31]；

芮逸夫苗族的《洪水故事與伏羲女媧傳說》[32]；

陶雲逵碧羅雪山之《栗栗族故事》[33]；

呂振羽《中國社會史綱》[34]；

有人說中國第一個有名字的女人就是女媧，第一個有名字的男人就是伏羲。他們都是引述西南邊疆宗族的「洪水」故事，謂洪水將全人類淹沒，獨兄妹倆生存，於是結為夫妻，便是今日人類的共同祖先。據趙尺子教授從古語研究的結果，認為古「兄」字即「男性」的意思，古語為雄，造成「父兄」二字。「妹」即「女性」的意思，古語為牝，造成「妹」字，故女媧乃伏羲之「牝」，非周以後姊妹之「妹」。伏羲乃女媧之「雄」（即兄、丈夫也），非周以後兄妹之「兄」也。

這些洪水故事，雖還沒有確實資料證明他們就是伏羲和女媧兩人的故事，但由於這些故事的巧合，所謂「兄妹」兩人可能就是伏羲女媧，因為中國許多古籍有女媧與洪水的記載。至少我們根據這些故事，可以斷定中國在伏羲時代，曾有過洪水的浩劫。伏羲之妹（或謂其后）女媧乃「積蘆灰以止淫水」，於是洪水平，然後結為夫婦。可見我們都是伏羲子孫，況且黃帝即是興起於新疆，而伏羲女媧正是上崑

---

[28] 《淮南子·覽冥篇》：「……往古之時，四極廢，九州裂……於是女媧五色石以補蒼天……積蘆灰以止淫水，蒼天補，四極正，淫水固，冀州平……」

[29] 清嘉中瞿中洛著《武漢梁祠堂石刻畫像考》。

[30] 唐盧同與馬異結交詩有「女媧本是伏羲婦」之句。

[31] 文中謂女媧兄妹兩人上昆侖山結為夫婦。

[32] 文中謂湖南廣西等地之苗族傜族的洪水故事是一對兄妹的父親因與雷神結怨，雷神怒發洪水，除此兄妹二人外，天下人都淹死，於是兄妹倆結為夫妻，遂成為今日人類共同的祖先。

[33] 文中亦謂上古洪水滔天，只有一對兄妹未淹死，其後結為夫妻，人類乃得不因洪水而滅絕。

[34] 文中謂湖南的洪水故事，也是兄妹結為夫妻為現代人類留下種子。

崙之山結成夫婦的。

由此，我們可以說伏羲女媧是同一個時代的人，而且他們是夫妻。可能伏羲早死，而女媧又繼續作了一段時間的女皇，所以鄭玄和皇甫謐都說：「女媧氏沒，神農氏作」，此與前述「伏羲氏沒，神農氏作」並不衝突。神農雖是伏羲女媧的後裔，但由伏羲到神農又不知經過了多少代。這中間我們已知至少有了一個「有媧氏」和一個「少典」。《三皇本紀》說，神農的母親叫女登，女登是有媧氏之女，此「有媧氏」亦為「有嬌氏」。而有媧氏之女女登又是少典之妃，因感神龍而生炎帝，因之神農之父即是少典了。雖然《國語·晉語》又說：「炎帝、黃帝皆少典之子」，但此處之「炎帝」乃指神農八代之後榆罔而言，所謂「少典之子」也是指「少典之子孫」，並非「兒子」之子，五帝本紀集解引賈逵等均持此說。由是我們可以將中華民族的血統連貫起來了，即先祖燧人氏的後裔為伏羲氏，伏羲的後裔為少典，少典後裔為神農氏，神農氏的後裔有炎帝榆罔和蚩尤以及黃帝。自此炎帝黃帝形成兩大支派，分衍到全中國境內，炎帝的後裔多半在西南東南各地發展，而黃帝大半在「中原地帶」活動，但至夏末商初，黃帝這一族又分了三支，一支仍留住中原，一支發展到江南，一支走向北方；之後被拒於長城以北，那就是歷史上所謂的匈奴等。關於這一點作者另撰有〈中華民族的總家譜〉一文（拙著《新民族史觀》、商務「人人文庫」）。

三、三皇活動之地區及其後裔之分佈

關於三皇的史實，我已在前面充分的討論，經過詳盡的分析後，我們對三皇的歷史當下是有正確的認識，而不會妄從疑古之說，而把這段有意義的大事一筆抹殺，現在再進而對三皇的活動範圍及其後裔流傳的問題，作一具體的探討。

首先談前一問題──活動的範圍。

除關於天皇燧人氏的活動，我門無從考證之外，學者專家對人皇伏羲、地皇神農以及黃帝的活動範圍已有諸種說法：

1.以伏羲氏的首都建於陳，陳即今河南淮陽。在那地方遺有伏羲的陵墓[35]。沿至

---

[35] 《史記·三皇本紀》：「都於陳」，嚴緒鈞修《淮陽縣志》謂陳即淮陽，伏羲陵在此。

清代，伏羲陵的祀典，還記載在「大清會典」中，每遇國家大慶，必定遣官設祭[36]。

2.神農氏的首都最初也在陳地[37]。後人說他的故鄉是湖北省的隨縣，隨縣之北二十公里處有厲山，厲山的東北又有烈山，烈山上有一個洞穴，稱曰神農洞，建有神農廟[38]。

3.黃帝建都在有熊，《帝王世紀》謂「黃帝生於壽丘」，又說「居軒轅之丘」，很多人都解釋軒轅之丘即河南鄭縣，現在大多數史家都說黃帝建都在這裏。

以上是認為伏羲、神農、黃帝興起於「中原」，凡是受《史記》影響的歷史家都是相信這種主張。

趙尺子教授根據《尚書》盤庚以前各篇及山海經並從古音上的考證，以為「軒轅之丘」在今伊朗高原；「蓬萊」即今新疆之羅布泊。「不周山」即今吐魯番的北山[39]。所以認為皇帝的活動地區不在中原，而在新疆、中亞及西亞。趙氏並以為山東有蓬萊，陝西有黃陵，此都為「地名隨族轉徙」之故（如英人遷至加拿大，則加拿大有倫敦，遷美國則美國有約克），至於庖犧氏活動地區則在甘肅、青海一帶；神農活動於西藏一帶。

另李濟博士認為黃帝諸人來自「西伯利亞」，因為在那些地方我們所發現的的石器較在內地發現者為舊，且屬於同一石器文化。趙李二氏並非主「中國民族外來說」，乃是說明了中國民族活動之廣，以及中國文化傳播之廣。

以上言伏羲、神農、黃帝等活動地區雖有不同，但彼此並不衝突。人本是「動」的動物，尤其在遠古游牧時代，流動的性質與範圍都很廣大，南遷北徙，東奔西走，幾日日不斷。如果依據「地名隨族轉徙」的情況來看，則很難斷定那些先民的固定地點，但他們起於中國領土，活動區即為中國領土是無疑問的。

現在再從他們的遺裔來證明其活動之廣。

伏羲氏為風姓是大家所公認的。《左傳》僖公廿一年所載，春秋時代有任、宿、須句、顓臾四個風姓國家，都在今山東境內，任在山東濟寧，宿在山東東平，須句在山東東平西北，顓臾在山東費縣。

---

[36] 見道光年間《朱孔陽輯》：〈歷代陵寢備考〉有上海申報重印本。

[37] 《史記·三皇本紀》：「初都陳，後居曲阜。」

[38] 見文齡等修《隨州志》清同治年間刊本。

[39] 參趙尺子著《山海經時代》的新疆等文。

今之民族史家謂中國南方之貴州高原的苗族，與南嶺山地的傜族至今奉伏羲、女媧為祖神，可見苗人與傜祖是由淮河流域向南遷徙的[40]。

又《華陽國志十三州志》稱：「蜀之先肇於人皇之際」，則四川人多為伏羲之後，故易於分佈到鄰近的貴州西南地去了。

神農的後裔分佈更廣，《淮南子・主術篇》說他所統治的天下「南至交阯，北至幽都，東至陽谷，西至三危」。按交阯在今之越南境，幽都在今河北宛平縣西南，陽谷（陽穀）在今山東陽穀東北，三危包括今之甘肅，雲南、四川及西藏等地。

此處必須說明的，伏羲之後為神農，神農之後當然是伏羲之後，我們現在都說「炎黃子孫」，當然也就是伏羲神農的子孫。一般人雖把「炎黃子孫」說成了習慣，其實未把「炎黃」的關係弄清楚。以為既「炎黃」並稱，便不同祖，這完全為誤解。我們要知道「炎黃」之「炎」，不是指神農，而是神農的後裔。當神農統治天下時號曰炎帝，其子孫仍號炎帝，只是八傳至榆罔時，因政治衰敗為他同族的九黎君長蚩尤所「篡」。蚩尤也是神農的後裔，故仍號炎帝。可是蚩尤作了天子後，政治更黑暗，於是原與榆罔為同父異母兄弟軒轅氏乘時而起，領導天下諸侯把炎帝蚩尤推翻。軒轅既為神農後裔，本應再號「炎帝」，可是天下人要奉他為「黃帝」。自是「炎黃」就這樣分了家。雖然我們還不敢確定「炎」「黃」本是後世人給他們的稱號，而「炎、黃」兩家卻已分定了。而且從《史記》的年表來看，三代而後似乎都是黃帝的血系，而「炎帝」（榆罔蚩尤等）後裔，或居邊疆，或為臣屬，如堯時的伯夷，舜時的四岳，周時的呂尚，依據《史記正義》等的說法都是「炎帝」姜姓的後裔。至於周的先祖雖出自黃帝玄孫帝嚳以後，但血統卻從姜姓而來，因為帝嚳的元妃姜原出野郊遊，故意踐踏了「巨人跡」才懷孕，而非與帝嚳同房所生之子，而姜原本即「有邰氏女」，炎帝之後。所以替帝嚳生的兒子——棄，為一位農業專家是不無原因的。

再據唐人司馬貞《三皇本紀》說：「神農納奔水氏之女曰聽詙為妃，生帝哀，哀生帝克，克生帝榆罔，凡八代，五百三十年，而軒轅氏興焉。其後有州、甫、甘、許、戲、露、齊、紀、怡、向、申、呂，皆姜姓之後，並為諸侯，或分四岳，當周室甫侯、申伯為王賢相，齊許列為諸侯，霸於中國，蓋聖人德澤廣大，故其祚胤繁昌久長。」文中所列諸侯，大都可以從《史記》紀傳世家中查出，這是實事。

---

[40] 見凌純聲《中國邊疆民族》。

至秦以後，中國一統，「黃炎」之家似乎又合而為一了，此後史家著書，為免後人
誤邊疆同胞為「異族」起見，特於記述事蹟之首說明他們也是「炎黃」之後如後漢
西羌傳：「西羌之本出自三苗，姜姓之抵也。」其他作紀立傳再不分「炎帝」「黃
帝」的後裔了，只說他是某地方的人，如《漢書》「高祖沛豐邑中陽里人也」。按
江蘇沛縣在周以前是「東夷人」所居住的地方。王制云「東方曰夷，夷者抵也，言
仁而好生」的意思，所以孔子喜歡住到「九夷」去。只要不把「夷」字誤解為「異
族」，則漢高祖說他是黃帝之後也可，炎帝之後也可，如就「炎黃」最初活動的區
域來看，劉邦與炎帝之後比較接近。總括一句還是神農之後。

　　前面說過，神農為天下共主時，南方的版圖到達越南境內，因此今日之越南
人，廣西僮人，貴州仲家，雲南擺夷，都還在奉神農為始祖；越南開國君主即為神
農三世孫帝明之子，越南全國學童誦讀的「四字經」有「系出神農，首肇封疆」之
句[41]。

　　又泰國之泰人、寮國之寮人、緬甸之撣人亦有自稱為炎帝的流裔[42]。

　　神農死後，葬在湖南酃縣西三十里，宋太祖開始在那裏設置祀典，歷代新王即
位，都要遣使祭告[43]，清雍正十一年曾動支國帑，擴建基址，大修陵廟[44]。

　　由於炎帝子孫分佈之廣，因此中國歷史上的三苗、氐羌、吐蕃、西夏，以及一
般人所稱之「藏族」都是他的後裔；至於西戎、匈奴、烏桓、鮮卑、契丹、女真、
蒙古、滿清，根據《史記》等古史的記載則是黃帝的後裔，但上溯又都是神農伏羲
的子孫了。

　　因此我們可以看出，凡是在現今中國的領土內，無論東北西北東南西南，自
古至今，都是我們同胞活動的範圍，所謂「夷狄蠻戎」，乃古「宗族」之別，或別
其文化，或別其禮俗，或別其生活方式。史佚所謂「非我族類，其心必異」的「異
族」乃是指「異姓」而言，如周姓姬，齊姓姜，宋姓子，史佚的話便是指當時彼此
氏族之猜忌與自私而已。後人不察，竟以為那些是對「異民族」的稱呼，甚至喊出
「漢、滿、蒙、回、藏、苗、傜、越」等「不同種族」名號出來，以致造成今日政

[41] 見芮逸夫《中國民族與越南》。

[42] 見凌純聲《中泰民族之關係》。

[43] 見曾鶴齡《祀神農陵記》。

[44] 見郭樹馨等修《酃縣志》。

治和國際上的許多困擾。古人有知，真不知作何感想。

結論

1.中國過去的歷史家都承認有三皇，只是在他們的書中對三皇之名有不同的說法，後人便作了許多考證，結果把「三皇」「考」得沒有了。近幾十年來大多數歷史家也跟著否認三皇的存在，而且對「五帝」也懷疑起來。甚至講中國歷史應自殷商後期起，才合乎「科學」的道理，其以前是「傳說的神話」時代，不認為是「真實的歷史」[45]。筆者不敏，更不知「天高地厚」，不但相信「三皇」確有其人其事，而且在本書裏試把那些不同的說法統一起來。指燧人、伏羲、神農為天皇、人皇、地皇。希望我們的「鋤頭專家」慢慢往上挖，總有一天會挖出個名堂來的！

2.三皇既已確定，而三皇事蹟亦已如上述，則中國歷史文化應上溯四五十萬年。

3.三皇活動的範圍及其子孫分佈之廣已如上述，則中國領土內自始都是一家人，中國歷史上沒有「種族」戰爭，只有「宗族」戰爭；沒有「民族禦侮」戰爭[46]，只有「宗族融和」戰爭。

---

[45] 參拙文〈讀中華民族應用黃帝紀元後的感想〉一文。

[46] 如俄國佔領烏拉山以東，鮮卑人抗之，英人發動鴉片戰爭，清人抗之……才是真正的「民族禦侮」戰爭。以上選自著者《新民族史觀》一書（商務人人文庫）。

第二章 五帝

一、五帝的傳說

《尚書序》以少昊、顓頊、高辛、陶唐、有虞為五帝。

《禮記・月令》以太昊、神農、黃帝、少昊、顓頊為五帝。

《大戴禮》及《史記》均以黃帝、帝顓頊、帝嚳、帝堯、帝舜為五帝。

宋朝胡宏撰的《皇天大紀》（上起盤古下迄周末）以庖羲、神農、黃帝、堯、舜為五帝。另一宋人劉恕編撰《資治通鑑》續紀雖不言「五帝」，但編述上古帝王之事蹟仍是以庖羲、神農、黃帝、堯、舜為順序，可見兩個宋人的觀點相同。

清朝吳楚材編撰的《綱鑑易知錄》更強調：「伏羲、神農、既開物而成務，黃帝，堯舜又通變而宣民，於此，則天下後世養生送死，舉無憾矣。」似手也同意宋人的說法。

著在前章《三皇傳說》中說得很明白，伏羲與神農相距遙遠，神農與黃帝之間也有很長的差距，如果把「伏羲」、「神農」排列為「五帝」之中，則與「三皇」的傳說相衝突。故對「五帝」的說法，史家們無不以漢武帝時司馬遷的《史記》中的〈五帝本紀〉為依據。

《史記・五帝本紀》是以：黃帝、顓頊、帝嚳、帝堯、帝舜為五帝。茲列述於後：

二、五帝的行事

黃帝

（一）黃帝的身世與征戰

黃帝姓公孫，名軒轅，母親附寶是有嬌氏的女兒，有熊國君少典的妻子。《史記正義》引《輿地志》云：附寶郊祀、忽見一道閃電繞北斗樞星，因感而懷孕，懷孕二十四個月才生下黃帝。七十天便能言語，長大身高九尺，聰明非凡。司馬遷所

以云「生而神靈，弱而能言，幼而徇齊，長而敦敏，成而聰明」是也。一九七三年，長沙馬王堆出土一帛書中，在《老子》乙本卷前有「十六經」，贊美黃帝「是以能為天下宗」，意思是黃帝具有非凡的智能。

黃帝原本姓公孫，很多古史說他生於壽邱，長於姬水，因此改姓姬。很多古書上又說他是神農氏的後裔，與當時領導天下的共主炎帝榆罔是同胞兄弟。

前章已經述說，神農氏就是後世所稱的炎帝，經過八代傳下來到他的子孫榆罔仍然被稱「炎帝」。（傳承的年代有四二六年、五二〇年、三八〇年等說。）

當時的炎帝榆罔勢力已衰，不能好好的領導天下。以致「諸侯相侵伐，暴虐百姓」。尤其以長江流域的九黎族。（也是神農的後裔，後面我另有專文詳述，請參閱。），和長城以北的葷粥族（是匈奴的古稱，商朝稱曰鬼方，周朝稱曰獫狁。）乘炎帝衰敗時北侵南擾。

尤以九黎猖獗。史書上說，九黎首領蚩尤獲得銅礦製造兵器，並以銅作冑甲，奇裝異服，打仗的時候，能呼風喚雨，散佈大霧，迷惑敵人方向。本已衰落的炎帝如何能應付這一強敵。於是天下諸侯都背叛共主炎帝轉而擁護軒轅氏黃帝。因為黃帝「習用干戈」，「修德振兵，治五氣，藝五種，撫萬民，度四方。」，先從把暴虐百姓的諸侯打倒，把無能的共主炎帝推翻，驅逐北方的葷粥，作了新的領袖。

關於黃帝這些安良除暴的經過，史書既有異述於前，今人又有眾說於後，綜合古今異說，著者有專文詳考請看：

1・炎黃二帝與蚩尤都是神農氏的後裔

相傳神農氏最初指導人民播種五穀，是先焚燒山林，利用天然環境和自然肥料下種，所以《管子》、《易傳》，以及《帝王世紀》等古史的記載，都可證明神農氏是「烈山氏」以及「炎帝」等稱號。他死了之後，其子孫代代仍襲號「炎帝」，或者不是他的子孫自號炎帝，至少是後人稱神農氏的後裔仍號「炎帝」是均無疑問的。（按炎即燚字、燚為古文赤字，炎帝即赤帝。）

神農氏以及他的子孫，後世人都是以「炎帝」呼稱之，而《國語，晉語》又告訴我們說：「昔少典娶於有嬌氏，生黃帝，炎帝。黃帝以姬水成，炎帝以姜水成，成而異德，故黃帝為姬，炎帝為姜。」由此可見黃帝與炎帝是同胞兄弟。當然這裡的炎帝是指神農的後裔而言。《通鑑外紀》註引《初學記》等書也說：「黃帝母曰附寶，其先即炎帝母家有嬌氏之女，世與少典氏婚，及神農氏之末，少典氏又取附寶，而生黃帝。」《賈誼新書制・不定篇》也云：「炎帝者，黃帝同父母弟也。」

　　由這些史書證明，黃帝是神農的後裔，且與其後裔炎帝為兄弟關係，是可以相信的。

　　那麼蚩尤與炎帝的關係如何呢？據梁玉繩引宋人羅苹《路史後紀》謂：「蚩尤姜姓，炎帝之裔」，梁氏在其所著《史記志疑》中強調「炎帝就是蚩尤」；蔣觀雲的中國人種考也認為是「蚩尤襲號炎帝」。他們這些說法是頗有道理的，因為孔安國說：「蚩尤是九黎之君長」，所謂「九黎」，是少昊時諸姜，也就是後世的三苗；九黎、三苗都是神農姜姓的後裔。（見《史記·五帝本紀》及《曆書》）

　　總之，「九黎」是當時的一個諸侯國號，蚩尤是這諸侯國的君長，如同少典是有熊國的君長是一樣的。

　　我們應特別注意「九黎」的「黎」字。

　　有人說，上古之時，中國江漢之區，皆為黎境，現在西南亦多姓黎者，黎就是犁，犁乃是農具之一種，黎民也就是犁民，犁民也就是從事農耕之民。中國人百分之八十以上是農民，故中國老百姓又號稱黎民。

　　誰也不否認，農業之起源於神農氏，農具之製作也是始於神農氏，神農氏是中國農業的始祖。而神農氏最初是來自西北，但到達中土後，便在現在的湖北隨縣一帶長居下來，其子孫活動雖主要在江漢之間，但後來已繁衍到西南各地了。（包括今之越南各地）

　　這個中國農業始祖的活動既以江漢為主，故當時江漢之民多是「耕稼之民」，一般號稱「黎民」，蚩尤便是這些黎民的君長。而這些黎民繁多，分佈各地，號曰「九黎」，蚩尤居九黎之長，繼承神農氏領導江漢之民（南方之民）從事農耕的生活，其為神農氏的後裔是不會有問題的。

　　很多人說，蚩尤是苗人的領袖，謂黃帝不打敗蚩尤，則我們便會退居在今天苗人所居的山區。這種以「苗」字來視之為「異民族」或「落後民族」的觀念，都是不對的。說文解字，苗字乃從草從田，也就是說「草生於田」也；按《詩經》碩鼠有「無食我苗」之句；《公羊傳》莊公七年也有「無苗」二字，註者謂「苗者，禾，生曰苗，秀曰禾」。可見「苗」字與「苗民」代表的只是「農業與農民」，不知後人為何要把它作為落後同胞的稱呼，更不應該的，時至今日，還有人稱「苗人」為「異民族」。

　　這些誤稱誤解應該到此為止。而蚩尤不論他是「苗人」的祖先也好，「黎民」的君長也好，我們從古人傳說，從字義的推解，以及一般常識的判斷，蚩尤是神農

氏的後裔是沒有問題的了。

前面證明黃帝是神農氏的後裔，繼而證明蚩尤也是神農之後，則黃帝蚩尤便是同屬一個宗族，那麼黃帝炎帝之戰是「民族統一戰」，黃帝蚩尤之戰，當然也是「民族統一」，而不是「民族禦侮」。

2・黃帝炎帝之戰與黃帝蚩尤之戰，乃是同一個性質與同一個人的戰爭

中國自古即是「四海一家」，我曾在《新天地》發表過的幾篇「四海一家」的國史觀中，已一再提及「四海」是指北海──貝加爾湖，──西海──巴爾喀什湖，以及東海南海（見拙著《新民族史觀》商務「人人文庫」。）在這四海之內，可以遠溯及三四十萬年前，中國人即開始活動其間。本文討論乃炎黃二帝及蚩尤，故僅從神農氏的活動範圍說起。

前面已略為提及，神農氏來自北海，其子孫歷經四百二十餘年的傳衍到榆罔時，活動區域已包括了現今中國之大半，後來他的子孫繁衍更廣，有據可考者如西藏，越南等地的人大多是其後裔。

當神農氏作天下「共主」的時候，地不分南北，人不分東西，惟「相土地燥濕，肥磽高下，因天之時，分地之利，教民播種五穀」，其治民也，「威厲而不殺，法省不煩」，天下無不歸順。

「盛極必衰」也許是中國史上的循環現象，所以當神農氏八傳至榆罔而經歷四百多年的時候便衰敗下來了。據《逸周書》說：此時蚩尤乘機興起，將炎帝榆罔逐走而自立，仍號稱炎帝。或稱阪泉氏。《史記》也說此時「蚩尤最為暴」。大概蚩尤已取代了榆罔的「共主」名號了。但他也是神農的後裔，所以仍襲號「炎帝」，當然也還是神農氏的天下。可是蚩尤繼榆罔作了天子後，「道德衰敗」，失去了領導天下的威信，於是「諸侯相侵，暴虐百姓」。炎帝無能征討，軒轅氏乃以一個諸侯的身分，協助炎帝征討那些「不朝享」的諸侯。這種情形如同後世的周朝到春秋時代，天子對於不遵「君臣禮節」的諸侯沒有辦法的時候，於是有「霸者」的興起。而天子也就不得不仰賴於那些霸者了。這時的軒轅氏當然也是以霸者的姿態出現。於是諸侯們不聽失勢的炎帝領導，轉而「賓從」軒轅氏了。

諸侯們的這一「轉變」，是炎帝難以忍受的，《史記》說「炎帝欲侵諸侯，諸侯咸歸軒轅，軒轅乃修德振兵，………以與炎帝戰於阪泉之野。」

這就是黃帝與炎帝「阪泉」之戰。炎黃戰爭，一方面是黃帝「替天行道」，「弔民伐罪」；一方面是「共主」之爭，爭那時後的領導權。

很多人以為「阪泉」之戰，是黃帝與炎帝——榆罔戰，但其實是黃帝與炎帝——蚩尤戰。蔣觀雲中國人種考認為黃帝與炎帝阪泉、涿鹿之戰都是與蚩尤戰，炎帝就是蚩尤。蔣氏的考證與我前面所引述都是對的。因為《史記·五帝本紀》中所謂炎帝，並未指明是榆罔，雖然述說炎帝外，同時又提到蚩尤，似乎炎帝蚩尤是兩個人，但敘述黃帝與炎帝蚩尤的戰爭時，實為一個人。如「以與炎帝戰於阪泉之野」，既未云勝負，又未言時間，其後雖云「三戰然後得其志」，顯然有一段長的時間。太史公撰文向極簡賅，其間省略很多史實可想見的。接下去雖又云「蚩尤作亂不用帝命，於是黃帝乃徵師諸侯，與蚩尤戰於涿鹿之野，遂擒殺蚩尤」。字面雖與前文判若兩回事，其實也是一回事。因為所云「與炎帝戰於阪泉之野，三戰然後得其志」，僅僅是「得其志」，所謂「得其志」乃是將炎帝打敗，取得「共主」的聲名罷了，並沒有說明把炎帝殺掉。也就是說這時的炎帝因被黃帝三戰打敗，不得不去其帝號退為「諸侯」了。可是這原先為「炎帝」，而今敗為「諸侯」的蚩尤當然不甘心，所以《史記》說「蚩尤作亂，不用帝命」。又《史記·封禪書》謂漢高祖在長安立祠，祠蚩尤，即所謂「赤帝之祠」可見蚩尤就是炎帝。

或有人問，蚩尤既是「炎帝」，何以《史記》前後矛盾，前面說「蚩尤最為暴，莫能伐」，繼又說「以與炎帝戰」，其後又說「蚩尤作亂」呢？其實這並不矛盾，因為蚩尤是其名，炎帝是其號。當炎帝榆罔衰微時，蚩尤尚未襲其號，當然是「蚩尤」，及其逐榆罔而襲位後，當然是「炎帝」，於今既在阪泉之野，三戰被黃帝打敗，這「炎帝」之號便不存在了，故太史公又在此處直書「蚩尤」之名了。

前面這些話是說明黃帝未與炎帝——榆罔戰，而是與炎帝——蚩尤戰。有人誤以為軒轅氏先在阪泉打敗炎帝榆罔，便替代了神農氏的天子位，再把蚩尤視之為外來入侵的「異民族」。這完全是曲解古史的記載。

3·黃帝與炎帝，黃帝與蚩尤是在同一個地方打仗

《史記·五帝本紀》說黃帝「以與炎帝戰於阪泉之野」，這阪泉在什麼地方，《史記集解》引皇甫謐曰：「阪泉在上谷」據中國古今地名大辭典稱，上谷在今之察哈爾懷來縣南。

按黃帝是以河南新鄭為根據地，其活動範圍在河南境，神農氏是以湖北湖南為主要活動範圍，且神農氏的子孫向西南發展較之向東北發展者多。當蚩尤逐榆罔而與黃帝發生戰爭的時候，蚩尤仍以「江漢」為據點是不會變的。那麼黃帝的勢力在河南，炎帝的勢力在江漢，為何炎黃之戰遠跑到北邊的察哈爾去打呢？就情理來分

析是不可能的。皇甫謐雖云「阪泉在上谷」，上谷又在何處，豈可以古今地名辭典為據，而古今地名辭典並未指明察哈爾懷來縣即是皇甫謐所說的上谷，是皇甫謐所云上谷不是察哈爾懷來縣。

那麼阪泉在那裏，梁玉繩《史記志疑》謂阪泉戰即是涿鹿之戰。前面我已證明蚩尤逐炎帝榆罔而自號炎帝，亦曰阪泉氏，《史記》中所云與炎帝戰阪泉之野，不是黃帝與榆罔戰，乃是黃帝與蚩尤戰。因為《逸周書》史記篇有云：「武不止者亡，昔阪泉氏用兵無已，誅戰不休，兼并無親，文無所立，智士寒心，徙居於涿鹿，諸侯畔之，阪泉以亡」；寫本《北堂書鈔》百十三引《六韜》亦云：「昔阪泉氏用兵無已，誅戰不休，兼并所立，至於涿鹿之野，諸侯畔之，阪泉氏以亡」；《淮南子·兵略篇》有云：「炎帝為火災，故黃帝擒之」；《史記·律書》亦云：「黃帝有涿鹿之戰，以定火災」；《賈誼新書》更云：「黃帝行道，而炎帝不聽，故戰於涿鹿之野」；〈益壤篇〉又云：「炎帝無道，黃帝伐之涿鹿之野」。這些史料不但說明了蚩尤就是炎帝，更說明了黃帝與炎帝阪泉之戰，亦即是黃帝與蚩尤的涿鹿之戰。

再根據《史記·五帝本紀·正義》引《晉太康地理志》說：「涿鹿東一里有阪泉，上有黃帝祠。」正義又引括地志說：「阪泉今名黃帝泉，在為媯州懷戎縣東五十六里，出五里至涿鹿。」又據《路史》注引《魏土地記》亦云：「濟城南東六十里，有涿鹿城，城東一里有阪泉，泉上有黃帝祠。」這些古史的解釋彼此都可印證，皇甫謐說「阪泉在上谷」，張晏說：「涿鹿在上谷」；地理志：「上谷有涿鹿縣」，據此，不是證明了阪泉與涿鹿在同一地點嗎。

前面已證明炎帝蚩尤為一人，現在又證明阪泉與涿鹿為同一地，則與炎帝黃帝戰阪泉事，實可與黃帝戰蚩尤於涿鹿事合而為一。

然則涿鹿又在那裏，古今地名大辭典謂河北涿鹿縣東南是黃帝與蚩尤打仗的地方。我們從前面引證的黃帝與蚩尤的根據地來看，黃帝與蚩尤均離開自己的勢力範圍，雙方千里迢迢到河北涿鹿山去交戰也是不可能的。錢穆博士在其所著的《國史大綱》上冊第六頁中，考證涿鹿乃是山西省的南部解縣。打開地圖來看，那附近有個鹽池。很多史學家都同意這個見解，就地理情形來看，黃帝與蚩尤在這個地方打仗是有可能的，至於雙方是不是單為了爭奪「解池」的鹽而打仗，那就不可知了。

4·結論

我已經證明了炎帝、黃帝、蚩尤都是神農氏的後裔；又證明《史記》中的炎

帝就是蚩尤，再證明了黃帝與炎帝阪泉之戰，以及黃帝與蚩尤涿鹿之戰都是一事之分化。那麼這個同屬一個宗族，而又同在自己活動的區域內作戰，當然是一個「內戰」了，如果把它解說為「民族戰爭」或「民族禦侮戰爭」都是不正確的。本文原刊《新天地》五十五年五月一日五卷三期，現編入著者《新民族史觀》一書中（商務人人文庫）。

（二）黃帝時代的文物

公孫軒轅氏平定大亂後，諸侯們擁其為天下共主，尊稱他為「黃帝」。為什麼稱為「黃帝」有很多說法。

黃者，中和美色也。

《通典》：「黃承天德，最盛淳美，故以尊色為諡。」

《風俗通義》：「黃者光也，中和之色。」

也有人說與中原「黃土平原」有關。

漢人蔡邕講「五行」時，以為「火生土」，蓋神農氏是炎帝，炎乃火也，故炎帝沒，黃帝以土德繼之。土的顏色是黃色，古人以「黃色」是一種高尚的顏色，故尊軒轅為黃帝。其後有鮮卑人建的北魏，在孝文帝時推行「華化政策」有一項改「姓氏」的措施。他說，我們鮮卑人也是黃帝的後裔，黃帝土德，土者萬物之元也，因之把原來他們姓「拓跋」的姓改為「元」姓，所以「北魏」又稱「元魏」，這在中國民族融合史上是件很有意義的事。

「黃色」既為古人很重視的中和、柔美、高尚的顏色，不知從何時開始，被國人鄙視為「不正當」的顏色，真是遺憾之至，故很多藝術家大聲呼籲國人改變觀念，應該愛好黃色，提倡黃色，最好由政府明定「黃色」為「國色」，豈不善哉。

黃帝作了共主後，繼續其安內工作，「天下有不順者，從而征之，平者去之，未嘗寧居」。東邊到達海濱，西邊到達空桐（今甘肅），南邊到達三江（長江），北邊到達今察哈爾的釜山。這並不是黃帝時代的版圖，而是他的足跡所至，如今之所謂「勢力範圍」。

那時北方還有一個部落，叫做葷粥，黃帝把他趕出其勢力範圍，於是在釜山（今河北省涿鹿縣西北）會合天下諸侯，並正式建都於涿鹿。在都城的四周佈置軍隊衛戍京城（黃帝最先建都於有熊，今河南新鄭），但是《史記・五帝本紀》說他「遷徙無常處」。有些史家因之認定黃帝仍處在遊牧狩獵時代。其實，這是一種

「以偏概全」的想法，我個人的看法是：

　　黃帝雖以涿鹿為首都，但他沒有一天到晚呆在皇宮，終年巡視天下，左右有很多官吏陪同，並帶著一支而有不同的「番號」（如《史記》所謂的熊、羆、貔、貅、貙、虎）的精銳隊伍。黃帝之所以用這些野獸的名稱作軍隊的番號，乃是為了增加其威勢，如同今天的空軍用「大鵬」或「飛虎」；聯勤用「駱駝」等等之意。很多史學家卻以為黃帝能馴服這些「野獸」來作戰，可見他是一個「神」，不是一個普通的人，這完全是大大的誤解。所以另一些史學家認為黃帝是「有熊氏」，其族以熊為圖騰，曾率領以熊、羆、貔、貅、貙、虎為圖騰的諸兄弟氏族與炎帝戰於阪泉之野。這種說法與著者看法是一致的。

　　《史記集解》應劭說「黃帝受命有雲瑞」，張晏說「黃帝有景雲之應」，意思是黃帝即「共主」位時，天下忽然「風起雲湧」，地上諸侯歸順即所謂風雲際會盛況空前。所以他用的官便以「雲」來命名，以「雲」來記事，如春官為青雲，夏官為縉雲（赤色），秋官為白雲，冬官為黑雲，中官為黃雲。

　　在他的官員中，最大的應是「左右大監」了，可能就是後世的左右承相。他們的任務是「監于萬國」。

　　黃帝時代的「萬國」，當然指的是一個個不同的氏族，或盤據一個山頭，或擁有一個平原，這數以「萬」計的「國家」，有的狩獵，有的農耕，顯然是一個極其複雜的社會，黃帝能使「萬國協和」，可見左右大監的才能絕出。

　　《史記》中又說黃帝又起用了「風后、力牧、常先、大鴻以治民」，鄭玄說「風后」是黃帝的「三公」，班固說「力牧」是黃帝的「宰相」，劉恕《通鑑外紀》又引《列子》等書也提到這些人。這其中有名叫「風后」和「力牧」的兩個人，是因為黃帝做夢，夢見一陣大風，把天下的塵垢吹走，這「垢」字旁邊的「土」被風吹走，而存「后」，黃帝以為是「風」發號司令，吹去塵垢，而留「后」，也就是叫一個當政的人要除去社會上不良的習俗，推行優良的政治，黃帝聽了占卜者的話在「海隅」訪得了「風后」這個人來做宰相。他又夢見一個「執千鈞之弩，驅羊萬群」的人，可見此人一定是個善「牧民」的官吏，於是聽了占卜者的話在大澤訪得「力牧」為大將。這「力牧」更有一段傳奇的故事：

　　有一天他趕著幾十隻羊在長白山麓放牧，突然發現山中一棵大樹下有兩個嬰兒在那裏玩耍。他知道這百里之內沒有第二戶人家，怎麼會有嬰兒的出現呢？於是好奇的騎著馬飛馳過去看個究竟，就在那時，兩個小嬰兒也發現了他，立刻逃走，盡

管力牧快馬加鞭也趕不上，心想他們一定不是普通人，是什麼神來的。後來發現兩個嬰兒站在懸崖上嬉戲，力牧乃拔箭射去，一個中箭跌下山谷，另一個負箭逃入森林。力牧下得馬來，繼續在山林搜尋，突然從不遠處傳出「饒了我吧、饒了我吧」的聲音，定神一看，地上正插著他剛射出去的一支箭，他將箭拔起，箭頭上還有血跡，他想這兩個嬰兒一定是長白山上的千年人蔘，於是用箭頭開始就地慢慢的挖，不久真的挖出一條狀似嬰兒的人蔘來，他帶了那支人蔘回到原來牧羊的溪邊，開始啃著人蔘，先吃去兩隻手和兩條腿，正準備啃吃身軀時，人蔘突然掙脫他的手跳入溪中，不久力牧就昏昏入睡了。一覺醒來，已過了一百年，他站起來，伸伸腰，覺得身強無比，發出聲音，震動山谷，放眼看出，原來只有幾十隻的羊群變成了萬多隻，而且高大肥胖。於是自言自語的說，我剛才只是吃了人蔘的兩隻手和兩條腿，就產生了如此威力，如果吃了整個人蔘，那還得了。當他還沒說完話時，立刻烏雲密佈，昏天暗地，雷電交加，傾盆大雨，而他的羊群驚恐奔馳紛紛跌倒而死。他想這都是因為他剛剛講的話得罪了神，神見他貪得無厭，故意懲罰他。於是他跪倒在地，祈禱懺悔說：「神啊，我剛才不應該如此的貪求，請您處罰我，不要處罰我的羊群，牠們是無辜的，由我來『代罪羔羊』，說著，雷止雨停，雲層散去，陽光普照，而他的羊群又一個一個活了起來。（這故事是一家賣人蔘的中藥店所提供）

這個故事，不必去研究它是否誇大，而這個「力牧」後來又稱「神牧」。黃帝曾問他要如何管理全國人民，力牧說「牧民如牧羊」，也就是說「民之所欲」常存領導人之心，尤其一個地方上的「父母官」直接與人民發生關係，要隨時照顧人民愛護人民，要有「代罪羔羊」的愛心，所以歷史上稱現在省市縣長為「牧民官」，漢代稱各州的刺史為「州牧」。

黃帝用這些人治理天下的基本政策是：

順天地之紀，幽明之占，死生之說，存亡之難，時播百穀草木，淳化鳥獸蟲蛾，旁羅日月星辰水波，勞動心力耳目，節用水火材物《史記・五帝本紀》。

這一段話的語意是：順著天地陰陽四時，為人民制定生死存亡的禮儀，教人民按時播種五穀，養畜鳥獸，勸民善於利用山川材物。這其中包含了「仁民愛物」的偉大精神。

至於其他百官所作的事有於下之說：

義和占日（呂氏春秋、世本）　　叟區占星象（世本）

常儀占月（世本）　　　　　　　伶倫作律及磬（世本）

大橈作甲子（呂氏春秋）　　　隸首作算數（世本）

容成作調曆（淮南子）　　　　倉頡作文字（淮南子）

夷作鼓（世本）　　　　　　　尹壽作鏡（世本補注）

共鼓貨狄作舟（世本及山海經）　倕作鐘（世本）

揮作弓（世本）　　　　　　　牟夷作矢（世本）

雍父作杵臼（世本）　　　　　相土教乘馬（世本）

腸作駕（世本）　　　　　　　風后作指南車（世本）

伯宗作衣裳（淮南子）

以上都是一群發明家，至於由黃帝自己發明的有：釜甑《古史考》、和教人穿井《易井卦》。《世本》還說：黃帝作「冕」垂「旒」，以表示「目不邪視」「耳不聽讒言」。另外有兩件事特別補充說明。

黃帝的正妃嫘祖發明養蠶產絲，更為歷史上之大事，《史記》說：黃帝娶西陵之女，是謂嫘祖，為黃帝正妃，即後世的皇后。嫘祖怎麼會知道教民育蠶治絲，史迄無查考。民國十五年，李濟博士等人在山西考古，在夏縣西陰村新石器時代的遺址中，曾發現了蠶繭，殷商甲骨文字中有蠶、桑絲等字，絲為古代衣物主要原料之一，孟子說「五畝之宅，樹之以桑，七十者可以衣帛矣」。總之，嫘祖的這一發明對後世的貢獻實在很大，不過中國養蠶取絲的技術直至唐代才西傳。

大撓作「甲子」也是一件大事。所謂「甲子」就是「天干、地支」，天干：甲乙丙丁戊己庚辛壬癸。地支：子丑寅卯辰巳午未申酉戌亥。由甲子、乙丑等配合，再回到甲子，正好六十年，一個甲子就是六十年，六十大壽稱為一「甲子」。後世亦以此法來紀年度，如「甲午戰爭」「辛丑條約」「庚子賠款」「戊戌變法」「辛亥革命」等是也，又由於「子丑等十二支」而有所謂「十二生肖」或稱「十二屬」的來源，如子鼠、丑牛、寅虎、卯兔、辰龍、巳蛇、午馬、未羊、申猴、酉雞、戌犬、亥豬。這些習俗不僅沿用迄今而不變，且廣被鄰國日本他們的畫家還特別製作了一幅十二生肖圖。

黃帝時代的這些製作發明，顯示了中國文化的悠遠，而這些器物之發明均直接與民生有關，乃說明了中國人的「民本主義」已經在黃帝時萌芽了。

另外從《淮南子》、《通典》、《文獻通考》等史書中看到了黃帝在位時的整個社會現象：

徑土設井以塞靜端，立步制畝以防不足，使八家為井，井開四道而分八宅，鑿井於中，一則不洩地氣，二則無費一家，三則同風俗，四則齊巧拙，五則通財貨，六則存亡共守，七則出入相同，八則嫁娶相媒，九則無有相貸，十則疾病相救，是以情性可得而親，生產可得而均，欺凌之路塞，鬪訟之心弭，井一為鄰，鄰三為朋，朋三里為里，里五為邑，邑十為都，都十為師，師十為州，分之為井而計於州，則地著而數詳。自是人民不夭，百官無私，市不預賈，城郭不閉，邑無盜賊，相讓以財。風雨時，五穀登，虎豹不妄噬，鷙鳥不妄搏，遠夷之國，莫不貢其貢職。

　　由上觀之，真是一個最完美的理想社會。《大戴禮》宰我問孔子「黃帝者，人邪？非人邪，何以至於三百年？」孔子解說：「生而民得利百年，死而民畏其神百年，亡而人用其教百年，故曰三百年。」其德澤恩惠影響之深遠可想而知。

（三）黃帝成仙之說及其後裔

　　黃帝在位一百年，或說一百十一年（現今都以黃帝即位之年為西元前二六九○年）。後世史家多以為黃帝成了仙，如《史記》、《封禪書》、《孝武本紀》、《漢書·郊祀志》都說漢武帝北巡朔方，看到黃帝的墳墓時對左右說：「吾聞黃帝不死，今有冢何也。」或對曰「黃帝成仙上天，群臣葬其衣冠」。因是後世很多人都相信黃帝成了神仙。漢武帝甚至說：「吾誠得如黃帝，吾視妻子如脫躧耳。」

　　關於黃帝成仙上天的故事，據《史記》《封禪》說：「黃帝采首山銅，鑄鼎於荊山下，鼎既成，有龍垂胡髯下迎黃帝，黃帝上騎，群臣後宮從上者七十餘人，龍乃上去，餘小臣不得上，乃悉持龍髯，龍髯拔墮，墮黃帝之弓，百姓仰黃帝既上天，乃抱其弓與胡髯號。」

　　《封禪書》記述的都是上古帝王求「神」訪「仙」的種種活動，司馬遷說，帝王們祭天地諸神，名山大川以至封禪的祝詞，都是祝官、方士、巫士和神通等阿諛諂媚，投其所好，表面看來是帝王們敬事鬼神，策屬自己之大功，修至德，以仰答天意，迎接瑞應，為萬民祈求無疆的休祐，骨子裡則是想招致神仙，獲取長生不死的方術。

　　黃帝既已成仙，葬其衣冠於橋山。名曰：「黃帝陵」。

　　黃帝陵位於陝西境內中部縣西北，有一座子午山，有一條洛水的支流沮水穿山流過，故名橋山。陵墓是一座土冢，高二丈，前有一亭，中置龜基石碑，上書「古軒轅黃帝橋陵」。周圍有古柏六萬餘株，離黃陵半公里，在橋山麓有軒轅廟，廟前

有千年古柏。

歷代對黃帝陵均崇祀有加，漢武帝即曾於西元前二〇年祝祭黃帝陵。

按陵者，冢也，焰名天子冢曰山，漢始曰陵。陝西橋陵，為漢人所建，特立「黃帝紀念碑」。其時匈奴屢擾北疆，故建黃帝紀念碑者，以表示大漢無畏精神。民國廿四年國府主席發起重修黃帝橋陵，並明定清明節為「民族掃墓節」，每年於此日此地舉行隆重慶典，時至今日中樞仍不忘遙祭黃陵。民國卅三年且將陝西的中部縣改名為「黃陵縣」。

黃帝娶了四個妃子，一共生了廿五個兒子，後世知其姓氏者十四個，而十四人中一共是二十姓，因為其中有二人姬姓，二人已姓。這十二姓是：姬、酉、祁、已、滕、葳、任、荀、僖、姞、儇、依。其子孫散布天下。周代的犬戎也是黃帝的後裔。所云兩個姬姓者應該是正妃嫘祖所生，一個叫玄囂，一個叫昌意。

下面依據司馬遷《史記》三代世表有關黃帝後裔的情形簡單列述於後：

昌意生顓頊，號高陽氏，是為五帝中的帝顓頊。

帝顓頊生窮蟬，窮蟬生敬康，敬康生句望，句望生蟜牛，蟜牛生瞽叟，瞽叟生重華，重華就是五帝中的帝舜。

又說顓頊生鯀，鯀生文命，文命就是禹。

但依上所記，由顓頊到帝舜，經過七代。而由顓頊到禹只經過三代，而帝舜在前，禹在後，為何有如此差異，《史記·索隱》：「《漢書》謂顓頊五代而生鯀」，所云「五代」已經失傳（請參閱後面第三章）。

玄囂生蟜極，蟜極生高辛氏就是五帝中的帝嚳。帝嚳生放勳，放勳就是五帝中的帝堯。

帝嚳次妃生契，是殷商的祖先。

帝嚳元妃生棄，是周的祖先。

商周是國史上享國最久的朝代，商為六百多年，周為八百多年，二代之先祖均出帝嚳之後。他們的祖先都有神話傳說，待後面再述說。

（四）附錄：中華民族的紀元，是否從黃帝開始

有關中華民族的歷史紀元，是否應從黃帝開始，著者曾撰有專文，原載「新天地」，後收入拙著《新民族史觀》一書中（商務人人文庫），茲附錄於下，以供參閱。

　　《新天地》五十二期「專載」王奉瑞先生大著《中華民族應用黃帝紀元》，拜讀以後，感慨萬千。

　　王先生是當時的國民大會的代表，聯合其他代表共一百十七位，在國民大會會議上，向政府建議「採用黃帝紀元」。為免讀者翻查原文，特錄王代表等建議的理由於下：

　　　　曠觀寰宇有史之國家，其能保存紀念之實，而至今不斷，猶可查考者，只我中華一國而已。惜昔時定為正朔之年號，均隨歷朝統治者帝王之生死而變易，甚至有在同一帝王之世，數更年號者。於是時代愈久年號愈多，記憶過去之年歲，益增困難，國人莫不引以為憾。故近人有兼採西紀（耶穌紀）以與歷代帝王年號相參照者。然自中共竊據大陸後，數典忘祖，已廢棄我國正朔，完全採用西紀（耶紀），此種辦法不啻為匪張目，尤非所宜，更以西紀至今不過一千九百六十年，如用五千年以上之吾國歷史，對於漢朝以前之年代，不得不用倒記之方法，而與吾人之前後相連之數字觀念相悖，不便實多。夫以立國悠久之吾國，竟無本國一貫之紀年制度，殊非所以紀念先民立國締造之艱難，及養成國民繼往開來之理想。以視採用神武紀元之日本，採用檀紀之大韓民國，及採用佛曆回曆之各國，豈無慚色。本代表等有鑒於此，特提議咨請政府兼採用黃帝紀元，簡稱中曆，公布施行。日常一切應用，無論政府民間，仍一律照現行辦法，按中華民國正朔，使用中華民國紀年，必要時兼註黃帝紀元（中曆），如民國元年即中曆四六零九年，民國四十九年即中曆四六五七年，西曆（耶曆）元年為漢平帝元始元年，即中曆二六九八年。所有歷史編年紀事，悉將歷朝帝王年代，附註中曆年數，庶能便於參照，而建立一貫之統一紀年制度，藉以尊重悠久之國史，宏揚本國之文化。此與辛亥革命武昌起義時國父採用黃帝紀元之原意相符，又與現行共和建制之中華民國正朔不悖。

　　據文中透露，行政院對王代表等的建議答覆說：「原建議用意至善，自當詳加研究」，這些「用意」、「至善」、「自當」、「詳加」、「研究」等，原是官場上所慣用的字眼，無意在此推敲討論。而王先生等認為時至今日行政院已「研究」了「六年」的長時間，「尚無結果」，「深感詫異」。於是在今年（民國五十五年）的國民大會上重行提出，並向當時的嚴院長提出四點「質詢」，請求答覆。

　　行政院對王奉瑞等代表的「質詢」，是否答覆，如何答覆，後來答覆了沒有，

我不知道，然而，至到今日，時過而境遷，而人事已非，這件「公案」早已歸檔塵封。

好一個《中華民族應用黃帝紀元》的建議。就它的「形式」看，雖屬一件「公文」；就它的「內容」看，則是一篇富有相當「學術價值」的文章。

誠然，王先生等的「用意至善」何以行政院「研究了六年」尚無「結果」呢，何以國民大會『送請政府辦理』，這個頗有「強制性」的「決議」，「政府必須辦理」，而又不辦理呢？我想，因為：

第一、這是一個「學術」問題，不是「政策」問題，政府能不能以「政府命令」解答「學術」問題。

第二、這是一個「歷史」問題，不是「法規」問題，政府能不能以「政府命令」解答「歷史」問題。

如果「學術」問題的前題可以成立，那麼任何人都可以提出討論、辨駁，當義理成熟，行之久矣，自可「約定俗成」，何勞政府以命令公布。

如果是歷史問題，便是「實事」問題，任何人可以有「史觀」，而不能改竄「史實」，政府更不宜以命令變更史實。

王奉瑞先生等的「建議」，既是一個「歷史學術」問題，應該為文向學術界呼籲，彼此討論辨正，獲得學術界普遍的公認與支持，此刻雖有一百十七位國大代表署名，但「歷史學術」問題，怎能斷然以「代表」自居呢！況且王先生等對國人某些「國史」的基本觀念尚未弄清楚呢！

現在把我的「感」與「想」述說在下面：

第一，中華民族的紀元應不應從黃帝起。

現在學者專家都否認有關黃帝的歷史記載是真實的。

我們現在所知道有關黃帝的歷史記載，大多是依據《史記》一書，清末以前的史家，無不奉《史記》為「鼻祖」。治史者少有否認太史公《史記》中的「史實」，僅僅批評其中有「前後重複互異」的地方。而這種「矛盾」的產生，又是不得已的事，唐人張照已經代他解釋，以為「春秋之義，信以傳信，疑以傳疑，子曰吾猶及史之闕文，夫與其過而棄之，無寧過而存之，一事而傳聞異辭，則並舉而互見，不敢以己之臆橫斷往古之人。」其實司馬遷撰《史記》已經做到「謹慎」得不能再謹慎了，他除了「載籍極博，猶考信於六藝」的標準外，每述完一事，為了怕後人懷疑他在作「偽」，都要說明一下，交待一番，如

〈五帝本紀〉：「太史公曰：『學者多稱五帝尚矣，然《尚書》獨載堯以來，而百家言黃帝者，其文不雅馴，薦紳先生難言之⋯⋯⋯余嘗至空洞，北過涿鹿，東漸於海，南浮江淮矣，至長老皆各往往稱黃帝堯舜之處⋯⋯⋯予觀春秋《國語》，其發明五帝德帝繫姓章矣，顧弟弗深考，其所表現皆不虛，書缺有間矣，其軼乃時時見於他說⋯⋯⋯余並論次，擇其言尤雅者，故著為本紀。」

〈大宛列傳〉：「太史公曰：故言九州山川，《尚書》近之矣，至禹本記山海經所有怪物，余不敢言之也。』」又如

〈刺客列傳〉：「⋯⋯⋯又言荊軻傷秦王皆非也，始公孫季功董生與夏無且游，具知其事，為余道之如是⋯⋯⋯」

《曆書》第四：「太史公曰：神農以前尚矣，蓋黃帝考定星曆，建立五行，起消息，正閏餘，於是有天地神祇物類之官，是謂五官。」

　　從上引這幾則事實來看，司馬遷懷疑的事，不但「多聞闕疑」還要親自到各地去查考，詢訪，對不明白的事決不隨便記，「不可考」的事就乾脆說「不知了」「不敢言了」，那麼《史記》中既言之，既記之，當然就是有相當依據的。

　　不幸得很，從民國以來，我們許多大史家反而懷疑起《史記》來了，像顧頡剛、童書業、楊寬等那些「疑古派」，他們的「古史辨」幾乎把中國的「古史」一筆勾銷，認為都是「無稽之談」的「神話」。他們「絕對堅持夏以前的古史傳說前身是神話」，因而

五帝是上帝的稱號；

禹是爬蟲，鯀是一條魚；

舜的弟弟是一頭象；

秦的祖先伯益是一隻燕子。

⋯⋯⋯⋯⋯⋯⋯⋯⋯⋯⋯

　　《史記》中「黃帝教熊羆貔貅貙虎，以與炎帝戰於阪泉之野。」這「熊」「羆」「貔」「貅」「貙」「虎」，應該是黃帝部將之名，或者是他的作戰部隊的番號，如同今天的「飛虎」「大鵬」「駱駝」等部隊名，又如今日童子軍的隊旗，或者是其臣下名，如帝舜時有臣名曰朱虎、熊羆，舜命以為伯益的輔佐（史記·五帝本紀）。況且黃帝本人就叫做「熊」。疑古派不知古人都喜歡用「獸名」以

「名」，如蒙古今天還有以獸為名的；至於作戰部隊以「獸名」為「名」，正如唐人張守節所云：「教士卒習戰，以猛獸之名名之，用威敵也。」疑古派說黃帝能夠利用那些野獸去作戰，所以「黃帝是天神」了。

《太平御覽》七十九引《尸子》：「子貢問孔子曰：『古者黃帝四面信乎？』孔子曰：『黃帝取合己者四人，使治四方，不謀而親，不約而成，大有成功，此之謂四面也。』」疑古派說「四面」就是「黃帝長了四張面孔」，不同意孔子的解釋（按《尚書》、《周禮》、《呂氏春秋》、《淮南子》等書謂古者天子春面向東，夏面向南，秋面向西，冬面向北，此或為四面之正解）。

又《大戴禮記·五帝德》謂宰我問孔子：「黃帝者，人邪？非人邪，何以至於三百年乎。」孔子解說：生而民得其百年，死而民畏其神百年，亡而民用其教百年，故曰三百年」。疑古派認為黃帝既在位「三百年」，當然是「天神」了，以為孔子故意作這樣的解釋。他們又斷然認為《論語》未提到《春秋》的事，不承認《春秋》是孔子所作的。於是司馬遷簡直不是寫歷史，而是「閉門造車」的編「神話故事」。我真不懂，疑古者不相信《史記》等古史，卻很相信山海經等一類的書，他們常常引用山海經裡的材料來駁斥正史和經書。（以上言論已在本書前節說過了，因本文是另一篇專著補入在這裡，因而重複。）

另外我要在此指出的是「考古學家」，此派人物是今天中外學者史家認為是最「紅」和最「科學」的一派。我不敢亦不便在此多談。的確近世考古者對考證人類歷史貢獻至大，不過，他們又太過於相信「地下資料」，似乎以為沒有地下資料為證的歷史，都該是「傳說」。所以他們於發現「甲骨文」之後，認為中國歷史從商朝盤庚遷都以後（西元前一三八四年）才是「信史」，其以前都應屬於「傳說時代」。因為「甲骨文」所記載的多是商朝中後期的事，其以前即屬於沒有文字記載的「傳說時代」了。

誠然，殷代的歷史，孔子曾嘆不能言，不能徵，而我們能在數千年後言而且徵，當然是甲骨文的出土所帶來的貢獻。然而考古家不先有文獻，鋤頭從何挖起？不先有地上史料，則地下遺物從何印證？一片甲骨，一塊古銅，何以能為文數萬，難道不是依據地上的文獻嗎？所以論中國古史，雖不可疏視「田野」，尤應坐鎮「書齋」；雖不可漠視「實物」，而應先徵文獻。幾千年以前或者更遠的歷史，都要靠鋤頭把它挖出來才算真信，那是萬不可能的事。況且，一塊「瓦片」真能認識，或者代表某一時代的「文化」嗎；一個「土坑」真能判斷，或者反映某一時代

的社會環境嗎？我這樣說，決不是否認「考古」的價值與意義，一如「考古」不能「以偏概全」的道理是一樣的。

因此中國歷史，應先依據古人記載在籍者為可信，挖出來的東西只是一些旁證，證明文字記載不誣。時至今日，考古家所挖出來的古物，只有證明文字所載為真實，尚未否認古史為虛妄。如《史記‧項羽本紀》，記載秦將軍章邯等向項羽投降的地點是在「洹水南，殷墟上」，考古者在那洹水南發掘出的甲骨銅器等，不就是殷商時代帝王的首都所在嗎？小屯的那些甲骨片，不是證實了《史記‧殷本紀》的殷王世系，並非太史公的閉門造車嗎？

考古者所考出的古物，既證明某些古史為實，其他未證明的史實，古物既未考出，而又無其他典冊證明其不實之前，我們應堅信無疑。由是，《史記》記載黃帝的事蹟，國人有何理由懷疑不信，誰不信《史記》者，請「拿證據來」，若如「古史辨」者，不是證據，是「牽強附會」也。

以上所論，無論「疑古者」也好，「考古者」也好，他們其中也許已「蓋棺論定」。然而其影響所及，以為現在人治史，必須講求「科學方法」，如沒有「地下材料」作證，就不能書之為「真實歷史」，不照這種「新」的史學方法治史，就不配為「史家」。於是，我們現在的史家普遍的都懷疑起「古」來了。請您們到各大書局翻翻大史家們所編寫的中國通史，其中有那一位是把黃帝以及夏以前的歷史，說成「真實歷史」的。因為不如此，他們便趕不上「時代潮流」。又由於這「時代的潮流」影響到我們的教育當局了，請您們看看中小學使用的「標準」歷史教科書，於述說黃帝的歷史時，滿紙「相傳」黃帝如何如何，「傳說」黃帝如何如何。教科書是當今大史家編撰，而經教育部審定合用，書中既教育未來國家棟樑，不要把黃帝當作真實歷史來讀。明乎此，王奉瑞等代表又憑什麼還向行政院建議《中華民族應用黃帝紀元》呢？

黃帝以前還有真實的歷史

許多史家既懷疑《史記》記載黃帝的事蹟的真實性，而又認為司馬遷撰寫《史記》自黃帝，則黃帝以前的事，就更不可靠，更不值得信了。

其實司馬遷編撰《史記》雖起自黃帝，並不影響黃帝以前的史實。這是古人治史的「方法」，如同司馬光撰《通鑑》從周威烈王開始是同樣道理。太史公說：「維昔黃帝，法天則地，四聖遵序，各成法度」所以作〈五帝本紀〉第一。他並沒有否認黃帝以前沒有「史實」，而且在他的《史記》中有好多地方就根本提到黃帝

以前的歷史，如自序中說：「余聞之先人曰，伏羲至純厚，作易八卦。………」；
〈五帝本紀〉中也提到神農氏，黃帝就是代神農氏而有天下也；律書中也提到神農
氏，《封禪書》更提到伏羲神農封泰山之事……。其所以不為伏羲神農等作紀立
傳，大概是孔子所說的「文獻不可徵也。」知其一，不記其二，反令後人困惑，不
如「寧缺勿濫」。同時他撰《史記》是繼承他祖宗的遺志，我們在其自序中可以看
出，他父親執著他的手說：「余先周室之太史也，自上世常顯功名於虞夏，典天官
事，後世中衰，絕於予手，汝後為太史，則續吾祖矣。」又曰：「余死，汝必為太
史，為太史，無忘吾所欲論者矣。且夫孝始於事親，中於事君，終於立身，揚名於
後紀，以顯父母，此孝之大者。」很明顯的，司馬遷的《史記》是接著他「祖宗」
已有的史稿，至少是在他父親手裡完成了一部分初稿，遷本著其父的「遺志」整理
編定「罔羅天下放失舊聞」而成，所以他說：「余所述故事，整齊其世傳，非所謂
作也。」

寫歷史是學問中最繁艱的工作，司馬遷在有限的人生中能完成上迄黃帝下止
漢武「凡百三十篇，五十二萬六千五百字」的鉅著，後世史家誰能望其項背。也許
「五十二萬字」，在今天許多「作家」的眼裡，不過三兩個月的工夫罷了。然而誰
也無法不承認《史記》五十二萬字，字字都像金石一樣，落在地上，可以發出音響
來，這樣一位偉大史家能在中國歷史上出現，能不是中國的光榮。可是，我們的史
家，至今未替他好好立個傳，反而誣詆他是個「說謊者」，指他為「神話家」、
「寫武俠小說的人」。然而，我們的鄰邦──日本卻對司馬遷恭維備至，他們已出
版了一本「司馬遷傳」寫的很好很好，我們的史家真是慚愧慚愧。

話似乎扯得有些離譜了。總之，《史記》不應懷疑，《史記》以前的歷史不
可抹煞。司馬貞補《三皇本紀》；劉恕作《通鑑外紀》，都把「三皇」之事蹟列
入，是非常正確的。司馬貞說：「太史公作《史記》，古今君臣宜應上自開闢，下
迄當代，以為一家之首尾。今闕三皇而以五帝為首者，正以《大戴禮》有〈五帝德
篇〉，又帝繫皆敘自黃帝以下，故因以〈五帝本紀〉為首。其實三皇已還，載籍罕
備，然君臣之始，教化之先，既論古史不合全闕，近代皇甫謐作帝王代紀，徐整作
三五曆，皆論三皇已來事，斯亦近古之一證，今並採而集之，作《三皇本紀》，雖
復淺近，聊補闕云。」胡克家註補《通鑑外紀》說：「道原（劉恕字）不載荒唐之
說，不窮幽渺之辭，雖博引詳徵，而其旨必軌於正。」

唐人司馬貞，宋人劉恕所述「三皇」事蹟，乃係參考了《易繫》，《列子》，

《國語》，《帝王世紀》，《白虎通》，以及《漢書》《晉書》的律志，《尚書·序疏》，《禮記·月令》，《太平御覽》等等古史總括而成。正如胡克家《通鑑外紀補注序》云：「所採自經說史傳，諸子百家而外，旁及譜諜，纖締卜筮占驗之書，不下二百餘種，實足以囊括古今之事變，推明眾史之同異。」

「三皇」事蹟，有這多的「史料」可徵，我們豈可一律視為「神話」。歷史本來帶有「神話」的色彩。所以有人說：「歷史乃神話的本質，神話乃歷史的誇張，剝掉神話的誇張，便是本質的歷史。」三皇事蹟，固略帶誇張，大部分仍屬本質的歷史。而且這些紀錄，不失為歷史的一點一線，如果徒把這些舊點線去掉，而又無新的「點線」發現，那就不成為一個完整的歷史了。

憑個人主觀的見識，認為古史皆空，這好比有一個人，自幼失去父母，及其長大，人告某人是他父親，他或懷疑，但那被懷疑之人，總比未被懷疑者可靠。或傳聞有失，究竟有傳聞，他不能因懷疑有失，而否認他有父親。我們對古史的看法也是如此，不能因懷疑而全部否認，不然，我們的歷史從何而生，從何而來？

否認夏朝，則商朝歷史從何接起，否認黃帝，則夏朝歷史不得而講，否認三皇，則五帝歷史從何而生。

所以《史記》告訴我們，夏商周的祖先都是黃帝之後，黃帝又是少典之後，《國語》又告訴我們少典生黃帝炎帝，我在論〈黃帝伐蚩尤不是民族禦侮戰〉一文中論述黃帝是神農氏的後代，他與炎帝（榆罔）是同胞兄弟；否則也同宗。我們再據《易繫辭下傳》「庖犧氏沒，神農氏作」的說法，神農為伏羲子孫是無疑的。而且據《左傳》的記載，春秋時代的任、宿、須句、顓臾等國都是他的遺裔，再據《帝王世紀》「燧人氏沒，庖犧氏代之，繼天而王」，又偽三墳「伏羲氏，燧人子也」。《禮記》註云：「遂人在伏羲前，始王天下也」由這些古史的記載，我們可以很科學的從三皇到五帝，列出他們為「同一血統」的簡表。

在此，值得我們特別重視的是《周易》這本書。其《繫辭下傳》第二章說：「古者包犧氏之王天下也，仰則觀象於天，俯則觀法於地，觀鳥獸之文，與地之宜，近取諸身，遠緊諸物，於是始作八卦，以通神明之德，以類萬物之情，作結繩而為网罟，以佃以漁，蓋取諸離。包犧氏沒，神農氏作，斲木為耜，揉木為耒，耒耨之利，以教天下，蓋取諸益。日中為帝，致天下之民，聚天下之貨，交易而退，各得其所，蓋取諸噬嗑。神農氏沒，黃帝堯舜氏作……」試問這不是真實的歷史記載嗎？雖然，伏羲只畫八卦，文王周公為辭，孔子再作十翼，由見，《周易》這本

書是由伏羲、文王、周公、孔子四聖先後完成的一部集體創作。由於這部哲學兼史學兼象數學的著作義理玄奧，年輕一輩，沒人肯下工夫去弄懂它，或鄙其「荒誕」而放棄不顧；或畏其「深奧」而不敢問津。曹敏教授，前於研究黑格爾之餘，再研討易經，繼而以易經斥黑格爾，並在「新天地」先後發表多篇宏文，可謂研究易經之有心得者。

據邊疆語文經史學家趙尺子教授的研究，略謂：「現所確知者，庖犧所畫八卦，乃八個字，即一二三四五六七八數字之起源；而『三』在『畺』字中保存，『☵』（坎為水）在『益』（益）字中保存，所有『水』（水）字均是『☵』字。只此二字亦可作為庖犧所用語言（文字乃語文的符號）與殷人所用語言完全相同之堅證矣。」由此可見庖犧氏到五帝及於夏殷不但同一血統，而且同一語系，中國文字的起源創造者，應該是伏羲氏而不是倉頡。

總之，易經是中國的一部最古的哲學兼史學文字學的著作，哲學家們既不否認伏羲的哲學思想地位，歷史家們也不應否認其帝王政治的存在。

中國歷史可上溯及燧人氏，所謂「三皇」即是指燧人（天皇）伏羲（人皇）神農（地皇）而言，筆者已另撰〈從三皇事蹟論四海一家的國史觀〉一文，茲不贅述（見本書第一章）。此處值得先一提的，民國十八年，中外考古家在中國河北省房山縣周口店附近的山中，發掘出一個完好的人類頭骨化石，經專家鑑定是屬於五十萬年前的人類，學名叫做「中國猿人北京種」，簡稱「北京人」。這的確是考古家們一項最偉大的成就，因為「北京人」的出現，首先幫我們打倒那些主張中國人是外來的荒謬理論。很不幸的，我們現在所保存的「複製品」等於是他的一張照片，他的形體又毀於日本鬼子的砲火。當「北京人」在中國出現七八年的時間中，考古家們雖沒肯定他是中國五十萬年前的「老祖宗」，但也不否認他不是我們的老祖宗。照「理」來說，「北京人」既是在中國領土內發掘出來，難道不是中國人的祖先？（本書前面已經提到考古家在山西發現的「西侯度」，雲南的「元謀人」，雖比「北京人」的年代更早但「遺物」極其簡略。）

再據考古家的研究，「北京人」已有控制「火」的能力，在中國古史裡，火是天皇燧人氏的創作。因此我們根據數十種古史經傳的記載，由燧人而伏羲而神農，也就是在黃帝以前，我們中國人已有了「火」的文化，「製網罟」的文化，「畜牧漁獵」的文化，「烹飪」的文化，「建築」的文化，「治麻絲布帛」的文化，「哲學思想」的文化，「創造數字」的文化，「家庭制度」的文化，「夫婦婚嫁」的文

化，「社會倫理」的文化，「創造樂器」的文化，「宗教信仰」的文化，「工藝制作」的文化，「農業」的文化，「農具製作」的文化，「煮海水為鹽」的文化，「商業」的文化，「醫藥」文化等等不及一一列舉（本書第一章已論及）。由這些實事證明，中國歷史何止五千年，應上溯四五十萬年，所謂「五千年的中國歷史」已是「落伍」的說法了。中國不僅有四五十萬年的歷史，而且有四五十萬年的文化，明乎此，王奉瑞等代表建議《中華民族應用黃帝紀元》，豈不把中國歷史的「頭」割去了，又怎能稱為一個完整歷史的國家呢？

第二，我們應不應打破狹隘的民族觀念。

關於這一點，有幾位歷史學者曾在《新天地》提出討論與呼籲，筆者亦先後發表幾篇「四海一家」的國史觀，指出在中國的領土內（包括外蒙、東北新疆西藏在內），從歷史上到現在，都是「炎黃」子孫的活動範圍。趙尺子教授更指出今天的「西伯利亞」，本是中國歷史上的領土，名之曰「鮮卑利亞」，我們的同胞老早就在那些地方活動，是有相當歷史根據的。

所謂「北狄」「東夷」「南蠻」「西戎」乃是先賢就文化與生活方式不同來區別那些居住在邊疆的宗族。司馬遷告訴我們秦漢時代的匈奴是夏后氏的後代，我已在《新天地》發表〈論匈奴不是異民族〉一文，可參四十九期，現編入拙著《新民族史觀》一書中（商務人人文庫）。兩晉時代的所謂「五胡」（包括鮮卑、匈奴、羯、氐、羌等），隋唐時代的契丹、兩宋時代的女真、西夏、以及蒙古、滿清，這些「同種」而「異名」的宗族，我們都可以分別從《後漢書》、《晉書》、《魏書》、《北齊書》、《周書》、《北史》、《新舊唐書》、《遼金元史》等等正史裡考查出來，他們無一不是「炎黃」的子孫。趙尺子教授更從語言文字考證今天的蒙古、滿洲、回回（黃種回回）的語言，即係我國三千六百年前夏朝時候的「複音語」，證明這些邊疆宗族的語文與我們今天的「漢語文」（單音語）是同一個語系。由是血統也同、語言也同，而又居住在中國領土內，當然是同一個大中華民族了。

很遺憾的，中國歷史上本無「民族」「種族」和「異民族」的稱號，到民國以來，這些名詞都出現在有關歷史和政治課本裡，有些民族史家更不惜以畢生精力，在書齋裡從事「中華民族」的「支解」工作，把一個完整的中華民族，「剖解」得骨肉分離，身首異處，令人「慘不忍睹」。而教育當局新審定的中學歷史教科書，仍以「漢族」為「中華民族」，「中原」為「中國領土」，視中原以外的同胞為

「異民族」，於是：黃帝伐蚩尤，舜禹征三苗，商討鬼方，周公定東夷，管仲攘北狄，秦漢討伐匈奴，都是「中國人」去討伐入侵的「外國人」；南北朝時代北方宗族的南遷；兩宋時代遼金夏的紛擾，認為是「異民族」入侵「中華」，尤其蒙古人建立的元朝，女真人建立的清朝，認為是「異民族」滅亡了「中國」，「異民族」統治了「漢族」。於是，「夷狄」、「外患」、「入寇」、「南侵」、「北征」、「民族歧視」、「民族革命」，以及「蒙古、滿清以異族入主中國」等等「敵對」的詞語都搬入歷史教科書中；又如地理課本中也說：「環繞我國的許多民族如匈奴、鮮卑、蒙古、吐蕃、滿人，有時國力很強，並能侵占我國的土地。」

我們自己人對中國歷史的「民族觀念」是如此，於是外國人對中國歷史的「觀念」也是如此。陶晉生先生在《思與言》月刊上，介紹美國的一批「漢學家」，對於中國邊疆史的研究，就是完全採「漢族」與諸「異族」的敵對態度，尤其費正清之流，根本不瞭解中華民族的本質，一如我國某些史學家硬把長城以北的中華民族，寫成中華以外的敵族。把中國的「內戰」寫成「禦侮」。彼等所作論調，我們不敢說必「另有用意」，但從費正清所發表的那些荒謬言論來看，可見他對中華民族早存有不正確的觀念。中國人不可不深加留意與警惕。

姑不論外國人對中國歷史觀念如何，我們應檢討自己人這種「狹隘」的歷史民族觀對不對，如果大家認為不對，何以不「修」正；如果認為「對」，則中華民國的領土被他們「割掉」了一半，因為他們認為「長城」以北，都是「異族」老家。從空中俯瞰「萬里長城」恰是中國南北的一條分界線。同時中華民族的歷史也要被他們「刪去」南北朝時代屬於「北朝」前後二百八十九年的歷史，五代中屬於後唐後晉後漢後周三十九年的歷史，兩宋時屬於遼金夏三百一十八年的歷史，以及蒙古亡宋獨統中國八十九年的歷史，和滿清亡明專制中國二百六十八年的歷史。因為這些時間的歷史，大家認為是鮮卑人、沙陀人、契丹人、女真人、蒙古人、滿人等「異民族」所統治所領導的歷史，根據前面小計一共是一千零四十七年歷史。而所謂「中國五千年歷史」從黃帝建國起，到今天中華民國九十九年，實際僅有四千七百多年的歷史。而中國有正式統一國家乃自秦始皇統一六國開始，秦以前的中國四分五裂，不知那個諸侯代表中國，孟子所謂中國，乃「中原」之「國」。而秦統一中國乃在西元前二二一年，是中國有完整統一國家的歷史，實際上僅二千一百八十餘年（參《新天地十九期》）拙文予豈好辯哉），如果再把「異民族」一千多年歷史踢開，則所剩不過千多年歷史了。試問中華民族的歷史可以這樣

去分割嗎？明乎此，王奉瑞等代表，不先建議把「四海一家」的國史觀建立起來，徒建議《中華民族應用黃帝紀元》，真是「捨本逐末」了。

第三，我的結論與建議。

近世以來，中國史家學者著書，往往於述說某一重要事蹟時，除書當代年號外，另補記「西元，或公元某某年」。此為便於讀者溯推某事距今若干年，此種附註「西曆」的方法，蓋為世界各國所通用，我國人用之，對民族意識並無影響，亦無辱中華國格。且著者讀者似已引用習慣，一旦改用「中曆」，於明瞭某事，反增記憶困難。同時已出版書刊不能因政府命令一一改版，而新出版書刊又一律要遵採「中曆」，況且凡需兼註「西曆」或「中曆」之書刊，多為歷史著作，則後人讀附註「中曆」之書刊，要查對以前附註「西曆」之書刊，豈不更感困惱，易生錯誤。王先生等建議起用黃帝紀元，此與用中華民國紀元並無二致，蓋黃帝以前還有一大段歷史是實事，已如上述，若斷然自黃帝紀元，不但沒有「尊重悠久的國史」，更不足以「宏揚中國文化」，反而摒棄了「中國歷史文化」。是故，欲改中國紀元者，應自三皇始（燧人之年雖不可考，但《列子·揚朱篇》云：「太古至於今日，年數固不可勝紀，但伏羲以來三十餘萬歲。」）此較日本之採用「神武」，韓國之採用「檀紀」為紀元更符合歷史實事。

請建立「四海一家」的國史觀，不要把「戎」「夷」「狄」「蠻」「匈奴」「鮮卑」「羯」「氐」「羌」「契丹」「女真」「蒙古」「滿清」「回」等宗族視為「異民族」了。他們在今天固不是「異民族」，在歷史上也不是「異民族」，因此我們的史家寫中國通史，編教科書都應以「四海一家」的觀念落筆。其實，這並不是「史觀」，根本就是「史實」，根本就是歷代史家所留記下來的真實史實。

請不要太疑古了。地下史料能夠繼續挖出來證實古史的真實性，當然更好，但在未挖出「遺物」以前，不要先懷疑。事實上，幾千年幾萬年前埋藏在地下的古物，時至今日，已經不可能完整了。既找不出一套完整的遺物，又怎能證實某一件事的真與不真呢？到目前為止，考古家究竟找出多少「遺物」能證明「古史」之可信，又找出了多少「古物」能證明「古史」之不可信呢？因此，只要能在典籍上找到記載先秦上古的資料，我們都不可抹煞。縱使僅有一點點「蛛絲馬跡」也應重視它的價值，如同考古家發現一支骨針，一根毛髮，一顆臼齒一樣的重視。如果一塊「枯骨」可以揮筆為文數萬言，一本古書反而視為「荒誕」，這種治學治史的方法，豈合邏輯！

帝顓頊

《史記‧五帝本紀》「黃帝崩，其孫昌意之子高陽立，是為帝顓頊也。」註者謂，高陽是其號，顓頊是其名，高陽在今河南杞縣，原為顓頊的封地，故號高陽氏。

《白虎通》謂，顓者專也，頊者正也，能專正天人之道，故稱顓頊。《風俗通》又謂，顓者專也，頊者信也。由見顓頊也是他的諡號。

《帝王世紀》等書謂，黃帝顓頊之間尚有「少暤」（昊）在位八十四年，《竹書紀年》也提到黃帝之後有少暤氏。有些史書還說顓頊是少暤的臣子，而《史記》《曆書》中亦曾提到「少暤氏之衰也，九黎亂德」等語。由於少暤在位期間，擾亂了人神間的關係，災禍接連發生，以致人民無法享盡天年。顓頊繼少暤而有天下之後，命令南正重主管有關天的事務，負責祀神，命令火正黎主管有關地的事務，負責理民，回復了原來的法則，災禍既不發生，人民亦不匱乏。

顓頊在位七十八年，《史記》說他「智慧深，謀略高，通達事理，畜養材物以盡地利，順時行事以法天道，憑依鬼神以制義法，調理五行以教化，潔淨虔誠以祭祀。」這簡單的記述，已道出一個「人君」的本分。他也曾遍遊天下，考察民情，足跡北到幽陵（今河北遼東之地），南到交阯（今越南），西到流沙（今新疆），東到蟠木（大概在東海之中）。「日月所照，莫不砥屬（平服之意）。」

帝嚳

《史記‧五帝本紀》「帝嚳高辛者，黃帝之曾孫也。高辛父曰蟜極，蟜極父曰玄囂，玄囂父曰黃帝。自玄囂與蟜極皆不得在位。」

劉恕《通鑑外紀》引據多種史書的記載與註解，謂「少暤之前，天子之號象其德，百官之號家其徵。顓頊以來，天子號因其地，百官之號因其事，高陽、高辛皆所興之地名。或云高辛非地名，乃德高而新也。或云顓頊帝嚳為帝之身，號高陽高辛者，皆國氏土地之號。或云嚳者極也，言能窮極道德，序三辰（日、月、星）以固民。」

帝嚳生而神靈，自言其名，十五歲便佐顓頊治理國事，三十三歲繼顓頊為帝，在位七十五年（《竹書紀年》謂在位六十三年）。在位期間，政治修明，《史記》說：

> 普施利物，不於其身，聰以知遠，明以察微，順天之義，知民之急，仁而

威，惠而信，修身而天下服，取地之材而節用之，撫教萬民而利誨之，歷日
月而迎送之，明鬼神而敬事之，其色郁郁（和顏悅色），其德嶷嶷（品德高
尚），其動也時（舉止適時），其服也士（穿著簡樸），帝嚳執中（秉持中
庸之道）而徧天下，日月所照，風雨所至，莫不從服。

這真是一個太平之世。戰國時代的屈原在《離騷》中也敘讚過他的事蹟。

《史記》說帝嚳的正妃生棄為後世周之祖先，次妃生契為後世商之視先，三妃
生放勛是為帝堯，四妃生帝摯。

帝嚳駕崩後，曾由帝摯繼位為帝，因荒淫無度，不修善政，僅在位九年而被
廢。

或問帝嚳四個妃子都各生一子，何以帝嚳死後，由四妃所生之子摯繼位，不由
正妃子或其他二妃三妃之子繼其位？蓋因正妃、次妃、三妃均晚於四妃生子，況且
正妃所生之子乃因在郊外踏了一個巨人足跡而有感懷孕生子（詳後），而次妃也是
因吞食了一個燕子的蛋而懷孕生子（詳後），被認為是不祥之子，因之由四妃之子
摯繼帝嚳為帝。摯被廢之後，正妃、次妃也許還未懷孕，既或生子，其年齡或許比
三妃之子放勛年小，而三妃生的放勛也比四妃生的摯小，因之《史記》說帝摯被廢
由放勛繼帝摯為帝。

帝堯

堯為帝嚳三妃所生之子。為什麼稱為「堯」，註者以「堯」為「高」也。後世
稱「盛世」為「堯年」。為什麼叫做「放勛」？有人說「放勛」是堯的名字，《尚
書》註者說「放勛」是他的諡號。「放」至也，「勛」功也，也就是言「堯之功大
而無所不至也」。《史記》註者也認為「放勛」乃「頌美之辭」。

堯年十五歲時便身高十尺，就協助其同父異母的哥哥帝摯處理國事，受封於
唐侯。因為他曾居住於陶（今山東定陶）和唐（今河北保定）的地方，因此稱陶唐
氏。二十歲登帝位後，定朝號為「唐」，是中國歷史上第一個出現的朝代名號。當
時中央政府設在平陽（山西）。

他的具體政治可以從後世史家歌頌他的文獻中得知。

《尚書·堯典》：

　　若稽古帝堯，曰放勛，欽明文，思安安，允恭克讓，光被四表，格於上下，
　　克明俊德，以親九族，九族既睦，平章百姓，百姓昭明，協和萬邦，黎明於

變時雍。

《論語・泰伯》：

大哉，堯之為君也，巍巍乎，惟天為天，惟堯則之，蕩蕩乎，民無能名焉，巍巍乎其有成功也，煥乎，其有文章

《史記・五帝本紀》：

其仁如天，其知如神，就之如日，望之如雲，富而不驕，貴而不舒，黃收服純衣，彤車乘白馬，能明馴德，以親九族，九族既睦，便章百姓，百姓昭明，合和萬國……顯然司馬遷採用了《尚書・堯典》中語意。

《淮南子》：

金銀珠玉不飾，錦繡之綺不展，奇怪異物不祝，玩好之器不寶，淫詼之滌不聽，宮垣室屋不惡色，布衣揜形，鹿裘御寒，衣覆不敝盡，不為更也。

劉恕《通鑑外紀》引《六韜》文：

不以私曲之故，害耕稼之時，吏忠正奉法者尊其位，廉貞平絜愛民者厚其祿，民有孝慈力率桑者，遣使表其閭，正法度，禁詐偽，存養孤寡，賑亡既之家，自奉甚薄，賦役甚寡。因之，百姓戴之如日月，親之如父母。

《說苑》：

存心於天下，加志於窮民，一民饑，則曰，我饑之也，一人寒，則曰，我寒之也，一民有罪，曰，我陷之也。因之，仁昭而義立，德博而化廣，故不賞而民勸，不罰而民治。

從以上資訊中，我們對堯的認識可列為以下數端：

他是一位真正愛民如子的君主

他是一位真正體察民情的君主

他是一位真正大公無私的君主

他是一位真正克勤克儉的君主

他是一位真正以德治民的君主

他是一位真正敬老慈孤的君主

他是一位真正以身作則的君主

他是一位真正愛好和平的君主

他是一位真正講求「責任政治」的君主

他是一位真正知人善任的君主

他是一位真正獎忠厚廉的君主

國父孫中山先生說：「中國堯舜是很好的皇帝，他們是公天下，不是家天下。」

很多人對「公天下」「家天下」的解釋都放在「帝位傳承」的上面，乃是一種對歷史上的某些事只「知其然，不知其所以然」的誤解。著者曾撰「釋公天下」一文，請看：

很多人認為古時候，堯不把帝位傳給自己的兒子，而傳給賢臣舜；舜也不把帝位傳給自己的兒子，而傳給禹，這種傳賢不傳子的政治，叫做「公天下」又叫「禪讓」政治。禹以後傳子或傳弟的政治叫做「家天下」。

據《史記》三代世表堯是黃帝的四代孫，舜是黃帝的七代孫，禹是黃帝的四代孫。因此，堯傳舜，舜傳禹，都是傳給自己的家族，只是他們不把帝位直接傳子而已。

這種不直接傳子的方法，從黃帝時已開始實行。《史記·五帝本》紀載：黃帝死，其正妃螺祖所生二子昌意、玄囂，都沒有直接承襲帝位，而是由黃帝孫昌意子來繼承，是為帝顓頊。顓頊死，也沒有傳給自己之子窮蟬，而由他叔父之孫高辛繼承，是為帝嚳。帝嚳死，也沒有由他正妃所生的兒子繼位，而由四妃所生之子繼承，是為帝摯。帝摯死，則由帝嚳三妃所生子放勳繼承，是為帝堯。後來堯傳給舜，等於把帝位又傳回去，因為他和他父兄的帝位，本是舜的高祖顓頊傳過來的。至於帝舜傳給禹，也不是傳給外人，而是他高祖的孫子。這樣傳來傳去，都是黃帝的後裔，而且代系都很接近。

國父孫中山先生說：「中國堯舜是很好的皇帝，他們是公天下，不是家天下。」但是，我們不要把「公天下」和「家天下」的分野，放在「帝位傳承」上。「公天下」的正確意義，應該是指一個作帝王者，他的所作所為是否完全以天下人民的公益為出發點，若以個人或家族為利益者，便是「家天下」。國父何以說堯舜為很好的皇帝，說他不是家天下呢？因為堯舜為帝，毫無私心，所作所為無不以天下人民著想。《書·堯典》載：「堯欽文明，思安安，允恭克讓，光被四表，格于上下，克明俊德，以親九族，九族既睦，平章百姓，百姓昌明，協和萬邦，黎民於變時雍。」司馬遷讚之曰：「其仁如天，其知如神。」又曰：「一人有慶，兆民賴

之。」《淮南子》載：「堯茅茨不剪，樸桷不斵，越席不綠，大羹不和。」又云：「戰戰慄慄，日謹一日，人莫躓於山而躓於垤。」《說苑》更云：「堯存心於天下，加志於窮民，一民饑，則曰，我饑之也，一人寒，則曰，我寒之也，一民有罪，則曰，我陷之也。」通鑑載：「不以私曲之故，害耕稼之時，存養孤寡，賑亡氓之家，自奉甚薄，賦役甚寡。」孔子曰：「大哉！堯之為君也。」

堯因自己是這樣一個克己自律，一心為天下人民著想的帝王，希望繼承他的人也像他一樣，當時很多人推荐他的兒子丹朱，堯並不是因丹朱是自己的兒子而不敢「禪」位，乃是早知其子不肖，不能承擔大任，於是把帝位推荐於舜。舜即位後，「克勤于邦，克勤于家」，將其孝心愛心，廣施眾人。《中庸》稱：「舜好問而察邇言，執其兩端，用其中於民。」陸九淵曰：「大舜之所以為大者，善與人同，樂取諸人以為善，聞一善言，見一善行，若決江河，沛然莫之能禦。」

很多人嚮往帝王生活及其威風，袁世凱做總統不過癮，偏要當皇帝。皇帝大權在握，「生殺予奪」往往隨心所欲。自古以來像堯舜「只存心於天下」的「皇帝」沒有幾個，故歷代大史家及國父孫中山先生均推崇備至。

堯在位時另有一件事值得在此一提，就是「觀象授時」，《尚書·堯典》及《史記》說「命羲和敬順昊天，法日月星辰，敬授民時。」羲和就是羲氏、和氏，掌天地之官，恭敬的順應上天，從日月星辰的運行，制定一年的曆法，敬謹的把時令傳授給百姓，百姓便可依時耕種。中國曆法由來已久，《史記·天官書》說「昔之傳天數者，高辛氏之前重黎，於唐虞羲和，有夏昆谷，殷商巫咸，周室史佚，萇弘…」，這些都是最古的天文家。堯同時派羲仲，羲叔，和伸，分別到東南西北去研究，由日出日入，晝夜長短，定出「春分、夏至、秋分、冬至」的日期，再推知朞年（冬至到冬至）有三百六十六天。其法較之今天的陽曆相差不到一天。為了使太陽年和太陰月配合，隨時安置閏月，《史記》「歲三百六十六日，以閏月正四時」。由見中國曆法之久遠而完備，中國傳統的農事都是依循曆法行事，所以「使民以時，農不違時，農不奪時」，成為傳統的優良農事政策。

在這樣一個「修明政治」之下，卻逃不了「天災」的厄運，很多人常把「天災」歸咎由「人君之不德」，也許有些的「巧合」，但從堯的「政教」措施來看，「天災」與「人君」的德行好壞是絕對沒有關係的。

堯時三大災害

一、猛獸：猰㺄、鑿齒、九嬰、大風、封豨、修蛇等，《淮南子》書中說，這

些都是古代會吃人的怪獸，有的牙齒長三尺，有的能吞大象，有的能毀壞房舍，危害人類甚大，都被堯的臣子們射殺。古代當然還沒有「保護稀有動物」的觀念。即如龍、鳳、麟等亦復不見。在今天的環境和人類的貪慾之下，某些稀有動物，若不善加保護，亦有瀕臨絕種之慮。

　　二、旱災：堯時有所謂「十日並出」，把人民的禾稼都晒死了，草木都晒枯了，堯的臣子羿射掉九個，解除了人民乾旱之苦，這「羿射日」的事當然是太「神話」了，以故司馬遷《史記》不提這些事，但從《淮南子》以及《楚辭·天問》中的這些神話，使我們知道堯時曾發生嚴重的旱災是可能的。

　　三、洪水：古代世界各地都曾有洪水為患的故事，尤其基督「聖經」中的洪水幾乎淹沒全世界。中國古代為什麼會有洪水的發生，據地質學家的研究，我國古代的氣候比現在暖和，雨量充沛，絕大部分土地森林茂密，郁郁蔥蔥，無數大小河川縱橫在森林草原之間，多於繁星的湖泊沼澤遍佈於大地上。後來隨著人類社會的發展，使這自然生態的土地上開始有了農作物，再由於農業經濟的逐步發展，山林平地的逐漸開發，自然生態環境遭到破壞，水土流失，河流決徙，洪水橫流情況就這樣產生了。

　　中國古代洪水的情況有四種史料描述：

　　　《尚書》：「湯湯洪水方割，蕩蕩懷山襄陵，浩浩滔天。」

　　　《孟子》：「當堯之時，天下猶未平，洪水橫流，氾濫於天下，草木暢茂，禽獸繁殖，五穀不登，禽獸偪人，獸蹄鳥跡之道，交於中國。」

　　　《史記》：「湯湯洪水滔天，浩浩懷山襄陵。」

　　　《淮南子》：「江淮通流，四海溟涬（無岸畔），無有平原高阜，盡皆滅之，民上丘陵，赴樹木。」

　　另外《淮南子·覽冥篇》說在伏羲氏後有一位女皇媧氏「…積盧灰以止淫水」，這是最早有洪水發生的記載。據說在女媧之後有一氏族叫共工也是治水世家，因在顓頊時爭帝位被顓頊殺害，後人仍繼續作治水的官。

　　堯為了洪水傷透了腦筋，先後用了多人治水。在位十九年時首先「命共工治河」。在位六十一年時「命崇伯鯀治河」。在位七十五年時「命司空禹治河」。

　　堯時雖有洪水之患，想非連年洪水，處處成災，乃因河川不暢，一陣豪雨便積水泛濫。史書所謂「洪水滔天」應只是短時間的現象，雨過天青，洪水仍會逐漸退出，而低窪地處還是會：「陰多滯伏而湛積，水道壅塞，不行其原，民氣鬱悶而滯

者，筋骨瑟縮而不達。」《呂氏春秋》

所以說疏濬河川，經常保持暢通，才是治水的基本方法，顯然共工未把河川疏通，堯不得不另求人才。

群臣和四嶽（有的說主管四方之事的官，有說是各地諸侯）一致向堯推荐鯀。堯以為鯀曾「負命毀族」不可用，四嶽以為找不到適合人選時，不妨先試用。堯因治水心切，勉強採用了四嶽的意見，果不出堯之所料，鯀治河九年期間，仍有三次洪水為災，可見河川並未疏通。後來還是舜做了堯的臣子後，用禹治水，水患始平（詳後）。

共工為何治水失敗，據《國語・周語》下記載說，是採用「墮高堙庳」的方法，就是將高的地方鏟低（墮高），把低的地方填高（堙庳），用土把水填堵起來，顯然是不可能的。鯀又為什麼也失敗呢？因為他也採用了共工的辦法，並把堤防增高，結果圍堵的水越積越多，最後把堤沖潰，大水更加橫流泛濫。也就是這種治水，堵了東邊而西邊潰堤，圍了南邊而北邊泛濫。辛苦九年，不但沒有成功，反而勞民，使人民損傷更大。

徵求繼任人選

堯在位七十年時，由於年歲已高，首先問四嶽們能接替我來執行命令、治理天下嗎？四嶽都說：「我們德行鄙陋，會沾污帝位。」堯說：那麼你們就「悉舉貴戚及疏遠隱匿者」吧！於是大家向堯推荐了一位未婚的民間孝子叫虞舜，堯對舜的孝行亦早有傳聞，後來也得知他的家庭背景是「盲者子，父頑母嚚弟傲」，而舜處在這樣的家庭裡仍能孝順父母、友愛弟弟，但不知他有沒有治理天下的才能？據《史記》等書的記載，堯採用了四種方式來試探。

（一）妻以二女：堯將兩個個性完全不同的女兒娥皇、女英一起下嫁給舜（依《史記》帝系表來看，堯舜皆黃帝之後，宋人歐陽修認為舜娶堯二女為妻等於娶了二個曾祖姑），看他如何處於二女之間，亦正如唐人張節所謂「欲以二女試舜，觀其理家之道也，視其德行於二女以理家而觀國也。」結果，二女由貴為帝王之公主，下嫁為平民之妻，居然安分守己、克盡婦道，相敬如賓。真所謂「家和萬事順」，堯非常高興，從而知其能「齊家」乃能「治國」。

（二）試用他做「司徒」。《書經》：「慎微五典，五典克從」；《史記》：「慎和五典，五典能從」。鄭玄說：「五典五教也」，五教也就是五常，即父子有親，君臣有義，夫婦有別，長幼有序，朋友有信。這些都屬於「司徒」的職責，司

徒本是掌「禮教導民」之官，舜擔任這個官職後，克盡職責，使君臣上下和百姓和協，遵循無失。

（三）試用他做「冢宰」。《書經》：「納于百揆，百揆時敘」。《史記》：「乃編入百官，百官時序」。註者謂「揆者度也，百揆者，揆度庶政之官，猶周之冢宰，掌邦治，統百官之官，類似今日之行政院長。堯試用的結果，都能「以時而敘」無有廢事。

（四）試用他為「四嶽」。《書經》、《史記》均云：「賓於四門，四門穆穆，諸候遠方賓客皆敬」。馬融說：「四門，四方之門，諸候群臣朝者，舜賓迎之，皆有美德也。」

以上「妻以二女以觀其內，任之百官以觀其外」的試用結果，無不稱職。另外堯還故意派他去山林川澤，雖遇著暴風雷雨而不會迷失，堯以為聖。於是將大權交由舜來處理，自己退居幕後，由舜「攝行天子之政」。

舜佐堯行天子之政後，第一步工作是巡行天下，考察民情。至於巡行的情形，史書記述簡略，只知他二月東巡狩至於岱宗（泰山），五月南巡狩，至於南岳（湖南衡山），八月西巡狩，至於西岳（華山），十一月北巡狩，至於北岳（恒山）。舜當時巡視東南西北的諸候，也就是各個部落的君長，並規定以後天子每五年巡視一次，諸候則四年一朝。

為統治方便起見，將天下分為十二州，每州封表一山，以為一州之鎮，並下令疏通各州的河道。這十二州即冀、兗、青、徐、荊、揚、豫、梁、雍、幽、并、營。

呼籲天下人民要循規蹈矩，觸犯刑法一定要制裁。但他昭示的刑法卻非常寬恕：

以放逐代替懲處，如犯罣、劓、荆、宮、大辟五刑的犯人不執行本刑，一律放逐罷了（流宥五刑）

以鞭杖作為對官府的刑罰（鞭作官刑）

以檟楚（楸樹做的鞭子）作為學校的刑罰（朴作教刑）

以黃金作為贖罪的懲罰（金作贖罪，馬融說，金就是黃金，有人說當時之金是指黃銅）

因災害或過失而犯罪者，一律赦免不究（眚裁過赦）

對一些怙惡終身為害於人的課刑決不寬貸（怙終賊刑）

舜巡視天下的過程中發現了一些弊端：

（一）很多人才遺留在野

如高湯氏有才子八人，人稱之為「八愷」（和樂君子），高辛氏有才子八人，人稱之為「八元」（圓融君子），這十六個家族，世代都能繼承前人善行，未曾敗壞令譽。

（二）很多地痞流氓危害鄉里

如帝鳴氏有個不長進的兒子，掩蔽他人的善行，隱瞞自己的罪過，為非作歹，天下人稱之為「渾沌」；少皞氏有個不長進的兒子，詆毀誠信，嫉惡忠直，獎飾邪惡的言論，天下人稱之為「窮奇」；顓頊氏有個不長進的兒子，胡作亂為（負命毀族），不接受教訓，天下人稱之為「檮杌」（古之惡獸，喻兇惡之人）。這三個家族，世世代代為人所厭惡鄙視。另縉雲氏也有一個不長進的兒子，貪飲食、好財貨，天下人稱之為「饕餮」（古之惡獸，喻貪吃貪財者），人民無不厭惡。這「渾沌、窮奇、檮杌」三個惡徒以及「饕餮」合稱為「四凶」。附註：《史記正義及集解註》：渾沌是讙兜、窮奇是共工、檮杌是鯀，饕餮是三苗，前三者為黃帝子孫，三苗是神農炎帝子孫，在黃帝時曾為縉雲（夏官）之官。

（三）很多官吏不適任

他發現鯀治水不但沒有成功，而是用「築堤堵水」的方法，結果堤壩沖垮，人民受害更大。另一群負責水利的工程官也怠棄職守，掩飾過錯。

（四）三苗在江淮作亂

居住在江淮、荊州之間的三苗，原屬神農炎帝一支的後裔，從事農耕，有一些「頑民」對中央不滿，《史記》說他們「數為亂，貪於飲食，冒於貨賄」，造成地方不安。

舜巡視回來後向堯作了一個報告，並請准作了於下的處理：

（一）啟用「八愷」的後人，掌管全國地政事務，因地制宜，使農業適合發展，舉用「八元」的後人，到全國各地宣揚倫理道德，因是父義、母慈、兄友、弟恭、子教，使每個家庭融樂，社會一片祥和。

（二）流徙四凶。《史記》說將「四凶放，遷於四裔，以御螭魅」，也就是叫他們到邊境從事教化「北狄」「南蠻」「西戎」「東夷」，以功贖罪，於是有的流放幽州，有的放逐崇山。

（三）將三苗的「頑民」遷往「三危」（今甘肅敦煌縣南有山，三峰聳峙如危

欲墮，故名三危。另說是西藏之地，可見藏族乃三苗裔也）。

（四）將治水無功、「負命毀族」的鯀在羽山處以極刑。但據《韓非子》外儲的說法，以為鯀之所以被誅，是因為堯讓位給舜時，鯀和共工都反對，所以堯誅殺了鯀，但後世史家多認為鯀之被殺，還是與治水有關，所以《史記》說「天下皆以舜之誅鯀為是」，以平眾怒。

總計堯試用舜處理朝政二十年，攝行天子事八年，易言之，也就是舜當了二十八年「行政院院長」。堯於是正式向天下人民推荐舜為繼承人。

堯在位一百年，有的說九十八年，享年一百十七歲。先是，堯在去世之前，曾有人提到由他的兒子丹朱來繼承帝位，堯知道他的兒子不肖，不足以授天下，堯的意思「授舜則天下得其利，而丹朱病。授丹朱則天下病而丹朱得其利。」於是「終不以天下之病而利一人，而卒授舜以天下」。

堯死後，舜沒有馬上就天子位，回到自己的家鄉去了。全國人民都在服喪，百姓們哀傷得如死去父母一樣，在三年之內沒有人歡樂奏樂，以表示對堯的崇敬與懷念。

後世對堯的歌頌

（一）中國最古的一部書《尚書》，也是儒家的經典，第一篇《堯典》記述的乃堯之事（前已述之，從略）。

（二）《列子》：「立我烝民，莫匪爾極，不識不知，順帝之則」。

（三）《論語》：「大哉，堯之為君也…」（前已述之，從略）。

（四）《史記》：「其仁如天，其知如神……」（前已述之，從略）。

（五）唐詩人杜甫：「致君堯舜上，再使風俗淳」。

（六）宋詞人柳永：「競歌元首，祝堯齡。北極齊尊，南山共久。」

（七）國父孫中山先生：「中國堯舜是很好的皇帝……假如現在用投票的方法選舉皇帝……如果又有堯舜的復生，……我想一定選舉堯舜來做皇帝。」又在民權主義五講中說：「我們今天在幾千年之後，都來歌功頌德的原因…是因堯舜道德很好，所謂『仁民愛物』、『視民如傷』、『愛民如子』，有這種仁慈的好道德，所以對於政治能夠完全負責，完全達到『為人民謀幸福』的目的。

帝舜

帝舜就是「虞舜」，虞是國名，舜是諡號（仁聖盛名）。《史記》說他的名字

叫「重華」，《書經·舜典》說：「稽古帝舜曰，重華協于帝，濬哲文明，溫恭允塞，立德升聞」。註者皆說「堯既有光華，而舜也有光華，而舜之所為，亦合堯之所為，故曰『重華』也。」

重華的父親叫瞽叟，之所以叫他為「瞽叟」是因為他有目而不辨是非善惡也。瞽叟的父親叫橋牛，橋牛之父叫句望，句望之父叫敬康，敬康之父叫窮蟬，窮蟬之父就是前述帝顓頊，顓頊之父叫昌意，昌意就是黃帝正妃螺祖所生，從黃帝到舜已傳了七代，但從窮蟬到舜之間，他們這一家族都是低微的普通百姓。

舜自小就生長在一個不幸的家庭中，母親早死，父親又續弦生了一個名叫象的兒子，非常寵愛他，象因而狂傲驕縱。舜的父親居然想殺害舜，舜只好設法逃避，即使有一點小小過錯，都遭父親嚴厲的責罰。雖然如此，舜不懷恨，仍然以「逆來順受」的態度對待父親和後母、弟弟，每天都小心翼翼的，不敢有所怠惰。

舜是冀州地方人，曾經在歷山（或名首陽山，在河東）種過田，在雷澤（山東濮縣東南，今已淤塞）捕過魚，在黃河岸邊（靠近濟陰定陶）燒過陶器，在壽丘（山東曲阜縣東北）從事製造家庭用的多種手工藝品，又到處趕集（定期交易的露天市場）做小生意，可見舜是一個由農、漁、工、商多方而經歷過來的人。

前面已經提到過，舜的父親心緒不正，後母言語無義，異母弟弟驕縱狂傲《史記》說父頑母囂弟傲），時時想殺害舜，而舜仍順從父母不失孝道，對蠻橫的弟弟也友善如故，他一心只盼能常久服侍於父母身旁，以致想要殺他的人找不到藉口。

他這種孝行當他二十歲便已名揚天下，三十歲時，堯因各方推荐而啟用了他。堯妻以二女就是觀察他的齊家，又將九個兒子與他相處以觀察他的處世。結果，舜把家庭管理得融融樂樂，堯的兩個女兒不敢因出身高貴而驕傲，堯的兒子也不敢仰仗父親而怠慢，《史記》說：

> 舜耕歷山，歷山之人皆讓畔，漁雷澤，雷澤上人皆讓居，陶河濱，河濱器不苦窳。一年而所居成聚，二年成邑，三年成都。

這段記載說明三點：

（一）舜為人和睦，鄉黨歸心。

（二）舜因有寵於天子，鄰里親近乃人之常情。

（三）舜雖有寵於天子，仍認真從事勞工，毫無驕色。

堯於是又賜給舜一些「絺衣」（細葛布衣）和一支琴，以及牛羊等家畜，並為他修建了一座倉廩。孟子認為堯對舜的種種恩寵是國君對君子賢士的尊敬立下一個

典範，「君之視臣如手足，則臣視臣如心腹」。孟子的弟子萬章以為舜既得天子的厚愛重賞，為何在歷山田間耕作時還對著天呼號悲泣呢？孟子說：那是因為舜怨恨自己不能得到父母的歡心，同時也思慕他們。孟子認為這是一個「大孝」的人的表現。

舜在帝堯如此的寵愛之下，而他的父親卻還要想法殺他。一次他父親叫他爬到倉庫上修補罅縫，他父親就在下面放火燒倉庫。舜幸好身邊有兩個斗笠當降落傘，跳下來逃走《烈女傳》說是他的兩個老婆教給他有飛鳥的功能）。

一次他父親叫他去鑿井，等舜深入井中後，父親和弟弟合力將泥土傾入井中企圖將舜活埋，舜預料父親還會殺他，在事前於井中別開了一個隱密的孔道潛逃出來《烈女傳》說也是老婆教他事先穿上龍工衣裳）。

不仁、不義、糊塗、愚蠢的瞽叟和象居然以為舜被他們害死，於是計劃瓜分舜的財產，由於幾次殺舜的陰謀，都是象出的主意，因之象要求分得舜的兩個妻子和一支琴，瞽叟則分得倉庫和牛羊。

接著象就住進舜的房間，彈著舜的琴。沒想到舜突然回來，象頓時感到驚訝，很難為情的說「我非常想念你啊」，舜一點也沒生氣，反而說：「這樣的話，那就好了」《史記》：「舜曰然，爾其庶矣」。不知他的父母親又是怎樣應付這種尷尬的場面，未見史書有所交待，只說舜對父母及弟弟「仍孝敬如故」，而且更加謹慎。

史書這段記述有幾點可疑之處：

（一）舜既有寵於天子，何以其父及弟，竟膽敢欲預謀殺之，非常理常情也。

（二）前文說瞽叟既焚燒倉廩，後文又說瞽叟分得舜的倉廩，豈非前後矛盾。

（三）瞽叟及象用種種心機犯滔天大罪去謀殺舜，為的就是想得到舜的妻子、琴、倉廩和幾頭牛羊，亦非常理也。

（四）舜妻原為帝王堯的兩個公主，與舜恩愛彌篤，相敬如賓，象即或能殺舜，其妻安肯侍象乎？

（五）舜既為堯寵，而且是未來天子的接棒人，瞽叟及象竟「目無天子」侵犯皇親，亦非常理也。

可見司馬遷在《史記》中之所以記述瞽叟及家的「醜惡」，乃是為了彰顯舜的「美德」。《孟子·萬章》卻說，象進入舜的房間時，舜已經先回來坐在床邊彈著琴，與《史記·五帝本紀》的記載完全相反。本書仍以《史記》為準，《孟子》

這章的旨意是說明「舜遭人倫之變而不失天理之常」，以及更顯示了「舜之於象，仁之至，義之盡矣。」中國古代強調「以孝治國」。《禮記》說：「立愛自親始，教民睦也；立教自長始，教民順也。」《論語》：「有子曰：君子務本，本立而道生，孝弟也者，其為仁之本歟？」《孟子》說：「堯舜之道，孝弟而已矣。」又曰：「人人親其親，長其長，而天下平。」所以古人認為「事親孝，故忠可移於君」。

從前述舜的種種作為來看，堯完全了解舜真正具有「忠、孝、仁、愛、信、義、和、平」八德的好人。接著試用他「處理國家大事」（這在前面已說過了），而且有條不紊，勿縱勿枉。由見古之天子在「德」不在「才」，只要先從「誠意」「正心」「修身」「齊家」做起，自能達到「國治」「平天下」的境界。這與後世所主張的「學術與事功合一」的看法迴然不同，所以孟子說「人皆可以為堯舜」是也。

堯對舜從「試用」「實用」前後廿八年之久，堯死後，舜為堯服喪三年，三年喪畢，舜不敢居天子位擬擁堯子丹朱為天子，但天下諸侯人民都一致擁護舜，於是舜正式登帝位。

舜登帝位後，對不仁的父親瞽叟孝敬依舊。《史記》說，他坐著插有旗幟的車子，恭恭謹謹的去朝見，絲毫不敢大意。前面說過，舜的父親可以不仁到極點，何以舜對父親仍孝敬如故，中國有句古語「天下沒有不是的父母」，孟子認為「不得乎親，不可以為人；不順乎親，不可以為子」。意思是說不能得到父母的歡心，就不能算是人；不能承順父母的心意就不能算是人子。孟子更進一步的闡釋說：「虞舜竭盡了事奉父母的孝道，終於得到父親的歡心，使他歡樂；能夠使瞽叟那樣的人歡樂，天下的人也就都會受到感化；能使瞽叟那樣的父親歡樂，天下父慈子孝的倫常就確定不移了，這樣才叫大孝。」（見《孟子·離婁》下）

對不義的弟弟象友愛如故，而且封為有庳（湖南道縣）地方的諸候。但不得成為獨立的國家，天子派官吏去治理人民，徵收貢稅。前面也說過舜的弟弟象不義到極點，何以舜對象仍友愛如故，而且封他為諸候。這種事，孟子還曾跟他的學生萬章辯論一番，首先萬章問孟子：「舜流共工于幽州，放驩兜于崇山，殺三苗於三危，殛鯀於羽山，四罪而天下咸服，誅不仁也。象至不仁，封之有庳，有庳之人奚罪乎？仁人固於是乎？在他人則誅之，在弟則封之！」

孟子回答說：「仁人之於弟也，不藏怒焉，親愛之而已矣。親之，欲其貴也。

愛之，欲其富也。封之有庳，富貴之也。身為天子，弟為匹夫，可謂親愛之乎？」

當時舜把象封在有庳，有人以為是把他放逐了，萬章也以此問孟子，孟子解釋說：「象雖封在有庳，但不得親自治理他的國家，天子派遣官吏替他治理，而把收來的貢物和賦稅給象，所以有人說他被放逐了。」

舜處理完畢父親和弟弟的家務事之後，便開始研究治理國家的事。

當年治平洪水的大功臣（治水之事詳後）禹首先向舜推荐一批人才：如皋陶、契、棄、伯夷、夔、龍、垂、益、彭祖諸人。這些人才在堯時雖已被任用，但未分配適當的任務，現在舜先到先祖廟，與四方諸候謀商，舜對四方諸候說：「誰能努力工作，光大帝堯事業的，即任以為官輔佐政事。」於是，任用：

禹為司空，掌水土之事，封為夏伯，賜姓姒。

棄為后稷，掌管農業之事，教民順四時播種，封於邰，賜姓姬。

契為司徒，掌禮教，推行五常之教，封於商，賜姓子。

皋陶為典獄長，掌管刑獄，他明法造律，以刑輔政，奠立中國法治基礎。舜還特別告誡說：「蠻夷猾夏，寇賊姦軌，要公正廉明，才能使之心悅誠服。」

垂為共工，掌管土木工程之事。

益為朕虞（掌山澤之官名），掌山澤之事，並命朱虎、熊羆為益的助手。

伯夷為秩宗，掌天事、人事、地事之禮，也就是天神、地祇、人鬼之禮。舜且告誡說「早晚要謹慎恭敬，惟有清明才能正直。」

夔為典樂之官。舜很重視音樂，要以樂教天下，他本人對音樂亦有素養，堯曾送他樂器（琴）。夔更是一位音樂專家，接管典樂官後，立即正六律和五音，並將弦、琴增加為廿二弦琴。舜時的樂舞，孔子稱之為「韶舞」，顏淵問孔子治國之道時，孔子說「樂則韶舞。」

龍為納言之官，聽下言納於上，受上言益於下是也。

以上共任用了九個主管，二個副主管，可謂一個適才適任的標準執政團隊。另外，「十二個州牧」（類似後世省長）和「四嶽」（分掌四方之諸侯）合計應為二十七人，《史記》說：「二十二人」。舜對這二十二人說：「你們小心謹慎啊，要時刻輔佐我宣布命令，傳達下情。」

前述禹曾向舜推荐彭祖其人，未見舜分配其任務，可能繼續擔任原來的職務，未所變更。而彭祖確是歷史上神奇人物，《論語》說：「堯時為臣，歷虞、夏至商，七百歲」。《世本》「在商為守藏史，在周為柱下史（侍之殿柱之下，老子曾

為柱下史），享壽八百歲。

舜的人事安排之後，並制定一套考核督導辦法，每三年考核政績一次，用舍進退都以三次考績為準，該升遷的升遷，該降級的降級，該親近的親近，該疏遠的疏遠。因是這些官員無不兢兢業業，人人稱職。《史記》說：

垂主持工官，每一項工務都能如期完成。

益主理虞政，山陵沼澤都開墾利用，《史記·夏本紀》說：「令益予眾庶稻」，此為中國種植水稻之始。《世本》說：「伯益作井」，這是利用地下水源。但「穿井」的事，黃帝就作過了，《世本》「黃帝見百物始，穿井」。前面說過，舜鑿井時，險些被他不仁的父親活埋。

契作司徒，百姓和睦。

龍主持接待賓客，遠方的人都來到中國。

十二州州長所到之處，九大州的人沒有敢迴避的。

禹的功勞最大，他導通了九大山，整治了九大澤，疏濬了九大河，界定了九大州。

舜之所以用禹負責治水的任務，大概有兩層意義：

（一）加重禹的責任心，因為禹的父親既未把水治平，為人子者應完成父親未完成的工作，以告慰在天之靈。所以《史記》說「禹傷先人父鯀功之不成受誅，乃勞身焦思，居外十三年，過家門不敢入。」三國時曹義撰《至公論》文中故云：「禹知舜之殛其父無私，故受命而不辭，舜明禹知己之至公，故用之而無疑。」

（二）鯀治水之時，禹可能常隨左右，故禹知天下洪水為患之大勢，同時也看出父親治水失敗的原因，可以另闢途徑。據馬驌「繹史」說「鯀之治水也，障之；禹之治水也，導之，障之則墮高堙卑，不知幾費民力，非不暫愈，及有潰決，為患滋深，禹則順而導之，因水之性，相地之宜，濬之以利其流，分之以殺其勢，注海注江，行所無事，而成功矣，是鯀之敗，專與水爭地，禹之成，能以地讓水，其事正相反也。」

禹接受治水重任後，深知要完成這一任務，非一人之力所能辦到，因之向舜請求組織一個治水委員會，從閣員中選出契、后稷、皋陶以及伯益諸人，共同領導治水，並將洪水泛濫地區的人民組織起來，作為治水的主力。而這些地區的氏族、部落、人民都因禹的號召，為自己家鄉的洪水而努力工作。

從多種史書的記載，禹治水的情形大致是：

（一）先調查地形。《史記》所云「行山表木，定高山大川」是也。親自勘察高山、大河，樹立標記，什麼山應治理，什麼河應疏導，一一記下。

（二）然後順勢疏導。《國語・周語》所云「高高下下，疏川導滯」是也（詳（五）所述）。我們現在所設的「灌溉工程」就是起源於禹所發明的「溝洫」，溝洫就是田間的水道，排水灌水之用，據《辭源》的解釋，溝廣四尺深四尺，洫廣八尺深八尺，前者為灌水故較小，後者為排水故較大。可見禹治水不僅單純解決水患，同時也如《論語・泰伯》所說的「盡力乎溝洫」，也就是有「澇時排水，旱時灌溉」的作用。

（三）以身作則。《韓非子》所云「身執耒臿，以為民先」是也。

（四）勞身焦思。《史記・河渠書》及《韓非子》所云「傷先人父鯀功之不成受誅，乃勞身焦思，居外十三年，過家門不敢入，薄衣食」，以致「股無胈，脛無毛，手足胼胝，支體偏枯」是也。

（五）治水的順序，依《史記・夏本紀》說：據專家學者的研究：

先從冀州（今河北山西二省及河南黃河以北之地）開始，在這一地區，包括了壺口、梁山、岐山、太原、嶽山、覃懷，一直到漳水區域，此地土壤肥沃，是最優良農業區。

接著是兗州，疏通了黃河下游的九條支流，使雷夏澤（山東濟陰境）匯集成湖泊。此地區適宜種桑養蠶，由於洪水治平，人民已從丘陵撤下平地。

接著疏通青州，包括從東海到泰山一帶的堣夷和濰水淄水兩條河流都已疏通。此地土地呈白色肥美，近海邊上有廣大可煮鹽的鹹池。

接著疏導徐州，包括北達泰山，南達淮水，這地方的洪水解決後，蚌蛛、肥魚、黑鯛、白鯛都恢復了產品，用船載著向中央進貢。

接著疏導揚州，包括北至淮水，東南至海，彭蠡已聚水成澤，冬天大雁群居此。此區域草木茂盛、土壤下濕為泥土，水治平後向中央的貢品包括三色銅、玉石、竹子、象牙、獸皮、鳥羽以及旄牛尾巴。

接著疏導荊州，包括由荊山到衡山的南面，長江、漢水經由此東流入海，不再淤塞。這地區土壤和揚州地區一樣，都屬下濕泥土，至於向中央的貢品包括有鳥羽、旄牛尾巴、象牙、獸皮、三色銅，以及黑色、淺絳色的錦緞和珍珠等等。

接著疏導豫州，包括自荊山到黃河。將伊水、洛水、瀍水、澗水疏導入黃河，使滎橋澤匯成湖泊，又疏導荷澤，使水盛時流入明都澤。此地區土質柔細，低窪地

區則為肥水帶黑的硬土，所進貢品為漆、絲、細葛布、麻等。

接著疏導梁州，包括自華山的南面西到黑水地帶，除治理汶山、嶓冢山、蔡山、蒙山外，徹底將沱、涔二水疏通。此地土壤為黑色，向中央的貢品有黃金、鐵、銀、鏤鋼、砮、磬、熊、狐、貍等等。

接著疏導雍州，包括西從黑水，東到西河一帶。使涇水流入渭水，使漆水、沮水順暢往下流，使灃水與渭水會合，再將荊、岐二山和終南、惇物二山治理竣事。此地區土地黃而柔細，所進貢的貢品有美玉、美石等。

以上九州之內的河川湖泊疏導整治完畢後，再疏導弱水達於合黎山，使其下游流入沙漠，並疏導黑水至到三危山，使流入南海，最後疏導整條黃河，從積石山、龍門山、葉山、砥柱山、盧津、雒水北岸、大邱山、降水、大陸澤等東流入海。

（六）禹將洪水治平之後又制定一套四方諸侯應向天子納稅服侍等種種規矩，如：

甸服：王城以外各五百里的地方稱為甸服。靠近王城一百里的地區，令人民繳納帶禾的穀物。距王城二百里的地區，繳納禾穗。距離三百里的地區，繳去掉稽芒的禾穗。距離四百里的地區，繳納帶穀的穀子。距五百里的地區，繳納純米（學者認為這是我國田賦制度的開始）。

侯服：甸服外各五百里的地區叫做侯服。靠近甸服一百里以內，天子封卿大夫的采邑。二百里的地區是封男爵的範圍。另三百里的地區，是封諸侯的領域。

綏服：侯服外各五百里的地區叫綏服。從距離侯服一百至三百里的地區，揆度當地人民生活情形，來施行教化，另外二百里的地區，興武力以保衛天子。

要服：綏服以外各五百里的地區叫做要服。靠近綏服三百里的地區為夷人所居住的地方，另外二百里是流放罪人的地方。

荒服：要服以外各五百里的地區叫做荒服。靠近要服三百里的地區，是蠻荒地帶，另外二百里為放逐罪犯的地方。

（七）大功告成：自是九州的名山，都豎立標誌可以通行，九州內之大川，都已疏導暢通，九州內的大澤都築有堤防，四邊的土地都可居住，四海進貢的道路都可暢達京師無阻，對各州土地的好壞隨之詳定完畢，以作為中央徵收賦稅的依據。

於是舜賜給禹一座「玄圭」，玄圭的顏色是水色，因為禹治平洪水，用以顯示他的功績，同時也昭告天下太平。

接下去帝舜又任命皋陶為大理卿治理人民，於是帝舜、禹、皋陶三人在一起討

論治國理民的大道理。

首先由皋陶發言：

治理天下謀略，貴在誠信，而誠信則由道德所產生，能如是，即使謀略成功而弼輔和諧了。

禹接著問皋陶說：

該如何來實行呢？

皋陶解釋說：

需謹慎修身，眼光放遠，厚待九族親人，如此所有賢明都樂於輔助，由近及遠，道理盡在。

禹對皋陶的話不勝感嘆的說：

能做到這種地方，帝堯也認為是件難事，因為知人要靠睿智，能睿智，方能知人善任，能安民，才能算得上是仁愛，如此人民才會懷德。

皋陶又接著提出人民的九種德行：

寬容而敬謹，柔順而自主，忠誠而供職，有治理的才能而又敬慎，馴順而能剛毅，正直而能溫和，簡易而善辨別，剛健而能篤實，強勇而能好義。

能彰顯這九德，可謂完善了。皋陶還特強調其中「簡而直，剛而實，彊而義」三德，如能每天宣明，早晚敬謹勉勵，為卿大夫者便可保有采邑，相輔天子政事者便可保有國家。假如當官者不具備居官的修養，就是壞亂了上天所交付的政事，上天將討伐有罪的人。我的言論可以實行嗎？

禹說：「你的言論實行起來，必可獲致良好的功績。」

舜聽了皋陶的陳述後旋要禹也表示一些意見。

禹拱揖的說：

「啊，帝在上位，皋陶陳謀在下，已經相當完備了，我還有什麼話可說呢？我只想每日孳孳不懈怠的輔佐天子。」

皋陶聽了以後，故意向禹請問說：「什麼叫孳孳呢？」

禹把當年如何治平洪水的辛勞以及如何安頓人民的情形又述說了一番（原文從略），禹的意思是「坐而言不如起而行」，他並贊同皋陶的主張，他認為循古道即可，不能妄動，動則擾民，所以他當時的政治哲學只是如何為人民先解除水患，使天下人民居有所、行有道、食有餘。本來古時帝王只要能夠做到「利用、厚生、養民」六個字即已夠，所以人皆可以為堯舜，但堯舜卻不一定能做今天的總統。接著

又向帝舜奏諫說：

「啊，帝呀，您在帝位要謹慎啊，要止於止，切勿輕舉妄動，善用有德有才的人，作為你的輔佐，如此天下的人民，才會順應，要以清明的心意來等待上帝的命令，上天將會恩賜予您幸福祥瑞的。」

舜聽了禹的奏諫後，立刻要大臣們匡正他，輔弼他，不要相面恭維他，私下詆毀他。這君臣之間坦誠布公，談論治國之道，不僅是上古美談，實為後世典範。

帝舜在位期間，知人善任，以禹、皋陶、伯益、后稷等臣輔佐，明君、賢臣上上下下通力合作，把天下治理得井井條然，各州都將該地的特產向中央上貢，四方諸侯無不賓從。五千里見方的領域，直通到邊陲的荒服。東方海上的「島夷」（日本），東北的「息慎」（或作肅慎），西北的「山戎」以及今之越南交阯等地，都被帝舜的德政所感召，《史記》所謂「四海之內，咸戴帝舜之功」是也。爾雅說：「九夷、八狄、七戎、六蠻是謂之四海。」山海經說四海包括今之黑海、地中海。有人說「中國」之所以稱為「中國」，乃以其位居四海內之中土也。著者曾撰《新民族史觀》一書（商務人人文庫）倡「四海一家」的國史觀，認為四海就是貝加爾湖（北海，匈奴曾逼蘇武到北海牧羊之地）、巴勒克什湖（西海）、今之日本海（東海）、今之南海。

舜時的聲威應廣布於「四海」之內，所以舜曾為詩曰：「普天之下莫非王土，率土之賓莫非王臣，四海之內皆兄弟也。」

舜在位期間，惟一遺憾的是「三苗之患」沒有解決。三苗包括苗、蠻、南蠻，是神農氏炎帝的後代，也有學者認為是顓頊的後代，是前述「四凶」之一，據有長江中游之地，左邊有洞庭湖，右邊有鄱陽湖，南北大山環繞，不奉王命。堯在位時，舜攝天子之政，曾將其頑民遷於三危之地。舜在位時，禹攝行天子之政，請求討伐三苗，舜不答應，而且說：

吾德不厚而行武，非道也。

但三苗仍作亂如故，人民無法安居樂業。

《史記》說：「舜年二十以孝聞，年三十堯舉之，年五十攝行天子政，年五十八，堯崩，年六十一代堯踐帝位，在位三十九，南巡狩，崩於蒼梧之野，葬於江南九疑，是為零陵。」蒼梧在今湖南陵遠縣。

舜南巡狩是表示不再過問政事，交由被推荐的禹來處理。在出巡的時候，本來帶著兩個妻子娥媓、女英，但因二妃喜歡湘江兩岸的青竹，舜就把她倆留下，自

已繼續南巡。無奈年老，病死於蒼梧，娥媓、女英得息傷心欲絕，沿著江岸搖竹慟哭，哭得雙眼鮮血流出，濺在青竹上，留下斑斑痕跡，最後雙雙投入湘江中。後人把湘江邊上的竹子叫「湘妃竹」，或稱「斑竹」。今之洞庭湖上有君山，山上有舜之二妃墓。據劉向《烈女傳》記載：「舜為天子，娥皇為后，女英為妃，二妃死於江湘之間，俗謂之湘君。」而《離騷》、《九歌》中既有「湘君」又有「湘夫人」之稱。韓愈的解釋是「娥皇乃正妃，故稱君，女英乃次妃，故稱夫人。」李白曾有詩曰：「遠離別，古有皇英之二女，乃在洞庭之南，瀟湘之浦。」黃庭堅詩曰：「滿川風雨獨憑欄，綰結湘娥十二鬟。」陳興義詩曰：「獨憑危堞望蒼梧，落日君山如書圖，無數柳花飛滿岸，晚風吹過洞庭湖。」

當年舜娶了堯的兩個女兒娥皇和女英，娥皇是長妃一直沒有生孩子，女英為次妃生了一個兒子起名商均，其他有妃子生女生子，一共是九子二女，大概也因嬌生慣養，舜認為都沒有出息，於是仿堯「禪讓」的例子，也「豫荐禹於天」。

舜駕崩後，禹服喪三年後，禮貌讓帝位於舜子，但天下諸侯不擁護商均，而擁戴禹。於是禹在全國擁護下正式做了天子。至於堯之子丹朱，舜之子商均，均各有封號封疆，以供奉先人的祀典，穿著自己的衣服，用自己的禮樂，以賓客的身分見天子，天子也不把他們當臣子看待，表示不敢專有天下。

司馬遷在《史記·陳世家》中說「舜之德可謂至矣，禪位於夏，而後世血食者歷三代……」。《孟子》曰「舜明於庶物，察于人倫。」又曰「舜視棄天下，如棄敝履也（草鞋）。」陸九淵說：「大舜之所以為大者，善與人同，樂取諸人以為善，聞一善言，見一善行，若決江河，沛然莫之能禦。」吳敬恒對孟子「天將降大任於斯人也……」的一段話予以發揮說：「舜固是天縱之聖，然而他之能當大任，竟一躍而造帝堯之上，就是苦心志，餓體膚，鍊成他的銅筋鐵骨，因而做著中國古今往來最偉大的青年導師。」我們讀帝舜的這些史蹟，不只是心嚮往之，更從而效法，幾千年前的顏淵也說「舜何人也，予何人也，有為者亦若是。」

前述有關「五帝」的歷史，主要是採用《史記·五帝本紀》的資料。近世很多史家頗不相信，無論著書、講課都不敢肯定它的真實性，多以「神話」「傳說」述說之。筆者常常想，二千多年以前史家所說的話，二千多年以後憑什麼去否認它，何況太史公每述完一段歷史，就怕後人批評他，懷疑他作偽，所以他必須交待一番，我們看他對五帝的補白說：

學者均認為，五帝的年代太久遠了，且《尚書》只記載堯以後的事；百家曾敘

述黃帝，但文字既不典雅，也不通順，眾人都不甚清楚。孔子，相傳宰予問他『五帝德』和『帝繫姓』，這事儒者有的也不傳授。我曾經西達崆峒，北達涿鹿，東達海上，南邊泛舟於長江、淮河，所到之處，長者們往往所說黃帝、堯、舜的地方，風俗教化卻不相同。大概說來，均不背於古史《尚書》。我閱讀《春秋》、《國語》，覺得能闡明「五帝德」和「帝繫姓」的地方，非常可靠，只是通常都不去深刻的考查求證。從表面上所顯示的看來，一點都不虛假。《尚書》殘缺，空際的地方很多，它所遺失的卻時常見於其他記載，要不是好學深思，能領悟事情的真相，因然是很難向孤陋寡聞的人敘說的。現在我一併論列，選擇了典雅文字作成本紀。

可見司馬遷寫〈五帝本紀〉，並非完全抄襲成書，乃是多方面採集多方的史料和見聞，並親到某些地方去考察古蹟，對於那些古史雖有記載，而「文不雅」者則不取，對於那些事情雖有傳聞，而不確者則不信。既取既信，則是有相當依據的，由見太史公不僅是一位歷史家兼文學家，更是國史上一位最早的考證學家。

附錄（一）禪讓政治的異說

自唐堯經虞舜至夏禹，由於堯舜兩位天子不以天下為私有，當其年老時，把帝位傳給有才德的人，因為這種政治的傳授，純出於公心，所以一般史家美其名曰「禪讓」政治，亦名「公天下」或「官天下」。關於此事，《堯典》、《史記》、《孟子》皆有記載，但古來有若干持異議：

甲、認為是謊言

劉知幾《史通·疑古篇》：「按汲冢瑣語云舜放堯於平陽。而書云，其地有城，以囚堯為號。憑斯異說，頗以禪授為疑」。荀子正論篇亦認為「堯舜禪讓是虛言也。」

乙、認為先讓諸人，非獨讓舜禹

晉皇甫謐《高士傳》：「巢父者，堯時隱人，年老以樹為巢，號曰巢父。堯之讓許由也，由以告巢父，巢父曰：汝何不隱汝形，藏汝光，若非吾友也。」《莊子·讓王篇》：「堯以天下讓許由，許由不受，又讓子州支父，子州支父曰，以我為天子，猶之可也，雖然我適有幽憂之病，方且治之，未暇治天下也。舜讓天下於子州支伯，支伯曰：予適有幽憂之病，方且治之，達暇治天下也。舜以天下讓善卷，善卷曰，余日出而作，日入而息，逍遙於天地之間，而心意自得，吾何以天下為哉，舜又以天下讓其友石父之農，石父負妻子走於海。」

丙、非堯舜讓，實舜禹篡奪

《史記‧五帝本紀》正義引竹書稱：「堯德衰為舜所囚，舜囚堯，復偃塞丹朱，使父子不得相見。」《韓非子‧說疑》：「舜逼堯，禹逼舜，湯放桀，武王伐紂，此四王者，人臣弒其君者也。」

丁、近代史家解釋

錢穆：「唐虞禪讓……殆為古代一種王位選舉制之粉飾的記載」（錢著唐虞禪讓說釋疑）

黎東方：「堯於己身未死前，即已指定舜為繼承人，並使之協助政務，處於相當於今日蒙古盟旗之副盟長地位。到舜升盟長之後，也以同樣方法指定禹為己身之副」（黎著《中國歷史通論》）。呂思勉亦有此說法。

李宗侗：「堯禪位與舜的故事，堯且以二女妻舜，是王位原應以二女傳，舜與二女結婚後，方能取得帝位繼承權，帝位之獲得，原由於與帝女之結婚」（李著《中國古代社會史》）

戊、著者的看法

關於「禪讓政治」的故事，在我國傳述了兩千多年，直到民國以後，才被疑古派一筆勾銷。疑古派認為這是儒家所擬製的一批聖賢人物；是出自墨子的「尚賢」之說，春秋時代的「明賢」主義。一層一層的把「禪讓」的外衣剝得精光。疑古派這樣做，以為是一種「覺悟」。何以會覺悟呢？他們說：「堯、舜、禹的禪讓，在從前是人人都認為至真至實的古代史。自從康長素（有為）先提出了孔子託古改制的一個問題以後，這些歷史上的大偶像的尊嚴就漸漸有些搖動起來了。」這位當年組保皇黨，主張君主立憲反「革命」的領導人物，雖然「政治革命」沒有成功，「歷史翻案」卻意外的收到效果，使多少大史家，「鞠躬盡瘁」的追隨其後，把中國的古史全部推翻。

談「禪讓」，必須先認定堯、舜、禹的歷史事實。如果像疑古派一樣否認有堯、舜、禹人物的存在，那還有什麼好談的？然而我們的歷史教科書，對古史也一樣懷疑，把堯、舜、禹當作「神話」來講，認為「禪讓」云者，所強調的只是「傳賢」「不傳子」而已。

按古時掃地而祭謂之「禪」。所謂「禪讓政治」，應是「古時天子在祭典上，向全國諸侯（人民代表）推荐某某人繼為天子。」至於被推荐的人，能否繼位，最後則要取決於全國人民的公意，也就是說，天子在祭典上推舉某人為繼承人，如果

人民不同意也屬枉然。如禹晚年亦舉賢臣伯益任之政，以天下授益，「及禹崩，雖授益，益之佐禹日淺，天下未治，故諸候皆去益而朝啟。」所以堯舜之「禪讓」，猶今日之提名競選，被提名者能否當選，也要看選民是否擁護他。

《史記》載堯舜禹「禪讓」的經過很清楚，四嶽向堯推荐舜，堯始知舜為一孝子，所謂「立愛自親始，教民睦也。」「事親孝，故忠可移于君。」乃決心試用他，先妻以二女，「以理家而觀國政」，然後又使舜「慎和五典，五典能從，乃遍入百官，百官時序，賓於四門，四門穆穆，諸候遠方賓客皆敬。」又使其「入山林川澤，暴風雷雨，舜行不迷。」堯以為聖，於是命舜攝行天子之政，始「荐之於天」。由此可見，古時之被推荐為天子繼承人，必須具備人緣、品德、才幹與政績。

堯之所以荐舜於天，除基於前述理由外，《史記》又載：「堯知子丹朱之不肖，不足授天下，於是乃權授舜，授舜則天下得其利而丹朱病，授丹朱則天下病而丹失得其利。堯曰：『終不以天下之病而利一人』，而卒授舜以天下。」從太史公這段語意的反面來看，可知堯之所以不荐位於丹朱，乃因丹朱之「不肖」而已，若丹朱「肖」，可以「利天下」，則授天子位於丹朱有何不可，因之「禪讓」的條件，乃視其所授者「賢不賢」，非「子不子」的問題。

堯雖在生前推舉舜為繼承人，堯死，舜並沒有立登天子位，必須先服喪三年，「三年之喪畢，舜讓辟丹朱」，等待天下諸候公決。最後由於「諸候朝覲者不之丹朱而之舜，獄訟者不之丹朱而之舜，謳歌者不謳歌丹朱而謳歌舜。」自是舜才正式就天子位。之後，舜的晚年，亦因其子商均不肖，乃「豫荐禹于天」，舜崩，禹亦如法炮製，服喪三年，避舜子商均於陽城，天下「皆去商均而朝禹」，禹始登天子位。

以上乃所謂「禪讓」政治的原委。但《史記》中僅見「荐之於天」，或「豫荐禹於天」，並無「禪讓」一詞，「禪讓」二字或由孟子「唐虞禪」一語而來。然孟子主張「天子不能以天下與人」，「天下者，天下之天下，非一人之私有故也」，「天子能荐人於天下，不能使天與之天下」。是天子可以「禪」位而不能「讓」位。事實上，堯舜禹都只是「禪」而沒有「讓」，舜與禹之所以能繼為天子，乃是他們政績彪炳，深得全民擁戴。誠如孟子所云：「舜之相堯，禹之相舜，歷年多，施澤於民久。」故得民心，相反的，「益之相禹也，歷年少，施澤於民未久。」人民對他認識不夠，諸候乃未「遵照」禹「禪讓」的意思，而選擇自己認為英明的啟

為天子。很明顯的這是上古「民意」政治的具體表現。

附錄（二）禹治水之說

現在一些史家編寫的《通史》，以及教育部審編的、以前採用的高中歷史教科書，都把禹「治水」的事列入「夏朝」的大事記中，這是錯誤的。洪水發生於堯在位的時候，甚至更久以前，舜佐堯時即已開始治水，在帝舜時才由禹治平，所以洪水雖由禹治平，但此時之禹乃為人之臣，故洪水是帝舜在位期間治平的，不能列為「夏朝」的大事。〈五帝本紀〉帝舜說：「禹，汝平水土，維是勉哉」「唯禹之功為大，披九山、通九澤、決九河、定九州」。為什麼司馬遷又在《史記·夏本紀》中詳細寫了禹治水的過程呢？因為「本紀」就是記述天子一生的大事，所以將整個「身世、事功」都一一列述之。

另外還要說明的，禹究竟花了多年時間才治平洪水，自古以來就有不同的說法，一般都以為是「十三年」，請看著者的意見。

大禹是我國工程師們的師祖。民國二十九年中國工程師學會在成都舉行年會，建議政府請以禹的誕辰日為紀念節日，行政院乃於三十年一月正式核定六月六日為「工程師節」。因為禹治洪水，所採用的方法，先「奠高山大川」勘察地形，然後「疏九河，瀹濟漯而注諸海，決汝漢，排淮泗而注之江」，很合乎現代「科學」技術；其治水期間不辭勞苦，經常披星戴月，櫛風沐雨，到處奔波，有時從家門經過都沒時間進去看看，其因公忘私，愛惜光陰的精神，的確可作工程師們的典範。孔子讚之曰：「菲飲食而致孝乎鬼神，惡衣服而致美乎黻冕，卑宮室而盡力乎溝洫，禹吾無間然矣（對於禹還有什麼可說的呢）。」

經書史籍，記載禹的歷史多矣，我們的科學家拜禹為師祖，而我們很多的歷史家都不承認其為「人」。前已述及，疑古的史家們不承認經史的記載，卻採信山海經的海內經，大荒經以及天問篇的資料來作證，先是認為鯀和禹根本是「天神、水神」，繼而又認為禹和鯀治水的方法是相同的。他們既不承認鯀禹其人的存在，又何必還要討論其治水的方法呢？這就有些矛盾了。他們說山海經海內經有「鯀竊帝之息壤以堙洪水」一語，大荒經亦有「禹堙洪水」一語，《淮南子·墜形篇》也載「禹乃以息土填洪水」，他們認為「堙洪水」就是「堵塞洪水」；他們又引天問篇的作者問：「禹既是續初繼業，為什麼又說他父子倆厥謀不同呢？」

乍讀這些資料，似乎覺得有理由，《孟子·滕文公》：「昔者禹抑洪水而天下平」，《荀子·成相》：「禹有功，抑下鴻」，《史記·河渠書》：「禹抑鴻

水」，《漢書溝洫志》：「禹堙洪水」。《史記‧索隱》：「抑者，遏也，堙、抑皆塞也。」於是疑古者更依據這些記載，將「堙、抑」二字曲解為「完全堵塞」之意。「堙、抑」固為「堵塞」之意，但並非證明處處堵塞。禹治水之前，先「奠高山大川」便是觀察地勢，某些地方應「堙」應「填」，某些地方應「疏」應「導」，「因水之性，相地之宜，瀹之以利其流，分之以殺其勢，注海注江，行所無事，而成功矣。」（馬驌《繹史》）

至於禹治水究竟花了多少時間，諸書記載互異。《史記‧夏本紀》：「禹勞身焦思，居外十三年，過家門不敢入。」〈河渠書〉亦云：「禹抑洪水，十三年，過家不入。」《尸子‧君治篇》：「禹疏河決江，十年未闚其家。」《吳越春秋》則謂：「禹勞身焦思，以行七年，聞樂不聽，過門不入。」《御覽》八十引《帝王世紀》謂禹年二十始用，三十二年而洪水平，與《史記》之年相符。然孟子謂禹治水時間為八年，後世若干史家撰著通史，多將《史記》與《孟子》之言合稱：「禹治洪水，十三年在外，三過家門而不入。」

按書〈禹貢篇〉：「厥田惟中下，厥賦貞，作十三載乃同。」所云禹治水「十三年」之說，大概本此。然「十有三載乃同」一語，加以土曠人稀，生理鮮少，所以要等待十三年之後，才能像其他各州一樣來抽稅，《史記‧夏本紀》亦有「十三年乃同」一語，鄭玄亦解釋為「十三年乃有賦與八州同」。由見「十三年」非治水之年數。據《史記‧舜紀》及〈夏本紀〉載，禹當堯時即已開始治水，至舜晚年洪水始平。而舜踐帝位三十餘年，是禹治水亦至少在三十年以上。事實上，時洪水泛濫天下，由察地形到疏九河，以古時簡陋之工具，焉能十三年完成，所云「七」「八」「十」年更不可信。再則「禹居外十三年，三過其門而不入，」後人亦多有誤解，「居外十三年」和「三過家門而不入」也許是真的，但並非「十三年之內」未曾返家，只是曾經三次因公務在身，雖從家門路過，亦未進去而已。

尤其在第一年，妻子生下兒子還不滿十月，禹經過家門，鄉鄰告訴了他，希望他回家看一看，他說現在治水剛開始，沒工夫去看，鄉鄰叫他為兒子起個名字，他說就叫「啟」吧！意思是「治水啟行」。

第三章　夏朝

一、禹的身世

《尚書·大禹謨》：「稽古大禹，曰文命，敷於四海。」

註者的解釋「文命敷於四海者，即禹貢所謂東漸西被，朔南暨，聲教訖于四海者是也。」所以「文命」是指「禹的文教佈於四海」，不是人名而是謚號。

司馬遷撰《史記》，雖說「夏禹，名曰文命」，也是以其謚號為名。《史記·索隱》引張晏的話「少昊以前，天下之號象其德。顓頊以來，天下之號因其名」。

《史記》又說「禹之父曰鯀，鯀之父曰顓頊，顓頊之父曰昌意，昌意之父曰黃帝。」由見禹是黃帝的玄孫。

但令人懷疑者，黃帝至帝舜有九代：黃帝→昌意→顓頊→窮蟬→敬康→句望→橋牛→瞽叟→重華（帝舜）

黃帝至禹卻只有五代：黃帝→昌意→顓頊→鯀→文命（禹）

何以黃帝的五代子孫繼承九代子孫的帝位呢？這或許是顓頊至鯀的系統中有脫漏的地方，或則因上古的史料傳至漢代有損毀的現象，太史公一向謹慎，不敢「填塞」，只好照實編述；或則因鯀把他的先族毀滅了，《尚書》中有「鯀方命圮族」的記載，《史記》中也有「堯曰，鯀為人負命毀族」之句。可見由顓頊至鯀之間，一定還有他的族人而被鯀毀滅了，鯀一定不是顓頊的兒子，可能是「玄孫」一輩的人，所以《史記·索隱》引《漢書律志》說「顓頊五代而生鯀」是也。

禹為人臣的時間很長（歷經堯、舜），為人君的時間較短（在位僅九年）。在為人臣時，最大的功績就是在帝舜時治平水患，所以舜說「汝平水土，維是勉哉」「唯禹之功為大」。又說「道吾德，乃汝功序之也」，就是說禹宣導舜的政教，以感化人民，全是他的功勞。宋人劉恕撰《通鑑外紀》評之曰：「夫堯舜之德，禹之大功，自生民以來，朱之有也。」

禹在舜的朝中，攝行天子之政有十七年之久，功勞實在很大，德澤於天下人民，舜很早就「豫荐禹於天」為繼承人。舜駕崩後，禹服喪三年之後，退避在陽城，將帝位讓與舜之子商均，可是天下諸候都不去朝拜商均卻去朝拜禹，於是禹正

式登天子位，南面朝天下，定國號曰夏或云夏后氏，姓姒氏。將中央政府設在安邑（今山西夏縣），這是中國歷史上第一個朝代（確實年代大概在西元前二千一百年至二千年之間）。為什麼要稱「夏」，夏，大也，言能光大堯舜之德也。也有學者認為「夏」是對「此大可愛」的讚美詞。

二、禹在位時的事績

禹即帝位後，任命皋陶綜理朝政，類似今之行政院院長，並準備效法堯舜的例子，豫荐皋陶為未來的繼承人，可是皋陶不久就死了，於是禹又豫荐另一良臣伯益為繼承人，並由益綜理朝政。這期間的大事有：

（一）創曆法

夏朝的曆法，稱為「夏曆」，我們今天稱之為農曆或陰曆。夏曆是以「寅月」（正月）為歲首，與農業有密切關係。漢武帝時創「太初曆」即是恢復夏曆，自是夏曆（農曆）沿用迄今。國父孫中山先生就任臨時大總統時，是農曆十一月廿三日，也正是西曆一九一二年一月一日，於是政府乃改行西曆，定是日為中華民國元年元旦，而民間仍通行陰曆。

（二）平服三苗

前已述及，三苗包括苗、蠻、南蠻，據長江險要，歷經堯舜都沒有徹底解決，只是「誅討有罪，廢絕其世，不滅其國，立其近親，紹其先祀」。禹治水時，三苗也曾參加過治水工作，洪水治平後，各族都得以功行賞，但只有三苗未受賞，三苗因此不服而叛，禹準備發兵征討，前面說過被舜勸阻。禹即位後，傳說當時三苗發生災異：「日妖宵出，雨血三朝，龍生於廟，犬哭於市，夏冰，地坼及泉，五谷變化。」弄得人心惶惶，禹乃乘勢大舉進攻，出師之前舉行宗教儀式，標榜自己是受命於天。於是恩威並用，大敗三苗，三苗請服，有的被俘作奴隸，有的四散逃亡，今天西南地區的苗族，其祖先就是三苗。

（三）鑄九鼎

帝舜時已分天下為十二州，禹治平洪水後，重新劃分天下為九州。即帝位後，仍維持九州的局面（九州之名已見前述），並收天下的美銅鑄為九鼎，以象九州，

可謂中國最早的分省地圖。《左傳》宣公三年記載：「遠方圖物，貢金九牧，鑄鼎象物」，就是將各方諸侯方伯進貢的青銅，鑄九個青銅鼎，為夏王朝鎮國之寶。至於每個鼎有多大多重，沒有人考證。據說在春秋時代，有一次齊國想得到九鼎，周天子派顏率說齊王，告訴他每鼎需要九萬人才能牽引得動，可見九鼎之鉅大。

據《辭源》記載說：「成湯二十七年，遷九鼎於商邑，周武王廿七年，遷九鼎於洛邑，夏商周三代都以九鼎為傳國寶器，秦昭襄王五十二年，秦攻西周，取寶器九鼎，其一飛入泗水，餘八入秦。嗣後九鼎遂無可考。唐武后及宋徽宗復鑄九鼎，宋之九鼎旋入於金，後亦無考。」

（四）正五音

禹即帝位後，下令以「五音」聽治，待四方之士。所謂「五音」即懸鐘、鼓、磬、鐸、鞀於殿堂，命曰：

> 教寡人以道者，擊鼓。
>
> 諭以義者，擊鐘。
>
> 告以事者，振鐸。
>
> 語以憂者，擊磬。
>
> 有獄訟者，搖鞀。

自是禹「日中不暇飽食」「一饋而十起，一沐三提髮」「是以四海之士皆至」。

有的時候出外巡視，途遇犯罪的人，還下車問而泣之。左右曰：「罪人不順道，君王為何痛之。」禹曰：「堯舜之人，皆以堯舜之心為心，寡人為君，百姓各自以其心為心，是以痛之。」

《莊子·天地》曰：「堯治天下時，伯成子高立為諸侯。堯受舜，舜受禹，伯成子高辭為諸侯而耕，禹往見之問焉，曰：昔堯治天下不賞而民勸，不罰而民畏，今子賞罰而民且不仁，德至此衰，刑自此立，後世之亂自此始矣。」

（五）戒酒

在此之前有一種叫做醴酪的酒，類似今之甜酒，何人何時發明無可考。禹時有一個名叫儀狄的人，發明了酒，喝起來非常甜美，禹不但不稱讚，而且從此疏遠他，自己也不再飲酒。孟子曾說：「禹惡旨酒，好善言」是也。禹並且警告說「後

世必有以酒亡國者」。果不出所料，如太康失國乃因「甘酒嗜音」，羲和失職，也由於「沈亂于酒」，至於夏桀之亡就是「終日高歌飲酒」。

孔子對禹推崇備至，《論語·泰伯》：「菲飲食，而致孝乎鬼神」。人死曰鬼，此處所謂之鬼是指對國家有功的英雄之英靈，如今之忠烈祠內的英雄人物。又曰「惡衣服，而致美乎黻冕」。又曰「卑宮室，而盡力乎溝洫」。又曰「禹，吾無間然矣」（對於禹這樣的人，還有什麼可說的呢）。

禹在位期間，有關其他民生社會情形，史書很少記載，但從上面這些措施，已足知他是一位「愛民備至」的君主，而伯成子高對禹的期望未免太高，時代不同，可以使人人都向堯舜之道邁進，卻難要求人人都達到堯舜時的理想社會。

有一次禹在南方巡視，九州內的一萬多諸侯都手摯玉帛前往塗山（今安徽懷遠縣東南淮河東岸）會合朝見天子。《左傳》「禹會諸侯於塗山，執玉帛者萬國」（諸侯執玉，附庸執帛），這件事，不僅顯示禹之深獲天下民心，更顯示了禹之權威。

最後禹詔令群臣封禪於茅山，事後更名為會稽山（今山東日照縣以北四十里）。據說當時有一位主管山川神的大臣防風氏晚到，禹乃將其殺戮。有的史家將「會稽之會」擺在「塗山之會」的前面是不正確的。《史記·夏本紀》說「禹東巡狩，至於會稽而崩」。禹死在這裡，葬在這裡。

按舜當年南巡時死在蒼梧，葬在蒼梧，於今禹東巡狩時死於會稽，葬於會稽。為什麼不把他倆的靈柩移回京城或家鄉安葬，卻葬在離王城二千里之外的「要服」之地呢？宋人劉恕《資治通鑑外紀》評之曰：大江之南，前代要服，舜禹南巡，崩不返葬，禹非不尊而敬舜也，啟非不孝於其父也，時享在乎廟貌（宗廟，所以彷彿先人之形容），魂氣則無所不之也。秦漢以下，崇尚墓祭，違經棄禮，遠事尸柩，難以語乎理矣。

三、啟繼父為帝，形成君主世襲

禹在死之前便先推荐賢臣皋陶為繼承人，旋皋陶先死，禹又繼荐另一賢臣伯益，禹死後，天下服喪三年完畢後，伯益並沒有登天子位，隱居到箕山的南面，把天子的位子讓給禹的兒子啟。

禹當年取了塗山氏的女兒為妻，依〈蜀本紀〉記載：「禹本汶山廣柔人，生於石縫」，有人說，汶山是後來羌族地區，大熊貓的巢穴；山海經說是禹出熊腹而

生，又說禹在洞房花燭夜之時，曾露出熊的原形，嚇壞了妻子，不久就生下了啟。啟降生第四天，禹就奉令外出專心擔任治水的工作，自己承認沒有盡到父責，啟完全是在母親的教養下成為一個賢德的人。

伯益雖為禹推荐的理想人選，《史記》說：「益之佐禹日淺，天下未洽」。這件事，萬章曾問孟子「有人言，至於禹而德衰，不傳賢而傳子。」孟子分析說「堯舜之子皆不肖，且舜之相堯，禹之相舜，歷年多，施澤於民久。啟賢能敬承繼禹之道。而益之相禹也，歷年少，施澤於民不久。」由於天下的人民還沒有蒙受到伯益的恩澤，再因禹在人民心目中的印象實在太深，而他的兒子啟又是一個賢能的人，所以天下的人民考慮的結果，決定不去朝拜伯益，而去朝拜啟，並且說：

　　啟，吾君之子也。

於是，啟繼父作了天子，稱為夏后帝啟，後世史家便認為自此成「父傳子」或「傳弟」的「君主世襲」的政治局面。但不可誤會這種「世襲」雖始於「夏朝」，但不起於禹，而是始於啟。前面說過，禹並沒有直接傳位給兒子，而啟之所以為天子，不是父親傳下來的，乃是天下諸侯人民的擁戴。禹本來效法堯舜荐賢禪讓，後來的轉變禹哪會知道。由見中國歷史上推行「公天下」觀念的帝王有「堯、舜、禹」三人，但實際推行「公天下」政治者惟堯、舜二人。

前已述及，堯舜禪讓，不是傳子不傳子的問題，乃是荐「賢」的問題，而且被「豫荐」的人必有功於天下，德澤於萬民，才為人民所擁戴繼為天子。這種「禪讓」類似今之選舉提名，被提名者是否當選，全由人民來投票決定。伯益雖為當局所提名，但人民不投他的票，顯然啟獲得絕大多數人民的擁戴，但也有少數的人表示反對，如有一個還是啟的庶兄的諸侯有扈氏就認為禹既推荐賢臣伯益，就應該讓賢，指啟違背了堯、舜、禹「禪讓」的傳統，因而起來為伯益抱不平。所以

　　《史記》說：「有扈氏不服。」

　　唐孔氏說：「堯舜禪讓，啟獨繼父，是以不服。」

由於啟即天子位雖不是遵循「禪讓」的方式，但啟認為是獲得天下大多數人民的公意，指有扈氏違背多數民意故意反抗中央，於是雙方展開了一場「政戰」，歷史稱為「甘戰」。

甘地在有扈氏的南郊（今陝西鄠縣），《書經》中有一篇〈甘誓〉，就是啟在出師討伐有扈氏時所作的一篇文告，類似今天的〈告將士書〉。《史記》也採述《書經》中的文句。

有人把〈甘誓〉譯為語文：

唉，六軍的將士們，我有誓言於你們，有扈氏暴逆，不行五常，厭棄天地人的正道，因此上天要斷絕他的國運，現在我是奉天命來討伐他。居車左的人，如不盡車左人的責，居車右的人，如不盡車右人的責，就是不用命。御車使馬的人，如進退不合於兵法，善盡其職責，也就是不用命。服從命令的人，就在祖主的前面賞賜他，不服從命令的人，就殺死他，甚至罪及你們的妻子兒女。

這篇誓詞，除了嚴令將士要用力作戰之外，主要用意是為討伐有扈氏找一個「合情合理」的藉口，完全避開「帝位」問題不談。之所以要討伐有扈氏，只因他「威侮五行，怠棄三正」。這「五行」「三正」又是什麼呢？《史記集解》引鄭玄說「五行，四時盛德所行之政也，威侮暴逆之；三正，天、地、人之正道」。《書經》注者謂：「怠棄者，不用正朔，有扈氏暴殄天物，輕忽不敬，廢棄正朔，虐下背上」。

這樣看來，有扈氏是一個不奉行「王命」而又暴虐百姓的諸侯，中央便要去討伐他。但他在反抗中央之前，仍然是為了伯益未能繼禹為帝抱不平，所以《淮南子》說「有扈氏為義而亡」是也。

由於啟統率六軍，申法又嚴，遂在甘地將有扈氏擊敗，自是天下咸服。另據今本《竹書紀年》的記載，啟有一個親弟弟叫武觀，不滿意啟作了天子後，違背了父親禹在世時的勤勞、節儉、樸實的作風，尤其一次在鈞台大會諸侯時那種舖張享受，令他不滿，何況作弟弟的也要像其他的諸侯一樣畢恭畢敬的向天子奉公守禮，所以口出怨言，後來啟便把弟弟放逐到西河，終於因反叛而被殺。啟為了鞏固中央權力，算是「大義滅親」之舉。

啟正式作了天子之後，他的政績如何，歷史上沒有具體的記述，但我們可以想像在他父親留下的老臣輔佐之下，秉持父親的遺規，政治是相當清明的。據《御覽》八十三引《帝王世紀》說：

　　　啟德教施於四海，貴爵而尚齒，養國老於東序，養庶老於西序。

貴爵就是尊敬年老退休公務員，尚齒就是體恤一般的老年人。所謂〈東序〉夏之大學，〈西序〉夏之小學。對於一些為國家辛勞一輩子的公教人員，政府都要奉養他們，尊敬他們，一般老百姓們，也要讓他們「老有所終」，也就是孔子所主張的「老者安之」。

從上述這項措施來看，足知啟為政之概要矣。

四、太康失國到少康中興

從太康失國到少康中興，司馬遷在《史記·夏本紀》中記載非常簡略：

> 帝啟崩，子帝太康立，帝太康失國，昆弟五人，須于洛汭，作〈五子之歌〉，太康崩，弟中康立，是為帝中康，帝中康時，羲和湎淫，廢時亂日，胤往征之，作胤征，中康崩，子帝相立，帝相崩，子帝少康立。

太康何以失國？《史記集解》引孔安國的話說：

> 盤于遊田，不恤民事，為羿所逐，不得返國。

古文《尚書》，〈五子之歌〉的前文說：

> 太康尸位以逸，豫滅厥德，黎民咸貳，乃盤遊無度畋于有洛之表，十旬弗返，有窮后羿，因民弗忍，距於河洛。

據此，我們知道太康即帝位以後，便不理政事，以致民心漸失，猶不知悔改，仍安於遊獵無度，且離開朝廷，達到洛水之南，一連數月不返。

在此之前的帝王無不勤於國政，關心民事，於今之帝王卻只顧遊獵，有害民生，自然引起國內貴族、官吏，和人民的不滿。

這可說是「君主世襲」制度形成後首先產生的一種不良反應。太康繼承父親當了帝王後，在心理上一定認為「這帝位是父親傳給我的，我同樣可以傳給兒子，今後我們『姒』家的子子孫孫都能繼承帝位，既不必荐『賢』，更不須人民的擁戴，所作所為惟我獨斷，管他人民喜悅與否。」然而全國人民對過去「選賢與能」的「公天下」的政治觀念根深蒂固，一旦反常，哪有不起來反抗之理。

於是有窮氏的君長后羿，利用人民不滿的情緒，起來反叛佔據夏的國都，將太康拒於河洛的地方，不敢回朝，因是太康失國（按此為諸侯廢君之始）。

前已述及，依據《楚辭》、《淮南子》等書的記載，帝嚳帝堯的時候都各有「羿」。堯時之「羿」，首先有射掉九個太陽的「神話」，又說羿向西王母求得不死之藥，被其妻偷食後，奔往月球的種種傳奇故事。現在夏朝又出現「羿」，羿的先祖世代都是「射官」，可見「羿」不是人名，是善射之號。茲所謂「有窮后羿」，自古以來沒有人考證其名為何，他們原位在鉏（河南滑縣），後遷於窮石（河南境），故號有窮氏。

太康失國後，困居在湯夏（今河南太康縣），成為亡國之君，他的五個弟弟在洛水之北等候，始終不見太康回來，因哀宗社之不保，痛故都之淪失，憂愁鬱悒，

慷慨感傷，情不自己，推其亡國敗家之由，發為詩歌，即古文《尚書》中的〈五子之歌〉。前兩首是陳述大禹的告誡，後三首是數說太康之不道。

第一首云：「皇祖有訓，民可近，不可下，民惟邦本，本固邦寧。……」

這首歌的意思是說，他們的皇祖大禹曾告誡子孫說，作君主的人，應多與人民親近，不可疏遠。因為人民才是國家的根本，本固而後國家才能安定。

第二首云：「訓有之，內作色荒，外作禽荒，甘酒嗜音，峻宇雕牆。……」

這首歌中特別指出「甘酒嗜音，峻宇雕牆」，顯然指太康的生活驕奢淫佚，完全違背了大禹「惡旨酒，卑宮室」的遺訓，安能不亡國。

第三首云：「惟彼陶唐，有此冀方，今失厥道，亂其紀綱，乃底滅亡。」

這首歌也很明顯的痛陳太康「亂其紀綱」是敗亡的主因。

第四首云：「明明我祖，萬邦之君，有典有則，貽厥子孫。……荒墜厥緒，覆宗絕祀。」

這首歌也指出夏代立國之道「有典有則」，沒想到到太康時便「荒墜厥緒，覆宗絕祀」。

第五首云：「嗚呼，予懷之悲，萬姓仇予，予將疇依，鬱陶乎予心，顏厚有忸怩，弗慎厥德，雖悔可追。」

這首歌頗為悲哀悽切，希望能悔過雪恥。

以上五首歌，據孔安國說，是太康的弟弟們所作，抱怨他們的哥哥太康沈於遊樂才造成這個局面。

太康共在位廿九年，後十年失國，這期間的朝政便由后羿把持。太康死後，羿乃立其弟中康，中康雖繼太康為帝，顯然成為羿的傀儡，《帝王世紀》及《路史》都說「微弱，政出於羿」。

《史記》就說：

「中康時，羲和湎淫，廢時亂日，胤乃征之」。

羲氏、和氏是掌天地四時官吏，他們卻沉緬於酒色，廢棄職守，以致王政衰敗。事實上此時「政出於羿」，國家安危完全操在羿的手中，羲和等怠忽職守，羿應負責。

然據古文《尚書》記載，中康在危亂之際，能夠命胤侯率六師征討羲、和，認為是難得的事。但也有人認為是羲、和與羿勾結起來，同惡相濟，胤侯奉王命前往征討，以翦除羿的羽翼。《尚書》中有一篇「胤征」，第一部分是史官記述說明胤

侯征伐羲和的原因，第二部分記述胤侯宣布羲和的罪行，第三部分是胤侯告誡要求將士們「殲厥渠魁，脅從罔治，群染汙俗，咸與維新」。意即只要懲處為首的那些天官，不要涉及他們的族人。

由這件事看來，中康之世，羿雖掌權，仍有君臣之序，究不能行「篡奪」之事，篡夏帝位到相的時候才敢做出來。

《帝王世紀》謂中康在位十三年，其子相繼立，《史記·夏本紀》僅記其帝位之傳承，對帝王之事蹟無隻字記述，茲從《左傳》、《呂氏春秋》、《後漢書》、《竹書紀年》以及《帝王世紀》等書的記載，獲知帝相在位期間，為安定社會，曾經征伐諸侯。

《呂氏春秋》更有於下一段文字：

> 夏后相與有扈戰於甘澤而不勝，六卿請復之，相曰不可，吾地不淺，吾民不寡，戰而不勝，是吾德薄而教不善也。於是乎處不重席，食不貳味，琴瑟不張，鐘鼓不修，子女不飾，親親長長，尊賢使能，朞年而有扈氏服。

本書前節已述及帝啟與有扈氏曾戰於甘之野，將有扈氏打敗，此處又云帝相與有扈氏戰於甘澤而不勝。此處是否為一事之分化，無法確知，有待智者之考證。

相在位十八年，據說在位第一年即被權臣羿所逐，相被逼徙居商丘（河南商邱縣），依附夏的同姓諸侯斟灌、斟鄩，旋羿便自襲為帝。

由羿拒絕太康回朝到他自己竊國稱帝為止，其間過程堪稱複雜，而羿的政治手段亦頗高明。

第一步：他首先拉攏羲氏、和氏為「內間」（即《書經》胤征注者所謂之「黨於羿」是也），自己從外攻入，「內應外合」，使太康不得回朝。但這樣竊國，恐難服人心，於是

第二步：扶立太康的弟弟中康為「傀儡」，而他之所以能立中康為傀儡，又必須利用國內官民的不滿（即《書經》中的「因民弗忍」是也）。

所以《左傳》說「羿因夏民以代夏政」。

羿正式竊奪夏的政權後，其作為無一是處，據《左傳》襄公四年記載：「后羿取代夏朝政權後，仗著他善射的技術，不治理百姓而沉溺於打獵，疏遠武羅、伯因、熊髡等賢臣，而任用寒浞為相，寒浞在朝中對女人獻媚，在朝外廣施財物行賄，愚弄百姓，而使后羿專以打獵為樂……。未幾，寒浞將羿烹殺，納其妻妾，生了兩個兒子，一個名叫澆，一個名叫豷。兩個孩子長大後，與父親同惡相濟，朋比

為奸，寒浞並將二子分別派居在斟鄩、斟灌那邊，監視夏帝后相，不久寒浞二子不但滅亡夏同姓的兩個諸侯斟灌、斟鄩佔領其土地，並把依附在那裡的夏帝后相也殺了，於是寒浞自立為帝，仍沿襲「有窮」國號，夏后氏的正統政權自此正式中斷。

相被殺時，其妻已懷娠，逃奔到母國有仍，生子少康，長大以後，有仍國的君長派他擔任牧正（掌畜牧之官），不久被寒浞獲悉，想斬草除根，消滅夏的遺裔，少康得到消息，立刻逃到有虞國，有虞是帝舜的後裔，國君叫虞思，對少康非常器重，但只派他擔任庖正（掌膳食之官），於此安排，避免樹大招風，暴露身分。但將兩個女兒嫁給他，稱為二姚。同時以「田一成」（方十里）、「眾一旅」（五百人）當嫁妝。

於是少康在兩位賢妻的佐理下，在方十里的土地上，五百人的支援下，戰戰兢兢，如履薄冰，如臨深淵，發奮圖強，布德施惠，以收夏眾，並安撫夏朝老臣，與之內應外合。

夏朝有一位老臣叫做伯靡，當太康失國時，流落在有窮，后羿被寒浞殺害後，伯靡又逃奔到有鬲（今山東境），苦心焦慮，時時以復國為志，聞少康在虞，乃互相呼應，共圖大計。

而此時之寒浞殺后羿，竊得政權後，也像羿一樣淫亂暴虐，不理朝政，正如《左傳》上說「恃其讒慝詐偽，而不得於民」。

少康乃乘時而起，一舉攻滅寒浞，旋先後用間諜戰和外交戰滅亡寒浞的兩個兒子，光復了中斷四十年的夏朝。

五、夏朝的衰亡

少康以後的夏代政治，《史記‧夏本紀》至為簡略，其他史書如《左傳》、《帝王世紀》、《竹書紀年》、《通典》等也僅輕描淡寫。大概說少康復國後，回到舊都安邑，「復禹之績，祀夏配天，不失萬物」，於是「夏道復興，方夷來賓」（應是指四方的戎狄），另外從《史記‧殷本紀》和〈周本紀〉以及今本《竹書紀年》中找得一些蛛絲馬跡。如殷本紀中有商之始祖契的後裔叫冥者，少康時黃河屢為水患，乃命冥為司空，負責治理，結果因公殉職，所以《禮記》《國語‧魯語》也記述「冥勤其官而水死」。〈周本紀〉中周的始祖棄原為后稷官（掌農業之官），太康失國後棄亦失其官職，其子孫流徙於戎狄之間，傳至公劉時，正是少康中興之際，乃恢復其官職，重修農事。

　　少康在位廿一年，子杼（予）立，在位十七年。在這十七年中只有一件事值得
一提，那就是征伐東夷，為了戰爭的需要，發明「矛」和皮製的「甲」，據山海經
海外東經的注者引述「汲郡竹書」說，他這次東征到達了東海岸，東夷中的一個部
落「三壽」臣服，並獻上一隻白色的「九尾狐」，又叫做「瑞獸」，傳說只有在太
平之世才能見到，帝杼高興班師回朝，但不久就死了。

　　帝杼死後，子槐（芬）立，在位廿六年。《竹書紀年》說：在位期間，東方的
「九夷」都來臣服。

　　帝槐死後，子芒（荒）立，在位五十八年，在位期間也有一件事值得一書，在
他即位第一年，舉行了一次隆重的祭黃河神的儀式。為什麼要祭黃河呢？因為從少
康復國以來，六十多年河水沒有泛濫，五穀豐登、六畜興旺，認為是河神賜福，於
是率領滿朝文武及諸侯方伯，在黃河下游岸邊舉行祭祀儀式，除了鼓樂，祈禱祭文
外，還將牛、豬、羊作犧牲沉入河中，而且還將象徵著大禹當年治水成功後，帝舜
賜給禹的「玄圭」也投入河中，以示虔誠，這就是後世所謂的「沉祭」，自是我國
祭河神的儀式一直延續了數千年。

　　帝芒死後，子泄立，在位廿五年，子不降立，在位五十九年，不降在位最久，
而史書對他卻一片空白，上古史料之遺失由此可見。弟扃立，在位廿一年，子廑
立，在位廿年，廑死由不降之子孔甲繼立。

　　司馬遷在此，大概又找到一些夏朝的史料，〈夏本紀〉說：孔甲喜歡比方鬼
神，日以淫亂為事，夏的德政由是而衰，諸侯紛紛背叛。此時上天突然降下二條
龍，一雌一雄，孔甲不知如何飼養，後來找得陶唐氏的後人，名叫劉累的人，曾在
養龍氏那裡學得馴龍的方法，因此得以事奉孔甲。孔甲還特地賜給他一個叫「御龍
氏」的姓。不久雌龍死了，劉累把牠做成肉醬，送給孔甲吃，龍肉味美可口，孔甲
吃了還想再吃，派人向劉累索取，劉累無法回報，惟恐受罰，驚恐逃到魯地去了。

　　以上一些資料僅知孔甲「淫亂好鬼神」，使夏政衰敗，接著使我們知道在此時
有所謂「龍」的出現，與夏的政治無甚直接關係。而龍本上天所降之神靈，並不是
普通動物，人間自難好好餵養，致雌者死去，理應當神靈處理，卻把牠做成肉醬來
吃。另一雄者想必因孔甲欲再食之而遁去，負責餵龍的劉累也因之逃走。上古這種
違背神旨的行為與其政治之衰敗或不無因果。

　　孔甲在位三十一年，以後三傳至桀，夏朝便亡了。後世很多史家便認為孔甲為
夏朝衰亡之始，孔甲死，子皋立，在位十一年，子發立，在位十三年，子履立，是
為夏桀。

夏桀是夏朝最後一個帝王，就是「亡國之君」，亡國之君當然「不是一個好東西」。

他可能「殘暴不仁」

他可能「好酒好色」

他可能「荒於朝政」

他可能「不體民恤」

他可能「傷德敗俗」

他可能「聽信讒言」

他可能「排斥忠良」

…………………………

總之，一切最壞的詞語都盡量加諸他的身上，務必使對方跳入青海也洗不清（世人多謂跳入黃河也洗不清，黃河本一流濁水，豈不愈洗愈混濁，故改斯語），於是另一邊反抗他的人才可以找「革命」的藉口，我這說法可先不能下結論，要看事實的真象。

一個亡國之君真能擔當得起亡國的一切責任嗎？一切亡國的罪惡都應由他一個人來承擔嗎？

夏朝從禹之建國西元前二一八三年開始，至夏桀亡國西元前一七五二年為止，共長達四百三十一年的歷史（也有人說是四百七十一年），是國史上享國最久的第三個朝代。這麼久遠的時間，真是「物換星移」「成亡得失」「物極必反」都是人生循環定律。

前已述之，夏少康中興後一百多年傳至孔甲時已開始由盛而衰了，至桀時正式走上亡國之路。所謂「物必先腐而後蟲生之」，可作為夏朝亡國的寫照。據《史記・夏本紀》及《呂氏春秋》的記載：孔甲以來，諸侯叛夏，桀為無道，暴戾頑貪，虐政淫荒，武傷百姓，天下顫恐而患之。

夏桀晚年的暴政都與其女寵好色有直接關係，而夏桀之好色又是受了「敵方」的「陰謀」所致，也就是後世所謂的「間諜」而造成。首先我們看《國語・晉語》記載晉大夫夫史蘇的話說：

昔夏桀伐有施氏，有施氏以喜妹女焉，有寵。於是乎與伊尹比而亡夏。

《呂氏春秋》也記載說：

桀迷於妹喜，好比琬琰（岷山君進獻的兩個美女，名叫琬、琰），不恤其

族，眾志不堪，上下相疾，民心積怨，皆曰「上天弗恤，夏命其卒」。

其他《竹書紀年》、《帝王世紀》、《烈女傳》都有記述，當夏桀去攻打有施氏國時，有施氏國的君主乃以其女妹喜送給夏桀為妃。因此時有施族和殷氏族甚為友好，而殷氏族在湯的領導下，勢力日漸擴大，正欲伺機推翻夏政而代有天下。因之有施氏的妹喜到了夏宮，名義上是夏桀的妃子，實際上是為祖國報仇，成為殷氏族這方面的地下工作人員（女間諜）。

由於妹喜貌美迷人，更因「任務」繫身，對夏桀自然輕柔嬌滴，運用她的媚力和技巧，使桀為之傾倒。自是桀晨昏顛倒，不理朝政。多種史書記述說：

寵愛妹喜，所言皆從。

殫百姓之財，傾宮（有人說是宮殿高聳向下而上看有將傾倒的感覺，故取名傾宮；著者則認為是「傾天下之財，有譏諷桀王勞民傷財之意」）、瑤台（以美玉做台階，以象牙作廊柱），作肉山脯林，酒池可以運船，糟隄可以望十里，一鼓而牛飲者三千人。

妹喜笑以為樂。

當夏桀如此荒淫酒色之際，桀的左右有好幾位賢臣曾紛紛勸諫都不理睬，於是有的被殺，有的逃走他國。如伊尹本來有意效命於夏朝，見夏桀「迷惑妹喜，不撫其眾，上下相疾，民心積怨」，乃離開夏朝回到殷氏族這邊，成為商朝的開國元勳（詳後）。

當時桀的左右有兩個奸臣，一個叫千辛，仗著桀的寵信，威凌諸侯，殘害人民；一個叫曹觸龍，整天阿諛，不務正事。這兩人的奸惡行為使得朝中賢良個個憂鬱怨恨，天下諸侯不再往朝。大夫關龍逢實在忍無可忍，向桀直諫說：

古人之君，躬行禮義，愛民節財，故國安而身壽，今君用財若無窮，殺人若恐弗勝，天殃必降而誅必至，君其革之，立而不去。

據說關龍逢捧著「黃圖」（皇圖）到傾宮求見桀。所謂皇圖是古代王朝編制有帝之祖先功績的圖，給後代帝王看，以便效法祖先治理國家。關龍逢所捧的皇圖繪有大禹治水和塗山大會等圖象，希望桀看了能領悟反省改過。

桀不但不予理會，而且立刻將其殺害，所有大臣從此不敢直言，而桀自以為賢能而不悟。當時有一個諸侯湯見天子如此殘暴不仁，特派使者前往哀禱，夏桀毫不領情，並召湯入朝，旋因之於夏台。諸侯聽說湯被夏桀囚禁，一時天下諸侯叛離夏朝歸於湯者五百多個國家，桀見此情勢，這才把湯釋放回國。

　　桀為扭轉頹勢，曾在有仍國會合諸侯，其中有緡國公開反叛，竟被夏桀攻滅。然而天下紛紛，已無可救藥，據《國語》、《淮南子》、《帝王世紀》等書記述當時的國情說：

> 主闇晦而不明，道瀾漫而不修，至德滅而不揚，帝道搚而不興，舉事戾蒼天，發號逆四時，春秋縮其和，天地除其德……飛鳥鍛羽，走獸廢腳，山無峻幹，澤無注水，田無立禾。

> 天雨血，雨木冰，六月降霜，大風揚沙，鬼哭於國，地出黃霧，堯山崩，庲山亡，大水，地震，……

> 瞿山崩為大澤，水深九尺……

　　這真正是天怒人怨，而桀仍迷惑暴亂，太史終古亦離開夏宮投奔商湯，商湯見時機成熟，乃起兵攻滅夏桀，經過情形請看下一章。

第四章　商朝

一、商朝的始祖

首先看《史記・殷本紀》的記載：

> 殷契，母曰簡狄，有娀氏之女，為帝嚳次妃，三人行浴，見玄鳥墮其卵，簡
> 狄取吞之，因孕生契。

學者認為「玄鳥生商」故事，乃是反映了我國遠古時代「知其母，不知其父」的母系氏族社會的情況。

再看《詩經・商頌》說：

> 天命玄鳥，降而生商，宅殷土茫茫。……

當商人建立了國家並滅了夏朝以後，其子孫認為他們祖先的誕生神話太平凡，他們認為商王的祖先應是上帝的兒子，所以強調是天帝命令燕子送來的卵孕育而成的。詩中的這篇〈育飲玄鳥〉就是後來宋國（商的後人）國君在祭祀他們的祖先的樂歌。

古代稱玄鳥為燕子，因為燕子是黑色，「玄」字的意義就是「黑色」，自古以來我國河北山東一帶稱「燕」為「乙」，據說是因為與燕子的叫聲有關。

商的祖先契既是其母吞食燕子的卵而懷孕所生，所以帝舜賜契為「子姓」。後來商湯的名字稱為「天乙」，也是本於祖傳。據說孔子的「孔」字就是「子」與「乙」的組合，因之後人以孔子乃殷商的後裔，孔子好像也自己說過「吾殷民也」。

前面說過，商的始祖是契，名義上是五帝中帝嚳的兒子，長大以後在帝堯時做過水利工程司，協助禹治水有功。帝舜時被任為司徒，掌管禮教，帝舜還特別指示說：

> 百官們都不怎樣和睦，人倫五常也沒有好好推行，現在命你掌管教育，要敬
> 謹的布行五教，盡量以寬大為懷，循循善誘。

所以《史記》說他「興於唐虞大禹之際，功業著於百姓，百姓以平」。於是將

他封在商（今河南商邱），這就是商朝名稱的由來。

契卒→子昭明立→子相土立→子昌若立→子曹圉立→子冥立→子振玉立（古書或寫稱王亥）→子上甲微立（上甲是商族的後人在祖廟中所立的號，商自是以後都是以甲、乙、丙、丁、戊、己、庚、辛、壬、癸十個天干作為廟號）→子報丁立→子報乙立→子報丙立→子主壬立→子主癸立→子天乙立。天乙就是湯。

這是《史記·殷本紀》的簡略記述，在這段傳系中的帝王事蹟只有兩個帝王可以查考：

1·在《詩經》中有商頌長發章歌頌「相土」的事蹟，《毛詩》也談到相土，《鄭玄箋》曰：

> 相土居夏后氏之世，承契之業，入為王官之業，出長諸侯，其威武之盛，烈烈然，四海之外率服。

2·《竹書紀年》夏后十五年有「商侯相土作乘馬」之句，《論語》記載：「顏淵問於邦，子曰：行夏之時，乘殷之輅……」《管子》曰：「殷人之王，服牛馬以為民利，而天下化之。」從這些資料中後世都認為古代最重要的交通工具——牛車、馬車都是相土發明的，不過牛馬車雖是相土發明，但相土是夏朝時代的人，所以我國牛馬車的使用從夏朝便有了。

3·《國語·魯語》以及《世本》等多種史書都記述「商冥」為夏少康時的司空，治理黃河水患，負責認真，因公殉職。冥死後，子振玉立，古書稱為王亥，或寫該、核、垓、胲。相傳有一年帶弟弟趕著許多牛羊，北向南跨黃河，來到一個易邱部落，準備換一些糧食和方物，因在易王的宴會上為行失撿，王廳被殺，王恒逃回。

商的祖先原本封於商（河南商邱），傳至湯時共歷十四五代，其間有八次遷徙。有的史家說是水患的緣故，但多數史家則認為商在此之前還是一個遊牧行國性質的部族，帶著族人「逐水草而居」，當他們遊牧在某一遊牧區時，其政治中心就設立在地區的中心，所謂「好馬不吃回頭草」，過一段時間後必須帶領族人遷徙到另一遊牧區，於是政治中心也隨之轉移。到湯的時候，遷到亳地來了，亳在今天的河南商邱之東南，稱為南亳，是當年帝嚳的都城，而商朝的始祖契就是帝嚳兒子，湯所以遷都於此，就是《史記·殷本紀》中所說的「從先王居」也。

二、商湯滅夏

（一）商湯與伊尹

商湯的名字有數個，史書上記載的有：履湯、成湯、武湯、商湯、天乙湯、大乙。湯是他的諡號，諡法「雲行兩施曰湯，除虐去殘曰湯」。天乙，大乙是後人祭祀湯時所稱的廟號。史書上又說他「身長九尺，其貌非凡」。湯之所以能滅夏，伊尹是他的最得力輔佐，伊尹也是歷史上頗富傳奇的人物，這裡乃先說湯與伊尹的關係。

伊尹是當時民間的一位隱士，居在有莘（今山東曹縣）（甲骨文學者考證，甲骨文中的伊夾、黃尸、黃夾都是指伊尹，金文中稱為伊小臣，而小臣又是指伊尹的身分和地位不是名字，伊尹原名伊摯，尹是官名，有的說他叫河衡，何衡也是官名，是指官權的大官）。伊尹很不滿意夏桀的荒淫暴行，希望有一位賢主出來，而他自己也有意用事，正好此時商湯也希望有一位賢能的輔佐人，於是明君賢臣便結合在一起了。但關於商湯與伊尹的合作有幾種不同的說法：

1・伊尹藉著善予宰割和烹調的手藝得見商湯，要求湯用他《孟子・萬章》。

2・伊尹在有莘地耕種，湯派人用金錢聘請。第一次找到他，沒有答應。湯一連請了三次，他才為了「施行堯舜之道」，「使國君成為堯舜般的國君」、「使人民成為堯舜般的人民」，要「親眼看到堯舜盛世再實現」，所以才答應出來《孟子・萬章下》。

3・伊尹有侁（莘）氏之賢者，商湯聞之，使人聘請，有莘氏不答應，但伊尹本人卻想師於湯，於是湯想出一個主意，與有莘氏聯姻，有莘氏乃以伊尹為媵臣，陪伴有莘氏的女子到了商湯《呂氏春秋》。

4・伊尹跟商湯本來素不相識，想求見商湯卻苦無理由，於是施個計謀。當有莘氏將女兒嫁給湯的時候，跟著陪嫁過去，替他們掌廚。藉機問如何烹調而談到如何治國的道理，勸湯推行王道政治。這是《史記・殷本紀》的記述，但司馬遷對這傳說也不敢肯定，接著在〈殷本紀〉中又說：「也有人說伊尹是個隱士，湯派人以禮去迎接他，請了五次才答應出來，湯任命他為宰相，管理朝政。」

上述四說，可統而為一，且並不衝突，共同論點均說明賢臣求明君，明君求賢臣用了種種心思才得如願。正如《呂氏春秋》所論：

故賢主之求有道之士，無不以也，有道之士求賢主，無不行也，相得然後樂，不謀而親，不約而信，相為彌智竭力，犯危行若，志懽樂之，此功名所以大成也。

孟子也認為伊尹「治亦進，亂亦進」，證明伊尹是一位非常關心「國事」「天下事」的隱士。

（二）湯用伊尹之謀

伊尹到商國後，湯設朝召見他，兩人一見面就開始談治國之道，伊尹開門見山就說：

君之國小，不足以具之，為天子然後可具。

伊尹第一個政策就是勸湯「伐夏救民」，等作了天下共主之後，再談治天下之道。

前面已說過，與殷氏族友好之有施族已派遣妹喜到夏桀的宮中作「女間」，而且進行順利。此刻伊尹又提出「伐夏救民」的主張，故湯特派伊尹到夏朝去作夏桀的貴賓，暗自與妹喜聯絡，獲取情報。《國語》記載晉大夫史蘇的話說：「昔夏桀伐有施氏，有施氏以妹喜女焉，於是乎與伊尹比而亡夏」。

伊尹抵達夏朝後，夏桀的確曾以貴賓之禮招待伊尹，《尚書》、《韓詩》等有於下一段記述：

桀與之飲酒沈緬，群臣醉者持不醉者，不醉者持醉者，相和而歌曰，江水沛兮，舟檝敗兮，我王履兮，盍歸乎，薄亦大兮。

伊尹退而閒居，深取樂音，更曰，樂兮樂兮，四牡驕兮，六轡沃兮，覺兮較兮，吾大命格兮，去不善而從善，何不樂兮。

伊尹入，告於王曰，大命之至，亡無日矣。王闟然樸，啞然笑曰：子又妖言矣，天之有日，猶吾之有民，日有亡乎，日亡，吾乃亡矣。

伊尹親眼看到夏桀於此的荒淫酒色，乃回到商的亳都向湯報告：

桀迷妹喜，不撫其眾，上下相疾，民心積怨，皆曰上天弗恤夏命。

湯再派伊尹到夏探視，並與女間妹喜取得聯絡，妹喜告訴伊尹說：「天子夢兩日相與鬥，東方日不勝，西方日勝」，這表示湯還不能去討伐夏桀。伊尹立刻回商都向湯報告這個情報，於是商湯正式任命伊尹為宰相，綜理國政。

三、湯的德行

孔安國說，湯當夏桀時已是夏朝的「方伯」，為一方諸侯之長，諸侯中如有不軌的行為，湯便有權率兵征討，《史記·殷本紀》中說「得專征伐」是也。如當時的諸侯昆吾氏作亂，湯便與伊尹親自率兵討伐。《孟子·滕文公》記載，湯討伐諸侯有一十次之多，而且當他討伐甲地諸侯時，乙地方的人民抱怨說「為什麼不先來討伐我們這邊的作亂諸侯呢」。這就是《孟子·滕文公下》所記載的：「東面而征西夷怨，南面而征北狄怨，曰，奚為後我？民之望之，若大旱之望雨也。」所以商湯在滅夏之前，先滅掉昆吾、韋、顏等幾個與桀同惡相濟的諸侯，意在使桀孤立無援。

孟子又說，湯首先征討的是葛國，為什麼要征討葛國呢？主要原因是葛伯是忠於夏王的諸侯，是夏桀在東方地區諸侯國中的一個耳目，湯恐妨礙滅夏，不得不將其消滅。但總得有個征討的理由，據《孟子·滕文公下》說：

湯居亳時，與葛伯是鄰國，葛伯放肆無道，不舉行祭祀，湯派人去問他為何不舉行祭祀？葛伯說，因為沒有可供祭祀的「三牲」，湯就派人送些牛羊給他，葛伯仍不祭祀，把牛羊宰殺吃了。湯又派人問他，為何還不祭祀？葛伯說，因為沒有供祭祀的米穀，湯就派亳地壯年人民前去替他耕種，年老和幼小的人就送飯給耕種的人。葛伯居然帶了他自己的人民，搶攔那些送酒飯的人，並把那些不肯給的人殺了，其中有一個小孩子拿了飯和肉送給替葛伯耕種的父母吃，也被葛伯搶奪還殺了那小孩。《書經》上有「葛伯仇餉」的記載便是指這件事。

葛伯實在是一個沒有人性的人，但後世有很多人不大相信這種有違常理的事，認為那是儒家在編造某一方的人的美好故事，以彰顯其美德罷了，可是《孟子》的這個故事是引述《書經》中的「葛伯仇餉」的事而來。而司馬遷在〈殷本紀〉中也有「葛伯不祀，湯往征之」，應該不是空穴來風。然而湯與葛雖為「鄰」，據專家考證，湯與葛國相距五百里，湯人為葛伯耕田，老弱送食，又實在令人難信。

不過，由湯征討葛伯這件事來看，

湯是一個敬天尊祖的人

湯是一個樂於幫助他人的人

湯是一個大公無私的人

另外湯的德行施及禽獸：

有一天，商湯外出散步，見獵者四方張網，並禱告上天說：

> 從天墜者，從地出者，從四方來者，皆入吾網。湯認為這是一網打盡天下生
>
> 靈，乃勸其輟出三面的網，僅留下一面網，並勸獵者把禱告的辭句也改為
>
> 欲左者左，欲右者右，欲高者高，欲下者下，不用命者，乃入吾網。

這故事來自《呂氏春秋·異用篇》，《史記》及《賈誼新書》，劉恕《通鑑外紀》等書無不採信。當時這故事傳開出去，漢水以南的諸侯聽到說：「湯之德及於禽獸矣」。由於商湯這種「仁民愛物」的表現，於是有四十個國家都歸順於湯。《呂氏春秋·異用篇》評之曰：

> 人置四面網，未必得鳥，湯去三面，置其一面，以網其四十國，非徒網鳥
>
> 也。

四、夏桀敗亡

由於湯的德行感召，四方諸侯紛紛歸順，而此時的夏桀更加昏暴，前已說過，朝中良臣一個一個被殺，直轄地區又發生嚴重水災、地震，真正到了「天怒人怨」的地步。有一個秦朝的先人費昌「見二日出，東方日熷，西方日沉」。問一個叫馮夷的人，馮夷說：「西惟夏，東惟商，桀將亡」。費昌聽他解說後，馬上投奔商湯，自然把這件事告訴了湯，認為是湯討伐夏桀的時機了。

但據《說苑·權謀篇》載，湯伐夏桀之前，伊尹又運用了一項謀略：「要湯停止向夏桀納貢」，來探試夏桀的反應。

按湯早為夏的「方伯」，現在天下的諸侯大半都歸順於湯，夏朝的威望惟賴湯來支持。前述桀既囚湯而不敢殺湯的原因在此，而此刻湯居然不向桀入貢，豈不公然叛變，所以桀異常憤怒，發動九夷之師申討商湯。

伊尹於是對湯說：「還不能伐桀，彼尚能起九夷之師，是罪在我也。」湯不得不向桀謝罪，繼續向桀入貢。

就在這時，夏朝的太史終古見夏桀迷惑暴亂愈甚，哭著投奔商湯。《呂氏春秋》先識覽記載，湯乃告諸侯說：

> 夏王無道，暴虐百姓，窮其父兄，恥其功臣，輕其賢良，棄義聽讒，眾庶咸
>
> 怨。

湯於是第二次不向夏桀入貢，桀再起九夷之師，而九夷之師已不再聽命《說苑

·權謀上》，伊尹認為時機已熟，乃領七十輛戰車、步卒五千起兵伐桀。但夏桀並非全失民心，前面已經說過，諸侯中的韋、顧、昆吾等仍站在夏桀那邊，而湯的臣民也有一些不敢參加這一戰爭，因為他們認為這是「諸侯討伐天子」，所以湯不得不諭以「吊伐之意」。這就是《書經》中商書的〈湯誓篇〉。茲用現代的話摘要於下。

告訴你們百姓，都要聽我說，並不是我要舉兵作亂，實在是夏王作惡多端，上天之命，要將他滅亡。你們都在數說夏王的罪惡，「我們的王不體恤民眾，荒廢農事，用兵無度」，我聽到你們的話，覺得夏王實在罪大惡極，我敬畏上帝，不得不弔民伐罪。

正如你們所說，「夏王罪惡到了如此地步」，他勞民傷財，使全國民窮財盡，以致人民游惰終日，不再為夏王做事。大家都說「這個太陽何時落下，好與你同歸於盡」，夏德敗壞至此，現在我必須要討伐他。

我需要你們大家來幫助我，完成上天對夏王的懲罰，我會大大的賞賜你們，你們不要不相信，我決不會食言的。如果你們不聽從我的誓言，那我就要處罰你們，決不赦免。

由於商湯對部下申令甚嚴，「爾不從誓言，予則拏戮汝」，所以人民支持，將士用命。湯親自拿著兵器領導作戰，夏桀戰敗，逃奔鳴條。有人考證鳴條在淮河與巢湖之間，夏的都城在安邑，山西境內，夏桀一路被追擊至此，真是狼狽不堪，所以史書說桀「犇」（奔）於鳴條，可見其慌亂之極。

商湯在鳴條俘虜夏桀後，並沒有殺他，只是把他當罪犯放逐到南巢的地方，南巢就是今天的安徽桐城縣的南方，那個時候還是一個沒有開發的蠻荒之地。夏桀至此，居然還不自檢討，只對人說「吾悔不殺湯於夏台，使至此」。三年之後，憂憤而死。

後世人批評夏桀說：「真是江山易改，本性難移」。即使夏桀早殺湯，其滅亡更速，為何悔不聽忠言，修德政呢！

湯雖滅夏桀，而自己覺得堯舜禹都是舉賢而傳天下，為何到他非用兵不可，可見自己的德行不及堯舜遠矣，又恐後世藉以為口實，內心甚感不安。他的另一賢臣仲虺盡量安慰他，《書經》中有「仲虺之誥」說。文中說明「伐桀是奉行天命，救民塗炭」，並指出「湯的德行深受人民愛戴」，並無慚愧不安。

桀為民之主，而反行昏亂，負民於塗炭，既失其所以為主矣，然民不可以無

主也。故上天賜給湯『勇智之德』來革除夏政。……

所以湯滅夏,是「順乎天,應乎人」。孟子認為湯放逐夏桀,是為天誅無道也。

五、湯的德政

湯滅夏朝,大會天下諸侯,與會者三千多國,湯拿了天子的玉璽,放在天子的位置上,然後湯對諸侯們說:「天子惟有道者,可以處之,可以治之。」

諸侯們一致擁護湯為天子,湯三辭三讓,終因眾望所歸,就天子之位,時西元前一七五一年,湯正式成為商朝的開國之君。

湯作了天子後,處處小心謹慎,深恐自己所作所為違背民意,他知道「興必慮衰,安不忘危」的道理,所以在他的洗澡盤上也刻有:「苟日新,日日新,又日新」的座右銘。他的用意是從洗滌自己身上的污垢,保持身心的清新,而體念到洗滌國家社會的污垢,使國家社會不斷進步。

湯率諸侯滅夏桀是「順天應人」,他就天子位也是「順從民意」,所以他就天子後的一切政治措施也無不以「民意為本」。他用伊尹為右丞相,仲虺為左丞相,以下便是他的幾項重要措施。

(一)順民

《呂氏春秋·簡選篇》、《魯語》、《呂覽》等書說:「桀既奔走,於是行大仁慈以恤黔首,反桀之事,遂其賢良,順民所喜,遠近歸之」。另據《大戴禮》及《詩商頌》的記載,東北方的肅慎,西北西南方的氐羌等邊疆民族,因夏桀的暴虐紛紛背叛離去,於是因商湯的仁政都回來歸順。

(二)便民

據《周書·王會解》的記載:「湯謂伊尹曰,諸侯來獻遠方之物,不利,因其地勢所有,易得而不貴。伊尹受命,為四方獻令」。後來漢宋的「均輸法」大概據此而創制。

(三)愛民

據《呂氏春秋》、《尸子》、《說苑》、《帝王世紀》等史書的記載:湯在位

期間，不幸大旱七年，烈日暴晒，河乾井涸，草木枯焦，禾苗不生，人民饑困。湯乃在效外設立祭壇，天天派人舉行祭祀，祈求上帝降雨除旱。祭祀的儀式是用牛羊豬狗作犧牲，並堆一堆木柴燃燒，稱之曰「燹」（燎）。史官手捧三足鼎，鼎中放的就是牛羊等肉。

禱告的辭語說：

是不是我們的王的政事無節制法度呢（政不節與）

是不是使人民受了什麼疾苦呢（民失職與）

是不是宮室修得太侈華呢（宮寶崇與）

是不是有婦女干涉政事呢（婦謁盛與）

是不是因官吏貪污賄賂呢（苞苴行與）

是不是有小人讒言流行呢（讒夫倡與）

為何久久不下雨呢？

然而年年禱告，時時禱告，仍然晴空萬里，一連大旱七年之久，在七年的某一天，太史再占卜，龜甲顯示需要用人作祭品，天才肯下雨。湯說：「吾所謂請雨者，民也，若必以人為禱，吾請自當。」於是齋戒沐浴，剪髮斷爪，用自己的身體當犧牲品。放入三足鼎中，並跑在山林中禱告上天說：「余一人有罪，無及萬夫，萬夫有罪，在余一人，無以余一人之不敏，使上帝鬼神傷民之命。」禱告還沒有完，頓時烏雲密佈，雷電交加，傾盆大雨，方數千里。

這在今天看來當然是自然現象的巧合，在古代卻反映出一個愛民帝王的真誠精神，感動了天地鬼神。從甲骨文中學者研究，以後帝王求雨多以奴作犧牲，而且是女奴。

另據《管子》記述，由於大旱七年，人民無糧，被迫賣子求食。湯乃以莊山之金，鑄幣賑濟窮困。

（四）恤民

《書經·微子之命》有「乃祖成湯，撫民以寬」的文句；《淮南子》也稱述湯的德政說：「湯夙興夜寐，以致聰明，輕徭薄斂，以寬民氓，布德施惠，以振窮困，弔民問疾，以養孤孀，百姓親附，政命流行。」

（五）改正朔

朔的字義是「始」也，正朔就是一年之始，也就是正月一日。《春秋繁露》說「王者必改正朔，易服色，制禮樂」。《史記·殷本紀》說：湯以十二月建丑為正月，同時也變更衣服的顏色，崇向白色，並規定每天早上舉行朝會討論朝政。

前已述及，夏朝的曆法是以寅月（正月）為一年之首，稱為人統。商朝把夏曆提早一個月，以十二月冬至為一年之首，稱為地統，以後周朝又提前一個月以十一月為歲首稱為天統。到秦朝又再提前以十月（亥月）為歲首，漢朝初年仍沿用，到漢武帝時，恢復以前的夏曆一直到清朝末年。

六、太甲悔過自新

湯在位十三年，享壽一百歲。他娶有華氏的女子為妻，生了三個兒子，即太丁、外丙、仲壬。太丁是太子，因為早死，於是由太丁之弟外丙為帝，外丙只在位二年而崩，乃由外丙之弟仲壬繼任，仲壬也只在位四年而亡。伊尹乃立湯的嫡長孫太甲，也就是太丁的長子為帝。

商代王位繼承的方法，在湯以前是「父傳子」（見前述），湯以後大半是「兄傳弟」，因為湯以前是諸侯，滅夏桀後才正式成為天子，王位的繼承也正式定為「兄終弟及」的原則，兄弟一個一個傳下去，凡是帝王之子無分嫡庶都可以繼承，如果弟弟傳完，才能傳給自己的兒子。但照規定最後一個繼承帝位的弟弟應將王位傳回給哥哥的兒子，因為他的王位是哥哥傳給他的，但大多數弟弟卻把帝位傳給自己的兒子了，因之常有堂兄弟爭位的事發生。就因為如此，到商的後期，雖然仍是「兄終弟及」，但繼位的弟弟一定限嫡子，庶子不得繼為帝，所以商代到最後幾代又回復到湯以前的「父傳子」的局面。

前述湯死後，因大兒子早死，先後由湯的其他二個兒子繼承，在位時間都很短，也許都沒有兒子，此時伊尹為宰相又是朝中老臣，大權在握，於是迎立湯的長孫太甲為帝。

附註：由於《尚書》序文謂湯死，太甲即繼位，其中並無外丙、仲壬繼立的記載。歷代史家有所爭論，本書仍採信《孟子》及《史記》二書，據董作賓從殷商甲骨文中考證《史記》所列的殷帝系完全相同。

太甲立為帝位後，伊尹作書訓導，即《書經》中的〈尹訓篇〉。

首先指出夏桀所以失天下，商湯所以得天下的原因，告誡太甲要：

> 立愛惟親，立敬惟長，始於家邦，終於四海。

這意思就是說，當了帝王，開始就要謹慎，「謹慎之道，孝悌而已，孝悌者，人心之所同。」「親吾親，以及人之親，長吾長以及人之長。」「始於家，達於國，修而措之天下矣。」也就是孔子所說的「立愛自親始，教民睦也，立敬自長始，教民訓也。」

最後特別警告他：

> 作善，降之百祥，作不善，降之百殃；爾惟德，罔小，萬邦惟慶，爾惟不德，罔大，墜厥宗。

這意思就是說：「為善則降之百祥，為惡則降之百殃，各以類應也，勿以小善而不為，萬邦之慶積於小，勿以小惡而為之，厥宗之墜不在大，蓋善必積而後成，惡雖小而可懼。」

可惜，這時太甲已在位三年，不明白這種為君的道理，不但沒有接受伊尹告誡，反而暴虐亂德，破壞了他祖父湯的政教與法度。於是伊尹將他放逐到桐宮（今山西榮河縣，湯的墳墓在此），希望他能悔過自新。伊尹乃攝政當國，會見天下諸侯。

伊尹只是位居宰相，國之元老，帝王不善，規諫而已，不聽又奈何，為人臣者安可將帝王放逐，其與發動政變革命何異？但伊尹究竟沒有自立為帝，只是主持朝政而已，是一種非常的措施，權宜之計，所以孟子說「有伊尹之志則可，無伊尹之志則篡」。張元夫在其《六經真面目》中也說得對「湯以天下為公，故能委伊尹以天下之重，伊尹以天下為己任。太甲不順放之於桐，以湯之心為心，故能行之而不疑也。」由此可知古代宰相之權威與責任的重大。

有的史書如《竹書紀年》記載說，伊尹放逐太甲後，自立為帝，太甲由外潛回殺了伊尹，還立伊尹的兒子種種說法，後世史家認為是謠言不足採信。

太甲被放逐在桐宮三年期間，悔過自責，伊尹乃將他迎回宮中，把政權交還給他，自己仍退居宰輔。太甲復位後，修德明政，不再淫亂，諸侯歸順，百姓安寧，伊尹非常高興，先後作了〈太甲上中下三篇〉來勉勵他。

> 〈太甲〉中特別提出「天作孽，猶可違，自作孽，不可逭」《孟子》：「不可活」，又云「慎終於始」、「若升高，必自下，若陟遐，必自邇。」

伊尹覺得太甲的悔過遷善，真是

皇天眷佑有商，俾嗣王克終厥德，實萬世無疆之休。

伊尹把政權完全交給太甲處理，自己準備退休。這時太甲本人雖已痛改前非，但恐今後任用非人，不太放心，所以又作了一篇〈咸有一德〉來訓勉太甲，「一德」就是「純一不染之德」的意思，史官記錄時用〈咸有一德〉作篇名。大意是說，任官要選擇有德行、有才能的人，作天子的更要「惟新厥德，終始惟一，時乃日新」。

太甲在位三十三年，由於政治修明，伊尹為了嘉勉他，又作「太甲訓」三篇來襃揚他，尊稱他為太宗，惜原文已失傳。孔安國說：「殷家祖有功，故稱祖。」所以又稱太甲為祖甲。

太甲崩，子沃丁立，在位八年時，伊尹亦病故，享壽百有餘年，葬於亳。據說，伊尹死後，大霧三天，沃丁以天子的禮節安葬，以太牢（牛羊豬）祭祀，並親自弔喪以報答伊尹對商的大德。伊尹自湯起，歷任湯、外丙、仲壬、太甲、沃丁五朝宰輔，國史上無見有第二人。

沃丁在位廿九年崩，弟太庚立。

太庚在位廿五年崩，弟小甲立。

小甲在位三十六年（或謂五十七年）崩，弟雍己立。從沃丁到此將近一百年，商道衰敗，諸侯離心，多不來朝見天子。

雍己在位十三年，弟太戊立。

太戊繼位後，立刻用伊尹的兒子伊陟為相，另一賢臣巫咸為伊陟的得力助手。

據《史記》等書記載，朝廷中忽然長出二株本來野生的桑樹和楮樹，而且長得很快，二樹合生在一起，七天就長高了。太戊以為這種野生的植物，突然生長在廟朝的口面來，一定有什麼不吉祥的事發生，異常恐懼，問宰相伊陟，伊陟說：

臣聞妖不勝德，帝之政其有闕與？帝其修德。

太戊另使人占卜，卜者說：

祥者福之先也，見祥而為不善，則福不生；殃者，禍之先也，見殃而能為善，則禍不至。

於是，太戊乃修先王之政，明養老之禮，早朝晏退，問疾弔喪。不到三天，兩株楮桑果然枯死。

伊陟把這件事告訴另一賢臣巫咸，巫咸在朝中很有表現，因此作一篇〈咸艾〉談治國之道，又作〈太戊〉。太戊對尹陟極為感佩，告祭祖廟時不敢把他當臣子，

伊陟也很謙讓作了一篇〈泉命〉，殷朝由此復興，諸侯來朝，因此稱太戊為中宗。

關於朝中生怪桑的這件事，《尚書大傳》謂發生於武丁（高宗）的時候。《呂氏春秋》及《韓詩外傳》謂發生於湯的時候，劉向《說苑》謂太戊、武丁均有桑穀生於朝的事發生。

按湯、太戊、武丁都是商朝有名的帝王，德行都很好，諸書雖有不同說法，但有一共同觀點，即認為修德可以禳邪去妖，化凶為吉，也是上古帝王收攬民心的「法寶」，如湯之修德，網羅四十諸侯，太戊修德，「遠方重譯而至者七十六國」，武丁修德，「諸侯以譯來朝者六國」。

太戊在位七十五年，是商代在位最久的賢君，後來周公還在《尚書·無逸篇》中稱讚他說：

唉，我聽見說，以前殷王中宗，他莊嚴恭敬而又畏懼，他自己忖度老天付予他的任命，統治人民非常的謹慎和戒懼，不敢過度地安樂，因此中宗享國運七十五年。

太戊崩，子仲丁立，死，弟外壬立，死，河亶甲立，死，子祖乙立（王國維依據卜辭考證祖乙是河亶甲之子），死，子祖辛立，死，弟沃甲立，死，還立其先祖辛之子祖丁立，死，還立沃甲子南庚立，死，還立祖丁子湯甲立。從仲丁以來到湯甲，因帝位之爭不已，廢嫡子而傳位於弟或姪，弟姪爭位一片混亂，連續九個帝王的年祚極為短促，〈殷本紀〉稱之為「比九亂世」（就是九世混亂的局面），國勢又呈現衰微，諸侯不朝，其間只有祖乙因任用以前賢臣巫咸的弟弟巫賢為宰相，堪稱令主。

七、盤庚遷都

湯甲死後，他弟弟盤庚繼立為帝。

盤庚即帝位後，遷都是一個大問題。在此之前商已十三次遷都，湯以前八次（已於前述），湯至盤庚共五次。

第一次：湯自南亳（今河南商邱縣西南）遷西亳（今河南偃師縣）

第二次：仲丁自西亳遷於隞（今河南隄縣西）

第三次：河亶甲自隞遷於相（今河南安陽縣西）

第四次：祖乙自相遷於耿（《史記》作「邢」，今山西吉縣南）

第五次：盤庚又自耿遷於成湯之故都西亳

關於盤庚之遷都始末有多種傳說。

有的說，當年祖乙遷於耿不久，由於水患，當時國都圮毀，修復之後，仍都原地，但當湯甲為帝時，盤庚為當時朝臣，由於國都地勢低陷，水質不佳，加上人民居此，奢侈踰禮，盤庚就計劃遷徙。

有的說：由於國都遷來遷去，人民埋怨遷徙不定，不肯再遷徙（或謂「人民居耿久，奢淫成俗，故不樂徙」）。

以上的說法，大概都跟盤庚遷都的理由有些關係，《書經》中有標名〈盤庚〉的文獻，就是記述盤庚遷都的事。本來分為盤庚上中下三篇，漢代的學者僅以〈盤庚〉為篇名，沒有上中下的標題，後世對〈盤庚〉的著作時間也有些爭議。大體上，〈盤庚〉首先說明了「遷都之利，與不遷都之害」，繼則不外告誡臣民治國養民的一些道理，如

> 若網在綱，有條不紊，若農服田力穡，乃亦有秋
>
> 若火之燎於原，不可嚮邇，其猶可撲滅。
>
> 人惟求舊，器非求舊，惟新。
>
> 汝無侮老成人，無弱孤有幼。

〈盤庚〉最後告訴全國的諸侯們，以及眾官長和官員們……我已經將我的意見奉告你們，不管你們同意不同意，不要有一個人不服從我，不要聚斂財貨寶物，要好好地謀生來供自己享用，要施與民眾們恩惠，要能永遠地一心一德。

盤庚向人民解說一番後，不顧其反對，毅然遷徙到商的故都亳地。

《史記》等書說「盤庚之時，殷已都河北，盤庚渡河南，復居成湯之故居」。

關於商的遷都，現代有些史家，依據《竹書紀年》的記載，說祖乙從相地先遷於邢（耿），不久又遷於庇，盤庚時又自庇遷於奄，盤庚自奄遷於殷。這樣說來與《史記·殷本紀》湯至盤庚「迺五遷」的記載又完全不符了。再據古今地名大辭典，查不到「奄」地何在，現代有人說是「山東曲阜縣」，但古今地名大辭典卻認為「耿地在山西吉縣以南，是殷祖乙所都，盤庚自耿遷亳」。這樣說來就與《史記》〈五遷〉相符了，而且證明盤庚是由「耿」遷於「亳」，而不是自「奄」遷來。

現代的史家又說，商自盤庚遷於亳後，直至於被滅亡，其間二百七十餘年，都以亳為首都，不再遷徙，但《史記》又說，武乙由殷遷到河北。有的史家還說在武

乙之前的武丁也遷徙一次。總之，商朝遷都之說，異常混亂，而且以前的史家和現代的史家的說法都自相矛盾，無從認定孰是孰非，再則關於「殷」這個地名也有種種說法。

有的說：盤庚遷到湯之故居，治亳殷。亳是大名，殷是亳內的別名，商朝從此號曰殷，或以殷商並稱。

有的說：《詩商頌》中有「天命玄鳥，降而生商，宅殷土茫茫……」，認為商以殷為國號乃早有之，非自盤庚始，然而《詩經》是後世人之筆，不足以為依據。

有的說：盤庚既是遷至湯的故都亳地，亳地在今之河南偃師縣，為什麼現在的人都說殷在今之河南安陽縣呢？有人說，因為商朝隨國勢之發展，原來亳都之名也隨著領土之拓展而孳生為：南亳在今安徽亳縣；西亳在今河南偃師；北亳在今河南安陽。

由上述各種說法，可見盤庚遷於亳之後，到他的後代武乙時又遷往河北（北亳），地當洹水之陰，也就是河南安陽西五里的小屯，這地方就是後人所謂之「殷墟」。現在很多人都說：「盤庚自奄（山東曲阜縣）遷於殷（河南安陽縣），其後直到商朝被滅亡，二百七十餘年間，商都即定於此，不再遷都。」這說法完全與史實不相符，有些編教科書的人，甚至撰通史的學者都只是含糊的一筆代過去。著者再重複一次，殷（河南安陽小屯）是商朝後期的首都是肯定的，但不是盤庚所遷的地方，盤庚遷到的地方是商的故都西亳，在河南偃師縣，後來武乙再往北遷至北亳，在河南安陽縣，這以後就沒有再遷都了。至於「朝歌」那只是商紂王的「行宮」，位於河南省淇縣北。

考古學家已經把商朝後期建都的地方挖出來了，後人稱之為「殷墟」。《史記·項羽本紀》記載說，秦將章邯等戰敗，向項羽投降簽訂盟約的地點就是在「洹水南，殷墟上」。這地方正是河南安陽小屯，考古學家在民國十七年開始，依據這文獻的記述，展開挖掘，果不然就是當年殷朝建都之地。從殷墟中除了挖出銅器、玉器、陶器、漆器、石器、骨器、蚌器、人骨、獸骨以及其金屬外，最重要的就是甲骨文。

甲骨文雖然是殷商後期的皇宮挖出來，雖然殷墟出土者都是武丁（高宗）以後的卜辭，但據考古學者的研究，認定甲骨文記載殷王的名字與《史記·殷本紀》相同，也與殷商世系大致不誤，又如名相伊尹、傅說等皆見於卜辭中。這大概是因為有了甲骨文字後，追述他們的先人罷了。

　　甲骨文雖然是殷商時代就有了的文字，可是到清光緒廿五年，西元一八九九年才被發現，發現的過程還頗為滑稽。據說住在河南安陽小屯村附近的農民，在耕田的時候，有很多龜甲和獸骨在田土裡，妨礙他們耕種，乃把那些龜骨獸骨撿起來扔在田埂上，後來被人賣到中藥店把它當「龍骨」磨成粉當補藥賣出去，就這樣，甲骨文字吃掉多少，無可知曉。北京一位官吏王懿榮因病服藥時，無意中發現龍骨上有字，於是收集。又據說是一位外國傳教士無意中在一家中藥舖發現一些甲骨上面有「符號」，感覺神奇，乃與當時學者孫詒讓、羅振玉、劉鐵雲（寫《老殘遊記》的劉鶚）等研究，證明是甲骨文，於是開始收買，但絕大多數的甲骨上並沒有文字，沒有文字的當然不買，有一些老百姓乃私自用刀子在甲骨上亂刻一些符號以求出售，以致甲骨文字真假難辨，研究費力，迄今還有絕大多數的字認不出是今天的什麼字，不過學者們不斷研究，已使我們對商代的歷史有更多的認識。

　　盤庚定都於殷後，史書說他：

　　　　行湯之政，遵湯之德，殷道復興，諸侯來朝。

　　盤庚在位廿八年，崩，弟小辛立，殷的政治又衰敗起來。《史記·殷本紀》說

　　　　百姓思念盤庚，迺作盤庚三篇。

　　前面已經說過，依據《書經》的記載，在盤庚遷都之際由盤庚作了〈盤庚三篇〉，但《史記》未提及此事，而在此處《史記》則說百姓思念盤庚，乃作〈盤庚三篇〉，顯然與《尚書》的說法完全不同。《尚書》中〈盤庚三篇〉大致談到遷都等事，而這裡所謂之〈盤庚三篇〉，其內容如何一概不知。後世史家沒有從這方面來研究，只談到〈盤庚三篇〉著作的時間，並認為《尚書》中的〈盤庚三篇〉就是《史記》中所提到的〈盤庚三篇〉，而且既不是盤庚時的創作，也不是帝小辛時所作，他們懷疑是商朝末年，甚至是宋朝的人「述古之作」。不管何時何人所作，就〈盤庚三篇〉的內容來看，當不是帝小辛時「百姓思念盤庚」的作品，這件事司馬遷實在沒有交代清楚。

　　小辛在位廿一年，崩，弟小乙立，小乙也在位廿一年，崩，其子武丁立。

八、高宗（武丁）中興

　　武丁是商朝後期有名的君主。據《尚書·無逸》及《竹書紀年》等書的記載，在他當太子的時期，曾深入民間，考察人民的疾苦，並訪求人才，以備將來作了天

子之後的輔佐。有一天他去到虞地碰上一個叫甘盤的賢人，接著他又到虞山看到一批「胥靡」（犯罪的刑徒）在修牆築堤，在這些罪犯中，他發現有一個叫傅說的胥靡，竟也是能知天下事的賢人，於是他把兩個人記在心中，繼續到各地明察暗訪，前後達十年之久都住在民間。

武丁即位後，首先將甘盤請入朝中任命為輔政大臣，而自己則退出皇宮，住進一間普通房舍，不聞國事。這樣做，是依據古代傳統，父親死後，兒子要守孝三年，稱之為「三年之喪」，在這三年中，朝政皆由執政大臣來處理。三年中他雖不理國事，但卻默默思考治國之道，左右卿士還以為他是荒廢政事而擔憂，紛紛請求頒布政令以便遵循。武丁卻說：「以余正四方，余恐德之不類，茲故不言」。其實他是在思考如何恢復殷朝當年的盛況，並計劃如何把那個虞山的刑徒弄到朝廷來輔佐他治國。如果直接把一個胥靡請來當宰相，朝中大臣和官員一定不會同意。

三年服喪期滿之後，臨朝親政，隨即向朝臣宣稱：「寡人夜得一夢，夢見上天（上帝、祖先）賜給我一個聖人叫『說』，如得到此人，我朝將會興盛起來。」接著就故意叫群臣百官照著他描繪的那人的形象去尋找，不久就有人從虞山山岩修築工地找到了「說」，武丁當即任以為相，佐理朝政。由於他居住的地方叫「傅巖」（又作傅險），因此「傅」為姓，號曰「傅說」。

商朝是貴族政治，此時朝政雖衰，滿朝文武大臣看到他們的最高行政長官竟是一個赦免的罪犯，起先心中自然不爽，但聽天子所說是在夢中祖先所指引的人才，何況商人又是一個非常敬天畏祖的民族，也就無所置疑了。

《尚書・無逸篇》記述了周公告誡成王時，引述了商高宗（武丁）居喪三年的事。《論語・憲問篇》記載了子張跟孔子也談論這件事。宋人劉恕在《通鑑外紀》中說：

武丁即位之初，殷道中衰，甘盤逝世，朝中多具臣（備用之臣），傅說賢而隱為胥靡，一旦舉而用之，出於微賤，眾必駭怪，故託於夢寐，旁求天下，置諸左右，如天所授，群臣莫之疑懼，而傅說之道得行也。若不知其才，徒以夢取，則與王莽按符命以王興主盛為四將，光武據讖用王梁為司空何異哉。仲尼刊書而存之，可以見武丁之意矣。

《尚書》中有「說命上、中、下三篇」文字，是當時史官記錄武丁從夢中尋得傅說，以及與傅說有關的命辭或談話而寫成。上篇是記敘武丁得傅說的經過，任命傅說為相命辭及傅說的答辭。中篇是記載傅說對武丁的進言，以及兩人之間的對

話。傳說勸武丁要奉行天道，謹言慎行，選賢授能，謙遜自持，祭祀適度。下篇是記敘傅說和武丁有關論說的言辭，傅說勸武丁師法古訓舊法，廣納賢才，以求長治久安。有的說這三篇文章是傅說稟奏天子革新政治的一些大方針，如文句中有：

> 惟木從繩網直，后從諫則聖

> 有其善，喪厥善，矜其能，喪厥功

> 惟事事乃其有備，有備無患

另其中有「非知之艱，行之惟艱」兩句，對後世頗有影響，其實這是傅說當了宰相，擬出了如何革新政治的方略後，見滿朝都是貴族大員，自己出身寒微，如何發號司命，實在不容易，他告訴武丁眼前的問題，不是不知道怎樣做，而是執行起來有相當大的阻力，就是貴族的反對不合作。武丁是歷史上頗有魄力的帝王，全力支持傅說的政策，所以商朝的政治才復興起來。

這裡要特別強調，傅說的「非知之艱，行之惟艱」是就當時所處的「環境」而言，後人誤以為是「知易行難」。國父孫中山先生的「孫文學說」提出「知難行易」並不是糾正傅說的說法，是以「用錢、吃飯、造船」等的情形「比較學」的觀點指出「知」的較難，「行」的較易而已。後來胡適之先生又就孫文學說也發表一篇論文說「知固難而行亦不易」的看法，也不是批評孫先生，而是認為凡事都須按部就班，不可一蹴而幾，所以這三種說法都各有立場。

且說傅說作了宰相後，全力推行改革，武丁也全力支持，明君賢臣，全國下下，通力合作，已衰的政治，逐漸恢復起來。

據說武丁正要把商朝政治扭轉的事祭告成湯的時候，忽然有一隻山雞飛在鼎耳上啼叫，武丁對這件怪異的事感到恐懼，他的兒子祖己馬上說：「父王，別怕，趕快把政事做好。」接著又說：

老天監視著世人，他是主持正義的，以人民的表現為主，賜給人民的壽命有長有短，這並不是老天無故使人民夭折，那是人民自尋死路。因為有些人民不遵循美德，又不聽從老天所給的懲罰，上天付給人民生命的長短，是跟他的德行有關的，人民竟然說「天還能把我怎麼樣呢」。

唉，王啊，你繼承王位要以敬謹的態度奮勉，平常祭祀的時候，無論過去的祖先或現在的祖先都要一視同仁，不可厚此薄彼，對近代祖先的祭品就比較豐盛就不對呀。

這篇文章就是《書經》中的〈高宗肜日〉。為什麼叫〈高宗肜日〉？肜音融，

是古時的祭名，沒有別的意義，就是高宗（武丁）祭祀那天，打著大鼓祭祀，祭品而且豐盛，他的兒子祖己勸諫老父的意思。《書經》及《史記·殷本紀》都說是在武丁祭成湯時，由兒子祖己所作。後人認為武丁之稱「高宗」，是殷末以後的事，而「祖己」的稱呼也是在其孫輩以後，因此認為這篇〈高宗肜日〉也是後人述古之作。其實《史記》中已說得很清楚：「武丁崩，子祖庚立。祖己（祖庚之弟）嘉武丁之以祥雉為德，立其廟為高宗，遂作高宗肜日」。由見〈高宗肜日〉是祖己所作應不成問題，只是不是作於武丁在位，而是於武丁死後被尊為「高宗」之後而已，這些爭論都是沒有歷史意義的事。

　　回頭來看武丁在名相傅說和賢能的兒子祖己的佐理之下「內反諸己，以思王道」，不到三年，國內大治，連那些幾千里之外，言語都不相通的邊疆民族，都想辦法輾轉的相譯來朝貢，所以孔子也說：

　　　　吾於高宗肜日，見德有報之疾也，苟由其道，致其至，故遠方歸德焉。

　　不過商代的統治者們都把國家的興衰，看成是上帝的福佑，祖先的功德，所以對祭祀非常重視。尤其對有功德的祖先祭祀，特別隆重。夏商兩代在祭祀祖先時都要用被祭祀的祖先的子孫（多由長子或長孫）充當死去的祖先，叫做「尸」。當尸的人在祭祀前，要沐浴、齋戒、住在清靜整潔的房中，約三至七天的時間。祭祀時，當尸的人坐在祭台上接受禮拜。夏代的尸是站著，商代的尸是坐著，後世有一句成語「尸位素餐」，是諷刺有些當官的人，只拿俸祿不做事，就像個尸坐享祭祀。

　　武丁在位期間，不僅文治好，武功也很盛，但他的武功就是討伐鬼方這件事。

　　鬼方跟黃帝時的「葷粥」，西周時的獫狁，秦漢時的匈奴以及夏禹的後裔都有關係，著者曾在《新民族史觀》一書中有詳細的論述（商務人人文庫）。

　　《史記·殷本紀》居然沒有提到武丁伐鬼方的事。《周易》說「高宗伐鬼方，三年克之」，據說動員三萬多人馬。《前漢書》漢武帝時的一位賢良嚴助曾在武帝面前提及高宗伐鬼方之事，當時他認為鬼方只是一個「小蠻夷」，而高宗以「盛天子」伐「小蠻夷」，花了三年的時間才將其克服，由見用兵之苦也。由於高宗將為患邊境的鬼方制服，從此西北邊境安寧。

　　近年來大陸方面的學者從甲骨文中的卜辭中，發現武丁征討土方、西羌和東夷的盛況，尤其將俘虜的羌人作犧牲殉葬。學者認為羌人與夏同族，商滅夏時，羌人曾助夏攻商成為世仇，所以武丁在位時期，花了幾十年的時間，動員很大的武裝

力量，征服四方方伯，使商代統治中心擴展到東起遼東和山東半島，西至陝西和甘肅，北至內蒙古和河北北部，南達江淮流域。後世乃以其「克定禍亂」，故號曰「武」丁。至於又稱為「高宗」，前已說過，是他的兒子祖己為嘉美父王修明政治，乃為其立廟，尊稱為「高宗」是也。但有人以為「立廟稱宗乃國家之事，豈獨出祖己之意哉」。不然，又如之何，著者以為多疑也。

武丁在位五十九年活了一百歲，死，其子祖庚立。

據東漢馬融說，武丁本來要立第二個兒子祖甲，但祖甲認為父親廢兒立弟，由他來繼承王位實在不義，乃逃入民間去了，所以還是由祖庚繼立。

祖庚繼立為帝時已六十歲在位七年就死了，其弟祖甲立。

祖甲如同他的父親武丁，都曾在民間住了一段時間，所以深知民間的疾苦，祖甲繼位後，能保護愛憐百姓，也不欺侮孤苦無告的人，稱為令主。這段歷史，是從《尚書·無逸篇》中抄來，〈無逸〉是周公戒成王的書，周公在書中先稱述中宗（大戊）、高宗（武丁）之後，接著就稱頌祖甲「其在祖甲，不義為王，舊為小人。作其即位，爰知小人之依，能保惠于庶民，不敢鰥寡。」而《史記·殷本紀》卻說：「祖甲立，淫亂，殷復衰。」此與《尚書》的說法完全不同，後人的解釋是「迨其末也，繁刑以攜遠，商道後衰」。也就是說，祖甲在前期的時候能知愛民養民，晚年則荒淫敗德起來，因是殷朝國勢再度衰竭。

　　祖甲在位三十三年，死，子廩辛立（或作憑辛）

　　辛在位六年，死，弟庚丁立。

　　庚丁立在位六年，或稱二十三年，相差如此之多，不知孰是孰非。

　　庚丁死，子武乙立，前已述及，武乙再徙都河北（北亳，河南安陽小屯）。

《尚書·無勉篇》中說：

　　從祖甲以後，所立的君王，從小就安逸，不知道耕種收獲的艱難，也不知道人民的辛苦，只尋求過度的逸樂。從此以後，在那些諸王中也沒有人享高壽的了，在位的時間或者十年，或七八年，或者五六年，甚至三四年。

這段話是周武王滅商以後，周公為了說明商王朝滅亡的原因所作的諫語，用以告誡周成王，要記取這個教訓。事實上，周公所言也不完全正確，其中也有幾個有作為和較長壽的帝王。

《史記·殷本紀》說：

　　武乙無道，胡作亂為，身為帝王，居然在宮中命工匠做些泥人和木頭人，說

是天神，跟那些泥人木頭人玩樂下棋，要史官代替那些木頭泥人天神跟他一起賭博，勝負當然由自己決定，如果天神輸了，就設法加以污辱，把木偶人的衣服剝去，鞭打一番，或者命人用皮袋裝滿血高高掛起，當作箭靶子來射，說是射天。

有一天武乙到黃河、渭水一帶去打獵，突遇大雨，一身淋濕，被雷電殛死。

史書雖說武乙「無道」「暴虐」，事實上他除了打木偶天神、射天、喜歡打獵之外，並沒有暴虐百姓的事，而且他這樣做，只是為了加強王權，打破神權，在那個神權高於一切的時代，武乙的舉動，在今天看來，算是一個思想進步頗有作為的人。然而當時史官卻把它當作是「觸怒天神，被天誅罰」的因果報應，這自然是迷信很深，不懂科學的心態。

武乙死後，子文丁立（有的稱作大丁）。文丁在位時，周的季歷對商很忠順，並一再為商征討夷狄，屢向朝廷報捷，有一次季歷獻俘報捷時，文丁竟將其囚禁，季歷氣憤死於商都，所以，《竹書紀年》記載「文丁殺季歷」。

文丁死後，子帝乙繼立，周侯昌準備兵力，向商進攻，要為父親報仇，帝乙乃採和親的辦法，將妹妹嫁給周侯昌（文王），《詩經》中的〈大雅〉、〈大明〉除了記述周王朝開國的史實之外，其中有兩段就是敘述文王（昌）迎娶商王帝乙之妹的情況，認為商周的聯姻是「天作之合」。後世常以此作為祝賀結婚的成語，就是從這裡來的。商周的惡化關係改善後，各自求發展，周侯昌繼續任西伯，但不再用兵力征伐戎狄，而是用各種手段去攏絡，爭取人心。而帝乙這方則大力去征討人方，征討人方的事，不見史書的記載，大陸上的學者從甲骨文中的卜辭，獲得很多消息，帝乙花了很長的時間，消耗不少的兵力，一路艱辛萬苦，總算征敗人方，帶回俘虜和戰利品回朝。

帝乙的長子「微子啟」，微是被封的地名，子是被封的爵號，啟是名字。

啟的母親是帝乙的出身低微的婢妾，雖然在帝乙的諸子中排行老大，但卻不能繼立為帝，前面已述及，本來商朝王位繼承是「兄終弟及」且不限嫡庶，到了晚期，一定是嫡所生的才有繼承王位的資格，所以啟雖為長子卻不能繼位。因之帝乙死，由帝乙的小兒子辛繼承，他的母親是正宮皇后。帝辛即位，就是殷朝末代帝王，天下人叫他為「紂」。為什麼叫他為「紂」，依照諡法「殘義損善」的意思。

九、殷商敗亡

商紂王是怎樣的一個人？茲綜合《史記‧殷本紀》、《帝王世紀》、《竹書紀年》、《淮南子》、《韓非子》等書的記載語譯如下：

> 聰敏過人，反應靈捷，見多識廣，無論聰智、勇力都遠勝常人。

> 他的力量能赤手空拳跟猛獸博鬥，據說能將九頭奔馳的牛拉得個倒退，又說他有一次用手托住宮殿大樑，讓工人從容換掉樑下的柱子，而面不改色。

> 他的智慧能夠排拒他人的勸諫，他的口才能說得天花亂墜，把自己的錯掩飾得天衣無縫。

> 他經常在大臣們面前自我誇耀，他認為他的聲望冠天下，他以為天下所有的一切都在他之下。

> 他過分貪圖享樂，首先用象牙作成筷子。他的叔叔箕子就感嘆的說：「彼為象箸，必不盛以土籃，將為犀玉之杯。玉杯象箸，必不羹菽，衣裋褐，而舍茅茨之下，則錦衣九重，高台廣室，稱此以求，天下不足矣，遠方珍怪之物，輿馬宮室之漸，自此而始，故吾畏其卒也。」

> 果然不出箕子所言，他開始寵幸女人，尤其喜歡妲己，對她可謂言聽計從。

> 於是他命令名叫涓的樂師創作新的淫歌，北里的舞（淫蕩之舞，今稱妓院為北里），靡靡淫亂的樂曲。花了七年的時間修建一座廣三里，高千尺的鹿台，用美玉作門窗牆壁，為充實鹿台的錢財，苛捐雜稅，為充實鉅橋倉庫中的存糧，更是橫征暴斂。多方搜求走狗、跑馬、奇珍、好玩，充實宮廷的擺設。擴大沙丘的花園，刻意地修繕園中的亭台樓閣，養滿野獸飛鳥。

> 殷人本來崇敬鬼神，他卻置祖神而不顧，反而大加侮慢。

> 池子裡裝滿了酒（酒池可以划船），到處懸掛著肉，像樹林一樣，經常聚眾作樂，命令男男女女脫光衣服在園中追逐嬉戲，通夜達旦的吃酒玩樂。

從上述的史料來看，商紂王還真是一個「了不得」的人物，其智，其勇的確遠勝常人，其暴、其淫亦非其他帝王所及。紂王真的這麼壞嗎？子貢說：「紂王不善，不如是之甚也，是以君子惡居下流，天下之惡皆歸焉」。

商紂王是商朝末代帝王，也就是「亡國之君」，歷代亡國之君都要背負「殘暴」的罪過，被下一個王朝「抹黑」，找「叛亂」的藉口，找「替天行道」的理

由。

不過，紂王之好酒、好色，過分的貪圖享樂，是受了「敵人」的陰謀。據《國語·晉語》說：「殷辛伐有蘇氏，有蘇氏以妲己女焉，妲己有寵，於是乎與膠鬲比而亡殷」。

後人考證不是膠鬲，是呂望（姜太公）。當年夏桀討伐有施氏，有施氏以妹喜為女間諜，結果與伊尹比而亡夏。於今有蘇氏也是同樣的手段以妲己為女諜。

這時因周人與有蘇氏交好，獲悉紂王好色，決定以「色」攻之。從此紂王的種種荒淫敗德行為完全與妲己有關，《史記》、《國語》、《烈女傳》都說「妲己有寵，其言是從，所好者貴之，所憎者誅之」。《書經·泰誓》中指紂王獲得妲己後，為之作「奇技淫巧」，就是前面描述的種種荒淫暴虐的事。

紂王與妲己每天日以繼夜的荒淫，竟醉而忘其日辰、甲子，問左右，皆不知，問於箕子，箕子說：「為天下主而一國失日，天下其危乎，一國不知，而我獨知之，吾其危乎。」箕子這兩句話，當然不是當著紂王面前說的，也不可能對其他的朝臣說的，只是在心裡頭欲說而不能說，如果說出來，豈不是當面譏諷其君，為明哲保身，故「辭以亦醉而不知」。

由於紂王於此的放蕩荒淫行為，自然引起天下人的怨望，諸侯的反叛，也是妲己陷害紂王的一個機會。於是對紂王說：「百姓所以怨望，諸侯所以反叛，是因為『罰輕誅薄，威不立耳』。」紂王便聽了妲己的話，加重刑辟。

《史記》、《帝王世紀》、《六韜》等書記述說：

> 為熨斗，以火燒然，使人舉，輒爛其手，不能勝，紂怒，乃更為銅柱，以膏塗之，加於炭火之上，使有罪者緣之，是滑跌，墜火中。

紂王與妲己看到這種情形，哈哈大笑，這叫做「炮烙之刑」。

《六韜》、《呂氏春秋》等書還記述說：

> 紂王看到一老一少的百姓，在冬天涉水而過，年老的不感覺冷，年輕的卻怕冷，於是聽了妲己的話，把兩個涉水的人抓來，砍斷雙腿，看看是什麼道理。又聽了妲己的話，把孕婦抓來剖開肚子，看看是男還是女。於此殘殺無辜，紂王妲己無動於衷，還自得其樂，而天下已痛恨極矣。首先有一個在朝的諸侯叫梅伯，多次勸紂王不要對臣民施加重刑，卻被紂王殺了，剁成肉醬，分賞諸侯們吃，並宣佈誰敢諫王者，以此為例。

《史記·殷本紀》說：擔任紂王三公之一的九侯有一個女兒，送給紂王為

妃，因不喜歡紂王淫亂的事，紂王一氣就把她殺了，同時還殺了她的父親剁成肉醬。另一位三公鄂侯為此事與紂王爭論，因言辭激動，也把他殺了，並把他做成肉乾。另一三公姬昌，聽到這兩件事不敢說一句話，只是暗自地嘆了一口氣，卻被紂王的寵臣崇虎聽到了（崇虎是崇國的諸侯，隨侍在紂王身邊），乃密告紂王，紂王立即把姬昌關了起來，並把他的大兒子殺了，做成肉丸子給姬昌吃，試探他是否為聖人，昌也就假裝不知道，若無其事的喝下去，但眼淚也隨之往肚裡吞，紂王認為昌連兒子的肉湯都不知，算什麼聖人，自是沒有把他放在心裡。

姬昌被紂王關起來之後，他的臣子們非常焦急，到處尋求美女和珍奇好玩獻給紂王，紂王見到美女後非常高興說「此一物（指美女）足矣，況其多乎」。於是，紂王乃將姬昌釋放回國。姬昌出獄後，把洛西一塊土地獻給紂王，請求廢除炮烙的刑法，紂王答應了他，還賜給他作戰用的弓矢和斧鉞，表示他有權去征討那些不聽令的諸侯，而且封他為西方諸侯的首領，稱之為「西伯」，也就是西方霸者的意思。前面已說過，從季歷開始就已經是「西伯」了。

紂王荒淫酒色，變本加厲，他的哥哥微子啟一再的勸他都不聽，人人尊敬的賢臣商容也因為勸他而被廢掉，紂王的庶兄箕子勸他也不理睬。有人叫箕子離開朝廷出國，箕子說「做臣子的人，諫君不聽就離去，那是彰顯國君的過失，而取悅於人民的行為，我不忍心這麼做」，於是披頭散髮，假裝為狂人，隱居不出，常常撫琴低吟，一方面藉琴聲抒發心中的悲憤，一方面還希望因此能使紂王省悟，結果反而被紂王囚禁為奴。後世有人把箕子操弦所奏的曲子，叫做「箕子操」。

唐大文豪柳宗元撰〈箕子碑〉一文，非常稱述說：「凡大人之道有三：一曰，正蒙難；二曰，法授聖；三曰，化及民。殷有仁人，曰箕子，實具茲道，以立於世。」

紂王的一位叔叔（古稱諸父）比干為當朝賢臣，見箕子對紂王於此消極的態度，頗不以為然的說：

為大臣者，主暴不諫，非忠也，畏死而不以死爭，則百姓何辜，非勇也，見過即諫，不用即死，忠之至也。

於是跑去向紂王直言極諫，連續三天不去，紂王非常憤怒的說：「這樣說

來我是昏君，你是聖人，聽說聖人的心有七個孔竅，我倒要看看是不是真的。」於是一怒砍殺比干，挖出他的心臟來察看，同時還把已懷孕的比干的太太肚子剖開察看胎兒（這種暴行竟有人認為是歷史上「剖解研究」人體的史例）。

微子看到這種種慘不忍睹的情形說：「父子有骨肉之親，而君臣以道義相結合，所以，父母有過失，做子女的應當再三勸諫，諫而不聽，則繼之號哭。做臣子的，苦諫國君而不聽，則在道義上可以離開不管了。」於是太師、少師都勸微子離去。當周武王討伐紂王之際，微子才帶著殷朝宗廟的祭器，投奔至周（殷商之亡請看下章）。《論語·微子篇》云：「微子去之、箕子為之奴、比干諫而死，孔子曰：『殷有三仁焉』」。

關於以上述說有幾點要說明：

1·文中所稱太師、少師，《書經·微子篇》稱太師為「父師」，孔安國及鄭玄卻說：「父師者三公也，時箕子為之。少師者，太師之佐，孤卿也，時比干為之。」

2·若箕子為太師，比干為少師，而此二人，一被囚，一被殺。何以《史記·殷本紀》說：「殷之太師、少師乃持其祭樂器奔周」。由見此處之太師、少師另有其人（學者認為是管理祭祀的樂官，太師名疵，少師名疆）。

3·微子數諫紂王不聽，乃問於太師、少師，請求指點迷津，此處之太師、少師應該是指箕子、比干兩人。

4·《史記·殷本紀》說：紂王先殺比干，箕子害怕，乃佯狂為奴。而《史記·宋微子世家》說：箕子先披髮佯狂而為奴，比干方諫紂王而被殺。按理，殷本紀是錯誤的。

5·讀者一定讀過《封神榜》這部很有名的文學作品，為什麼說它是「文學作品」，因為書中所描寫的完全不是歷史，只是以周武王討伐商紂王前後的故事為主幹，並描述姜太公封神的種種神話故事。是明中葉以後由許仲琳編的，故事起於商紂王侮慢女媧娘娘的聖像，女媧娘娘乃派千年狐狸附在紂王寵妃妲己的腦中，暗中操縱指揮她做種種壞事，因之妲己成為一個壞女人，紂王的所作所為都是這個女人害的，於是「女人是禍水」成為傳統的對女人的一種偏見。

附錄一、女人是禍水嗎？

請看著者的看法：

現今如某一色情案件發生後，一般人便將責任往女人身上推，「女人是禍水」脫口而出。他們這麼說，似乎還以為有歷史依據，說什麼歷史上夏桀因寵愛妺喜，把江山斷送了，商紂王因寵愛妲己，而身焚鹿台。認為妺喜、妲己便是「標準」的「女禍」。

其實，這是一種誤解，歷史上的妺喜、妲己不僅不是「女禍」，而且是「了不起」的女性。不過，這一「觀念」要看你站的「立場」如何而論了。

翻開上古史來看，似乎有一慣例，即甲乙兩國發生戰爭時，戰敗的一方往往用「女人」作「和談」的條件，而用這種「色情攻勢」也最易收到效果。

史書說夏桀好色，「寵愛妺喜，所言皆從」，以致亡國。但夏桀的好色，乃是由於當時他的「敵國」的一套「陰謀」。從《晉語》、《竹書紀年》、《帝王世紀》、《烈女傳》諸史書的記載，當夏桀去打「有施國」的時候，有施國的君主乃將女兒妺喜送給夏桀為妃。

按此時有施氏族和殷氏族甚為友好，而殷氏族在商湯的領導下，頗得民心，勢力一天天強大，正欲伺機取滅夏朝而代天下。因此，有施氏族的妺喜嫁到了夏朝，名義上是夏桀的妃子，實際上是擔負了殷氏族的地下工作。

妺喜天生美人，桀為之傾倒，更因她「任務」繫身，不得不使出其「絕招」，迷得夏桀晨昏顛倒，終日不理朝政，為之「殫天下之財，傾宮瑤台」，為之作「肉山、脯林、酒池，可以運船」，「糟隄可以望十里，一鼓而牛飲者三千人」，「妺喜笑以為樂」，而天下之民怨聲載道。這時有施氏族和殷氏族並將伊尹密遣使夏，表面上成了夏桀的貴賓，實際上暗自與妺喜聯絡，獲取情報。伊尹不但親眼看到夏桀在「女諜」妺喜的迷惑下，已經盡失民心，而又從妺喜口中獲悉「天子夢兩日相鬥，東方日不勝」的消息，於是啟程回國，報告商湯，湯乃起兵，夏朝遂亡。所以《竹書紀年》中有「妺喜氏以與伊尹交，遂以亡夏」的記載。

歷史往往是重演的。商湯雖取代夏朝而有天下，而傳至其子孫紂王時，也走上了同一滅亡的路子。

史書上告訴我們，當商紂王去攻打有蘇氏國時，有蘇氏也將美女妲己嫁與紂王為妃。而這時的有蘇氏和周氏友好，周氏在文王的領導下正欲滅商，因之妲己在

商，名為紂王妃，實為策應周氏的「女間諜」。作「女間諜」是不擇手段的。於是紂王為之「作朝歌北鄙之音，北里之舞，靡靡之樂」，為之「造鹿台，為瓊室玉門」，「燎焚天下之財，罷苦萬民之力，收狗馬奇物，充仞宮室」，又為之「廣沙丘苑台，以酒為池，懸肉為林，使男女裸相逐其間」，「宮中九市，為長夜之飲」，於是紂王沈於酒色之中，醉而忘其日辰。以故百姓怨望，諸侯多畔，妲己又乘機陷王，以為「罰輕誅薄」，勸其設「炮烙之刑」。妲己為周氏「努力」的結果，造成商紂王「眾叛親離」，於是周武王起兵滅了商朝。

這種利用「女子出嫁後內應母國」的實例，在春秋戰國史中，多到不可勝數。由於很多人以妹喜妲己為歷史上亡國的「女禍」，故特舉此兩事為例。至於越國把西施小姐出嫁給吳王夫差為妃，要西施在吳國為越國作內應的工作，但若從歷史觀點來看，可說是氏族社會觀念的遺留，也是女子偏向母族的證據。

由上述史例來看，妹喜、妲己、西施為了完成「母國」對「敵國」的「分化、瓦解」的內應工作，不得不犧牲一切，用盡女人之「能事」，這種「行為」與一般人所謂之女人的「淫威」與「妖蕩」是不可相提並論的。而夏桀、商紂、夫差，面對這樣「貌美、溫柔、體貼」的女人「竭天下之財」去寵愛她們，又似乎是「人之常情」，我們盡可以批評他們是「昏庸、荒淫、奢侈、自私」，而不是天生的暴君。

妹喜幫助夏桀，增加夏朝臣民的痛苦，站在夏朝臣民的立場，妹喜是「女禍」，站在桀王的立場，妹喜是他「溫柔體貼」的妻子，站在有施氏和殷氏的立場，妹喜是「女英雄」。

站在商朝臣民的立場，妲己是「女禍」，站在紂王的立場，妲己不僅是他「賢慧的太座」，而且是他的「得力輔佐人」，站在周氏族的立場，妲己是他們的「烈女」。

站在吳國臣民的立場，尤其在伍子胥的眼裡，西施是最可恨的「女禍」，站在夫差的立場，西施是他的「心肝寶貝」，站在越國的立場，西施是一位愛國而又最成功的女地下工作人員。

這些女性離開祖國，遠到異國，她們的政府把她作「和談」的條件，用她作「政治」的工具，由犧牲色相、肉體到捐出生命，其不幸極矣。後世不憫，還要以「女禍」之源喻之，於心何忍。把現今社會禍亂，不究是非，動輒加之女性更不應該了（原載六十一年三月十二日「華副」，現編拙著《古事今談》書中）。

6·本書前面若干史料都是引自《尚書》而來，現今很多學者認為《尚書》中很多篇是後人偽撰的，或者是後人「述古之作」，否認是當時的史實。然而在某種場合他們又無意中引述了被認為是「偽撰」的文句，實在矛盾之極。著者對此曾撰有專文論述，請看。

附錄二、《尚書》問題與復興中華文化

東晉梅頤所奏《古文尚書》，補充漢以下散失的《古文尚書》殘缺者間或有之，未必全為向壁虛構；而且已流傳千有餘年，我們豈可因閻若璩等人的懷疑而亦跟隨不信？

《尚書》是中國一部最古史書，或為當時官方文書，後經孔子刪定。據說孔夫子刪定的《尚書》大概是一百篇，不幸經秦火之厄，蕩然無存。迨劉漢興起，《尚書》復見，然篇目不全，且有兩種本子。一種是漢文帝時，由故秦博士伏生口授，晁錯用當時文體（隸書）記錄，共二十八篇，謂之《今文尚書》。另一種是在漢武帝時，魯恭王擴充宮室，壞孔子故居，從「孔壁」中得若干古籍，其中有《尚書》五十八篇，因其為周代古文（篆書）寫成，故曰《古文尚書》。漢以《今文尚書》列於官學，而《古文尚書》僅由孔子裔孫孔安國詮釋，以為私家講授之本。

西晉末年，永嘉之亂，洛陽長安兵火相繼，典籍再遭厄運，據說《古文尚書》完全喪失，但至東晉元帝時，豫章內史梅頤忽上奏《古文尚書》五十八篇。於是下迄隋唐宋明學者，均以此傳誦，唐孔穎達尤其重之。宋吳棫及朱子雖曾表懷疑，然仍傳誦不絕；直至清代，由於考證之學大興，乃有閻若璩著《古文尚書疏證》，舉一百二十八例證，證明唐孔穎達等所採用之《古文尚書》，為梅頤所偽撰，而非漢時「孔壁」《古文尚書》，因而以「偽」《古文尚書》稱之。其中所附帶的《尚書序》也認為是東晉孔安國所作，而非西漢時孔安國（二人同名）所傳，故亦稱「偽孔傳」。以故造成清末民國以來的學者，多數附和閻若璩之說，認定《書經》中的〈大禹謨〉、〈五子之歌〉、〈說命〉、〈泰誓〉等二十五篇均係東晉梅頤所偽撰。

近有王保德先生撰「閻若璩《古文尚書疏證》駁議」一文，載於中華雜誌，指出閻若璩之錯誤甚多，該刊發行人胡秋原先生亦嘗治《尚書》，頗贊同其說。

最近讀屈萬里教授註譯《尚書今註今譯》一書（按此書曾獲教育部學術獎），竟完全擯棄《古文尚書》各篇，僅註譯《今文尚書》二十八篇；由見屈教授不信《古文尚書》故不採用，且認為《今文尚書》若干篇亦為後人「述古之作」。

　　自前總統蔣中正倡「中華文化復興運動」以來，凡論中華文化之學者，無不引述《古文尚書》中的文句。如前蔣總統在「中山樓中華文化堂落成紀念文」即曾引用「民為邦本，本固邦寧」和「正德、利用、厚生」等文句，前者見於《古文尚書》〈五子之歌〉，後者見於其〈大禹謨〉。前嚴副總統在「紀念開國與復興文化」中，曾引用「人心惟危，道心惟微；惟精惟一，允執厥中」之句，此亦見於《古文尚書》〈大禹謨〉。此外孫科、王雲五、陳立夫等諸先生亦無不引述。

　　目下談中華文化者，無不以堯、舜、禹、湯、文、武、周公、孔子所傳的「人心道心」為道統，朱子在《中庸》章句的自序裡也說：「則允執厥中者，堯之所以授舜也，人心惟危，道心惟微；惟精惟一，允執厥中者，舜之所以授禹也」。我國文化道統，最可貴的就是這十六字心傳，如果把「大禹謨」視為不可信的「偽書」，則「人心道心」并廢，道統文化又從何談起？至於若干學者公認「民為邦本，本固邦寧」，以及「天視自我民視，天聽自我民聽」，是中國民本思想之基礎，而這一基礎經過孔孟的宣揚，使民本思想成為中國政治思想中的重要一環。但這一思想的淵源起於夏朝太康失國後所作〈五子之歌〉，及周武王伐紂王時所作的〈泰誓〉。如果認為〈五子之歌〉和〈泰誓〉是東晉人偽作，則研究民本思想之人士，便不能再自我陶醉說：中國民本思想如何如何悠久了。又國父「知難行易」學說便是對三千多年前〈說命〉中「知之非艱，行之惟艱」二句有感而作，若說命〉是後人偽作，則「孫文學說」也失去依據。其他如我們在日常言行中喜用的「德惟善政，政在養民」、「滿招損，謙受益」、「天聰明，自我民聰明；天明畏，自我民明威」〈大禹謨〉；「東征西夷怨，南征北狄怨」〈仲虺之語〉；「立愛惟親，立敬惟長」〈伊訓〉；「萬世無疆之休」；「天作孽，猶可違，自作孽，不可逭」〈太甲〉；「有備無患」〈說命〉；「作之君，作之師」、「受有臣億萬，惟億萬心；予有臣三千，惟一心」、「除惡務本」〈泰誓〉；「玩人喪德，玩物喪志」、「不作無益害有益」、「為山九仞，功虧一簣」〈旅獒〉。以上均見於《古文尚書》（按《論語》、《孟子》亦曾引述）。

　　司馬光說：「《尚書》者，二帝三王嘉言之要道，盡在其中，為政之成規，稽古之先務也。」我們讀《尚書》，並非欣賞其文句，乃為認識先賢先聖的道德和政治思想，從而效法之，發揚光大之。今天復興中華文化之旨意即在此，所以《尚書》之真偽，關係中國歷史文化甚巨。尤其學者所不採信的《古文尚書》，偏偏是中國文化道統的根源、民本思想的先河，這一問題不能不弄個明白。

　　東晉梅頤所奏《古文尚書》，補充漢以下散失的《古文尚書》殘缺者間或有之，未必全為向壁虛構，而且已流傳千有餘年，我們豈可因閻若璩等人的懷疑而亦跟隨不信？近世我國學者對於考證歷史真象，固有甚多貢獻，但過分疑古又豈是智者？像疑古派前所編七大冊「古史辨」，幾乎把中國古史一筆勾銷，他們「絕對堅持夏以前的古史傳說前身是神話」，認定「五帝是上帝的稱號」；「禹是爬蟲，鯀是一條魚」；「舜的弟弟是一頭象」；「秦的祖先是一隻燕子……」；他們又說《論語》未提到《春秋》，便斷定《春秋》不是孔子作的。如此疑古豈是完全正確？我們當然也相信孟子所說「盡信書，不如無書」，但若連二十五篇《古文尚書》也不信，還能相信什麼呢？（原載中華日報五十九年一月五日《文教與出版》，現編入拙著《為歷史辨真象》書中）。

第五章　周朝（西周）

　　周朝從武王滅殷商，西元前一一一一年開始，正式建國，到周赧王五十九年，西元前二五六年為止，共計八百五十六年歷史，赧王死後，無人為他立後，周朝的歷史便正式結束。

　　司馬遷在《史記·周本紀》中，從周的先祖到東西周被秦莊襄王滅亡，雖一脈相傳，但僅記其重要，至春秋戰國時代，有關周的歷史，大半是帝位的傳承，其他重要事蹟則列入諸侯各國中，天子幾乎已退出了政治的舞台，到最後，甚至生活潦倒，仰賴諸侯過日子，真是情何以堪。

　　中國每一個朝代的歷史都是完整的，沒有什麼東西、前後、南北之分。現在一般人所謂之「西周、東周」、「西漢、東漢」、「西晉、東晉」、「北宋、南宋」，都是後世某些史家的認定。如周朝有人以周幽王被犬戎殺於驪山，其子周平王東遷洛邑，於是就把周幽王以前建都於鎬京的歷史叫「西周時代」，周平王建都洛邑以後的歷史稱「東周時代」。漢朝新莽之前稱西漢或前漢，新莽敗亡，光武中興以後稱東漢，或稱後漢。「前漢、後漢」名稱之由來又與「《漢書》、《後漢書》」有關。原來《漢書》是先由班彪私家撰述，本叫「漢史」，後來和帝下詔由班彪的兒子，時任蘭台令史的班固「採纂前記，綴輯所聞」以述《漢書》，上起漢高祖，終於孝平王莽之誅」。後班固因涉及大將軍竇憲案，而牽連被誅，而《漢書》中的〈八表〉和〈天文志〉還是由班固的妹妹班昭完成，所以《漢書》是班氏一家幾代相傳的家學。到南北朝，劉宋時的范曄，將司馬彪等七家所撰之後漢史或刪或改，上自漢光武，下止漢獻帝而輯成為續《漢書》，後世便以班固之《漢書》為《前漢書》，范曄之續《漢書》為《後漢書》。這位史家也因牽涉他案被殺，兩位寫漢史的大史家遭無辜殺害，真令人哀禱。

　　就晉朝來論，當晉懷帝和愍帝先後被匈奴殺害後，琅邪王司馬睿在建康繼立為元帝，有人便以愍帝以前建都洛陽的時間稱為「西晉」，元帝建都建康以後的期間為「東晉」。事實上晉朝的歷史就是唐朝房喬等奉敕所撰的《晉書》，根本沒有「西、東」之分。

　　就宋朝來看，由於宋徽、欽二帝被女真俘擄北去，有人便以此之前宋的都城在汴京（開封）的時間稱為「北宋」，接著康王趙構在臨安（杭州）繼立為帝以後期

間為「南宋」。事實上，整部「宋史」也是自宋太祖至於宋恭帝被俘一脈相承，也根本沒有「南、北」之分。

一、周的先世

《史記・周本紀》說：

周的祖先名字叫做「棄」，母親是有邰氏的女子，名叫姜原，姜原是前述五帝之中帝嚳的正妃。有一天，姜原來到郊野，見地上有一巨人腳印，心裡便興踩上的意念，當她踩上去的時候，身體打了一個寒抖，就這樣懷了孕，過了一段時間，果然生下一個兒子。帝嚳認為如此得子一定不吉祥，乃將嬰兒丟在狹窄的巷子裡讓牛羊踏死，但牛馬經過都避開不踐踏到他，於是又準備將他拋棄山林餵野狼，剛好碰到山裡有很多人，乃再換過地方，丟在結冰的河上，剛一丟下，忽然天空飛來鳥群用翅膀羽毛把他蓋著墊著。姜原看到這種情形，覺得非常神異，再也不敢拋棄，抱回撫養，並因此起個名字叫做「棄」。

司馬遷的這段描述本就帶有神話的意味，更有人認為姜原踏的「巨人跡」是踏上了黃帝族圖騰——熊的腳印，並且說周人姓姬的姬字，古文的寫法就是一個熊跡的象形加一個女字旁，所以姬字本身就記載了周人祖先誕生的神話。前面已說過全世界任何一個國家民族的歷史都披有神話的外衣，神話愈盛，愈顯示其歷史文化之優遠，只要剝去神話的外衣，就露出本質的歷史了。著者曾撰有「神的兒子」一文：

在西洋史裡，回教的創立人——穆罕默德說，他自己同閃族傳說中的亞當、諾亞、亞伯拉罕、摩西、耶穌，都是上帝派遣入世的先知，他是上帝派下來的第六位，他說他是最後一位，以後上帝便不再派遣先知入世。

關於這位回教先知幼年生活，很少可靠史料得知其詳，只知他出生於西曆五六九年阿位伯半島上的麥加城，父母早死，由叔父撫養長大，廿五歲那年跟一個有錢的寡婦結婚。歷史上沒有說明他的父母為何人。

基督教聖經裡說，耶穌的母親瑪利亞生耶穌沒有跟丈夫若瑟同過房，所以耶穌是神的兒子。至於亞當，傳說是上帝用泥巴造的，諾亞又是從亞當身上抽出一根肋骨造成的。亞伯拉罕及摩西則是他們的子孫。我們中國的典籍裡，記載屬於「神」的兒子，比西方傳說的更多。

　　《史記》及《今本竹書紀年》中記載：太皡庖犧氏的母親叫華胥，在雷澤中踏了一個巨人足跡，便有感而孕；炎帝神農氏的母親女登是「感神龍」而生神農；黃帝的母親附寶是因為見「電繞北斗星樞，星光照野」，於是有感而孕；帝顓頊的母親是「見搖光之星，如虹貫日，應己於幽房之宮」，乃生顓頊於若水；堯的母親慶都是因為與赤龍合婚；舜的母親是見「大虹」有感而生舜；禹的母親是見「流星貫昂，夢接意感，吞神珠」而生禹；商朝的祖先契的母親簡狄，是在沐浴時吞食了一個燕子卵而懷孕生契；周朝祖先棄的母親姜原，也是在郊祭途中好奇的踏了一下巨人的足跡而身動懷孕；尤其《史記》和《漢書》記載大漢開國君主劉邦的母親劉媼，在一個大澤旁休息，夢與神遇，當時雷電交加，劉邦的父親往視，看見一條蛟龍纏繞在太太身上，後來便懷孕生下劉邦。以故劉邦的長像「隆準而龍顏，美須髯，左股有七十二黑子（痣）」，看相的人都說他是個「大貴人」，他曾斬殺了一條大蛇，說是「赤帝子斬殺了白帝子」，其後起兵打天下便用「赤色」作旗幟。秦始皇常常說：「東南有天子氣」，果真，當劉邦亡匿芒碭山澤巖石之間時，他太太呂后，就因為根據山頂上那朵不散的「雲氣」隨時可以找到他。項羽的謀臣范增一再對項羽說：「吾令人望其氣，皆為龍虎，成五采，此天子氣也。」從劉邦起兵入關亡秦，一直到他擊敗項羽即皇帝位，似乎都有「神」在保佑，好幾次被項羽圍困時，無不在極危險的關頭逃過厄運。劉邦自己心裡有數，憑他的「才幹」與「實力」實在無法跟項羽相比，雖然他獲勝的因素很多，但他自己還是認為「天命」所致。當他病危時，呂后為其延醫，邦曰：「吾以布衣提三尺劍，取天下，此非天命乎，命乃在天，雖扁鵲何益。」於是拒絕治病，旋即平平靜靜的死去。

　　中國古時記載這種「聖人皆無父，感天而生」的情形與立意，自然與西方的傳說不同。然中國古時稱皇帝為「天子」是事實，舉行祭祀時，天子才有資格祭上帝，「上帝」一名首見《書經》中的堯典，而《史記》各本紀及《封禪書》均屢見「上帝」二字。

　　回頭來說棄在孩提時代，便喜歡玩些有關農業方面的事，如種植麻和豆子等，都長得很好。長大以後，更是專門從事農耕的活動，他知道什麼樣的土地適合種植什麼樣的農作物，很多人都跟他學習。棄之所以好農業也許是「天性」，這天性與其家源有關，因為他的母親姜原為有邰氏之女，《史記正義》說：邰，炎帝神農的後裔。

　　帝堯時請他當「后稷」，掌管農事的官，指導百姓播種百穀，人民因此免於

饑餓。帝舜佐堯攝政時，因棄有功於農事，乃封他在邰的地方，一直都以「后稷」的官名做為稱號，另外以「姬」為姓。為何以姬為其姓？因為他的封地靠近「姬水」，而《史記集解》引《禮緯》說：「以其祖先踏了巨人足跡所生」的意思。這在開頭已經解釋過了。

后稷棄死後，其子不窋代立，晚年時，也就是當夏太康失國之時，廢去后稷這種掌管農事之官，不再重視農業。而不窋既丟掉了官，又值夏朝先後發生后羿、寒浞等政變的時候，帶著家人逃奔到戎狄居住的地方，大概在今天的陝西枸縣以西，古時稱之為豳。

不窋死，子鞠立，鞠死，子公劉立。公劉雖然處在戎狄的地方，但對畜牧不感興趣，所以又恢復了農業的行業，致力於農耕，發揮土地的功能。人民在他的指導下，大家都富裕起來。很多百姓紛紛遷徙到他的附近，歸附於他，周的事業就從這時興起來了。《詩經·大雅》〈公劉篇〉一共有六首詩，就是詩人歌頌公劉的功德事蹟，懷念他的恩德，一再的稱讚公劉是一個十分厚道的人，他帶領百姓把豳開發成一個富裕之區，人民都過著快樂的日子。在第三、四首詩中並提及造城池房屋、宮殿，有些史家編撰的中國通史說此時的周人還是「穴居」，顯與史實不符。

公劉死後，再經過九傳至古公亶父。「古公」是後人給他的封號，也就是後來所稱之「太王」。「亶父」是他的名字。古公亶父繼續領導人民從事農業，「積德行義，國人皆戴之」，然而居住在附近的戎人、狄人卻不時前來侵擾他，向他勒索財物，而且貪求無厭，繼而想侵奪土地。

《孟子·梁惠王》下有這樣一段話：

> 昔者太王居邠（豳），狄人侵之，事之以皮幣，不得免焉，事之以犬馬，不得免焉，事之以珠玉，不得免焉……狄人之所欲者，吾土地也。

人民都非常憤怒，要求古公亶父不能再對戎、狄容忍，應起來對抗。古公亶父卻準備把土地也讓給戎狄，自己要遷走，地方的長老質問古公說：「君不為社稷乎？」古公說：「社稷所以為民也，不可以所為亡民也。」長老們又說：「君不為宗廟乎？」古公說：「宗廟吾私也，不可以私害民，夫有民立君，將以利之，與人之兄而居而殺其弟，與人之父而居而殺其子，以其所養害其所養，吾不忍也。民之在我與在彼，為吾臣與狄人臣，奚以異哉。二三子何患無君，吾將去矣。」

有人說：「土地是祖先交給子孫世代保守的東西，不是自己能作主放棄的，寧可拼死保衛，也不離開。」然而，古公是一個最講人道主義的一個人，以人民的生

命重於土地，乃毅然帶著自己的親近和部屬離開了豳地，渡過漆水和沮水，再翻越梁山，來到陝西的岐山下面定居下來。

豳地的人民說：「仁人之君，不可失也」，全國人民都扶老攜弱，跟在古公的後面的有二千多乘（一車四馬），岐山一下子成為三千多戶的都市，旁邊的部落都因古公之仁也紛紛歸附，真是孟子所說的「天下歸仁焉」。

至是，古公乃揚棄戎狄的習俗，大規模營建城池、房舍、宮室，將人民分成幾個都邑居住下來，並設置司徒、司馬、司空、司士、司寇五個管理政府負責不同任務的官署及官員。於是人民都歌咏樂詩，頌揚他的德業，《詩經‧大雅》中的〈緜篇〉，便是歌頌古公由逃避戎狄遷徒到岐山下的經過，以及他如何的領導人民建立家園，開創國家的種種過程。《詩經‧魯頌》中的〈閟宮〉也有「后稷之孫，實繼太王，居岐之湯，實始翦商」的頌詞。

古公亶父的太太叫太姜，美麗而賢慧，生了三個兒子，長子太伯，次子仲雍，三子季歷。中國傳統最重家庭教育，「家齊而後國治」，太伯三兄弟在慈父慧母的教育下長大成人，個個品德良好，兄弟間異常和好友善。

老三季歷的太太叫太任，也是美而賢的婦人，當她懷孕之後，便「目不視惡色，耳不聽淫聲，口不出敖言。」這就是所謂的「胎教」。

《史記》說，太任生產的時候有「聖瑞」。何謂聖瑞？《史記正義》引《尚書帝命驗》有於下一段記載：

> 季秋之月甲子，赤爵銜丹書入於酆，止於昌戶，其書云：「敬勝怠者吉，怠勝敬者滅，義勝欲者從，欲勝義者凶，凡事不強則枉，不敬則不正，枉者廢滅，敬者萬世以仁得之，以仁守之，其量百世，以不仁得之，以仁守之，其量十世，以不仁得之，不仁守之，不及其世，此蓋聖瑞。」

文中的「赤爵」又稱「赤雀」，有人說就是一隻燕子啣了「丹書」飛進季歷太太的產房，古公認為一定是神帶來的一個吉兆，果不然太任產下一個胖嘟嘟的男孩，古公高興的說「我世當有興者」，於是就替孩子起了一個名字叫做「昌」。顯然的，古公在諸子中對三兒子另眼看待，尤對這個孫子特別喜愛。

長子太伯，次子仲雍二人看在眼裡，想在心裡，知道父親有立弟弟季歷的心意，為免父親為難，乃偷偷的逃到東南方去了，那地方古時稱之為「荊蠻」，而且故意在身上刺上紋彩，剃去頭髮，表示他倆已不能在宗廟主持祭祀，存心要讓位給弟弟季歷。太伯逃奔到荊蠻後，自號為「句吳」，那裡的人尊敬他的義行，因而歸

附他的有一千多家，擁立他為吳太伯，也就是春秋時代吳國的祖先。

古公臨死時，曾經對季歷說：「我死汝讓兩兄，彼即不受，汝有義而安矣」。古公死後，季歷前往吳國召二兄弟回國，群臣也有意擁立他倆，但太伯仲雍辭讓不受，再回到南方去了。

孔子對太伯仲雍的義行推崇備至，《論語‧泰伯篇》中說：「泰伯可以說是具備最崇高的道德了，他再三把天下讓給弟弟，又泯滅自己的功績，使老百姓拿不到實績來稱道他。」

所謂太伯「三讓」有如是的傳說：

1‧古公生病，太伯藉故到南方去采藥故意不返，古公薨而季歷立，一讓也。季歷薨而文王立二讓也。文王薨而武王立三讓也。

2‧太王（古公）病，而託采藥出，生不事之以禮一讓也。太王薨而不返，使季歷之喪，死不葬之以禮二讓也。斷髮紋身，示不可用，使季歷之祭禮，不祭之以禮，三讓也。

古公卒，三子季歷繼立，是為公季。

《史記‧周本紀》說他「修古公之道，篤於行義，諸侯順之」。

前面說過，在商朝文丁在位期間，季歷曾幫助商朝討伐過夷狄，就是《竹書紀年》中所說「伐西落鬼戎，俘其狄王」，季歷向文丁報捷時，竟被文丁忌殺。

二、周文王

季歷死，子昌繼立，是為西伯。前面已說過，「西伯」是商紂王為了籠絡他，賜給昌的一個封號，也就是西方諸侯之長，也是西方霸者的意思。那時因為還沒有「霸」這個字的創作，故以「伯」作「霸」，昌也就是後世所尊稱的「文王」。

史稱「昌十二而冠」，十三歲生長子伯邑考，十五歲又生次子發（周武王），這可能是歷史上最早結婚而又最早生子者。《左傳》認為「冠而生子禮也」，據《辭源》的解釋：「古男子年二十而冠，謂之成人，始行冠禮，惟天子與諸侯十二而冠。」

《帝王世紀》說：

文王龍顏虎眉，身長十尺，有四個乳頭。

《史記‧周本紀》說：

　　文王繼位後，遵循著后稷、公劉的事業，效法古公、公季的成規，篤行仁政，敬老尊賢，慈愛幼少。為了接待有才德的人，經常連吃飯的時間都沒有，天下的才士無不感激而歸順效命。當時的賢者伯夷、叔齊原本在孤竹國，聽說西伯善於禮養老者，兩人商議說：「何不去歸依他呢」。同時還有其他的才士們，如太顛、閎夭、散宜生、鬻子、南宮適、尹佚、辛甲等都投奔到他這邊來。

　　這中間的鬻子名熊是彭祖的後代，前面已經說過，彭祖曾是帝堯的臣子，歷唐、虞、夏商，享壽八百歲，而此時的鬻子也已經九十歲，昌初見到他的時候，嫌他太老，鬻子卻說：

　　捕虎逐麋，臣已老矣，使臣坐而策國事，臣尚少也。

　　於是，昌引用為公卿，也是後來楚國的先人之一。

　　另辛甲是商紂王的臣子，已經七十五歲，由於進諫紂王不聽，乃投奔到周，昌親往迎接也拜為公卿。

　　前面也已經說過，昌曾為商紂王的三公，由於竊嘆紂王的暴虐，為紂王的寵臣崇虎所讒，被紂王囚於羑里達七年之久，在獄中曾演變伏羲氏的「八卦」為六十四卦，就是現今之《周易》一書。

　　昌被紂王囚禁七年之久，後來被釋放出來的原因有兩種說法。

　　其一：昌被囚後，昌的臣子散宜生、南宮適、閎夭、呂尚等「相與求有莘氏美女，驪戎之文馬（馬之毛色有文彩），有熊九駟，西海之濱白狐，材陵怪獸，江淮大貝，因紂王嬖臣費臣獻之」。散宜生趨前進曰：西藩之臣，昌之使者，敢效其寶，以備其辜。紂大悅曰：「西伯之忠於寡人如是，此一物（美女）足以釋西伯，況其多乎。」（《尚書大傳》及《史記·齊世家文》）

　　其二：昌被囚時，諸侯皆從之囚，紂懼而歸之。（左氏襄公卅一年傳文）

　　昌還沒有被紂王囚禁之先，有一天要準備外出打獵，叫史官占卜看能獵獲什麼，史官占卜的結果是「所獲非熊、非羆、非虎、非豹，兆得伯王之師。」

　　昌於是齋戒三日，外出田獵，果一無所獲，便在渭水的北面休息，看見一位老者坐在河邊草地釣魚，昌乃上前問之曰：「子樂漁耶？」

　　老人說：「君子樂其志，小人樂其事，吾漁非樂之也。」

　　昌聽老人這番話，深覺語出不凡，繼續跟他長談，非常高興的說：「自吾先君太公曰，當有聖人適周，周以興，子真是耶，吾太公望子久矣。」於是載他回宮拜

為國師，號為「太公望」。（大陸考古學家在出土的西周甲骨文中有文王「渭漁」的記載，証明上述文王于渭水濱得姜太公的事是可以相信的。）

《史記·齊世家》說：

> 太公望，是東海人，祖先曾是四岳官，輔助大禹治水有功，在虞夏之際封於呂城，呂尚是其遠代的後裔，本來姓姜，後來以封邑為姓，所以名為呂尚。

另一傳說：

> 呂尚避亂，隱居遼東三十年，行年七十，曾在朝歌賣牛肉，又在棘津賣小吃，遇七十主而不聽，人人皆說他是狂夫。

另一傳說：

> 呂尚見聞廣博，曾經事奉紂王，見紂暴虐無道，乃棄職而去，游說諸侯，沒有碰到一個知主，後來才遇上昌。

另一傳說：

> 呂尚處士，隱海濱，釣於滋泉，當昌被紂王囚於羑里時，昌的臣子散宜生、閎夭、南宮適恐怕遭紂王殺害，乃前往邀請呂尚相謀營救。他們四人本來結拜為兄弟，呂尚認為昌是賢君，樂意相助，於是收集很多寶物和美女，由散宜生出面賄賂紂王的左右，使紂王將昌釋回。

另《神仙傳》上說：

> 呂尚是冀州人，生有大智，能預知存亡，為逃商紂王的暴政，先隱居遼東三十年，後又隱居在南山，平時喜歡臨溪垂釣，但他的釣竿卻不設鉤，因之三年未曾釣到一條魚，有人勸他不釣也罷，他卻說「願者上鉤」。果然不久釣上一條大鯉魚，剖開魚肚，裡面竟然藏了一部兵書，後來他便寫成一部包括文韜、武韜、龍韜、虎韜、豹韜、犬韜，被稱為《六韜》的兵家權謀的兵書。在兵法中最有名的謀略「欲其西擊其東」，就是後世兵家所常用的「聲東擊西」法，以及「出其不意，攻其不備」的戰術，皆為後世兵家所繼承。

不過這《六韜》一書，從宋代開始，很多學者認為是一部「偽書」，他們所持理由是：

1·武韜中談到騎兵作戰的事，而學者考證，騎兵作戰到戰國時代才有。

2·《六韜》文辭淺近，不合當時文章風格。

3·《六韜》中有關兵書與春秋戰國時代的「孫子兵法」相似，可能是偽作者抄襲孫吳之作。

　　另外封神榜裡的姜子牙，那就更是一個「傳奇」的人物，但那不是真正的歷史，也不算真正的民間故事，可以說是一種「善與惡」相鬥的故事，前面也提到過，想讀者早已讀過這部家喻戶曉的故事書，本書就不再引述了。

　　昌被臣子散宜生等從紂王那裡救回來之後，據《淮南子》應訓上說故意「為玉門築靈台，列侍女撞鍾擊鼓」仿照商紂王的荒唐舉動，讓紂王聽說後認為西伯也暴虐起來，「吾無憂矣」。

　　其實，西伯回到岐地之後，卻積極推行仁政德政，據《孟子‧梁惠王下》有孟子對齊宣王的一段談話：

> 從前文王治理岐山下面周原的時候，施行井田制度，對於農人，只取九分之一的租稅；做官的人，俸祿由子孫世代繼承；關卡和市場上的官吏，只察問一些可疑的人，不收商民的稅捐，人民自由蓄水養魚，或設置魚樑捕魚，官府不加禁止，犯罪的人，本身受到懲罰，妻子兒女不受連累。年老沒有妻子的人叫做鰥，年老沒有丈夫的人叫做寡，年老沒有兒子的人叫做獨，年幼沒有父親的人叫做孤。這四種人，都是天下有苦無處訴說，非常窮困的人，所以文王發布命令，施展仁恩，一定先顧念到四種人。

劉向《新序雜事》說：

> 有一天西伯開鑿一個池塘，挖出一付死人枯骨，西伯說「葬之」，吏曰「此無主矣」，西伯曰「有天下者天下之主，有一國者，一國之主，寡人固其主矣」，於是命令左右將枯骨套上一套新衣帽子，裝入一付新的棺木，另外選擇一個地點重新埋葬起來。這件事，天下聞之曰「西伯澤及枯骨，況於人乎」。

《淮南子‧人間訓》說：「文王葬死人之骸，而九夷歸之。」

另賈誼《新書喻誠》還有另一記述：

> 文王晝臥，夢人登城而呼己曰，我東北隅之槁骨也，速以王禮葬我，文王召吏視之，信有焉。文王曰，速以人君葬之。吏曰，此無主矣，請以五大夫禮，文王曰，吾夢中已許之矣，奈何其倍之也。士民聞之曰，我君不以夢之故，而倍槁骨，況於生人乎，於是下信其上。

　　這兩種葬枯骨的不同說法，大概是一事的分化，旨在宣揚西伯昌的德行，此與紂王的暴行成一種強烈的對比，大抵明君與昏君的分野在此。

　　前述商湯的德行「施及禽獸」，而西伯的德行「惠及枯骨」，這兩位聖主所

代表的文化都是一個「仁」字，而且由「仁民」達到了「愛物」的境界。

前述西伯昌在出獵途中獲得姜太公呂尚並拜為國師後，事事皆請教於他，呂尚向西北提供很多為政之道，《六韜》中記載：

文王問呂尚，「怎樣確定收攬人心的方法，而能使天下的人都誠心歸服呢？」

呂尚說：「……同天下之利者則得天下，擅天下之利者則失天下。天有時，地有財，能與人共之者，仁也，仁之所在，天下歸之。免人之死，救人之患，濟人之急者，德也，德之所在，天下歸之。與人同憂同樂，同好同惡，義也，義之所在，天下赴之。凡人惡死而樂生，好德而歸利，能生利者，道也，道之所在，天下歸之。」

文王問呂尚：「要怎樣愛民？」

呂尚說：「利而勿害，成而勿敗，生而勿殺，與而勿棄，樂而勿苦，喜而勿怒。」呂尚更進一步解釋說：「民不失務，則利之，農不失時，則成之，省刑罰，則生之，薄賦斂，則與之，儉宮室台榭，則樂之，吏清不苛，則喜之。民失其務，則害之，農失其時，則敗之，無罪而罰，則殺之，重賦斂，則奪之，多營宮室台榭以疲民力，則苦之，吏濁苛擾，則怒之。故善為國者，馭民如父母之愛子，如兄之愛弟，見其饑寒則為之憂，見其勞苦則為之悲，賞罰如加於身，賦斂如取己物，此愛民之道也。」

文王問呂尚：「作君王的要怎樣聽取下面的意見？」

呂尚說：「勿妄而許，勿逆而拒，許之則失守，拒之則閉塞。」

呂尚又向文王提出，一個國君治理國家，必須注意六守、三寶。

所謂「六守」就是仁、義、忠、信、勇、謀。呂尚解釋說：「使他富起來，觀察他能否做到不藉財富胡作非為，能夠做到就是仁。給他尊貴的身分，觀察他能否做到不依仗官爵，驕傲放縱，能夠做到便是義。付託他重任，觀察他能否做到不專斷獨行，能夠做到便是忠。派他完成具體工作，觀察他能否做到不隱瞞欺騙，能夠做到便是信。讓他擔任危險的工作，觀察他能否做到無所畏懼，能夠做到便是勇。要他接連不斷處理各種事務，觀察他能否做到應變無窮，能夠做到便是謀。

所謂「三寶」就是大聖、大工、大商，三者都是有關國計民生的事，應由政府妥為管理控制。呂尚解釋說：「農一其鄉（聚居一起），則穀足，工一其鄉，則器

足，商一其鄉，則貨足。三寶各安其處，民乃不慮，無亂其鄉，無亂其族。」

呂尚更向文王提出，為人君者更要警惕六賊、七害。

所謂六賊，呂尚說：「一曰臣有大作宮室池榭，游觀倡樂者，傷王之德。二曰民有不事農桑，任氣游俠，犯厲法禁，不從吏教育，傷王之化。三曰臣有結朋黨，蔽賢智，障主明者，傷王之權。四曰有抗志高節，以為氣勢，外交諸侯，不重其主者，傷王之威。五曰臣有輕爵位，賤有司，羞為犯上難者，傷功臣之勞。六曰強宗侵奪，凌侮貧弱者，傷庶民之業。」

所謂七害，呂尚說：「一曰無智略權謀，而以重賞尊爵之故，強勇輕戰，僥倖於外，王者慎勿以為將。二曰有名無實，出入異言，掩善揚惡，進退為巧，王者慎勿與謀。三曰樸其身影，惡其衣服，語無為以求名，言無欲以求利，此偽人也，王者慎勿近。四曰奇其冠滯，偉其衣服，博聞辨辭，虛論高議，以為審美，窮居靜處，而誹時俗，此奸人也，王者慎勿寵。五曰讒佞苟得，以求官爵，果敢輕死，以貪祿秩，不圖大事，得利而動，以高談虛論說于人主，王者慎勿使。六曰雕文刻鏤技巧貨飾，而傷農事，王者必禁之。七曰異伎，巫蠱左道，不祥之言，幻惑良民，王者必禁之。」

呂尚的這些主張，無一不是人君治國治民的至理，西伯完全誠心採納，於是明君賢臣共同陰謀行善修德，以傾商政。

前面已說過，這時的商紂王用費仲當政，只知善諛好利，人人怨恨，以致諸侯益疏，紛紛叛歸西伯，因是周的勢力日漸增大。

據《詩大雅》、《史記・周本紀》、《說苑》等書的記載：有虞國和芮國兩國的國君相與爭奪一塊田地，久久不能決定，乃相謂曰：「西伯人仁也，盍往質焉」。於是兩人跑到周國。

入其境，見「耕者讓畔，行者讓路」；

入其邑，見「男女異路，班白不提挈」；（頭髮已半白半黑的老人，提挈是相扶持顯示都很健康）

入其朝，見「士讓為大夫，大夫讓為卿」。

兩人看到這種情形，慚愧萬分，相其謂曰：

此其君亦能讓天下而不居矣，吾所爭，周人所恥，吾等小人，不可以履君之庭，祇恥辱耳。

於是返回國內，把原先二人所要爭的田地都放棄不要了。這件事傳開出去，天

下諸侯前往歸順西伯的有四十餘國，這就是孟子所說的「人之歸仁也」。由見西伯是以「德」服天下。不過在不得已的情況下，也還是要用「武力」的，如：

（1）討伐密須國

討伐密須之前，西伯計劃伐邘，問太公：「吾用兵孰可？」

太公曰：「密須氏陰謀叛逆，我先伐之。」

管叔曰：「其君天下之明君，伐之不義。」

太公曰：「先王伐逆不伐順，伐陰不伐易。」

西伯曰：「善」，於是往伐密須，密須的人民並自縛其君而歸於西伯。

（2）伐犬夷（犬戎）

因為犬夷侵周，一日三至，兵至周之東門，《帝王世紀》說：「西伯閉門修德而不 與戰」。

（3）伐崇

崇是當時擁護商紂王的心腹大國，因為「崇侯虎蔑侮父兄，不敬長老，聽獄不哀，分財不均，百姓力盡，不得衣食」。西伯乃下令討伐，在征戰之前，特別傳令軍中「無殺人，無懷寶，無填井，無伐樹木，無動六畜」，如不遵守以上禁令者，一律處死刑。

這種「伐」而不「暴」的舉動，被伐的國家人民，無不樂而歸附。

《史記‧周本紀》關於西伯討伐的順序是：先伐犬戎→密須→邘→崇。崇國困守了一個月，終於投降，西伯將原來崇國的都城改建為豐邑，並自歧遷於此，顯見周要繼續向東發展的意圖。

《詩經‧大雅》〈文王有聲〉中有「文王受命，有此武功，既伐于崇，作邑於豐」的記述。大陸考古學家經過大規模發掘與研究，認為豐邑京都在灃水西岸，今之長安縣客省莊、馬王村、西王村、張家坡一帶，總面積約六平方公里。

至此，天下諸侯已有三分之二歸順於周，臣下於是主張討伐商紂王，西伯認為不可，但不久西伯便去世，臨終時對太子發說：「見善而勿怠，時至而勿疑，去非而勿處，此三者道之所止也。柔而靜，恭而敬，屈而彊，忍而剛，此四者道之所起也。」

所謂「時至而勿疑」，顯然是告訴太子該去伐討商的時候，便不必考慮什麼了。

西伯在位五十一年，年九十七歲，後世諡為周文王。

三、周武王

《烈女傳》說：西伯（文王）的正妃太姒，莘國的女子，號曰文母，旦夕勤勞，以盡婦道。西伯治外，文母治內，為歷史上有名的賢內助。

太姒生了十個兒子，長子伯邑，依次為發、管叔鮮、周公旦、蔡叔度、曹叔振鐸、郕叔武、霍叔處、康叔封、聃季載。

由於第二個兒子發，既賢、又仁、又孝，各方面都比其他兄弟強，故西伯沒有立長子伯邑，而以次子發為太子，後來長子伯邑且為商紂王所殺。（前章已述及）

另據《左傳》僖二十四年記載西伯還有滕叔繡、毛、郜、雍、畢、原、豐、郇等八國，也都是文王的兒子。

太子發嗣位是為周武王。以太公望為國師，四弟周公旦輔翼用事，另有兩位大臣召公奭（文王庶子）畢公輔佐左右。

武王即位，首先要作的事，便是如何取代商紂王的天下。

1·第一次討伐商紂王

武王即位後第十一年，〈周本紀〉這樣記述說：他率領軍隊達到孟津（河南孟縣南）用木頭做了一座文王的神像，放在車子上，跟軍隊一起行走，表示是奉文王的命令進行討伐。武王在孟津渡黃河時，船行到中流，竟有一條白魚躍進他的船裡，武王為了鼓舞士氣竟指著大白魚說，殷人崇尚白色這是殷人要自取滅亡的象徵，於是武王便捉牠提起來當祭品。過河之後，天空居然有火球飛上飛下，最後飛到武王所住的屋子上，馬上變成一隻紅色的鷲鳥。就在這時，天下諸侯聽到武王出兵的消息，都自動前來擁護周的有八百多個，諸侯們都說「紂王應該討伐了」。武王卻說「汝未知天命，未可也。」於是就班師回去了。武王為何班師回去，是因為所到的「八百諸侯」只是西部的大大小小的氏族、方國的首領，其他地區的一些大的有勢力的方國還沒有發動起來。再則他此次出兵，是為了刺探商王的實力，就他對商的政治形勢和軍事力量的觀察覺的自己的力量還不足以一舉滅商於是毅然收兵。在武王第一次要去討伐商紂王的時候，歷史上記載了另一個故事：

> 孤竹國的兩個兒子，叫做伯夷、叔齊，父親想將王位傳給叔齊，父親死後叔齊要讓位給伯夷，伯夷說這是父親的遺命，於是逃走了，叔齊也不願即位逃走了。……伯夷、叔齊聽說西伯昌最能體恤老人，心想何不去歸附他呢。但是當他倆來到周之後，西伯已經死了，路上正碰著武王正帶領軍隊要去討伐

商紂王。伯夷、叔齊便扣住武王的馬諫諍說：「父親死了不安葬，却要發動刀兵打仗，可說是孝子嗎？做臣子的要去弒國君，可說得是仁嗎？」武王左右的人要殺他們，太公認為他倆是「義人」把他們參攙扶開去。

武王班師回朝之後，靜觀商的動靜，這時的商紂王更加淫亂昏庸，

前章已經說囚箕子，剖比干之心，微子等投奔到周，而國內又發生大旱，紂王仍執迷不悟，帶著人馬踐踏著百姓的良田打獵，如此違背天道的行為，自然造成天怒人怨，據很多史書的記載就在此時發生很多怪現象：「河竭宮中鬼夜哭，女子化為丈夫，山崩，兩日見天，火燒宮，大水，大龜生毛，兔子長角，大風暴，發屋折木，飛揚數里。」

2・第二次討伐商紂王

過了二年，武王即位後第十三年，準備再次討伐商紂王，問於

太公：「吾欲不戰而知勝，不卜而知吉，為之有道乎。」

太公曰：「得眾人之心以圖不道，則不戰而知勝矣，以賢伐不肖，則不卜而知吉矣，彼害之，我利之，雖非吾民，可得而使也。」

武王再問周公：「天下以殷為天子，以周為諸侯，諸侯攻天子，勝之有道乎。」

周公曰：「攻禮者為賊，攻義者為殘，失其民者為匹夫，王攻失民者，何天子乎。」

這件事後來的齊宣王問孟子：「湯伐桀，武王伐紂，有諸？」

孟子對曰：「於傳有之。」

齊宣王曰：「臣弒其君，可乎。」

孟子對曰：「賊仁者，謂之賊，賊義者，謂之殘，殘賊之人，謂之一夫，聞誅一夫紂矣，未聞弒君也。」

顯然孟子的說法是套用周公的說法。

西元一七七六年由傑佛遜起草的聞名的世界「美國獨立宣言」中的主張說：「任何人都生而平等，保有不可侵犯的圖生存、求自由、謀福利的天賦權利，任何政府的正當權力，均由人民同意而產生；任何破壞天賦人權，人民即可用武力推翻。」

這一宣言的主張，在中國已經二千多年前就提出了。

　　前面已說過，這時商紂王已經真正的處在「眾叛親離」境地了，周公已明顯的指出，是討伐商紂王的時候了，況且武王派往斥探商紂王的情報人員不斷的把商廷的情報傳報過來。

　　第一次的情報說：「讒慝勝良」

　　第二次的情報說：「賢者出走矣」

　　第三次的情報說：「百姓不敢誹怨矣」

　　武王與太公研究這些情報，認為「刑勝故不敢誹怨、其亂至矣」。

　　武王還不敢輕易舉動，使人占卜，但占卜不吉，且風雨暴至，群臣恐懼，而太公怒曰：「今紂剖比干，囚箕子，用奸臣當政，伐之有何不可，枯草朽骨安可知乎。」於是焚燒占卜用的龜，折斷用占卜用的蓍草，率領軍隊先進，武王也只好跟進。

　　這是《六韜》文中一段很有趣的記載，上古之時，無不奉蓍龜為神靈，太公竟破除迷信，真乃識時務者。

　　於是遍告諸侯，指出因殷有重罪，不可不伐，一路上雨大雷疾，大風晦冥，人馬不相見，「三日而災五至」左右有些惶恐。由於武王、太公、周公意志堅定，克服一切困難，軍至孟津，大會諸侯，諸侯帶領軍隊前來相會的有四千多乘，武王自己帶領戎車三百五十乘，甲士四萬五千人，虎賁（勇士或稱敢死隊）三千人，看起來軍隊的陣容並不怎麼浩大，在未渡河之前，武王對參加的諸侯們說明了討伐商紂王的原因。《書經・周書》的〈泰誓〉有上中下三篇，為什麼稱做「泰」誓，按泰、《史記》作「太」；《國語》作「大」所以「泰」「太」「大」在古代是同音同義的一個字，武王伐紂時，史臣記錄他誓師的話，原本沒有篇名，固他大會諸侯於孟津，編書的就借用這個大字名為大誓。

　　上篇的內容是記敘武王會諸侯於孟津時，武王告諭友邦諸侯和治事大臣的一些話，一部份是武王宣布紂王的罪行，說明伐商的原因；一部份說明伐商是順從天意，告誡諸侯要輔助自己，克勝紂王。所謂「人為萬物之靈」「作之君、作之師」「受有臣億萬，惟億萬心，予有臣三千，惟一心。」等文句均見於此篇中。

　　中篇是武王率領軍隊駐扎在黃河北岸後的誓師詞，指出紂王的罪惡不亞於夏桀，而自己的伐罪如同商湯，商紂王之惡行為世人週知，並從天意和人事兩方面說明伐商必勝，勉勵將士協力同心，建立功業，文中用「天、民」二字為主調，所謂「受有億兆夷人，離心離德，予有亂臣十人，同心同德」「天視自我民視，天聽自

我民聽」「我武惟揚」以及「一德一心」等名言均見於此篇中。

下篇是記敘武王巡視大軍時告誡將士的誓詞，再次列舉紂王的罪行是獨夫民賊，為天人所棄，文王的德行為天人所歸，在此交戰之前，恐怕隊武不整，軍心喚散，故再曉喻一番。所謂「奇技淫巧」「撫我則后，虐我則仇」樹德務滋「除惡務本」等名言均見於此篇。

武王率軍抵達牧野，牧野在殷的行都朝歌以南七十里，今河南湛縣，在臨敵交戰之前，武王又發表了一篇誓師詞即《尚書》的〈牧誓〉《史記‧周本紀》也引用了這篇誓詞通遍以振肅軍容，申嚴號令為主，武王左手舞著黃色大斧，右手拿著白色的旄牛尾，向前來會師的諸侯軍和自己的軍人說：

> 遠來勞苦啊，西方的人們，啊！我們友邦的大君主、各司徒、司馬、司空、亞狐、師氏、千夫長、百夫長、以及庸、蜀、羌、髳、微、纑、彭、濮各國的人們，舉起你們的戈，靠緊你們的盾，豎好你們的矛，我就要宣誓了，武王說：

> 古人有一句話說「母雞不應該在早上啼叫，如果母雞在早上叫了起來，那將是這家的衰敗。」現在殷紂王只採信婦人的話，同時也廢棄了祖先的祭祀，不報達神恩，滅棄他的國家，捨棄他同胞弟弟不用，卻對天下犯罪多端而逃亡的人，那般的尊崇，那般的推重，那般的信任，那般的重用，任他們來暴虐百姓，擾亂商國。現在我發，只有恭謹地執行上天的懲罰，今天的任務，希望大家勇武地，像老虎、像羆、熊，像犲狼，像螭蛟，只殺兇殘抗拒的，不殺投奔來降的，如果不用命，那麼你們自身也將受懲罰。

這篇誓詞與前述當年商湯夏桀時的〈湯誓〉、〈湯誥〉的意旨相似，學者多認為不愧是仁人之心也。

這時，紂王聽說武王來攻，乃派兵七十萬抵禦，《御覽》八十三年引《帝王世紀》說：「紂王與同惡諸侯五十國七十萬人前來抵抗」所云「五十國」大概是東方的徐夷淮夷、奄等國，前面〈泰誓〉中有受有億兆夷人是也。所云七十萬人大概是紂王的軍隊加上五十國的人馬共七十萬人應該是可信的

紂軍雖眾，但「離心離德」「惟億萬心」武王軍雖少，卻「同心同德」「惟一心」。加以武王「誓師」之嚴，戰士個個如虎、如貔、如熊、如羆。而紂軍本無戰心，故無戰力，交戰之初，大多「倒戈」引導武王，武王令以虎賁追擊，紂軍都潰散背叛了紂王。

《尚書·武成篇》說，牧野之戰「血流漂杵」而武王在前述〈牧誓〉中特別告誡將士不再濫殺，而且雙方一交戰，紂軍多倒戈，何況武王率領者為「仁義之師」，不可能有如此殘酷行為。若果如此，必須說明二點：

其一：當武王第二次伐商時，他自己的兵力並不強大，總共還不到五萬人，何以能擊敗商紂王的「億兆」大軍呢，所以要靠其他諸侯方國的支援。這些盟軍包括羌、庸、蜀、髳、微、纑、彭、濮等諸國。顯然是一支「烏合之眾」的隊伍，在激烈的戰陣上，很難「同心同德」殺戮無辜自所難免。

其二：：在同盟軍中，羌族是最重要的戰友，古文獻上的紀載，周自古公亶父開始，便與羌族聯姻，而商羌則是世仇。所以周王與羌族聯合起來對付商朝是很自然的事。

牧野戰場，紂軍戰敗倒戈，紂王見大勢已去，逃回鹿台，穿上珠玉的衣服，包著頭，投入火中而死，年九十。（《史記正義》謂「焚毀四千美玉」商朝六百多年的歷史於焉結束。有些讀史者，把商朝滅亡的原因歸咎於紂王，誠然，紂王之貪慕淫亂，以及他親小人，遠賢臣，為亡國的主因，但在對外戰爭中（討伐東夷即人方）耗盡了財力和人力，加速了社會的危機，從而給周人造成了可乘之機，雖然如此，紂王在位期間對東南的經營，將中原先進的文化傳播到較為落後的邊遠地區，促進政治、經濟、文化的交流，奠定民族國家統一的基礎，這種種的影響，還是值得稱述的。

武王率領諸侯進入商都，商都的人民都立於城郊迎候周軍，

《御覽》引《帝王世紀》記載：

> 畢公走在前面，殷民曰：「是吾新君也」。
>
> 商容曰：「非也，視其為人，嚴乎將有急色，故君子臨事而懼。」
>
> 見太公至，殷民曰：「是吾新君也」。
>
> 商容曰：「非也，視其為人，虎據而鷹趾，當敵將眾，威怒自倍，見利即前，不顧其後故君子臨眾果於進退。」
>
> 接著周公至，殷民曰：「是吾新君也。」
>
> 商容曰：：「非也，視其為人，忻忻休休，志在除賊，是非天子，周之相國也，故聖人臨眾知之。
>
> 最後武王走來，殷民曰：「是吾新君也」。

商容曰：「然，聖人為討惡，見惡不怒，見善不喜，顏色相副，是以知之。

《史記・周本紀》記載：

武王命群臣告訴商的百姓說：「上天賜福給大家」商人都跪下來拜謝，武王也答拜。

武王進入商都，走到紂王死的地方，向紂王屍體發射三箭，並用輕呂劍砍紂屍，然候用黃鉞（銅斧）砍下紂王的頭，懸掛在大白旗上，接著找到紂王已自縊的兩個寵妾，武王也射了三箭，用劍砍她們的屍體，再用玄鉞（鐵斧）斬下頭，懸掛在小白旗上，同時又殺了惡臣百多人。

附註：：關於牧野之用兵，後人認為「非武王之志，賢人之不幸也」清吳楚材於《易知錄》評之曰：「蓋武之於紂，非有深仇宿怨，特為民去亂耳，使紂悔過自心，武王不必興師，又若紂不自死，武王必將封之以百里之邑，俾奉其宗廟，必不忍加兵於其身也，況紂已死乎，吾意武王見紂王死也，不踊而哭，則命商之群臣，以禮葬之矣，豈復有餘怒及其既死之身乎，遷史乃謂武王至紂王所三射之，躬斬其首，懸太白之旗，此戰國薄夫之妄言，遷取而信之謬也。」

這是吳楚材個人的看法，不應該懷疑司馬遷《史記》的記述，其實武王這種種的行為，乃是表示為天下誅無道，殺有罪是也。

武王進入紂宮見堆積如山的美玉。

據《說苑》記載：

武王問曰：「誰之玉也」。

對曰：「諸侯之玉也」於是取其玉歸於諸侯。天下聞之曰：「武王廉於財矣」。

武王見紂宮美女如雲，問曰：「誰之女也。」

對曰：「諸侯之女也」。於是放其女歸之於諸侯，天下聞之曰：「武王廉於色也」。

武王回到軍中，「皇皇若天下未定」問於太公曰：「奈殷之士眾何？」

太公曰：「愛其人者，兼屋上之鳥，憎其人者，盡其胥餘，咸劉厥敵，使靡有餘。」這意思是主張把殷民殺光。（此將軍之言也）

武王曰：「不可」。問於召公。

召公曰：「有罪者殺之，無罪者生之」這意思是殺反抗的人。（此人臣之

言也）

武王又曰：「不可」。再問於周公。

周公曰：「使安其居，用其田，無變舊新，惟仁是親。」這意思是維持殷民舊有現況。（此政治家之言也）

武王曰：「善」。（此領袖之決擇也）

武王克殷後，正式即天子位，定都於鎬。

《詩經·大雅》〈文王有聲〉中說；「考卜維王，宅是鎬京，維龜正之，武王成之」。是說武王求天助，定都鎬京，占卜問卦，顯示這地方很好，武王乃建新都於此。大陸考古學家已證實鎬京在灃水東岸的洛上村，上泉村、普渡村、花圓村、斗門鎮一帶，面積約四平方公里。但他規劃的永久新都卻是洛邑（詳後說）

當他離開商都後，將戰馬安置於華山的南面，拉車的牛放牧在桃林的丘墟上，把干戈藏起，收兵並解散軍隊，以昭示天下，不再用兵也，於是採行了下列各項措施：

（1）定座右銘，以為行事之戒條

武王即位的第二年，師尚父（即太公）告訴武王丹書上說：「敬勝怠者吉，怠勝敬者滅，義勝欲者從，欲勝義者兇，凡事不彊則枉，弗敬則不正，枉者滅廢，敬者萬世成之，約行之恒，可以為子孫常，以仁得之，以仁守之，其量百世，以仁得之，以不仁守之，其量十世，以不仁得之，以不仁守之，必傾其世。」

武王聽了這些話：「惕若恐懼，退而為戒」於是在他飲食起居和使用的器具上面的四週都寫下以上的銘言。這和前述商湯在盥洗的盆子上寫著：「苟日新，日日新，又日新」的警惕之言的用意是同樣的道理。

（2）用周公之言，「使各安其居，用其田，無變舊新，惟仁是親。」

（3）清宮除道，設奠祭祖，並前往湯廟祭拜，以表示對殷朝的先人的尊敬。追尊古公亶父為太王，季歷為王季，昌為文王。所謂「諡法從此開始。」

（4）修正曆法，改商之「建子」為「正月」改商之「祀」為「年」。以「赤」為周的徽號。（按商的徽號為「白」）

（5）派周公訪問殷商的遺老，問他們殷何以會亡，大家所希望的和喜悅的是什麼。殷民都希望恢復盤庚時的德政。武王對殷民一視同仁，愛人如己。《淮南子·道訓》說：武王破鼓拆抱，弛弓絕弦，去舍露宿，以示平易，解劍帶笏，以示無仇」因是「天下美其德，萬民悅其義」。

（6）將紂王宮中寶玉散發天下諸侯，將紂王聚積在鉅橋的糧食，賑濟窮弱人民，將紂王宮中的宮女全部釋放。

（7）封紂王之子武庚祿父為諸侯。史家都認為這是周人對商人的一種「懷柔政策」但天下初定，恐殷民不服，武庚作亂，乃將自己的三個弟弟叔鮮封於管（河南鄭縣）叔度封於蔡（河南上蔡）叔處封於霍（山西霍縣）三人地當武庚之西方、南方、表面是協助武庚治理殷民，實際是負有監視殷遺民的任務，歷史上稱「三監」。

（8）派召公把被紂王囚禁的箕子釋放出來；派畢公把被囚禁的百姓釋放出來。重新修好比干的墳墓；表揚被紂王貶廢的殷朝賢人商容。

（9）封建諸侯。前述牧野之戰，周公只是推翻了商朝的中央政府，對商朝原有的領土以及舊有的諸侯，並沒有直接征服與統治。周雖由諸侯貴為天子，但天下之大，很難以維繫，不得裂土分建諸侯使其散處各方，並以興滅國繼絕世為口號，以籠絡人心，因是除了前面所說的對商採「協和政策」封紂王的兒子統治商的舊畿之外，對商朝原有的舊勢力均一一承認，另外把古時帝王的後裔找出來也一起分封，如：

神農之後封於焦（安徽亳縣）少昊之後封與莒（山東莒縣），祝融之後封於鄟（山東鄒縣）黃帝之後封於祝（山東長青）四岳之後封與許（何南許昌）堯之後封於薊（河北大興）舜之後封於陳（河南淮陽）禹之後封於杞（河南杞縣）

同時為酬勞功臣，特別封太公呂尚於齊（山東臨淄）至於自己兄弟，除前述封管叔、蔡叔、霍叔之外，另封周公於魯，召公於燕，畢公於畢，但周、召、畢三人並未就封國，均留在朝庭治理朝政。

以上是武王初定天下後所封的諸侯，後來周公平管蔡之亂再一次大封天下，留待後面再說。

武王克殷的種種措施，獲得天下人的擁戴，尤以殷民感激的說：

> 王之於民，仁賢也，死者猶封其墓，況生者乎，亡者猶表其閭，況存者乎，王之於財也，聚者猶散之，肯復藉乎，王之於色也，在者猶歸其父母，肯復微乎。

武王克殷以後，將被紂王囚禁的箕子釋放出來，特別向箕子詢問「殷亡的原因」箕子不忍心說紂王的惡行，武王乃向他求教天道（治國方略）

箕子便向武王闡述了治國大法，史官記錄下箕子的話，寫成〈洪範〉是《尚

書》中重要篇章，對研究古代政治史、思想史與文化史都有重要意義。

但《尚書》中〈洪範〉的內容比較簡略，《史記·宋微子世家》，記載箕子乃再向武王陳述了當年上天賜給禹的九種治國安民大法，包括五行、五事、八政、五種天象時令、君主法則、三德、卜問疑惑、各種徵兆、五種幸福、六種困厄。

所謂五行：水、火、木、土、包含了鹹、苦、酸、辣、甜的道理。

所謂五事：儀態要恭敬，言論要正當，眼光要明亮，聽覺要清晰、思想要通達。

所謂八政：主管糧食之官，主管財政之官，主管祭祀之官，管理人民土地居處的司空，掌管教育的司徒，捕審盜賊的司冠，招待諸侯的賓官，主持軍事的師。

所謂五種天象時：年歲、月數、日數、星辰、曆法算術。

所謂君王法則：要聚五種幸福，普通施與民眾，凡是有謀略，有作為，有操守的人要隨時想到他們。不要欺侮鰥夫寡婦而懼富貴有權勢的人，不阿黨，不偏私，不要反覆無常。

所謂三德：中正不邪曲，要壓折一些剛強過度的人，要顯揚那些柔弱過渡的人。

所謂卜問疑惑：選置掌管龜卜和易筮的官員，而把疑惑的事告訴他們。使他們卜龜占卦。

所謂各種徵兆：包括：下雨、晴朗、燠熱、寒冷、利風。若眾官宰相、天子所負的國家行政、以及四季的節候，都沒有改變常態，則一切農作物將因此而豐收，政治因此而修明，否則便會發生變異錯亂。

所謂五種幸福：壽考、富裕、健康安寧、修養美德、老壽而得善終。

所謂六種困厄：短命夭折、生病、憂愁、貧困、凶死、身體衰弱。

武王以箕子為殷之賢人，不忍其為自己臣屬，乃特別將他遠封在朝鮮半島去獨當一方。其實武王此舉，是最高明的政治手段，蓋箕子在殷民心目中是一完人，如把他封在國內為諸侯，自然深得民心，日後周朝想要徹底消滅殷的勢力，勢必困難。

宋人蘇轍對箕子向武王陳〈洪範〉一事而評之曰：「箕子不臣周也，而曷為武王陳洪範也，天以是道界之禹，傳之於我，不可使自我而絕，以武王而不傳，則天下無可傳者矣，故為箕子者，傳道則可，仕則不可。」

箕子被封到朝鮮後，自然將商朝的文化帶向朝鮮，今天韓國人的很多人情風俗

都與古之商人有關，如韓人喜歡白色，就是商人的固有文化。

後來箕子回國向周朝朝貢，經過以前殷都，看到以往的皇宮成為一遍廢墟長滿禾黍時，頗為感傷，乃作了一首麥禾詩，其詩曰：「麥秀漸漸兮，禾黍油油，彼狡獪兮，不與我好兮」。殷民聞之皆為流涕。（詩中的「狡獪」指的便是紂王）

前面說過當武王第一次舉兵討伐商紂王，伯夷、叔齊曾跪諫武王沒有結果，現在看到武王已將商朝滅亡，天下都歸附了周朝，而伯夷、叔齊卻恥做周的臣民，為了堅守節義，便不吃周的米糧，溪居在首陽上，採些山菜來充饑，有一位婦人對他倆說：子義不食周粟，此山中之草木也是周朝的。於是餓死，臨死時作了一首歌：「登彼西山兮，采其薇矣，以暴易暴兮，不知其非矣，神農虞夏忽焉沒兮，我安適歸矣，于嗟徂兮，命之衰矣。」孔子很讚揚這倆個人，以為「不降其身，不辱其身也」。孟子亦云：「聞伯夷之風者，頑夫廉，懦夫自立志。」司馬遷特為伯夷叔齊寫列傳，稱之為好人。劉恕《通鑑外紀》曰：

> 易稱湯武革命，應乎天而應乎人，孔子曰：伯夷叔齊求仁而得仁，又誰怨，二者意殊志戾，聖人並稱之，蓋言湯武，所以懼後世之為人君者，舉夷齊所以戒後世之為人臣者，道悖而同歸於教，雖萬世無弊焉。

四、周公的政績

（一）輔佐成王

武王在位七年而崩，《通鑑外紀》的註解引用《周禮》等書說武王死時年已九十三。〈周本紀〉卻沒有記載，而《竹書紀年》說武王死時五十四歲，按武王死時，太子誦年僅十三，若說武王九十三，則八十歲才生太子，是不可信的。

武王死，天下未定，誰繼承武王維持局面，是當時的一個嚴肅問題。若傳子，子尚年幼，若傳弟，應先傳給管叔，武王以管叔的能力無法擔任天子大任，況且管叔此刻分封於外，負有「監視」殷遺民的任務。武王深知四弟周公能繼承大業，有意傳位給他。但是周公兄弟眾多，難免發生爭議。乃向武王申說困難，決不繼承王位。最後武王還是傳位給兒子誦，是為周成王（諡法：安民立政曰成）。由周公擔任輔佐大臣。

成王年方十三，一切軍政大權都由周公處理，忠心耿耿，大公無私。但大權在握，免不了旁人的閒言與懷疑。《史記·燕世家》說，同為相中三公之一的召公也

懷疑他，準備離開朝廷，回到封地燕國去。因是周公寫了一封懇切的慰留信，表明自己的心跡。這就是《尚書》中的〈尹奭篇〉。內容分四部分：（1）周公表示贊同召公非命之說，也主張事在人為。（2）廣泛引証史實，強調輔臣的重要作用。（3）說明召公的歷史責任，明確表示倚重召公。（4）希望和召公同心協力輔佐成王。

劉恕《通鑑外紀》，認為〈尹奭〉是周公歸政於成王時所作，指司馬遷在燕世家的「妄說」。但就〈尹奭〉的內容來研判，其中沒有提及召公懷疑周公之語，至於召公的「非命之說」是他在〈召誥〉中提到。這前後似乎有些矛盾，但是如果說是周公歸政於成王後所作，為什麼周公在文中還一再強調要兩人共同輔佐王室呢，孰是孰非，難作定論。

儘管如此，而召公經周公這番苦苦解釋勸慰後，打消了辭意，繼續留在朝中與周公共同輔佐朝政。沒想到封在外面的管叔、蔡叔及其他的弟弟們，居然在國中散佈謠言說「周公將不利孺子焉」，以為周公大權在握，勢要奪取成王的帝位，因是周公再向太公、召公表明心意說：

我之所以不加避諱而代成王攝行政事，實恐天下叛周而亡國，如此將無法向先王太王、王季、文王交待，三王為天下憂苦久矣，雖然至今略有所成，可是武王早逝，成王年少，為了將來完成大業，所以我才這樣做。

於是周公不顧流言，仍舊撐握政權輔佐成王。周公原先被封在山東境內的魯國，但因要留在朝廷處理國政，乃叫他的兒子伯禽到魯國就封，臨行，周公告誡伯禽說：

我是文王的兒子，武王的弟弟，成王的叔父，對整個天下來說，我的地位已不低了，但是我卻常常在洗頭時，三次捉起頭髮，吃飯時三次吐出口中食物，忽忙的起來禮待賢士，還怕錯失天下的人才。你到魯國之後，千萬要小心，不要以擁有其國而驕慢待人。（此與當年大禹「十饋而起，一沐三捉髮」的精神如出一轍。）

當管蔡散佈的謠言掀開後，成王對周公也不諒解。就在此時有一個奄國的君主姑對武庚說：「武王死矣，今王尚幼，周公見疑，此百世之時，請舉事。」武庚聽從了他的話並乘機在管蔡面前煽惑，而管蔡更加得意，竟鼓動武庚聯結奄國及淮水下游的淮夷、徐夷等背叛周室，起兵反抗中央。原為負責監視殷商遺民的「三監」，竟成為叛國的集團，歷史上稱之為「管蔡之亂」。

（二）平管蔡之亂

　　周公奉成王之命，率兵東征，並作「大誥」以告天下之人，當周公奉令東征時，諸侯國的國君和大臣們都認為很困難，勸周公違背龜卜的指示，停止出征，而周公則反覆申說東征的理由，勸導他們順從天意，同心協力去平亂，史官記錄周公的誥辭，而寫成這篇「大誥」，文中除了駁斥大家認為東征的「艱難」說法和駁斥「違卜」的不當之外，勸導邦君和群臣順從天意，參加東征，完成成王的大業。

　　周公東征，首次與武庚交戰，一舉獲得勝利，交戰情形，史無交待，傳比牧野之戰更殘酷，武庚被擒斬首，管叔自縊身亡，蔡叔被囚旋即放逐，霍叔因年幼盲從，未予大懲，僅降為庶人。其他隨管蔡為亂的東方諸侯奄、淮夷、徐夷等五十餘國，都在周公三年東征的苦戰中予以平服，崔述認為周公三年滅五十多國，「非一時之事」。但古時所謂之國（春秋以前），大者不過一縣，小者僅一城邑而已，其政法軍事都遠不如周，故孟子說：「周公相成王……滅國者五十」是可以相信的。不過著者認為周公對當時東方的諸侯，只是將其「平服」，也就是要他們放下武器，不再叛亂，擁護周王室，並沒有「消滅」他們。不然，為什麼後世還有徐夷、淮夷等國之造反呢。

（三）營建東都洛邑

　　建東周都洛邑、原是武王所規劃的。因為鎬京無法控制新征服的東部遙遠地區，曾假託伊洛地區是「天室」的名義，想在位於天下之中的地區，建立一個能控制東方的據點。但這一宏偉計劃來不及實現，武王就死了。周公東征回來後，成王從鎬京步行到豐邑的文王廟，去祭告準備遷都的事，然後先命召公去雒邑勘察地理位置，接著就派周公去督導營建都城，據說修建雒邑的民工，多半是殷民中的頑固分子，也可以說給他們「勞工改造」。免得興風作浪，危害社會，都城建好之後，定名為「成周」是為東都，而稱原來的鎬京為「宗周」是為西都。由周公治理雒邑，並把殷朝的頑民（貴族）遷徙到這裡，使他們離開群眾，以便集中管理，加強監督和教育。然而殷民留戀故土，多有怨恨。周公於是代替成王發布誥令，說明遷徙的原因，並宣布政策等等，就是《尚書》中的〈多士篇〉，因為「多士」就是「眾士」的意思，指的是殷商的舊臣，所以史官記錄用「多士」為篇名。後世秦滅亡六國後，將六國的「豪富」十二萬戶遷到咸陽，以便監視，就是仿行西周的這一政策。

雒邑東都建成後，乃將當年大禹所鑄的九鼎安置於此。並占卜曰：「傳世三十，歷年七百」。自是九鼎遂成為周王室的傳國寶器。果真周傳三十九世，歷八百餘年。成王仍以西都鎬京為王城住在那裡，只有在接見諸侯朝見時便住在東都。因為雒邑位於當時天下的中央地位，四方諸侯來朝的路程較近，也算是一項「便民」措施。據「洛陽名圖記」，河南西部的洛陽市，地「處天下之中，挾崤澠之阻，當秦隴之襟喉，而趙魏之走集，蓋四方必爭之地。」再加上伊水、洛水、澗水、瀍水、灌溉著這一片豐饒的土地，物產豐富，氣候溫和等優越條件，自古以來就是歷代統治者建都的好地方，如東周、東漢、曹魏、西晉、北魏、隋、唐之東都，武則天稱帝後，亦選擇洛陽為都，以及五代之後唐，故洛陽以「九朝故都」聞名於史。

關於營建東都雒邑及管理，《尚書》中有兩篇文獻。

（1）〈召誥〉：周公掌理朝政的第七年，成王年滿二十歲、周公將政權交還給成王。成王派召公主持重建雒邑的工程，召公率領各國諸侯朝見成王和周公、史官記錄了營建雒邑的過程和召公的誥辭，稱之為〈召誥〉。其內容可分為五部分：第一部分記述決定營建雒邑的經過；第二部分召公分析了當時周王朝的形勢：休恤相依，缺乏輔臣，並說明了天命無常的道理，勉成王執政後繼續倚重周公，敬德保民；第三部分讚美成王營建雒邑，和諧殷民的決定；第四部分總結夏、殷滅亡的歷史教訓，勉勵成王敬德以求天命；最後第五部分表明擁戴成王的心意。

（2）〈洛誥〉：雒邑建成後，由誰來居雒邑治理是當時朝中面臨的問題，成王和周公反復討論，終於決定由周公居雒，治理東方。在成王七年雒邑的冬祭大會上，成王宣布此一決策，當時的史官史逸將周公和成王先後討論的對話以及雒邑冬祭時情況輯錄成篇，然後冊告天下，稱為〈雒誥〉。（按《尚書》包括今古文共五十三篇，該由史官記錄，史官姓甚名誰不得而知，惟一知其名者，乃「史逸」作雒誥是也。）

一九六三年，大陸考古學者在陝西寶雞市出土了一件「尊」的銅器，底部有二百多個銘文，記載了武王滅商後，計劃在伊洛地區建新都的事，証實了前述文獻上的記載。

（四）封建諸侯

周公完成東征後，周的勢力擴展到了東方的黃河下游及淮水流域，這麼廣濶的疆域，難免有尾大不掉之患，為永保周室天下，鎮壓一切可能的反叛，於是很有

計劃的將周姓及姻親，分封到新開闢的地區，一則統治那裡的人民，一則作為中央的屏藩。這種封建制度，也就是一種政治的控制，使各地散煥的部落成為向心的諸侯，使整個國家凝固起來。

前面已經說過，西周的封建前後兩次，武王克殷後是「初封」，現在周公平亂之後是「擴封」與「改封」。

（1）封文王少子（周公之弟）康叔在殷的舊畿，國號衛。這裡全是殷朝遺民，一共有七族，治理並不容易，周公曾三令五申告誡他，《尚書》中的〈康誥〉〈酒誥〉〈梓材〉就是周公告誡他弟弟康叔的文獻。

〈康誥〉：康叔被封在殷的舊畿，統治殷的遺民，責任自然艱難，周公顧慮康叔年輕，反復告誡他，要他尋找殷的賢人君子和長者，向他們請教殷商興盛和衰亡的原因。全篇內容包羅甚廣，首先記錄了作誥的時間地點和有關的人物；接著總結歷史經驗，頌揚文王，武王使用尚德慎行罰的政策而獲得「天下」：告誡康叔要盡心訪求治道、尚德保民；要慎用刑罰（敬明乃罰），俱體闡釋施刑的准則和刑律的條目，要把用刑大權控制在自己手中，凡反抗周王朝統治，破壞秩序的人都要殺掉（寇攘奸宄）；但盡量用德政教化殷民；最後告誡他必須聽從教命。

學者認為這篇文獻，反映了周初的政治思想和司法制度，很有歷史意義。

〈酒誥〉：殷之亡國與酒色有密切關係，周公命令康叔到衛國後必須宣布「戒酒令」，殷末風氣奢華，酗酒亂德，紂王造酒池肉林，放縱淫樂，以致亡國，周公擔心這種惡劣習俗釀成禍亂，所以告誡康叔嚴令戒酒。如果周人聚眾酗酒，處以極刑；如果是商朝留下來的技術工匠，惡習不改繼續沉湎於酒，則教育之，不要殺害。

〈梓材〉：是一種有用的木材。這篇是周公告誡康叔如何治理殷民的誥辭，篇中所云「若作梓材」一語，意即比喻治國要不斷努力的道理，史官乃選用了〈梓材〉為篇名，內容包括了治理殷商故地的四項原則，如：順從常典、慰勞邦君、寬恕罪人、安撫百姓。最後並申述制定上項政策的理由，勉勵康叔努力完成先王未竟大業。

上述「康誥、酒誥、梓材」成為康叔在衛地的「治國綱要」，康叔遵從周公對他的諄諄誥誡，吸取了殷亡國的教訓，爭取了原來殷貴族的支持，使統治為之穩定。

（2）將河南商丘一帶及一部分殷遺民，封給紂王的庶兄微子開·原名為啟，

《史記·微子世家》為避漢景帝之名啟，故改為開。國號宋。由他來繼承殷的香火，表示周人無意滅亡殷族。並作〈微子之命〉以申之，內容分兩部分，第一部分是成王讚美成湯及微子的美德，冊令微子為上公治理宋國；第二部分告誡微子要遵守常法，管束臣民，擁戴周王室。至於所封的這一帶，大都是一片平原，在軍事上難守易攻，周公故意封他於此，似乎有防止他步武庚的後路。但微子素來仁慈賢能，殷民非常愛戴他。

（3）調整齊、魯、燕的封地。這三國在武王克殷後便已封，封地均在河南境內，周公平亂後將魯徙於山東曲阜，治理奄國的舊地；將齊徙於魯之北，都於臨淄，將燕徙於齊之北，都於薊丘（北平附近）。

武王成王兩世一共封了七十多新國，（漢書八百諸侯），其中與周同姓（姬姓）的有五十多國，周的子孫如不是「狂惑」者都被封為諸侯。另外在商代原有的部落，以及和周朝合作，因而保留他們的地盤，承認他們為諸侯的有楚、越等國，此外大大小小尚不知凡幾，有謂周初諸侯國有一千八百多個，有史可考者一百三十多國。這些新舊封國，共同擁戴周王室為共主，聽其指揮。自是形成所謂的「封建社會」，在封建制度之下，也就自然產生貴族、庶民、奴隸三種不同的階級。貴族包括天子、諸侯、卿、大夫、士。庶民就是平民。除了少數的工人、商人之外，絕大多數是農人。至於奴隸是從戰爭中俘擄而來的俘虜，或是一些罪犯，也有自願賣身為奴的。

（1）王室

《詩經·小雅》北山中說：「溥天之下，莫非王土，率土之濱，莫非王臣。」這句話的意思是說：「這麼廣濶的天的下面，沒有一處不是國王的地方，那所有國裡的地方，直到那海邊天涯，在這地面上的人，沒有一個不是國王的臣子。」

這在觀念上，天子能夠控制的地方都是他的土地，都是他的臣民，而天子直轄的領土，卻僅有關中平原地帶。稱之為「王畿」，大概有千里左右見方。其他全國的地方則分賜諸侯。而諸侯的土地則有大有小，大概是按照所賜的爵位的高低而定的標準，如公侯的土地是一百里見方，伯的土地是七十里見方，子男的土地是五十里見方。如果連五十里的土地都不夠的話，只是周的附庸而已。但這只是周初的一種「封建制度」。另外像在「承認」「舊有勢力」的原則之下的諸侯，土地的大小就不一樣，如楚國的土地就比其他諸侯國都遼濶得多。

在封建制度之下，就政治而言，天子是君，諸侯是臣；就宗族而言，嫡長子繼

承為天子是大宗，餘子封為諸侯是小宗。在諸侯國度裡，同樣嫡長子繼承為國君是大宗，餘子封為卿、大夫是為小宗。同樣嫡長子繼承為卿、大夫是大宗，餘子則是士，是為小宗。士的嫡長子繼承父位為士，但別的兒子就成了平民。

由於天子是全國的領袖，而諸侯的爵位、土地又是天子所封賜，所以諸侯要對天子盡一些義務：如諸侯要向天子朝貢。要聽天子的命令征戰等等。

所謂「朝」，簡單的說，就是諸侯定期向天子述職，但天子也經常巡行視察諸侯各國的政績，稱之為「巡狩」。《孟子‧梁惠王下》記載齊國晏嬰對齊景公說：「天子適諸侯曰巡狩，巡狩者，巡所守也，諸侯朝於天子曰述職，述職者，述所職也。」所謂「貢」，就是諸侯向天子貢方物（土產）。按王室有自己的土地，有自己的收入。並不靠諸侯來納稅維持生活，這只是維繫君臣的關係，諸侯向天子朝貢就是表示君臣之間的政治倫理。如後面要談到的楚國向周朝納貢的東西，是生長山野的一種包茅草，據說這種草可以作為釀酒的原料，齊桓公率諸侯伐楚時，管仲曾以「包茅不入，王祭不供」，向楚國興師問罪。

周平王東遷以後，原有關中的「王畿」，因為擁立平王及協助東遷有功，先後賞賜秦國、鄭國及晉國，王室僅有洛邑及附近的土地，由於王畿的縮小，生產糧食不夠，堂堂天子要屢向諸侯求救（見後面六章）。再因人口減少、兵源不足，原來擁有六軍的天子，有時連一軍都湊不起來，還那裡有能力號令天下諸侯。甚至王室的內亂，要依靠諸侯才能平息，自是以後，王室的威權一落千丈，後面要說，像楚國的國君早就自立為王，與天子平起平坐，楚莊王逕自把軍隊開到京城的郊外，問九鼎之輕重，有奪取天子位之意。過去諸侯應向天子「述職」，而天子「巡狩」諸侯的規定，幾乎成了俱文，諸侯不但不朝覲天子，反而天子還屢派王臣到諸侯國去聘問。諸侯國君如果死了，新國君照「禮」要向天子請求按照原來的爵位等「賜命」；諸侯再「受命」，才能成為合法的諸侯，然而，此時已不是諸侯去「請」，而是天子派人把冊命送到諸侯手中。

（2）諸侯

由於封建的諸侯國，與王室的關係各有不同，因之爵位的高低、封地的大小乃各有差別。所有諸侯都是周王室的臣子，都要向王室盡同樣的義務、朝貢、征戰。但在自己的封地完全是一個自立的獨立國家，可以設官，可以置軍，只是建軍有大國小國之分，大的諸侯國（公爵侯爵國）可以設置三軍、中等國（伯爵國）可以設置二軍，小國（子爵、男爵國）就僅能擁有一軍。

進入春秋時期，天下的形勢完全變了，王室的威嚴蕩然無存，強大的諸侯興起表面上是「尊王」，實際是「挾天子號令天下諸侯」。

進入戰國時代，諸侯們幾乎個個目無天子，紛紛僭號稱王，當年周公所定的禮法，沒有一個諸侯再去遵守。而王室的內部「子弒其父，臣弒其君」者有之，諸侯、國君被殺或逃亡他國者有幾十個。至於諸侯列國相互攻伐者，更為極烈。由春秋時代的一百多個諸侯國，到戰國時代兼併並滅之後，只剩七雄及其他幾個苟延殘喘的小國而已。而七雄土地擴張的結果，據《史記·蘇秦列傳》，記載蘇秦游說各國合縱時指出：

燕：東有朝鮮、遼東，北有林胡樓煩，西有雲中九原、南有嘑沱易水，地方二千餘里。

趙：地方二千餘里，……西有常山，南有河漳，東有清河，北有燕國。

韓：北有鞏洛成皋之固，西有宜陽商阪之塞，東有宛穰洧水，南有陘山，地方九百餘里。

魏：南有鴻溝，陳、汝南、許鄢、召陵、舞陽、新都、新郪，東有淮潁、煮棗、興胥；西有長城之界，北有河外、卷衍，酸棗，地方千里。

齊：南有泰山，東有琅邪，西有清河，北有勃海，地方二千餘里。

楚：西有黔中、巫郡，東有夏州、漁陽，南有洞庭蒼梧，北有陘塞郇陽，地方五千餘里。

至於秦國，在秦襄公以前還只是一個附庸國而已，於今據蘇秦指出，秦乃四塞之國，披山戴渭，東有關河，西有漢中，南有巴蜀，北有代馬（代郡、馬邑也。）

（3）卿、大夫

有些人常常把卿，跟大夫說成為「卿大夫」。其實卿是卿，大夫是大夫。在一個諸侯國裡，嫡長子繼承為國君，其他諸子則封為大夫。每個大夫都有「采邑」，就是若干個城邑，是國君所賜封，與天子無關。換句話說，天子把土地分封給諸侯，諸侯國君再把土地分封給大夫。而國君在所分封的大夫當中選一些能幹的大夫來輔助國君，掌理一國的國政，這些人叫做卿。有的卿是提升一批老臣的後代，如後面要說的晉國的魏相、趙武等。

這個卿有的本來是大夫的身分，現在又負責一國政治，戰爭時又是一國軍事的

主將，所以卿的地位，自然比其他不管事的大夫要高。

在諸侯國裡的大夫，如同諸侯與天子的關係一樣，每年也要向國君納貢。一個大夫究竟有多少個城邑，沒有人去調查統計，據說比較大的諸侯國裡的大夫擁有城邑百個以上，小國的大夫則只有數十邑。一個邑的面積也有差別，大概有千戶左右的算是大邑了。

在封建制度之下，周王稱為「王室」，諸侯稱為「公室」，而大夫稱為「氏室」。如晉國的范氏、中行氏、智氏、韓氏、魏氏、趙氏。齊國的田氏，魯國的仲孫氏、叔孫氏、季孫氏等等。至於某某氏的來源，也在本書後面要說的，如晉的范氏，是因他的采邑在范。中行氏是因他當過中軍主帥，智氏因他的采邑在智地，魏氏因他被封在魏地等等。這些氏族的勢力一天天擴大，終於掌握了該國的軍政大權，以致篡奪了政權，也就是本書在後面也要說的如魯國「三桓逐君」，晉國的。「三家分晉」，齊國的「田氏篡齊」。

（4）士

封建制度之下的士，也是貴族階級，在一個卿、大夫的家族裡，嫡長子繼承為卿、大夫，其餘眾子則為士，但他們沒有土地，實事上也沒有那麼多的土地可以分封，所以他們只能享有「食田」。而且還不能世襲。這些士都要在貴族學校受「文武合一」的教育，文的方面包括禮儀、舞蹈、音樂等等，武的方面包括干戈的使用、射箭、御車等等作戰的技術，也就是所謂的「禮樂御書數射」六藝教育，訓練完成之後，統統被編成軍隊，經常舉行類似後世的軍事演習，如由天子或國君主持的「大射」，或由大夫主持的「鄉射」。

有一些史家所寫的通史，總是含糊籠統的說，封建制度之下，上有天子下至諸侯各國，擔任打仗任務的都是這些貴族中的士，又說天子擁有六軍，大的諸侯擁有三軍，其他二軍、一軍不等。而一軍的人數是一千乘，有的又說一乘有甲士三人（或十人），步卒七十二人（或二十人），統計一軍有七萬二千多人，換句話說，當時天子的軍人數是四十多萬人，大的諸侯國是二十多萬人。如果這些都是貴族中的士，試問那來這麼多的士。何況這些貴族子弟，難免養尊處優，不一定個個成為優良的作戰武士。

所以，在封建制度之下，屬於貴族階級的士，固然一律是作戰的武士。但絕大多數的軍人，還是從庶民中的農民，徵招而來。再經過嚴格的軍事訓練，而成為國家作戰的主力。後面會談到，晉文公回國後，就深感兵力不足，乃重建三軍。有些

史家說，封建制度之下，平民還沒有當兵資格的，這說法是與當時實際情況是不吻合的。

　　至於說到貴族中的士，由於「食田」不能世襲，後來封建制度解體，社會起了很大的變遷，眾多的士落魄民間，喪失了貴族的資格，但原有學識、技能仍在，乃以此謀生，傳授他人，促進了教育的普及。從這以後，社會上，凡是受過教育而有知識的人，通稱為士，又由於士原來是作戰的武士，今之軍隊中的「將士」、「軍士」「士兵」之稱也都淵源於此。

附錄：《晏子春秋》記載了一則關於士的故事：

　　齊景公有三個士，名叫公孫接、田開疆、古冶子。有一天，齊國的大臣晏嬰在他們身旁走過，由於晏嬰的個子很矮小，三個士似乎有些瞧不起他，沒有向他敬禮，晏嬰很氣忿，要景公除掉他們，故意拿了兩個桃子對他們說，誰的功勞最大就可以吃桃，這顯然是挑起他們之間的內鬨。

　　首先公孫接拿起一個說：「某一次狩獵，我曾擒獲猛獸，所以我該吃桃。」接著田開疆也搶拿著另一個說：「某一次戰爭，我曾打敗強敵，所以我也該吃。」古冶子大聲說：「你們慢著，有一次，主上（景公）坐車在黃河邊遊玩，被一隻怪獸弄到河中，我花了很長的時間與怪獸搏鬥，才把主上救上岸來，我的功勞比你們大，桃該讓給我吃。」

　　公、田兩個士聞言，立刻放下桃，並且對古冶子說：「我們的功勞與勇敢的確不如你，還這樣搶著爭功吃桃，實在太貪，慚愧萬分，說著兩人便自刎而死。古冶子看見二人自殺，覺得自己誇功爭功的行為既不仁，也不義，感到羞愧，也自刎而死。」想必最小器、羞愧的是大臣晏嬰。而後來，日本「武士道」的精神便是由中國傳過去的。

（5）庶民

　　據「禮儀喪服」說：「古之在官者曰庶人」。可見最先庶人並不是平民。《論語·季氏篇》，孔子說：「天下有道，則庶人不識。」（天下太平的時候，民眾也就不會議論政治了。）從這以後，庶人乃成為平民的通稱。

　　在封建社會裡，庶人除了少數的工人商人之外，絕大數是農民，在封建制度之前，大致上，農民自由選擇居住的地方，自由選擇耕種的田地。周滅商後，收天下之田為「王田」，不過並沒有頒佈什麼「王田制」。也就是前面所說的乃是在形勢

上自然的成為「溥天下之下，莫非王土，率土之濱，莫非王臣」。於是全國的土地成為貴族的土地，農民變成貴族的佃戶。

當時中央政府在關中，所以把在今天陝西境內大概一千多里見方的土地作為天子直轄領土，稱為「王畿」。其餘的土地分封給諸侯。諸侯國君留一部分給自己，其餘的土地分封給卿大夫。卿大夫留一部分給自己，其餘則作為士的「食田」。無論天子、諸侯、卿大夫、士的土地都是由農民來耕種。其辦法，就是一般所謂的「井田制度」。

「井田制度」是依據《孟子》書的「滕文公篇」的記載：「方田而井，井九百畝，其中為公田，八家皆私百畝」很多學者對井田制度之有無，有很多爭議。有人認為是儒家的理想而已，但經由學者不斷的研究，證明井田制度確實是存在的。

「井田」的辦法是在一些廣大的平原上，先將土地劃分成一個一個相等大的區域，每個區域是九百畝，像一個「井」形。每一塊土地是一百畝，四周八百畝授給八個農家耕種。這些農家的主人二十歲接受耕地，到六十歲耕不動了要退還耕地。

八個農家先要聯合起來供同耕種中間的一百畝，那一百畝土地的收穫全部歸所有權的貴族。至於農家百畝的收穫，要以其十分之一向所有權的貴族納稅。除此之外，還要為貴族從事力役，如修築城廓、宮室、宗廟以及其他種種雜事。

井田以外的非耕地，包括草原、牧場、澤池、獵區山坡地、森林、礦區、鹽池等等，被稱為「禁地」。一律為貴族所有，設有專官管理，不許農民侵入。

這種「井田制度」有很多質疑的地方：

（1）要劃分為一個一個九百畝見方的井田，只有在廣擴的平原上才能推行，所以井田制，並不是四四方方如「井」的九百畝田地，而只是劃分成一百畝大的田地共九百畝為一區而已。所云「井」者，乃後世望之生義而已。

（2）周文王、周武王行封建時，貴族人數少、土地多。天子有土地分給諸侯，諸侯有土地分給卿大夫，卿大夫有土地分給士。之後，貴族人口不斷增加，那來新的土地可分封，所以演變成春秋戰國時代，相互侵奪的現象。

（3）在那時代，農具相當落伍，而且還是用人力來耕種，考古學家雖然發現了「牛耕」史料，但顯然並不普遍。所以一個農夫那有能力耕種一百多畝的田地。（約合現在的三十一畝多）

（4）考古學家發現，在春秋以前，農民種植只是把種子散播在土地或點播在土裡，到秋穫季節便去收取了事。然而農作物的成長，除了耕作的技巧外，要有充

足的肥料，否則稻穀生長發育不良。更重要的是水、利用灌溉，在那個時代，這些問題都不見有具體解決，農民的辛勞、往往因水患，旱災甚至蟲災等全部落空。所以，農人幾乎是「靠天吃飯」。

在封建制度下，庶民中的工人和商人，並不是完全自由的人，最初可能是貴族所蓄養的一批人，他們專為貴族服務。所以在東周時期，商業是操在貴族手中的。大多為貴族販運所需貨物。交易的方式，也許仍停留在「以物易物」的階段。雖然已有「貝」和銅幣（鎰）的貨幣，但在價值和信用觀念上，恐怕還未普遍使用。

（5）一般編撰通史的學者把井田制度中的中間那一百畝稱為「公田」，四周的八百畝稱為「私田」。但另一批學者認為整個井田的九百畝都是公田。至於私田是貴族們利用農民或奴隸剩餘的勞力另外開闢的田地，這種私田愈開愈多，到戰國時代，人民也可自由開墾佔耕，原有井田制遂逐漸解體，私有土地制繼之而興起。

（6）奴隸

奴隸的來源，多數史家都認為來自戰俘和罪犯。既然來自戰俘，則奴隸中原為貴族身分者不少，有的史家認為絕大多數的奴隸，是周初滅亡商朝，接著又東征淮夷、徐夷等五十餘國以及周宣王的征討獵狁和其他夷狄蠻戎，俘擄的大批邊疆民族，充當奴隸，但這些奴隸是歸中央（周王室）所有。其他諸侯國內的奴隸又從那裡來呢？學者們以為也是從戰爭中俘擄而來，如大國滅掉小國，小國的貴族和庶民就難逃淪為奴隸的命運。況且由周初的千多國家相互兼併，到春秋時代只剩十數國家的情形來看，原為貴族或庶民降為奴隸者不可數計。天子強大的諸侯國君擁有多少奴隸，沒有確切的統計。但所知道的，有些大夫家裡的奴隸超過一萬人。而國君嘗以奴隸數百人或數千人賞賜其臣下的記錄很多。

另外一種奴隸的來源，是犯了罪的人，禍及家屬，被降為奴者也不在少數。也有因窮困無以維生者自願賣為奴者。

這些奴隸在貴族家裡，從事各種工作，如用男奴來製造衣服、車輿、兵器、祭器、樂器、以及其他的工具。至於養馬、牧畜、樵漁、煮鹽更是主要工作。女奴則是從事一切家務事，包括紡織及採桑養蠶等事。有些史家說，男奴還要從事耕田的工作，前面說過，貴族的土地都是由庶民耕種的。奴隸耕田的事，應該在春秋戰戰國時代，土地制度的改變，庶民中已有很多富戶興起，他們不得不收買大批奴隸來耕田。

在封建體制下的奴隸，等於是貴族的財產的一部分，奴隸既降為奴，便終身為

奴，一家為奴，世代為奴。不過經過春秋戰國時代的演變，也有若干奴隸乘戰亂，或主人的衰亡而遠走他方而獲得解放。

（五）制禮作樂

周公為了鞏固王室統治階級的政權和加強統治階級的國內內部團結，乃參照了商王朝的禮樂制度，制定了一套區別君臣、上下、父子、親疏、尊卑的維繫周統治階級的禮制和典章制度。如「五禮」：如「吉禮」、祭祀時用，要小心侍奉鬼神。「凶禮」，在喪葬或凶荒時用，要有哀痛、怵思的情緒。「賓禮」，朝聘會盟時用，要禮貌和節。「軍禮」征伐時用，興師動眾要果毅。「嘉禮」。吉慶活動時用，飲宴婚冠有一套繁瑣的儀式。這些繁文縟禮再配上與他們身分相適應的音樂禮，就形成了一整套的禮樂制度。對西周王朝的鞏固和統治階級內部的團結起了重大的作用。

五、成康之治

周公歸政於成王，擔心成王貪圖享樂，荒廢政事，於是告誡成王不要貪逸樂，史官把周公的誥詞記錄下來，寫成《尚書》中的〈無逸〉一篇，周公在〈無逸〉中指明君主必須了解稼穡的艱難，並引述歷史事實，從正反兩方面論述〈無逸〉的重要性，繼之告誡成王要嚴于責己，勤勞政事。成王年已二十，時國基已奠定良好基礎。他親政後，一切秉承先王遺訓，盡心治理國事，還加強了與遠方一些少數民族的聯繫，據記載，當時東北的肅慎族和西南的羌族都向朝廷納貢。《史記·魯周公世家》記載周公死後，那年尚未秋穫，忽有暴風雷雨，將稻禾吹倒，樹木連根拔起。朝中上下恐懼不已，成王與大夫們身著朝服，啟金縢書，發現當年周公在武王患病時，禱告以身為質，代武王而死的簡書。成王乃問當年跟從周公的執事官，執事官說：「真有此事，周公命我不可說出」。接著又發現周公在成王生病時，剪其指爪，丟入河裡，禱告神明，代成王去死的文件，成王手持這些簡書，感動的哭說：「從現在起，可以不必再求占問卜了。從前周公為我王室辛勤勞苦。因我年少無知，現在上天以其威嚴大動風雷，彰顯周公的恩德，我應設郊天之禮，以迎其神，行我國家先祖配食之禮，亦當宜之。」

於是，成王行郊天之禮，天馬上下雨反風，倒下的稻禾又都挺立起來。朝臣命國中百姓，將倒壓在田中的樹木豎正，再將稻禾扶起，於是當年五穀豐收。從此

成王命魯國國君可以祀帝於郊，配以后稷，並可祭祀文王，這是為了褒揚周公的恩德。

　　成王在位三十七年而崩。將崩逝時，命召公、畢公率領諸侯以輔佐太子。而後立釗為王，是為康王（諡法：溫柔好樂曰康）。成王逝世後，召公、畢公就率領諸侯與太子釗在文王廟中，告誡他以文王武王所以能成大事，重要的是節儉不可有過當的欲望。《尚書》中有〈顧命篇〉。顧，就是眷顧的意思，是成王囑咐大臣眷顧輔佐嗣主的命令，相當於遺囑（因此，後世一些受先王重託，輔佐新王的前朝元老，被稱為「顧命大臣」）。史官記錄了成王臨終時的情景和康王的即位典禮，寫成此篇，內容包括成王將崩，擔心太子釗不能勝任，乃命大臣召公、畢公輔佐太子。另記載了成王逝世後，太子釗在先王廟中接受冊命的儀式，同時記載了祖廟中的陳設，警衛情況以及儀式的全部過程緊密細致，這篇記錄，學者認為是研究周代禮制的珍貴文獻，最後記錄了康王即位後，初次接見諸侯時的儀式，召公、芮公的獻詞，以及康王勉勵諸侯群臣繼續忠於王室，勤勞王事的答辭。漢伏生本來分為〈顧命〉〈康王之誥〉為兩篇。歐陽及大小夏侯將之合為一篇，鄭玄、馬融、王肅亦皆分為兩篇，現在坊間《尚書》皆為〈顧命〉一篇。

　　康王即位後，編告諸侯，宣布文王武王的德業，作〈康誥〉，此〈康誥〉，不是前述周公告誡康叔的〈康誥〉，而是前述〈顧命篇〉的後段文。康王之能遵守勤政愛民的美德，對處理國事絲毫不苟且，內則諸侯輯睦，外則四夷畏懼，天下安寧，史稱「成康之治」，《史記》還說，成康之際，有四十多年沒有用刑措。四十年來，全國人民循規蹈矩，沒有一個人去犯法，這是全世界自古以來少見的情形。（考古學家出土一件康王時的青銅器「小于鼎」，上面的銘文記載了康王曾命盂這個人討伐匈奴，並殺死其首領。）

六、昭穆南征

　　康王在位二十六年死，傳子瑕，是為昭王，（諡法：儀容恭美曰昭）這時王道逐漸衰微。當時在魯國便發生弒君自立的事，這可說是「春秋弒君爭國」之禍的開始。而昭王身為天子，竟沒有去討伐，史家認為是昭王最大的失策。

　　這時南方的楚國是五帝顓頊帝的後代，成王時以其為殷時的舊勢力，故承認為諸侯，但楚國並沒有向周王室朝貢。《呂氏春秋》說：「昭王親將征荊蠻」（當

時稱楚為荊蠻）不幸回來時，溺斃於漢水，金文中也有不少昭王伐楚的記載，由於昭王連年對南方用兵，引起當時各族人民的厭惡反抗。所以當他十九年又率軍伐楚時，當地人民故意用膠黏成的船獻於昭王，行至漢水中流，膠溶船解，昭王與朝臣溺斃於漢江中。有人認為根本就是楚國的預謀，所以後來齊桓公率諸侯伐楚時，還以此來責問楚國。這件事在《史記·周本紀》中僅說「昭王南巡狩不返，卒於江上」寥寥數字。昭王的死，朝廷覺得有損聲威，乃隱瞞了此事，沒有昭告天下。但諸侯們都知道此事，只是裝聾作啞，佯做不知而已。

昭王在位多少年，有的說五十年，有的說二十年，有的說十九年，迄沒有人肯定是多少年。他的兒子滿繼立是為穆王（諡法：布德執義曰穆）。說他即位時年已五十。這時王室益加衰微，穆王乃任命伯冏為太僕，整頓朝政，偽《古文尚書》最後一篇「伯冏」就是記錄穆王追述文王、武王善用臣僕侍御官員，指明侍臣僕役對國君有重大影響，告誡伯冏要任用賢士，要用常法輔助君王。

可是穆王本人，性好巡遊，又喜歡打仗，有的史家說他是歷史上著名的旅行家。《史記·周本紀》說，他在位期間，曾西征犬戎，雖曾生擒五王，獲得四匹白鹿、四隻白狼，但從此「荒服」的國家不再來朝貢了，又東征徐戎，南伐楚國，西巡西王母，行經一萬餘里，曾大會諸侯於塗山。當年大禹也曾會天下諸侯於此。《左傳》說「穆王周行天下」。可見他是一位勤於征伐的雄主。另據《穆天子傳》記載穆王西行，歷經現在之河南、山西、內蒙古、甘肅等省，直到新疆的田河。這些地方是漢代張騫通西域的路徑。據說當他巡行西王母時，樂而忘返。所謂「西王母」究竟是一個人，抑是一個國家的名字？有的說遠在波斯，有的說在新疆省的靈山，都迄無定論。

《穆天子傳》一書是春秋戰國時代的人根據穆王西征犬戎的歷史記載和有關西王母的神話故事編寫而成。它不僅是一部優美的神話故事，還是一部有價值的古代地理書，但很快就失傳。到晉朝太康二年（西元二八一年）才被發現，發現的過程還頗曲折，原來是一個盜墓的人，挖開六百年前魏襄王的大墓，盜取了其中的珍貴物品，留下大批的竹條。西晉朝廷得知此事，派人將墓內的竹條取去，裝了幾大車，經專家學者的研究整理成書共十萬多字，一部是魏國史書《竹書紀年》，一部就是《穆天子傳》。這批竹簡整理成的書，後人又稱為《汲冢竹書》，「汲」是因為在汲郡出土的意思。

據後《漢書東夷列傳》記載，就在這時，東方的徐夷，率領九夷之師攻打

周室，所謂九夷是指：畎夷、于夷、方夷、黃夷、白夷、赤夷、玄夷、風夷、陽夷。後世很多人誤以為「夷、狄、蠻、戎」是「落後野蠻」的民族，其實稱他們為「夷」或「苗」等等者乃是就其「生活方式」而言，如「夷」字，乃為「一」「弓」「人」組合，就是說他們是彎弓射獵之人，如漢文帝就曾稱匈奴為「長城以北引弓之民也」。筆者曾在《新民族史觀》（商務人人文庫）一書中有詳細解釋。《後漢書》東夷傳說得很明白：「夷者，柢也，言仁而好生，萬物柢地而出，故天性柔順，易以道御，至有君子不死之國焉」。故孔子欲居九夷，還說「夷狄之有君，不如諸夏之亡也」。

穆王畏其方熾，乃把東方一部分的諸侯分給徐偃來領導，以便緩和情勢。這也就是所謂的「以夷制夷」的政策。

博物志說，徐偃是一個生下來只有筋沒有骨的怪人，沒有骨頭，如何支撐行走，也真是怪事。當時他擁有五百里的地方，而且又行仁義，當時前往朝見擁護他的諸侯有三十六國之多，據說他曾拾得一支紅色弓箭，以為是瑞兆，居然僭號稱起王來。

這時穆王還在西王母那裡行樂，聽說徐偃僭號，異常憤怒，乃找到一個會駕馬車的名叫造父的人，趕著千里馬，長驅回到朝廷，並游說楚國共同討伐徐偃，徐偃不忍因戰爭而傷害人民，於是北走彭城東山下，百姓隨往者數萬以上。因名此山為「徐山」，這地方就是現在的徐州，也就是因此而得名。這也就是孔子所說的「德不孤，必有鄰」。徐偃將死時對人說：「吾賴於文德，而不明武備，故至於此。」可見一個國家的強盛，文德武功均應並重為是。

由於造父的善於駕車使穆王及時趕回平了這次變亂，所以為了感激造父，特把他封在趙城（山西平陽），這就是戰國時代趙國的祖先。

當時由於有些諸侯不親睦王室，宰相甫侯建議穆王重修刑罰，乃集夏、商、周三代，特別是周的前期刑罰之大成，制定了「呂刑」。《尚書・呂刑》及《史記・周本紀》很詳細記述了這件事，大意是說：

獄訟的輕重要合宜，法官要用「自由心証」以言、色、氣、耳、目五方面考察原告被告雙方的供辭。考核證實認為有罪之後，方可依五等刑法量刑，不可造成仗勢欺人和內應所招致的獄訟，一定要受罰的人心服口服，不可有冤獄。如果不能確定他的罪證，有疑慮時，就要赦免他。經修定的刑法：墨罰（黥刑）的種類有一千條，劓罰的種類有一千條，臏罰的種類有五百條，宮罰的種類有三百條，大辟的種

類有二百條，總計五刑的種類共三千條，因為甫侯又叫呂侯，所以他主張修的這套刑罰叫做「甫刑」或「呂刑」。

穆王五十歲即位，又在位五十五年，也算是長壽的人了。

七、厲王失位與共和行政

穆王死傳其子繄扈，是為共王（諡法：既過能改曰共），有的說他在位十年，有的說十二年，有的說廿五年，在位期間沒有什麼建樹，據說有一位密國的國王，曾陪他出巡，抓了三個美女占為己有，沒有獻給共王，共王便以其違反周禮為藉口滅亡了密國，殺了密王。共王死後傳子囏是為懿王（諡法：溫柔賢良曰懿），有人說他遷都於槐里，有人說他居在犬丘。與鎬都相近，在那裡有離宮，是暫居，不是遷都。

懿王時，王室已經衰微，詩人乃作詩予以諷刺。

懿王在位二十年死，傳其弟辟方是為孝王（慈惠愛親曰孝），史書並沒有記述他如何慈惠愛親，也找不到懿王何以不傳子而傳弟的史料，有的史家說：「懿王死，叔父辟方自立為天子，是為孝王」。

孝王時為了對外戰爭的需要，對養馬業十分重視，當時有秦國的祖先非子善於養馬，有人向孝王舉薦，命他在汧水和渭水之間的平原上，負責馴養朝廷官馬，非子所養之馬肥大而繁殖又快。孝王乃將秦地封給他，並由他繼承舜時賜給他的祖先伯翳的嬴姓，號稱秦嬴，非子成為秦的祖先。

孝王在位十五年死，《史記·周本紀》說諸侯擁立前懿王的太子（燮）是為夷王（安心好靜曰夷）。由見周王室的衰微，已到了連王位的傳承權力都已經旁落了。而且夷王還下殿堂接見諸侯。

按當時的禮制，天子立於門屏之門，接見諸侯的朝覲，而今夷王竟下殿堂見諸侯。君臣失序，開後世諸侯輕慢天子的先例。而諸侯們多已不來朝貢，且相互攻伐。南方的楚國竟然說「我南蠻也，不與中國之號諡」，並將自己的三個兒子立為王，儼然視自己為另一天子。

也許因為這些情況，覺得天子的威嚴太不受到尊重，所以夷王三年的時候，曾將各國諸侯召集到鎬京，顯示一點天子的架勢與威風。據《史記·齊太公世家》說：當時隨同齊哀公左右的一個叫紀侯的人，在夷王面前說哀公的壞話，夷王就烹

殺了哀公，而立其弟胡公。這件表面看來，好像「殺一儆百」，但這中間一定還有什麼深仇大恨。不然何至用「烹刑」來處置。而這事也造成齊國的內亂。

夷王在位十五年，傳子胡繼立是為厲王（諡法：殺戮無故曰厲）。

厲王即位，雖重振天子的威嚴，迫使楚國取消王號。但他性情暴虐專橫，貪圖貨利，生活腐化，終日沈淪於酒色，整天盤算如何聚斂財富，以供揮霍。乃任用了只知好利的榮夷公為宰相，聽信他的計劃，行專利政策，與人民爭利，以致民怨沸騰。所謂「專利」是指山林河湖裡的各種產物都歸國王所有。當時有位良臣勸諫說：

> 王室其將卑乎，夫榮公好專利而不知大難，夫利，百物之所生也，天地之所載也。而有專之，其害多矣。天地百物，皆將取焉，何可專也，所怨甚多，而不備大難，是以教王，王其能久乎。夫王人者，將尊利而布之上下者也，使神人百物，與不得極，猶日怵惕懼恐之來也。故頌曰：「思文后稷，克配彼天立我烝民，莫匪爾極」：大雅曰：陳錫載周，是不布利而懼難乎，故能載周以至於今，今王學專利，其可乎？匹夫專利猶謂之盜，王而行之，其歸鮮矣。榮公若用，周必敗也。

厲王不聽，仍以榮公為卿士，實行暴虐侈傲政策，致天下人民怨聲載道。召公乃向厲王諫道：「民不堪命矣」。厲王聽了但不改，反而大怒，並找來一個衛國的巫師，命他監察怨謗的人。厲王以為巫師有神靈，一定能察出毀謗的人。如果發現那個人毀謗，就殺掉那個人。自是毀謗的人就少了，而諸侯們也不來朝了。厲王更發布嚴苛的命令，人民連話都不敢說了，彼此見面，「道路以目」，雙方只以眼神示意。厲王還洋洋得意的對臣下召公說：「吾能弭謗矣」。召公回答說：

> 是障之也，防民之口，甚於防水，水雍而潰，傷人必多，民亦如是，故為水者決之使導，為民者宣之使言，……夫民慮之心，而宣之於口，成而行之，胡可雍也。今王塞下之口，而遂上之過，恐為社稷憂。

厲王不聽，就在此時，據《詩經・大雅》〈桑柔篇〉說，偏偏又遇上嚴重的蟲災，庄稼的農作物都被蝗蟲吃光了，變成赤地千里，人民遭此天災人禍，怎能活下去。所謂「壓榨力愈大，反抗力愈強」，人民在忍無可忍之下，終於爆發了歷史上首次大規模的「抗暴運動」、這也是國史上在上者由於「壓制輿論」，在下者主張「言論自由」的最早的革命運動。厲王被人民驅逐，逃到彘地（山西霍縣），不敢回朝，居外十四年，後來也死在那裡，時西元前八四一年。

　　厲王被國人放逐後，朝政由兩位大臣召公、周公共同處理，號曰「共和」。關於這件事有兩種不同說法。

　　（1）所云「召公、周公」當然不是成王時的召公、周公，《史記》僅說「召公、周公二相行政」。《竹書紀年》說：召公是召穆公、周公是周定公。一般通史含糊其辭，黎東方博士說，周公是周公旦的次子之後，召公是召康之後。

　　（2）《史記・正義》引魯連子的話，說衛州共誠縣，本周共伯之國，共伯的名字叫和，好行仁義，諸侯賢之，當厲王無道，國人作亂，王奔於彘時，諸侯乃擁護和攝行天子之事，故號曰「共和」。

　　以上二說，現代史家都不敢肯定孰是孰非。

　　依據《史記》卻有另一個感人的故事。厲王出奔後，他的兒子靜，躲在召公的家裡，人民知道了，乃包圍召公的家，要把這個暴君的兒子也要處死。召公曰：

　　從前我屢次勸諫厲王，王總是不聽，所以會造成這次的災難，如果他們殺了王子，王是不是會認為我因勸他不聽而仇恨殺了他的兒子呢。……

　　這段話顯然是召公在萬不已的情況下對自己說的，或是面對家人說的，也不可能是對左右說的。於是將厲王兒子的衣服穿在自己的兒子身上，冒充厲王的兒子，交由人民當場用刀斧棍棒打死。而厲王的兒子因此得安然無恙。這種犧牲自己的兒子保存王室兒子的忠君精神，固然動天地泣鬼神。但不懂事的兒子何其無辜。為什麼要代替暴君的兒子去死，為父母者又何忍眼睜睜看著自己的兒子被活活砍死。人民只不過一時氣憤衝動，等情緒穩定，心頭之恨消失後，不一定堅持要處死厲王的兒子，召公未能掌控當時情況，徒白白犧牲親生骨肉，於情於理都是極其遺憾之事。

　　共和開始的那一年，是西元前八四一年，從這一年開始，中國歷史上的年代便不曾中斷。在此之前所發生的事只知在那個帝王，不知何年何月，也僅知某個帝王在位多少年，也不知從何年開始到何年為止，往往一個帝王在位的年數產生多種不同的說法，無法去確考，自是之後便不會有這種現象發生了。

　　厲王在彘地呆了十四年，死了之後，於是召穆公和周定公乃擁立匿於召公家的厲王之子靜為帝，同時共和伯歸還朝政。這裡所說的召穆公和周定公，一般史家都認是前述的召公、周公。至於為什麼會有這些不同說法，古今都是含混的帶過，沒有人去辨正。

　　尤令人不解者，厲王的兒子，在人民的心裡，早已死在召穆公的家裡，明明被

他們活活打死，於今又為何跑去厲王的兒子來，真不知在當時怎樣向人民「解釋」這件事，難道人民如此健忘？有的史家找出一個理由說：當厲王死的那一年，剛好發生一場旱災，周、召二公便利用老百姓的迷信心理，大造輿論說：「上天降下旱災是懲罰厲王的徵兆，現在他死了，我們就應把太子請回立為國王，不然的話，老天爺又要懲罰我們了。」大概就如此這般的騙過了老百姓，如果人民還要追問，也可以騙說是厲王的另一個兒子。反正事過境遷，人民不會也不能追問王室的事。

八、宣王中興與西周衰亡

厲王子靜繼位是為宣王（諡法：聖善周聞曰宣）。仍由召、周二公輔佐朝政，重振文武成康之遺風。原來不來朝的諸侯又再以周為宗主了。

大家都知道有一件宣王時的銅器「毛公鼎」，把宣王記取厲王因實行「專利」引起國人暴動的教訓記載得十分詳細。毛公鼎是我國目前所發現的銘文字數最多的一件銅器，共有四百九十七個字，文字還記載了宣王要求臣下處理政事時，要廣開言路，不得壅累庶民，必須使下情上達，同時在征收賦稅時，不得貪污中飽，從中魚肉百姓。並要求對部屬要嚴加管束，不准沈醉於酒。這些都針對厲王時的苛政而頒佈的新禁令。

《烈女傳》說，宣王有一次起床晚了，他的太太姜氏乃脫掉簪珥，自禁於宮中獄房，使人告王曰：「王樂色而忘德，失禮而晏起，亂之興，自婢子始，敢請罪。」宣王聽了亦覺慚愧的說：「寡人不德，實自生過，非夫人之罪也。」自是勤於政事，早朝晏罷。

在位期間，武功方面也頗有建樹，曾命秦仲西征犬戎，命尹吉甫北征玁狁，《詩經》中的〈六月篇〉便是祀述尹吉甫戰勝玁狁回來飲酒歡樂的情形。命方叔南征荊蠻，命召伯虎東平淮夷。歷史上把宣王對外的戰爭的勝利稱為「宣王中興」。但這些對外的征戰，卻消耗了國力。本來周王朝的政治和軍事力量早已十分虛弱，此刻「宣王中興」，史家以為「迴光返照」而已。

按古時天子有「籍田」，親耕以供祭祀，當然不可能像農夫下田去耕種，只是裝模作樣的作個表率，也有點類似今天的所謂「作秀」。但古時天子親耕籍田卻是不可隨便廢棄的一項禮制。而周宣王竟不修親耕籍田之禮，大臣虢文公諫道：「民之大事在於農，故古代掌農事之稷為大官，今廢籍田不耕，勢必匱神乏祀，困民之

財，將何以求福，用民。」宣王不但不聽，而且有一次還在荒廢的千畝籍田上與姜氏之戎（西夷、四岳之徒）打仗，結果王室的軍隊大敗，朝臣認為是因為宣王「不籍千畝」，受到上天的懲罰。

由於戰爭的頻繁，軍隊死傷很大，宣王計劃在太原「料民」就是點閱人口，以便抽取壯丁。大臣仲山甫極表反對，他的理由是，各種人民的數目早有官吏統計好了，如百姓的生死有「司民官」管；賜族受姓有「司商官」管；征兵服役有「司徒官」管；犯罪者有「司寇官」管；國庫收入有「場人官」管；糧草支出有「廩人官」管……。不應該「無故去料民」。這樣一來勢必「有違農時」，而且「害於政而妨於後」。宣王剛愎自用，不聽勸諫，還是去點閱了人民。

宣王晚年，逐漸荒於政事，尤不該者干涉魯國的內政和立君的事，《史記・魯周公世家》說：「魯武公九年，率長子括，幼子戲朝見周宣王，宣王喜歡幼子戲，想立戲為魯國的太子。周的大夫樊仲仙父勸戒宣王說『廢長立少不順，不順必犯王命，犯王命必誅之。故出令不可不順也，令之不行，政之不立，行而不順，民將棄上，夫下事上，少事長，所以為順，今天子建諸侯立其少是教民逆也，若魯從之，諸侯效之，王命將有所雍，若弗從而誅之，是自誅王命也，誅之亦失，不誅亦失，王其圖之』。宣王弗聽還是立少子戲為魯太子。」這顯然是周天子首先破壞宗法制度。這件事後來不但造成魯國的內亂，從此以後，諸侯便經常抗君命。而與周天子的關係也逐漸疏遠了。

宣王在位四十六年。《說苑》等書記載了這樣一個故事：宣王不知何故，將殺大臣杜伯，杜伯的友人叫左儒，在宣王面前反復爭論，宣王還是不肯，且說：「汝別君而異友也」。友儒曰：「君道友逆則順君以誅左，左道君逆則帥友以違君。」王怒曰：「易而言則生，不易則死。」左儒曰：「士不枉義以從死，不易言以求生，臣能明君之過以死杜伯之無罪。」宣王仍殺杜伯。有人說：宣王殺杜伯，是因為要他「殉葬」。而《史記正義》說，宣王是被杜伯射殺而死，史家都不採用這些說法。只說宣王崩，子宮湦立，是為幽王（諡法，動靜亂常曰幽）。

幽王即位之初，便發生了旱災，全國河川，泉池都乾涸見底，草木、庄稼全部枯死。民不聊生，哀鴻遍野，《詩經・大雅、雲漠》中就是描寫了這次旱災的悲慘景象。第二年，鎬京又發生了大地震、附近的三條河川，涇水、渭水、洛水都被震動，《詩經・小雅十月之交》，記述了這次地震嚴重被破壞的程度。周之大伯陽甫曰：「周將亡矣。」根據伯陽甫的推理說：

天地陰陽氣的遞邅，是不應失去它的次序的；如果次序錯了，那是由於人民的干亂，一個國家的建立，一定要依靠山川，山崩塌而川枯竭，就是亡國的象徵，河川枯竭了，緊接著一定有山崩。如果國家要滅亡，那不會超過十年的。因為十是天數的一個循環。老天所要厭棄的國家，不會超過那一循環的。

伯陽甫首先從地質的遞邅，探討地震的想法，頗合科學原理，但他迷信思想仍深，認為地震的發生是對幽王的警告。但事也湊巧的，就在這一年，三條河都枯竭了，岐山也崩塌了，社會秩序陷入一團混亂和動盪之中，而昏庸的幽王對此不聞不問，整天沈迷於酒色之中。

幽王在位三年時，寵愛庶妾褒姒，要立她為皇后，並要立她生的兒子為太子，準備把原來的皇后和太子廢掉。太史伯陽又提出警告說：「周就要滅亡了」。《國語·鄭語》記載了幽王的司徒桓公，請教伯陽說「周真的要衰微了嗎？」。於是伯陽說了下面一段話：

> 從前夏后氏衰微的時候，有兩條神龍降在夏帝的朝廷前，說道：「我們是褒國的兩個先王」，夏帝就占卜著，看是要殺掉它們，或是趕走它們，或是留下它們，占卜結果顯示都不吉利，再占卜要請得龍漦（龍所吐出之沫沫，也就是龍的精氣）儲藏起來，才得到吉兆。於是陳列了品帛，並且以簡冊告請神龍，龍消失之後，留下了漦，夏帝使用木櫃子收藏起來。夏亡後這櫃子傳到殷，殷朝亡了，又傳到周。經過三代，誰都不敢打開。到了厲王末年，打開來看，那龍漦流到庭中，無法除去。厲王乃命婦人赤著身子對著大聲吼叫，那龍漦便變成一條黑色的蜥蝪（黿），竄入王的後宮。那時後宮有個才七八歲的侍女碰到了它，到十五歲居然懷孕了。因為無夫而生子，有些害怕，就將那孩子丟棄。這時，正當宣王的時候，有一個童謠說：「檿弧箕服，實亡周國」。說是由山桑做的弓和箕木做的矢會把周朝滅亡。正巧宣王聽到有一對夫婦叫賣這種弓矢和箭囊，宣王立刻派人要把這夫婦抓來殺掉，幸好他倆逃得快沒有被逮住。後來這對夫婦在路旁見到前不久被宮女丟棄的那個怪嬰，在夜裡聽到她的哭聲，感到很可憐，於是抱回家來撫養。因為宣王在追捕他，乃帶著那怪嬰逃亡到褒國。後來褒國人有罪，請求獻上那個棄嬰給王以贖罪。由於那女孩來自褒國，所以就稱她為褒姒。

《史記·周本紀》採用了這個故事，後世史家也無不引述這個故事，但褒國為什麼會得罪王室？這個女嬰既被棄於路旁，為什麼不會死亡？褒國憑什麼以這個女

孩獻給周王來贖罪？這女孩本來來自周王室，為何又稱她出自褒國？這種種疑問，都找不到史料來解答。

過了三年，褒姒已經十四歲，天生艷美，有一天幽王來到後宮，看到她之後，非常喜愛，乃正式納為妃子，後來並生了個兒子叫伯服。

這時周幽王用虢石父為宰相，石父為人奸詐讒毀，善於逢迎好利，人民都很怨恨，而幽王卻信任他。褒姒既獲得寵愛且與虢石父兩人在幽王面前讒說皇后及太子，幽王終於把皇后申后及太子宜臼都廢了，然後立褒姒為皇后，立褒姒之子為太子。這又是周天子主導的第二次破壞「廢嫡立庶」的宗法制度。這件事發生後，大史伯陽對司徒桓公感嘆的說：「禍患已經釀成了，誰也對它沒辦法！」

申后、太子被廢之後乃逃奔到申國，幽王要求申國交回太子殺掉！申國沒有答應，幽王發兵討伐申國，因此申侯大怒，約同了繒國、西夷、犬戎聯合攻打幽王。幽王燃起烽火召求救兵，但諸侯們都不肯來救援，諸侯們為何不來救援呢。這個要從頭說起：

前面已說過自從幽王用了石父當政後，國人皆怨、政治多邪，諸侯或叛，王室不安，紛紛作逃亡移民的打算。而幽王的淫亂不已。一切隨褒姒之欲所欲為。這褒姒本是一個不吉祥的女子，不知為何她不愛笑，幽王想逗她發笑，用了許多方法，她仍舊不笑。

朝廷本來在驪山山頂裝置了「烽火台」，據說烽火台上多半用狼糞燃燒，狼糞燒出的煙垂直上昇不會被風吹散，所以烽火台又稱狼煙台。如果有敵寇，便點燃烽火，白天可以看到煙，夜間可以見到火，四方諸侯如果看到烽火，一定是王宮有難，乃迅速趕來救助。幽王竟為了取悅褒姒，無端燃起烽火，諸侯急忙率軍來援，趕到烽火台下，卻不見敵寇，諸侯氣憤不已，而褒姒卻哈哈大笑起來，幽王還屢次點燃烽火，諸侯也被騙了幾次，從此失去信用，諸侯便不再應召而至了。後世有一個放羊的小孩子「喊狼來了」的故事，大概從這故事改編而來的。

由於諸侯軍不來救援，幽王乃被犬戎殺於驪山之下，擄了褒姒，取光了鎬京的財物。而後諸侯與申侯擁立原幽王的太子宜臼為王是為周平王。

周自武王至幽王共十一世，十二君，歷三百餘年，史家稱之為「西周」。西周究竟多少年，史家說法不一；綱鑑《易知錄》347年，羅香林《中國通史》253年，錢穆《國史大綱》不出三百年，黎東方《先秦史》332年，章嶺《中華通史》350年，《台灣高中歷史教科書》342年，大陸出版的《小通史》257年。

第六章　夏商周文化簡介

　　有關三皇、五帝時代的文化，已在前二章併述過了。下面介紹夏、商及西周的農、商、技藝諸方面的發展與成就。

一、夏代文化簡介

　　依據近世考古學家所發掘的資料，史家將其歸納，認為夏代的文化包括了以下數端。

　　1·開溝洫以利排水灌溉，鑿水井，利用地下水源（前面說過，這些事情早在黃帝、帝舜時代即已開始做過了）。

　　2·農業生產工具，雖仍以石、木、骨、蚌製品為主，但製造技術已較前大有進步，如石刀的鋒利不亞於金屬刀刃。

　　3·酒是何時發明，史尚無確考，但已知夏禹時有儀狄造酒的記錄。前面說過，夏桀時的酒池可以運船，用糧食製造大量的酒，足證夏代農業的發達。

　　4·夏代的畜牧也很發達，除食用的肉類外，還有大量的豬、牛、羊等作祭祀的犧牲。在其統屬的諸侯之國中如商湯、王亥等都擁有眾多的牛羊。

　　5·考古學家在「二里頭文化」的遺址中，發掘出卅多種各類容器的陶器，有些巨大的陶器是為貯藏糧食用的。

　　6·銅器的鑄造更是可觀，已知用青銅造兵器。前述鑄「九鼎」更是一項高水準的技術。至於青銅器的工藝過程更為複雜，所謂青銅是將紅銅加錫的合金。這種從採礦到配料，再經冶煉成銅汁，然後用陶範澆灌銅汁而製成某種銅器，其製作過程等技術是可想而知的。

　　7·宮殿的建築據學者的解釋：我國古代不論是帝王市民居住的或是作祭祀用的房屋都叫做「宮」，凡是高大的房屋叫做「殿」。但高大的房屋只有統治者才有條件建造，而在殿的後面又建造了居住或供奉祖先的宮。後來宮殿就成為帝王或諸侯居住和活動場所的專稱。考古學家在二里頭文化晚期遺址中，發現了一處夏代大型宮殿建築的基地。

　　8·關於天文方面，在夏仲康時，發生了全世界最早的一次日食記錄。在那次日

食時，由於負責的天文官羲和在家飲酒，沒有觀察到日食，未能及時報告，以致在當時昏天暗地之時，人們驚惶失色，以為天神作祟，天狗食月，仲康乃將失職的羲和正法。《尚書》中有一篇〈胤征〉就是記載這件事。

1・有人說「夏代已進入玉器時代」，非也。

堯舜時代即已進入玉器時代。如《尚書·堯典》「在璿璣玉衡，以齊七政」，舜在堯時攝政期間就曾以玉器作天文儀器，玉衡就是玉製管，為原始的望遠鏡。《尚書·舜典》：舜在泰山巡狩時「斑瑞於群后」。禹治水成功後，舜曾賜給禹一座「玄圭」。

2・有人說「夏代創賦稅制」，非也。

堯舜時代即有賦稅之制，禹在舜時治平洪水後，便製訂一套納稅方法。《史記·夏本紀》「自虞夏時貢賦備矣」。賦稅制也許是由禹製訂，但此時禹乃人臣，故不能說始於夏朝。

3・有人說「中國法律始於夏朝」，非也。

堯時，舜攝行天子政以皋陶為典獄長，明法造律，以刑輔政。皋陶為堯舜時代的人，他的一切功德事蹟都表現在帝舜時代，他只是與禹共事，禹就帝位不久，皋陶就死了。怎麼可以把皋陶的事蹟列在夏朝來敘述呢！甚至引述漢人鼂錯的話「黃帝得力牧而為五帝先，大禹得皋陶而為三王祖」，其實文中之「禹得皋陶」是指禹在帝舜時代的行事曾獲得皋陶的鼎力協助，如治水等。

有人說「中國人種植水稻始於夏朝」，非也。

《史記·夏本紀》「令益予眾庶稻」，水稻是伯益發明的，但伯益也是帝舜時代之人，很多人誤以為記載在〈夏本紀〉中的事就是發生在夏朝。何況考古學家在杭州灣南岸的浙江餘姚河姆渡發現了七千多年前住在這裡的先民，已開始種植水稻，考古學家發掘出一大片稻草、稻穀、稻殼堆積，其中稻穀在二十萬斤以上。證明是全世界最早種植水稻的民族。

二、商代文化簡介

農業方面

學者從甲骨文中研究商代對農業生產非常重視與關心。發展的方面：一是大量開墾荒地，一是提高田力。從武丁至文丁時期在今之山西，河南等地不斷開墾農

田。

　　甲骨文中農田的田字是一個象形字，這種規整的方塊田就是井田，可見商代的土地制度是以井田為基礎。

　　這種井田，也反映了田中有縱橫的溝洫，旱時用以灌溉，澇時賴以排水。甲骨卜辭中稱這種田叫大田，種植的糧食作物包括有黍、稷、稻、麥等。除大田外，另有一種分散種植的區田。據漢人汜勝之所著「區田法」中就提到「湯有旱災，伊尹作為區田，教民糞種，負水澆稼」。所謂糞種也就是點種，或稱窩種。先在每個坑中施底肥（人畜糞便），播種之後，要經常澆稼，水的來源主要是井水。

　　除了上述農田外，也有菜地和果園。古代稱之為囿，囿中的果樹有桑、粟、桃、李等。

　　蠶桑也是商代農業中重要的一環。甲骨文中有絲、帛和許多從絲的字。從一九五三年、一九六六年、一九七三年先後在殷墟出土的遺物中有玉蠶，在青銅器上有用絹帛包裹過的痕跡。

　　農業生產工具主要還是木、石、骨、蚌器，考古發掘出來的有用石、骨、蚌製成的石刀、石鐮、蚌鐮、蚌刀，也有木製的起土工具。另外也有極少數用青銅製造的鋤鏟等農具。考古學者更認為商代可能開始用牛耕田。

畜牧方面

　　一般編撰通史的學者，認為商代自盤庚以後完全進入農業社會，畜牧只是副業。然而近世考古學者從甲骨文的卜辭中以及殷墟發掘的墓葬群中來研究，則認為「畜牧業是商代社會生產的一個重要部門」。

　　商代飼養的牲畜包括馬、牛、羊、雞、犬、豬六畜俱全，馬牛是主要交通工具，其他除食用外，主要是用作犧牲祭祀及殉葬。卜辭中還有「獲象」的記載。當時中原地帶，氣候溫和，在森林覆蓋的廣大沼澤中生長很多野象，商人把牠們捕捉來飼養馴服。《呂氏春秋》說商紂王時曾組成一支象隊去討伐東夷。

　　商代的「田獵」在社會生活中也有著很重要的地位。田獵的方法有很多種，如焚、射、車逐、陷阱、網擒等等，總稱之為「狩」。其中以焚燒林木「收獲最多」，因為焚燒樹林，使禽獸無法藏身，易於獵獲；焚燒之後，空出大片土地，可以闢為農田。所以史書稱商王用這種方法打獵叫做「王其田」。因而商代許多地方既是「田獵區」也是「農業區」。

　　商王出獵往往帶大批人馬，浩浩蕩蕩，在原野奔馳，圍捕禽獸，彎弓射獵，

既是一種娛樂，也是一種軍事訓練，同時驅走擒獲猛獸，為庄稼除害，使其能過安定的生活，這就是禮記、月令中所說的「孟夏，驅獸毋害五谷」，《鄭玄注》說：「獸、麇、鹿之屬，食谷苗，驅之令勿害也」。

當然田獵的禽獸，肉可以吃，皮毛可以製衣，骨角可以製器，有多種經濟價值。據卜辭中有一條記載，帝乙在一次大規模的田獵中，捕獲四十多頭兇猛的大青牛，牛皮很厚，是制甲的上等材料。

工藝方面

陶器的燒製是商代手工業生產的一個最大部門。製陶業在中國由來已久，前述帝舜就是一個燒陶出身的帝王。商代的陶器有灰陶、白陶，上面刻有各種紋飾，或塗上釉彩。玉器是中國特有的藝術品，從殷墟出土的各種玉器有一千多件，《逸周書》。世浮上說：「凡武王俘商，得陽寶玉萬四千，佩玉億有八萬」（古代億是十萬）可見玉器之多，用玉雕琢的玉器包括禮器和象徵生產工具，以及形制像武器的裝飾品，精美靈巧。其他用骨、角、石、木為材料雕刻的藝術品，無不維妙維肖。

商代銅器的鑄造更為高明。前述夏代已知煉溶青銅器，近世考古學家對商代青銅器曾作過化學分析，混合冶煉的紅銅、錫、鉛都有一定的比率。鑄造一件器物之前，都是先用泥製成模子，將其烘乾，稱之為陶範，再將溶化的銅液澆入範中成形。

歷年出土的商代青銅器有萬件以上，包括禮器、兵器、樂器、生產工具、車馬器。在各式各樣的青銅器中，很多都具有很高的工藝水平和藝術價值。最值得稱述的是聞名世界的「司母戊方鼎」，重達八百七十五公斤，現藏北京中國歷史博物館。據說這只鼎是商王朝後期一個帝王（那個帝王尚無定論）為了祭祀他的母親戊而鑄造，腹內有「司母戊」三字，故稱之為「司母戊鼎」。這件寶器是在一九三九年，一位農民在安陽武官村的農田中挖出。當時正值日本侵略中國，農民乃偷偷把銅鼎埋藏起來。當日本人占領安陽時，得知有大銅鼎出土的事，乃用威迫利誘種種方法想得到此鼎，當地農民乃以另一只鼎騙了過去。這只大鼎才得以保存下來，一九四六年再重新被當地人挖了出來。據專家研究，像「司母戊鼎」從溶銅到澆鑄合成，至少要二三百個工匠才能完成。

商業與交通方面

商族人做生意的事，據說在商湯以前的帝王中有一個叫王亥（又稱振玉）就趕

著牛羊到處去交換糧食和其他生活用品。商湯正式建立王朝後，農、工業逐漸發展起來，生產品日益增多，商業自然隨之發展。

商業從神農氏時代「定日中為市」即已開始，那時還未有貨幣的使用，完全以物易物。商代除仍以「以物易物」的交易方式外，從甲骨文的資料顯示，已經發展到以貝、玉作貨幣的商業活動。

周人從始祖后稷開始，即是以農業起家，認為農業乃國之根本，對做生意的商族頗為輕視。禮記中還罵商人「勝而無恥」，說商人唯利是圖，富而不仁。所以當周滅商以後，周公輔佐成王時，竟將商的遺民中會做生意的人分配給鄭國。當時的鄭桓公強迫他們學著開荒種地，但這些商人沒有種地的習慣和技能無法生活下去，鄭桓公怕他們造反，特別讓他們在農閒時去作買賣，以維持生活。歷史上從這開始就把做買賣的人叫做「商人」（但不能概括的指為商族人）。

《尚書·洒誥》中有一句「肇牽車牛，遠昭買用。」學者認為是周公所說的一群趕著車牛，裝滿貨物的人，從遙遠的東海、南海去交換大海龜、海貝、鯨魚骨、海螺、海蚌，到新疆等地區去交換制作玉器的玉。所以在「殷墟」出土的遺物中很多都不是中土所出產的。

商業發達促進城市的興起。考古學家已發現了商代的三大城市，其中鄭州城的城牆四周長達七公里。一九八三年在河南偃師，湖北黃陂、河北藁城等地發現的城市遺址，有縱橫交錯的街道以及集市、店舖，反映當時商業的繁榮。

商代的交通工具，從甲骨文字可以看出，主要是車和船。學者認為有的是人拉著走的車子，有點像後世的板車；有的是牛或馬拉的車，後者多半到遠方經商的交通工具。更有的學者認為商代已有「用馬作乘騎」或「用牛作乘騎」的可能。

船在商代叫舟，甲骨文卜辭中有「王其牽舟於河」等記載。商代版圖內除了黃河、長江外，到處都是河川縱橫，所以船是不可缺少的水上交通工具。

星象觀察與曆法

前面已經談到從黃帝堯舜時代開始，便設置了專門觀察天象的如羲和等氣象官，而商代則是由具有知識豐富的史官負責擔任觀察並作成記錄。學者從甲骨文卜辭中發現在商武丁和武乙時期有「日食、月食」的完整記錄。甲骨文還有史官們觀察到新「星」的記錄，如大星、鳥星、大火星等。這種新星的發現的記錄，比希臘人所發現的第一顆新星的記錄早一千多年。

商人已經製訂了一套完整的曆法。大家都知道埃及人首先創立太陽曆，一年

十二月，每月三十天，加起來只有三百六十天，但他們知道一年是三百六十五天，於是在一年結束後，再加五天為「慶祝日」，等於放五天年假，讓大家過五天沒有日子的日子。五天過後再從新的一年開始。這種曆法後來傳入歐洲，由於天文學的發達，知道地球繞著太陽轉一周的確切時間是三百六十五天又六小時，因乃創立通行全世界的陽曆。在我國商朝的時候，不知什麼人，不知用什麼方法算出來一年是三百六十五天又四分之一日，這種天文知識早於西方幾千年，真是值得驕傲。不過，商人把一年也分為十二個月，但月有大小，大月三十日，小月廿九日，加起來一年只有三百五十四天，一年少十一天又六小時，所以發明「閏月」來彌補，算起來在十九年中要有七個閏月。又因商人在一年中有一次最大的祭祀，所以他們稱年叫「祀」。（按唐虞稱「載」，夏稱「歲」，商稱「祀」，周稱「年」）商人將每個月分為三旬，每旬十天，記日則用「干支」。這天干地支是黃帝時由大撓所創立，商人為查閱方便，特意刻在牛骨上，學者認為算是我國最古老的《曆書》。

商代的文字（並談中國文字的演變）

　　商代的甲骨文已於前面說過了，這裡再從頭說起。前面提到過，伏羲氏所畫的八卦，可能跟中國文字的演變有關，而堯舜時代已是一個燒作陶器時代，陶器上常常出現某些符號，學者認為是中國文字的先驅，而最近大陸考古學者在山東境內已經發現了「陶文」，證明陶器上的符號也是中國早期文字的一種。至於殷墟出土的甲骨文字很多，但絕大多數還不認識，大陸的學者，不斷研究，已經認識很多字，同時又發現了一些新的字。總之，甲骨文字確定是一種線條式的文字，是用筆書寫在甲骨上，或是契刀刻上去的，證明殷商已有毛筆的使用。書寫的方式是由上而下、由右而左。學者更研究出甲骨文字中已有象形、會意、指事、轉注、形聲、假借六書的存在，當以象形為多。除此之外，商人在銅器上也鑄有文字，稱為「金文」或「鐘鼎文」，據專家研究，金文字體很多類似甲骨文，而且有些文字還早於甲骨文。（附註：西周的金文應是承襲商代的金文）又據《漢書藝文志》說，周宣王時的太史，名籀（姓氏不詳）作大篆十五篇，又叫做籀文。春秋戰國時代又有所謂「古文」，誰創作不得而知，這種文字是在西漢景帝至武帝間，魯恭王拓建宮室，無意間破壞了孔子的故居，在牆壁中發現的經書上的文字，其字的形狀頭粗尾細，極似蝌蚪，因名之曰「蝌蚪文」。據學者研究，戰國時代，秦國採用籀文（大篆），其他六國則採用「古文」。秦統一天下後，丞相李斯建議統一文字，將籀文加以省改，創為篆體，因他的篆文是依據籀文而來，所以尊稱籀文為「大篆」，

謙稱自己改創者為「小篆」，許慎的「說文解字」已有說明。可見「篆書」是秦人創作，一般卻誤以為西周太史籀所作，《漢書藝文志》說〈太史籀作大篆十五篇〉是「以今述古」的說法。李斯創小篆後，通令全國使用，同時把原先各國使用的文字一律廢除，這是中國文字的首度統一，到現在為止，還是惟一次的統一，將來兩岸統一，恐怕要在文字使用上作第二次統一工作。且說秦人都好書，喜歡研究文字，據說有一個犯人，名叫程邈，在獄中無聊，潛心研究一套文字，有人呈送秦始皇，秦始皇覺得這種文字筆劃簡略，已將小篆的筆勢易「曲」為「直」，改「圓」為「方」，更便於書寫，已完全脫離圖畫系統，成為純粹線條的符號，秦王極為欣賞，詢問何人所作，左右稟告其情，秦皇乃「以其犯人所作之書」稱曰「隸書」，但因剛頒行「小篆」，故「隸書」暫未通行，而秦僅十五年而亡。秦亡漢興，承襲秦人所創「隸書」，改稱為「漢隸」。自是中國文字定型，其後雖有行書、楷書、草書的出現，都是由漢隸的直接演變。

商代的統治機構

　　商人是一個敬天畏祖的民族，日常生活中，凡遇無法解決之事，或遭遇什麼災難都要求神鬼來指點迷津。他們所求的神包括天神（上帝）、地神（河川、山岳）等。禮記說「人死曰鬼」，鬼就是祖先，商人最尊奉祖先，甲骨文大部分就是祭祀時占卜用的，崇拜祖先到現在還是中國文化的一個特色。商人這種敬天敬祖的用意，有些史家認為是利用宗教手段作為統治的支柱，用事事占卜神諭，時時祭祀鬼神強化對至高無上的權力的信仰，同時也給自己的統治加上神聖的光環。

　　然而，商代並不是一個完全假「鬼神」統治的神權時代。他有中央和地方的統治機構。學者從甲骨文和其他古書的記載來研究，得知商代在商王左右輔佐處理國家大政的官稱叫尹，也就是後世所稱的相、宰、冢宰，但商代還沒有用這些名稱。前面所提的湯時的伊尹、仲虺；太戊時的伊陟；祖乙時巫咸；武丁時的傅說等等，都是任尹的官，也就是今天所謂執政官，行政院長等。

　　在尹之下設有各種事務官。甲骨文稱這些官叫「多尹」或「尹」。如「多尹墾田」（開墾農田之官），「多尹作王寢」（管修建王宮之官），「尹作大田」（管耕種王田之官）……。另外掌管祭祀、占卜、典禮、記錄王事的史官，官雖不高，但權力很大，能傳達上帝鬼神的意志，占卜時替王言事。

　　史官中有一種掌刀握筆記錄王事活動的官，叫「作冊」。他們可以按照王朝的典章制度干預祭祀、典禮、冊命等重大活動。王朝中誰作事違反制度，他可以據典

力爭，即使商王違反，也要力諫，若是勸諫無效，便一一記入史冊。所以《尚書·多士篇》中有「惟殷先人，有冊有典」的文句。

談到商代的地方統治機構，就是指商代的諸侯而言，這些諸侯的來源與性質與後世周代封建的諸侯是有很大差異的。有的諸侯是前世所封建，有的本來是獨立的部族被商王所征服，有的則是自願歸順。至於商王時親屬或臣下封建者並不多。所有諸侯都要聽從中央的命令，應負征戰、守邊、納貢、服從等義務。諸侯的大小也可從甲骨文中得知已有侯、伯、子、男的等級，尚未發現類似周代「公爵」的名稱。至於所稱之「方」（邦）可能是位於邊境的異族，如土方、人方、鬼方等等。他們因叛服無常，往往是被商王征討的對象。

一個政權的維繫，除了有賴修明的政治外，軍事力量也是重要的一環。商代在未正式建國之前，便有一支不大也不小的軍隊，據《呂氏春秋》的記載，在討伐夏桀的時候，便出動「良車七十乘，必死士方千人」。商湯建國後，國家的軍隊有多少，無史查考，僅能從甲骨文卜辭中知道有步兵和車兵兩種兵稱，以及所謂「三師」類似後世的常備軍，如武乙、文丁時期有一條卜辭記載了「王作三師，左、中、右」，學者研究相當於後世的「三軍」。武丁時征伐戰爭中常用「登人三千」、「登人五千」或「共人三千」、「共人五千」，有時「登旅萬」，學者研究所謂「登、共」都是徵召的意思。由見商代平時有中央的常備兵，也就是王室的侍衛軍，戰時則從各地徵調農民中的丁壯充當戰士，或徵調諸侯的軍隊助戰。前面述牧野之戰時商紂王率諸侯五十國七十萬人抵禦周武王，人數雖多，卻是烏合之眾，而且「離心離德」不堪一擊。至於武器方面，從殷墟出土的有戈、矛戟、斧鉞、刀、鏃等青銅兵器，以及頭盔、盾等裝備。

前述商代為了加強統治借助上帝鬼神進行控制外，另一方面則是制定了一套重刑。據《左傳》昭公五年記載，當鄭國要把刑法鑄在鼎上時，叔向派人給子產的信上說：「湯有亂政而作湯刑」。據說湯刑有三百多罪，從甲骨文中來看，有伐，就是砍頭，用戈穿人頸。墨（黥）用刀在臉上刻紋塗墨。劓，割去鼻子。宮，割去男子生殖器。刖，鋸去腳。以上就是後世所稱之五刑。到商紂王時，暴虐無道，更有「炮烙之刑」、醢刑、脯刑、烹刑等等。

商代的醫療

前面已提到我國在神農氏時代就有對疾病的認識及醫治的方法。傳說夏代已用酒醫治某一種病的藥方。商湯時伊尹發明「湯液」。《國語·楚語》上記載楚靈

王暴虐，白公子張諫勸楚王時，提到武丁的德行時，對話中有「若藥不瞑眩，厥疾不瘳」一語。《尚書》、說命上也有武丁時的宰相傅說，說了同樣一句話。這句話的意思是：「好象用藥，如果吃了不頭暈目眩，藥力沒有發生效用，他的病就不會好。」這些記錄說明了商代用藥物治療疾病是很普通的事，然而在甲骨文中，學者還沒有發現「醫」字和「醫生」一類字，但卻發現了很多疾病的名稱，如疾首（頭疼）、疾目（眼病）、夜耳（耳病）、疾自（鼻病）疾口（嘴病）、疾齒（牙病）、疾舌（舌病）、疾言（喉病）、疾胸（包括心、肝、肺病）、疾腹（肚疼、瀉肚）、疾手（手病）、疾肘（關節病）、疾脛（大腿、腳掌）、疾止（腳趾）、疾骨（骨病），另外還有一種「冎凡有疾」，學者解釋為傷風感冒。

三、西周文化簡介

農業方面

《詩經·周頌》〈載艾篇〉記載了周代田野上大規模從事集體農業勞動的情景。詩中「千耦其耘」是說有兩千個農人在大片土地上耕作的場面。一人在前面拉，一人在後面推，兩個人合力操作一副翻土的耒，稱之為「耦耕」。《詩經·周頌》〈噫嘻篇〉中「十千維耦」，更是描寫在三十里範圍的大片土地上，有兩萬人同時進行耦耕。栽種的農作物包括了稻、粱、黍、麥、菽、稷，以及桑、麻、瓜、果等「百谷」和「百蔬」。然而《詩經·國風》中的豳、七月卻描寫了西周農夫們悲慘境遇，學者認為正是封建社會的農民在為貴族進行無償勞動或服各種徭役的情景。

為了鼓勵農業的生產，古代有所謂天子的「籍田」。天子要在每年春耕之前的第五天，舉行一次「籍田」典禮，典禮之前，天子及朝中大臣都要「齋戒沐浴」，住進乾淨宮室，乾淨房子。禮典之日，天子帶領各級官吏、大小貴族和農人們來到大片土地上，先在田間祭祀農神，然後拿起農具翻一下土就算完事，表示「與民並耕而食」。現在，每逢「植樹節」，我們的領導人物帶了一批文武官員到某一個山丘，事先在挖好的坑裡種一棵樹，拿一把圓鍬，鏟一撮土，在攝影機前留下一個特寫鏡頭，如此種樹完畢，表示「十年種樹」關懷環境。可見古今虛應故事，如出一轍。

商業方面

　　前面曾提到西周初年對商業並不太重視，還曾對做買賣的商族人加以歧視。但因整個社會大環境的變遷，農業、工業、交通諸方面的發展，自然促進了商業的繁榮，從出土的西周銅器銘文中，已知西周王朝有官辦的商業。全國各地包括王畿、諸侯各國，邊遠地區都有交易的市場。市場上交易的貨物，據「《周禮》、〈地官〉、〈司徒〉」的記載，有牛馬牲畜、各種兵器、奇珍異寶，以及奴隸的買賣。朝廷都設有專門官吏管理。如司市是市場的總管，負責各種違規的處理，度量衡的檢查，市場法規及銷售區的規劃，以及維持市場的秩序。司市的下屬包括有質人（檢查市場物質，頒發商業契約）、廛人（負責稅收）、胥師（負責懲治奸商、調解紛爭）、賈師（負責規定商品價格）、司虣（負責維持秩序）、司稽（負積巡邏）等。

　　西周商業交易的貨幣，仍是沿用商代以來的貝幣，但同時使用龜幣、玉幣，以及用青銅鑄造的銅幣。

工業方面

　　前述商代的工藝乃有高水準的成就，周滅商後，全部接收了商王朝的手工業工匠，繼承了商王朝手工業製作的技術，無論青銅的冶鑄、陶瓷器的燒製，以及骨雕、玉琢各方面都有驚人的發展。其中玉器的製作，真是巧奪天工，而且種類繁多，有禮器和祭品，有仿兵器的儀仗玉戈、玉刀、玉斧等，有各種動物如鹿、魚、蠶、虎、牛、兔、馬、蟬等等，各具形象，栩栩如生。《詩經·小雅》中的鶴鳴篇中有兩句：「他山之石，可以為錯」、「他山之石，可以攻玉」。前句中的「錯」字是名詞，指的是一塊粗糙的礪石，也就是別處山上的一塊石頭，可以用來當琢玉的工具；後句中的「攻」是動詞，指的是磨琢的意思。兩句合起的意思是用別處山上的「錯」（礪石）可以「攻」（磨琢）玉。這句詩的原意是說周宣王時，大臣們勸他廣羅人才，無論別處山林、或他國的人才，都可請來為本國所用。學者認為周代玉器製作精細，打磨光亮，形象逼真傳神，從這詩句中反映了製作玉器時，要經過用專門的石頭錯磨的工藝過程。

　　西周紡織業也達到相當高的水準。學者從陝西等地的西周墓中發現了很多有關紡織方面所用的紡輪和錐、針等工具，以及織成的各種顏色紋飾的絲織品。

　　在建築方面，西周宗廟的建築以殿堂為中心，四周有庭、房、門、廊、階、屏

等建築，學者認為開了我國後世宮殿建築藝術之先河。按商代宮殿建築、屋頂都是草蓋，而西周中後期以後，在屋脊上已經開始覆蓋瓦片了。考古學者更發現用木構建築的樓房形制。

交通建設方面

西周為了鞏固和加強對各諸侯國的控制，以及周天子巡視天下的方便，同時也為了加強朝廷與全國各地的聯繫，於是以鎬京洛陽為中心，建立了通向各諸侯國的四通八達的交通網。

首先從《詩經·周頌》的〈天作篇〉中談到太王在岐上開闢了平坦的道路，勉勵子孫不要忘了修路之功。

西周王朝對交通問題很是重視，設立了專門機構負責守護和管理道路，經常派人檢查道路的情況，把保護道路的通暢視為鞏固統治的一條重要經驗。據學者研究，西周通往各地的重要道路走向是：

東向直達齊國，從東都洛陽為起點，直達今之山東濟南和臨淄以北。

南向達到江漢地區。一條從鎬京出發，經過陝西蘭田、河南淅川，直達河南南陽及湖北隨縣。

一條以洛陽為起點，經過河南緱氏縣東南向南行循潁水河谷南下，過汝水，經河南寶豐縣境，再到河南南召縣東南、南陽北。是南北用兵的重要軍事要道。

向東南通往淮夷方向大道，以洛陽為起點，途經河南鞏縣氾水鎮西北，然後向東南下，經過河南上蔡，再至安徽境內巢湖附近，直達淮夷地區，今江蘇、安徽境內的淮河流域。

向北的大道有兩條：一條以鎬京為起點，經山西永濟津浦渡黃河，到達山西河津、萬泉一帶，再沿汾水北上到晉中地區，把封在陝西東部、山西西部的諸侯國與周王朝聯結為一體。另一條以洛陽為起點，經過河北南部、河南北部，直達北京一帶，將封在河北、河南地區的諸侯國與周王朝聯結在一起。

西向及西南方面的大道，一直達到今寶雞、鳳翔縣一帶，並應達到大散關以東，再從大散關向南經「周道谷」直達巴蜀。

以上從周王畿伸向全國四面八方的條條大道，據《詩經·小雅》〈大東篇〉描述說：「周道如砥，其直如矢」。就是說這些大道平坦如磨石，畢直如弓發矢。

西周的軍隊

據學者研究周天子直接統帥的一支宿衛軍，因為常駐在首都豐邑和鎬京一帶，所以稱為「西六師」。據文獻上的記載，「六師」的人數為一萬五千人，這支軍隊隨護在周王左右，前呼後擁，頗為威嚴。

另外一支駐札在周王朝新建的重鎮洛邑成周的軍隊，稱為「成周八師」，人數是二萬人。

為了防止鎮壓殷民的反抗和東夷的叛亂，西周又成立了一支「殷八師」。

以上軍隊的組成和商代一樣包括「車兵」和「徒兵」。車兵就是甲士，由貴族充任；徒兵就是步卒，由平民充任。一九七六年考古學家在山東膠縣西庵發現了一座西周車馬坑，裡面有戰馬、車子、車馬器、武器以及一名馭馬的奴隸，完全展現了周代戰車的形象。

本書在前面談到西周在封建制度的軍隊體制與這裡所說的似乎有些不同，前者多依文獻的紀錄，後者來自考古的發掘研究，各有所本，所以西周軍制尚有待學者專家進一步研究。

西周的法律

《左傳》昭公六年記載：「夏有亂政，而作『禹刑』，商有亂政，而作『湯刑』，周有亂政，而作『九刑』」。按我國刑法的制定由來已久，《尚書》、堯典中就談到了「五刑」：「象以典刑，流宥五刑，鞭作官刑，朴作教刑，金作贖刑。眚災肆赦，怙終賊刑。」流，就是流放。宥，就是減刑。加上官刑、教刑、贖刑就是所謂「五刑」。堯典又說：「皋陶，蠻夷猾夏，寇賊奸宄，汝作士，五刑有服」。這就是在前面說過的，皋陶在帝舜時擔任典獄長，掌管刑獄，明法造律，早已奠立了中國法治的基礎。

前面已經說過，周代在穆王時，採納了宰相甫侯的建議，為了控制天下、安定社會，乃重修刑罰，集夏、商及周以來刑罰之大成，制定了「呂刑」。這部法典十分繁瑣，墨刑有一千條，劓刑也有一千條，刖刑（又名剕刑）五百條，宮刑三百條，大辟二百條，是我國現存最早的較為系統的刑法文獻。考古學家於一九七五年，在陝西省岐山縣董家村，發現的青銅器中有一件叫「訓匜」的銅器，上面的銘文共一五七個字，內容涉及周代的刑罰，是研究周代刑制和我國法律的重要資料。

第七章　春秋時代

一、周平王東遷後的周王室

周平王原是幽王的太子宜臼，被幽王廢後隨同母親申后逃亡到外公申侯的國家。《史記·周本紀》說：

> 申侯怒，與繒西夷犬戎攻幽王。

《國語·鄭語》記載太史伯陽甫與司徒桓公的對話中說：

> 幽王想殺太子，要求申侯送回太子，申侯不允，幽王乃興師討伐申侯，於是申侯乃聯合繒與西戎攻打幽王。

從上引史料中很明顯的是幽王先舉兵討申侯，申侯乃聯合繒及西夷犬戎攻打幽王。後世很多史家，尤其一些編撰中國通史的學者們，都說是：

太子宜臼指使申侯勾結犬戎襲殺幽王或說：

申侯要幽王恢復其女兒的皇后身分及外甥宜臼太子的地位，幽王不允，申侯乃聯犬戎等攻打幽王。

因此，他們對周平王的所作所為頗為不滿，認為他不該指使或聽任申侯去結犬戎，更不該於申侯及犬戎的聯軍既陷鎬京，殺戮幽王以後，還要靦顏自立，受申侯的扶立；又說平王即位後，感念申侯全己之功，派遣京畿內的人民去為申侯戍守防敵。朱子對平王更有一段更嚴厲的批評：

> 申侯與犬戎攻周而弒幽王，則申侯者，王法必誅，不赦之賊。平王與其臣庶，不共戴天之仇也，今平王知有母而不知有父，知其立己而有德，而不知弒父為怨，至使復仇討罪之師，反為報施酬恩之舉，則其亡親逆理而得罪於天已其矣。

這些說法，都是「見仁見智」，缺乏客觀史觀。周的王位繼承法「嫡長子為合法繼承人」，幽王廢嫡立庶，這是王室二度破壞了這種宗法制度（前述宣王干涉魯國內政廢長立少是第一次，一切後果都是肇始於幽王，太子宜臼除非心甘情願接受現實，不然，其父先廢之，繼欲殺之，為父者不義於此，為人子者仍要顧及親情，

實在很難，何況在當時能撐左右大局者不是太子宜臼，而是岳父大人申侯。不管從那一角度或立場來研究，幽王之被殺自取也。

按戎人與周室的關係本來很惡劣，如《史記·周本紀》說：穆王時征犬戎，俘擄其王五人及四白狼，四白鹿，並遷戎於太原。《竹書紀年》說：孝王元年命申侯伐西戎，《後漢書》及《竹書紀年》說：夷王時命虢公帥六師伐太原之戎，《史記·秦本紀》說：厲王無道，西戎反王室，並殺秦大夫秦伸。《史記·秦本紀》中說：宣王時興兵七千人會秦莊公伐西戎；《竹書紀年》又說：宣王三十三年伐太原戎，三十八年伐条戎、姜氏之戎。《竹書紀年》又說：幽王六年伐六濟之戎。

戎人既與周室有於上的兵戈關係，自然懷恨在心，伺機報復。於今見幽王淫亂不已，諸侯背叛，於是西戎、犬戎與申侯聯合舉兵攻擊周室，這時的周室在天災與亂政的雙重壓迫下，本身已無抵禦外敵的能力，加以諸侯不來救援，以致犬戎順利攻陷鎬京，追殺幽王於驪山之下。

另一點還要說明的，究竟是犬戎聯絡申侯攻打周室？還是申侯勾結犬戎攻打周室？後世很多史家編寫的中國通史多數是指「犬戎聯申侯攻周室」。按當時的情形，先是幽王討伐申侯，申侯乃聯犬戎等攻周室，是正確的。

戎人攻陷京師後，主要的目的是掠奪財物，但仍佔據京城而不去。不管當時周王室對不對，而戎人究竟是戎人，不屬於當時「中國」的系統，諸侯們目睹領導全國的「中央」瓦解，怎能漠視不問。《史記·秦本紀》說：「秦襄公將兵救周」。《史記·衛世家》：「衛武公將兵往佐周平戎」。《史記·周本紀》說：「於是諸侯乃即申侯，而共立故幽王太子宜臼是為平王」。也就是申侯先擁立平王，諸侯們跟著中侯也擁立平王。

據《汲冢紀年》說，當周平王被諸侯擁立的同時，另有虢國的虢公也在攜地擁立王子余臣為王，稱為攜王。一時出現「兩周並存」十年的局面，後來晉國的文侯攻殺了攜王。

周平王即位後，眼見鎬京殘破不堪，又以鎬京鄰近戎狄，恐戎狄捲土重來，心生畏懼，決意東遷雒邑。《史記·秦本紀》說，秦襄公派兵護送周平王，平王乃封秦襄公為諸侯，並把岐山以西的土地全部賜給秦國。秦國因此列為諸侯之林。秦文公時，把西戎趕出鎬京，收復了周朝舊有的土地和人民，但把岐山以東的土地獻給了周王。另外協助輔佐平王東遷的還有晉文侯和鄭武公。

且說秦襄公送周平王到洛邑，獲得被封為諸侯，凱旋回國，真是躊躇滿志，於

是在西時刻石紀功，這就是流傳至今的「石鼓文」。

　　關於「石鼓文」的製作時代有很多不同的說法，有的說是周宣王時巡狩歧陽時，由太史籀所作，有的認為是周成王所作，宋人鄭樵因其文往往與秦器相合，指為秦刻，全祖望不認為是秦以前作品，馬定國、顧炎武等人，認為是宇文周時代的作品，自古以來論斷紛紛。大陸史家撰編《小通史·西周篇》，強調是秦襄公時所作，在十塊圓柱形的大石上，刻滿了秦國的大篆文字（又稱籀文），因石形像鼓，故云「石鼓文」，雖年代久遠和風化剝蝕，石鼓上的文字殘損很多，但秦襄公護送平王東遷的歷史事件，在「石鼓文」中還是有跡可尋。《小通史》說：「五代以前，鄭余慶把散亂在陳倉荒野上的十只石鼓移至鳳翔知縣……，宋徽宗時移至汴梁（開封），存放宮內太和殿前珍藏，並下令用黃金填補缺失的字劃，以表示其貴重，從此再不准進行摹拓，以免石鼓遭到損失。」

　　北宋亡後，金人將其掠至燕京，但字縫中的黃金卻被挖去。……清高宗（乾隆）時設欄干維護，命工匠另刻一組讓人臨摹，於是石鼓有新舊兩種。目前這十只石鼓文放在大陸故宮博物院保和殿東部的箭亭內陳列。石鼓文字保存了最古的篆文，是研究古代書法不可多得的藝術珍品。大陸史家更認為石鼓文是西周王朝滅亡的見証，也是我國歷史上第一個統一王朝秦朝的奠基石。

　　周平王東遷雒邑後，後世史家稱之曰「東周」，而以周幽王以前稱之為「西周」。

　　西周時王室的領域由寶雞到鄭州一帶，地方千里，物豐稅多，足養六軍。東遷之後，王畿的範圍不及以前的三分之一。之後在惠王，襄王時又將一部分土地分別劃給鄭、虢、晉等國，自是王畿更加縮小，生產不多，人口稀少，兵源缺乏。過去天子有六軍之額，於今不及一軍，連維持生活亦感困難。據公羊傳的記載，平王死後，王室竟派人到魯國求安葬費，包括殉葬的物品。桓王時連坐車也沒有，不得不派人到魯國求車輛，襄王時派人到魯國借金。所以公羊傳譏評這些舉動都是「非禮」。那有天子向諸侯借東借西的，其他王室的用器，都要靠諸侯供給，《左傳》昭公十五年記載，晉國派荀躒為特使，籍談為副使到周朝參加穆后的葬禮，周景王在法事完畢後，與荀躒飲酒，指著魯國進貢的酒壺說，各國都有器物送給王室，為何晉國沒有，荀躒的副使藉談回答說，因為晉國在受封時王室並沒有給晉國什麼，所以沒有什麼可回送的。周景王正色對藉談說，據歷史的記載，王室曾三次賞賜寶物給晉國，而且你的高祖孫伯黶是掌管晉國典籍的官，以主持國家大事，故稱為籍

氏，你是司典的後代，為什麼忘記了呢。周景王諷刺他「數典忘祖」，其實這反映了王室之衰微，連一個副史也可以反詰問天子。

如此王室，豈能再號令諸侯，因是原為地方官吏的各地諸侯，變成了各自為政的小君主。禮法既已破壞，諸侯君長蔑視天子，卿大夫亦目無君長，於是上下交爭，列國競爭，繼之霸者興起，遂演變成「春秋戰國」的局面。

周平王東遷後，便自亂陣腳，兄弟叔姪相爭，幾乎成了家風。以致在春秋戰國時代的「舞台」上，堂堂王室已由主角退為配角，甚至成了「搖旗吶喊」的小卒，最後被趕下台來。

歷代史家對這一時代的歷史都把眼光注射在一些強大諸侯的那邊，將周王室作配襯而已。關於周王室與諸侯之間的關係列入春秋、戰國歷史中敘述。

周平王位五十一年，太子早死，傳孫是為桓王。位二十三年，傳子是為莊王，位十五年，傳子是為僖王，位五年，傳子是為惠王，（時齊桓公稱霸）惠王藉天子威力曾搶奪五位大夫田園，五大夫勾結其叔父王子頹趕走惠王，後為鄭厲王協助殺王子頹，惠王復位。二十五年－－傳子是為襄王，其弟王子帶勾結狄人攻入王城，襄王逃鄭，後賴晉文公之力，襄王復位，位三十二年－－傳子是為頃王，位六年，傳子是為匡王，位六年，傳弟是為定王，即位第五年黃河決口（據考自禹治水至此一千六百七十多年，黃河決口尚為第一次，足見禹治水工程之堅固），定王二十一年，傳子是為簡王，位十四年，傳子是為靈王，位二十七年，這幾十年間除朝廷大臣互相爭政外，對內對外無甚可記，王死傳子是為景王，曾造大錢製樂器，位二十五年，太子早死，次子猛，三子匄，另一庶子王子朝，景王死，王子朝率領失意官僚奪去猛，幸大臣單穆公等將猛又奪回，並請晉兵保駕，但未立為王即死，後追為悼王。於是三子匄繼立是為敬王，王亦為王子朝排斥，後賴晉兵趕走，敬王位四十四年，乘楚亂殺王子帶，時吳越爭霸，不久轉入戰國時代。敬王傳子是為元王，王室更日非一日，名存實亡，元王位八年，傳子是為貞定王，位二十八年，傳子是為哀王，位三月，為其弟王子叔弒，潛稱思王，位五月，又為另一弟王子嵬弒，是為考王，位十五，傳子是為威烈王，但在這之前，考王曾封他的弟弟王子揭于河南是為西周桓公，傳至惠公，封其少子班於河南鞏，稱東周，於是周室分裂為二（並非朝代上東西周），時威烈王承認三家分晉，並列為諸。位二十四年，傳子是為安王，承認篡齊之田和為諸侯，位二十六年，傳子是為烈王，位七年，傳子是為顯王，時六國及秦皆已稱王，顯王位四十八年，傳子是慎靚王，位六年，傳子是

為赧王，位五十九年，正是秦的勢力高漲，赧王於最後一年，親自到秦國獻出人口土地，又七年，東周君亦為秦莊襄王所滅，周室竟先六國而亡。

二、春秋時代列國的形勢

（一）春秋時代名稱的由來

《春秋》就是當時魯國的一部國史。這部國史又為什麼取名為春秋？因為那時有一種制度，朝廷和各諸侯國都設置了史官，負責記錄所發生的大事，而且各國之間還要相互告知，當時稱之為「赴告」。史官們記錄發生的大事時是按年、季、月、日來記，也就是在一年中記著春、夏、秋、冬四季的事，春為生物之始，秋為成功之終，故習慣上簡括的稱之曰《春秋》。

這部魯國的國史《春秋》。是從魯隱公元年，也就是周平王四十九年（西元前七二二年）開始，到魯哀公十六年，也就是周敬王之十九年（西元前四七九年）為止，共二百四十四年。孟子說：「世衰道微，邪說暴行又作，臣弒其君者有之，子弒其父者有之。孔子懼，作《春秋》。」《春秋》：天子之事也。當時列國大事都記載在這部書裡。後人便以這書名稱這個時代。

《春秋》以魯國的歷史為主線，對周王室很尊重，並追溯殷商的舊制，承接三代的法統。全書文詞簡約而意旨宏富。例如吳、楚之君自稱為王，《春秋》便把他們貶稱為「子爵」。又如後面要講的晉文公在踐土之會盟後，周天子與晉文公會面的事，實際上是晉文公召周天子，而《春秋》乃矯正這件事是不合禮制名分的行為，乃寫為「天子狩於河陽」（詳情見後）。所以說：「《春秋》作而亂臣賊子懼」。

（二）春秋列國的形勢

《漢書天文志》有這樣的一段記載：「周室微弱，上下交怨，殺君三十六，亡國五十二，諸侯奔走不得保其社稷者，不可勝數，自是之後，眾暴寡，大併小」。更有學者依據《春秋》一書的記載，作了另一統計，在二百餘年中：「言侵者六十次，言伐者二百一十六次，言圍者四十次，言師滅者三次，言戰者二十三次，言入者二十七次，言進者二次，言襲者一次，言取者言滅者，則不可勝計。」這些戰爭不僅發生於諸侯與諸侯之間，也進行於諸侯與天子之間，而且也發生於諸侯的臣屬

之間。這些戰爭的目的，基本上都是為了「掠奪」「兼併」。所以說「春秋無義戰」。

據《左傳》記載當年禹會諸侯於塗山時，天下諸侯有萬國。商湯時尚有三千，至周初為一千八百多國，到春秋時代能夠查得出來的還有一百七十餘國，不久有的陸續被滅亡。剩下的只有魯、衞、晉、鄭、曹、蔡、齊、宋、陳、許、秦、楚、吳、越等十四國。但是，司馬遷的《史記》「十二諸侯年表」中所列的是：魯、齊、晉、秦、楚、宋、衞、陳、蔡、曹、鄭、燕、吳等十三國，少了許國。

年表既稱「十二諸侯」，為何跑出十三國，《史記‧索隱》說：「賤夷狄不數吳，又霸在後故也」。按吳乃太伯之後，周之同宗，為何以「夷狄」視之。後世寫通史的史家有說春秋重要諸侯除了《史記》年表中的十三國外另有許國，一共應是十四國，也有人把晚期興起的越國也列入其中。實事上，春秋晚期吳越在當時「國際」舞台上也曾顯赫一時，當然要列入春秋時代的重要諸侯。至於燕國在戰國時代才成為要角，司馬遷不應該把它列春秋諸侯之林。其實這些爭論都無意義。茲先介紹這些重要國家的簡史於後：

魯國：《史記‧魯周公世家》：

周滅殷後，封功臣同姓，當時周公旦被封在今山東曲阜是為魯公。因周成王年幼周公要留在朝廷輔佐朝政，乃教他的兒子伯禽到魯國就封，周公曾告誡伯禽說：「我文王之子，武王之弟，成王之叔父，我於天下，亦不賤矣，然我一沐三握髮，一飯三吐哺，起以待士，猶恐失天下之賢人，子之魯，慎無國驕人。」因是伯禽世秉禮義，國家稱治。周宣王曾干涉魯國君位之爭，導致以後魯國之內亂。到周平王東遷後，魯國的政治更形紊亂，國君似無領導的能力，政治權力分到孟孫、叔孫、季孫三個大夫手中，他們都是魯桓公的後人，史稱「三桓」。以後魯國的政治都先後由他們把持，直至最後為楚國所滅。

衞國：《史記‧衞康叔世家》

衞康叔名封，是周武王的同母弟，周公平管蔡之亂以後，把武庚所統治的殷朝遺民，封給康叔，是為衞君。定居在黃河和淇水之間的商朝故墟上，由於這地方正好是周王室衞服的地帶，故名其國為衞國。這個責任太大而且艱難。

周公擔心康叔年紀太小，不足以勝任，乃告誡康叔說：「必求殷之賢人君子長者，問其先殷所以興所以亡，而務愛民；告以紂所亡者，以淫於酒，酒之失，婦人是用，故紂之亂自此始。」所以先後作了「康誥、酒誥、梓材」告誡他，這在前一

章已經說過了。康叔既受過這番告誡，所以到了封國後，很快地就能安撫其人民，人民都非常高興。

成王長大親政後，特別拔舉康叔回朝做司冦，掌管治安工作，成王還賞賜寶貴祭器給衛國，以彰顯其美德。這以後的歷史也非常複雜，其間曾被狄人滅亡，齊桓公為其攘夷，恢復了衛國，後來成為晉國的屬國。這中間有一個不倫不類而又可歌可泣的故事，就是衛宣公的時候，太子伋本來要娶齊侯之女為妻，還沒有過門的時候，他老爸宣公發現這個準兒媳婦美艷絕倫，傾慕之餘，居然將她強娶過來，佔為己有，另給太子改娶其他的女子為媳婦。這種情形後棟的唐玄宗也如法泡製，把兒子壽王的準老婆楊玉環娶作自己的貴妃。

宣王娶了齊女後，生了兩個男孩，一個叫子壽，一個叫子朔，不久太子伋的生母去世，宣公娶的齊女成為正夫人，與她生的其中一個叫朔的兒子共同在宣公面前讒毀太子伋。宣公既強奪了太子的女人，心中自然有些不安，早想把太子廢掉，於今既然聽到太子的種種罪惡，不禁勃然大怒。乃決心設陷殺害太子。乃一面命令太子出使齊國，一面買通盜匪，在邊境等候。宣公又故意給太子一面旗幟，上面裝飾白髦，然後緊急通知在邊界上等候的盜匪，教他們見有手持白髦旗子的人就殺。太子將行，子朔之兄子壽（太子的異母弟），知道子朔要陷害太子，國君將殺他，乃勸太子不要去。太子說：「違逆父親的命令而求偷生，這是不可以的」。就完，還是啟程去了。子壽見太子不肯停留，乃偷取太子那面白髦旗子，搶先在太子之前，奔馳到邊界上。攔守在邊界上的盜匪發現果真有持白髦旗子的人到來，就把他殺了。子壽被殺不久，太子伋接著也趕到，對盜匪說「你們所要殺的是我啊。」於是盜匪又殺了太子伋。

司馬遷寫完《史記·康叔世家》最後感嘆的說：「我讀衛世家歷史，讀到宣公之太子因婦人之故而被殺，其弟子壽不惜犧牲生命而以天下相讓，這段史實的時候，深受感動，這與晉國太子申生之不願揭發驪姬之過相同，都是惟恐陷父於不義，而傷害了父親的志節。然而最後還是遭受到死亡的命運，這是多麼悲愴的事情啊，而世間竟有父子互相殺害，兄弟互相戕滅的，這偏又為什麼呢？」

關於衛國的歷史，大陸考古學家也於一九三二年在河南境內的浚縣干村，發現了衛侯的墓地，其中有禮器、兵器、車馬器，以及銅器銘文，現在的河南省北部和河北省南部一帶便是衛國的統治地區。

晉國：《史記·晉世家》

晉國的祖先唐叔虞，是周武王之子，成王之幼弟。當初武王與叔虞的母親相會時，虞母曾夢見天神對武王說：「我命你將來生了兒子要取名為虞，我將以唐這塊土地給他」。後來兒子出生，手心上竟有一「虞」字，因之就命名為虞。武王死後，成王繼立。唐地人作亂。（按這唐地在今山西翼城縣南，堯的後代所封之地，夏孔甲時，堯的後裔叫做劉累者，善於養龍，乃錫為「御龍氏」，這故事已在本書已說過了。）周公於是平滅了唐。這時成王雖繼立為天子，但年紀還是小小的，有一天他與幼弟叔虞玩遊戲，曾將一片銅葉削成珪狀（上銳下方呈長條形），送給叔虞，並說：「以這個封你」。於是大夫史佚（有的說是周公）恭請成王擇日立叔虞。成王說：「我只是跟他開玩笑而已」。史佚說：「天子無戲言，言則史書之。」於是封叔虞於唐。這地方方圓一百里，後世史家認為封國建藩是件大事，不會於此草率，唐柳宗元曾撰文辯其虛妄。叔虞姓姬，傳其子燮，將都城遷到晉水旁邊，今山西太原附近，改國號為晉。稱為晉侯。經過好幾代傳到穆侯時，娶齊國女子姜氏為夫人，先後生了兩個兒子，一個取名叫仇，一個娶名叫成師。晉大夫師朝說：「異哉，君之命子也，太子曰仇，仇者讎敵也，少子曰成師，成師乃成其象之意，名是自命也，物是自定也，如今所命之名彼此背逆，此後，晉其能毋亂乎。」不過穆侯之子仇繼位後是為文侯，曾護送周平王東遷，又協助他攻殺了與平王並立的攜王，平王特別感激，還作了一篇「文侯之命」的誥辭予以表彰，並大加賞賜，光車子就有千輛之多，文侯之輔佐晉姜將其事鑄在鼎上，稱為「晉姜鼎」，是春秋早期的標準青銅器。然而文侯以後，果不然經常發生內亂，後來稱霸的晉文公也是因內亂而流亡在外達十九年之久。晚年又六卿擅兵權，三家瓜分了晉國而演變為戰國時代的韓趙魏三國。

鄭國：《史記·鄭世家》

鄭國的祖先是桓公，名叫夷，是周厲王的少子，也是宣王的庶弟。宣王在位二十二年封在鄭，原在陝西華縣西北。過了三十三年之後，鄭地的百姓都非常愛戴他，周幽王因此召他回朝廷做司徒，表現良好，使周朝的民眾和諧而團結。京城的人民都非常高興。以致黃河以南，洛水以北一帶的人民也仰慕而思念他。可是他只做了一年司徒時，周幽王就因寵愛褒姒，使朝政敗壞，諸侯開始背叛王室，在此情況之下，鄭桓公就去問太史伯逃命的計劃，他聽了太史伯的話，先將封地的人民遷到洛水以東，而當時那裡有虢、鄶兩小國，見他是天子的寵臣，便給他十邑治理，

後來桓公也同時被犬戎殺於驪山之下，其子武公，將十邑併為自己的土地，鄭人擁護他是為武公。武公子莊公曾是周王室的卿士，顯赫一時，其後周鄭交惡，且有繻葛之戰。晉楚爭霸時，鄭介於二強之間，時受其制。至鄭簡公任子產執政，內治外修，頗盛一時，戰國時為韓所滅。

曹國：《史記·曹叔世家》

周武王封其弟叔振鐸，都於陶丘，今山東定陶縣西北四里，是一個伯爵國，春秋時代沒有什麼值得敍述的地方，是晉國的屬國，一般史家都很少提及，後被宋國所滅。

蔡國：《史記·管蔡世家》

叔度是周武王的同母第五個弟弟，封於蔡，今河南上蔡縣，原本要他協助殷紂王的兒子治理殷遺民，並加以監視。但至成王時卻與武庚起來造反，旋被周公平定，把他放逐，給他十輛車乘，隨從七十人，但不久即逝世，其子市因遵循道德，順從善性，周公請求成王封胡於蔡，以承奉蔡叔的祭祀。其後裔先後是吳、楚的附庸，最後被楚國滅亡。

吳國：《史記·吳太伯世家》

吳太伯與弟弟仲雍都是周太王古公亶父的兒子，兩人為了讓弟弟季歷繼承父位，乃逃往荊蠻，故意在身上刺上紋彩，又剃掉頭髮，以表示兩人已不能在廟主持祭祀。他倆來到荊蠻後，自號為句吳。荊蠻人尊敬他的義行，因而歸附者有一千多家，並擁立為吳太伯。太伯去逝，因無子，由弟仲雍繼立，經五傳至周武王滅殷後，尋找太伯仲雍的後人，找到周章，周章已是吳的君長，因此就封他於吳。再傳了十四代到吳王壽夢時，楚國大夫申公巫臣由晉國來到吳國，教導吳國作戰用兵之道，之後另一楚人伍子胥亦亡奔於吳，從此吳國強盛，詳情見後。

以上七國皆與周同為姬姓國。

齊國：《史記·齊太公世家》

齊國的祖先是呂尚，也就是姜太公，是歷史上頗富傳奇姓的人物，他的生平事蹟，已在前面說過了。周之所以滅商，他的功勞很大，武王乃封他於齊，都營丘（今山東昌縣），後來遷徙於臨淄（今山東臨淄）。呂尚到了齊國後，修治政務，依當地習俗，簡化禮儀，開放工商各種行業。加以地近沿海，有漁鹽之利，而無後顧之憂。人民多心歸於齊，不久，齊遂成為東方大國。

周成王時特別命令太公道：「東到海，西至黃河，南到穆陵關（今山東臨朐縣

南百里大峴山上），北至無棣（今山東無棣縣北三十里）。在此範圍之內的五等諸侯，九州方伯，若有罪，皆得以征討之。」從此，齊國獲得代替天子征伐不服的權力。至春秋時代，桓公稱霸天下，詳後。

宋國：《史記·宋微子世家》

宋國的祖先，微子啟原是商紂王的庶兄，因紂王無道，屢諫不聽。周武王伐紂，推翻了殷朝。微子帶著殷朝宗廟的祭器投奔於周。最先周武王封紂王之子武庚於殷的舊畿，承續殷朝列祖列宗的祭祀，但不久武庚與周宗室管叔、蔡叔叛亂，旋為周公所平，武庚被誅。於是周成王乃以微子啟代替武庚為殷室後裔，奉行殷朝宗廟的祭祀，封他為宋公，是為春秋之宋國，建都於今之河南高丘縣以南。至宋襄公時曾欲稱霸未成，詳後。

陳：《史記·陳杞世家》

陳國的祖先是帝舜的後代，舜將帝位讓給禹後，他的兒子商均作了諸侯。到夏朝時，諸侯的身分斷斷續續。到周武王時，特別尋找古聖先賢的後裔終於找到舜的後代媯滿，就封他在陳地，以奉持帝舜的祭祀，是為陳胡公。春秋時役屬於楚，旋為楚所滅。另一公子逃往齊國避禍，成為田氏一族，後來竟篡齊自立，是故陳雖亡，其子孫反為齊王矣，詳後。

許國

許國是四岳的後裔，姜姓，與齊國同祖。周武王封四岳的後代文叔於許，今河南許昌縣。許國是春秋時的一個小國，靠近鄭國，鄭國經常欺侮他，被逼遷了好幾次都，到戰國初期被楚國滅亡。

秦國：《史記·秦本紀》

秦國是顓頊的後代，周孝王時有一個名叫非子的人替孝王養馬，很有成績，孝王乃封他在今天甘肅天水的秦地，為周的一個附庸國。秦襄公因協助周平王東遷有功，被提升封為諸侯，至穆公時稱霸西戎。詳後。

楚國：《史記·楚世家》

楚國的祖先是顓頊的後代。周成王封其後裔熊繹，都於丹陽，春秋初遷於郢，今湖蘄春縣。當齊、晉爭霸時，楚先後控制鄭宋兩國，楚莊王時打敗晉國而稱霸，詳後。

越國：《史記·越王句踐世家》

越國的祖先是禹的後代，少康的庶子，封於會稽，負責看守供奉禹的祭祀。他

們在身上刺著花紋，剪短頭髮，從事產除原野荒蕪雜草，建立城邑工作。經二十代傳至允常，與吳國發生戰爭，相互間結下怨恨，允常去世，其子句踐即位，是為越王。詳後。

以上七國是周的異姓諸侯國。

上述春秋十四國簡史、雖有十四國，然其能號令諸侯，左右時局者，惟齊、晉、宋、秦、楚、吳、越等七國而已，而七國之中，宋國的威勢只是曇花一現，吳越兩國到春秋晚期才躍上舞台。所以春秋之際，齊、晉、秦、楚四大國，分據東、北、西、南四方，處於進可以攻，退可以守的地位。正如《史記》十二諸侯年表所云。

「晉阻三河，齊負東海，楚介江淮，秦因雍州之固，四國迭興，更為伯主」。另外鄭國在春秋之初顯赫一時，可從「周鄭交惡」之事說起。

（三）鄭莊小霸

（1）周鄭交質

前面說過，鄭國的國君在周幽王時就曾是王室的司徒。周幽王被犬戎殺害後，鄭武公率軍協助周平王東遷，所以周鄭的關係不僅密切而良好，後來武公的兒子，鄭莊公在周平王東遷後就是王室的卿士，有如今之行政院長，掌握朝廷大權，而且十分專橫，威權震主，幾乎目無天子，但因鄭國國內多事，莊公卻又不能常在朝廷處理政務。周平王乃藉此與虢國國君拉攏，想將政權交一部分由虢公處理，用以削弱鄭莊公的勢力，這一計劃尚未開始，便被莊公知道，立刻上朝責問平王。身為天子的平王居然恐懼起來，矢口否認沒有這件事。據《左傳》的記載，平王為了取信於莊公，竟先提出互相交換人質，於是堂堂天子的王子狐押在鄭國，鄭國莊公的公子忽押在周室，從這種天子與諸侯交換人質的情形來看，王室的威嚴已經低落到極點了。

（2）繻葛之戰

周平王死後，由他的孫子繼為王位是為周桓王。

桓王對專橫的鄭莊公決採取強硬的態度，準備任用虢國國君為朝廷的卿士，莊公獲得這個消息後，居然派人割掉屬於王室的麥子和搶走王室的穀子。這種舉動簡

直是無法無天，儘管如此，但桓王還是毅然決然的任用虢公為右卿士，把鄭莊公降為左卿士。

這時的鄭莊公本來有「挾天子號令諸侯」的野心，當然不敢與王室決裂，懷有「委屈求全」的心理，還聯絡齊國國君僖公去朝見桓王，以表示服從天子的任命，可是周王不加禮遇。

鄭國的來朝，卻促長了周桓王的傲氣。除了吞滅鄭國的四個城邑之外，接著把莊公的左卿士的職位免除了。一向蠻橫的莊公自然也難忍這些怨氣，但也沒有反制的辦法，只是不再盡諸侯本分不再去朝見天子了。桓王便藉著這個理由親自率領陳、蔡、衞等國的軍隊討伐鄭國。鄭國發兵抵抗、雙方在繻葛，又名長葛，就是今天的河南長縣的東南打起來。歷史上稱為「繻葛之戰」。

《左傳》魯桓公五年記載了這個戰爭的過程，鄭莊公聽從了鄭國子元的建議，認為參戰的陳國內部本有戰亂，百姓根本缺乏戰鬥意志，所以先攻擊陳軍，果然陳軍不堪一擊，首先奔逃，其他蔡、衞兩軍繼之敗走。這時周桓王親領的中軍被鄭軍從兩面包圍，終於大敗。鄭國的大夫祝聃射中周桓王的肩膀，桓王負傷逃走，祝聃還要追趕，沒想到這時鄭莊公卻表現了寬恕的姿態說：

算了！君子不希望欺人太甚，安可欺凌天子，只要能挽救自己，使國家免於危亡就夠了。

到了晚上，鄭莊公還派遣祭仲足去慰問周天子及他的隨從。這種種的措施無非是想在諸侯心目中留下一些好感，以為往後「挾天子號令諸侯」的欲望做一些冠冕堂皇的準備。

繻葛之戰提高了鄭國的國際地位，而周王的「受天有大命」、「輔有四位」的牌子被打得粉碎，自是王室的威嚴可以說蕩然無存了。

而這以後的鄭國憑著居「天下」之中的地理位置，肥沃的土地，農產品豐盛，商業也發達等等，「得天獨厚」的條件，再加上環繞他四周的國家，在那個時候都還沒有強盛起來，還且自顧不暇，對鄭國都不能造成威脅，甚至有的還要仰賴鄭國。如西方的秦國正與戎為敵，無暇東顧，北方的晉國內爭不已，南方的楚國則專力向南發展，東方的齊國正是昏君（襄公）當政，而魯國則因年年與齊宋打仗，也無力與鄭為難，至宋、衞兩國更非鄭之對手。何況鄭莊公採取了聯合齊、魯夾擊宋、衞的「遠交近攻」的策略。

不過據《左傳》魯隱公四年的記載，宋、衞、陳、蔡四國聯合攻打鄭國，把鄭

國打得大敗，並搶割了鄭國的稻子，但到魯隱公五年，鄭國又打敗了衞國和宋國。鄭莊公並與魯隱公建立起友好關係，到魯隱公八年，鄭、齊、宋、衞四國居然又在瓦屋地方結起盟來。這顯示春秋國家一開始就從戰爭與外交上交互運用。後來鄭莊公不僅打敗了宋、衞、蔡三國的聯軍，之後在魯隱公九年打敗山戎，又在魯桓公六年派太子忽率軍協助齊國打敗入侵齊國的北戎。

從以上種種的情勢來看，當時鄭國莊公，在國際間似乎是一位舉足輕重的人物，小國與之講和，大國聽其指揮，儼然已處於「霸王」的地位，只因為時短暫，規模也不大，故歷史家稱之為「小霸」。

（四）齊桓公的霸業

（1）小白回國與齊魯之戰

前面已依據《史記·齊太公世家》的記載，周成王時，齊國便是諸侯中最大的國家，並且奉王命有代替天子征伐不服的權力。

經過十一代傳至釐公，釐公對姪子公孫無知非常喜愛，並將他的禮秩服制及俸祿都比照太子，釐公死，太子繼立是為襄公。襄公原來對公孫無知不滿，即位後便免除了無知的一切爵祿，無知因而懷恨在心。

魯桓公十八年，偕夫人到齊國旅行，魯夫人原本是襄公的妹妹，在未嫁之前，兄妹即有亂倫的行為，此次桓公帶夫人回來，襄公又與其妹有苟且關係。魯桓公獲悉後，非常生氣，魯夫人把丈夫生氣的事告訴襄公，襄公設計與桓公飲酒，將其灌醉，然後派大力士彭生將之殺害，魯國責備齊國，齊乃殺彭生以謝罪。之後襄公又無故誅殺臣民，使人心惶惶，連弟弟們也恐怕被襄公牽累，紛紛逃往外國避亂，如二弟公子糾逃到魯國，因他的母親原是魯國的公主，身邊有管仲和召忽兩人輔導他；另三弟公子小白逃到莒城，小白的母親原是衞國公主，身邊有鮑叔牙輔導他。

兩位公子逃走後，國內仍亂事不已，最後無知弒襄公自立，旋大夫高傒及雍林地方的人殺了無知，國內無主。

由於小白在國內時，從小就與大臣高傒親近友善，當大夫們商議擁立新君時，高傒及國昆二臣便暗中召回莒城的小白。而這時魯國聽說無知被殺，也派兵護送公子糾回齊，並使管仲先帶一批殺手暗自埋伏在小白要通往齊國的道路，小白路過，管仲拔箭射中小白腰帶上的銅鉤。小白故意慘叫一聲裝死倒在車上，管仲以為得

手，立刻派人回報魯君，於是護送公子糾的魯國軍隊，以為政敵既被殺，就不必急著趕路，慢吞吞的護送公子糾走向齊國國都，而這方的小白等管仲離去後，快馬加鞭並抄捷徑趕回了齊都，被立為國君就是齊桓公。

　　《史記》這段記述，如同讀武俠小說看偵探影片使人感官急促，但頗令人懷疑者有四：

　　（1）管仲既帶了大批人馬攔殺，目的在置小白於死地，何不「萬箭齊發」，獨管仲一人拔箭射之？

　　（2）整個身軀射背、射胸、射頭等等，為何偏偏射中腰帶上的銅鉤，令人不解。

　　（3）一路上，小白顯然並不知有人要暗殺他，何以見一箭射來即佯裝而死，並非常情，照理應立刻喝令左右搜拿兇手。

　　（4）管仲應非等閒人物，既射中小白何以不檢視是否身亡，便馳報魯君，以為任務完成，亦屬荒唐。

　　而《史記》接著說：小白被射中皮帶鉤子，以裝死欺騙管仲，就坐著溫車（舒適的臥車）飛馳而行，國內則有高傒和國昆二臣作內應，因此順利立為齊國的國君，然後派兵在邊境抵擋魯國護送公子糾的軍隊。而護送公子的軍隊得到管仲不實的情報不慌不忙的走了六天的時間才來到齊國，沒想到小白已做了齊國的新君。這件事管仲不知如何向公子糾交待，《史記》也沒有記載公子糾事後追究責任的事。

　　公子糾是魯國的外甥，對他未能做成齊國的國君，自然很不甘心，把軍隊駐紮在乾時（今山東桓台縣以南）的地方，齊魯兩國就在此地打了起來，歷史上稱「乾時之戰」。魯國原以為齊國甫遭內亂，桓公初立不堪一戰，沒想到自己被齊國打得大敗，魯莊公落荒而逃，坐車也被齊軍奪得。而且還被齊軍切斷歸路。齊桓公，原想把魯國打敗殺管仲以洩恨，其實他從莒城回國的路途中的那一箭又怎麼知道是管仲射的，編史的人往往把以後的事來推演前情。

　　這時桓公的謀臣鮑叔牙對桓公說：

　　　　臣幸得從君，君竟以立，君之尊，臣無以增君，君將治齊，即高傒與叔牙足
　　　　也，君且欲霸王，非管夷吾不可，夷吾所居國國重，不可失也。

　　於是桓公聽了鮑叔的話，寫了一封信到魯國：

　　　　子糾兄弟，弗忍誅，請魯自殺之，召忽管仲讎也，請得而甘心醢之，不然，
　　　　將圍魯。

　　魯國人收看信後，非常恐懼，乃將公子糾殺死，召忽自殺，而管仲明知桓公要將他剁成肉醬，何以不害怕，請求將自己囚禁起來，顯然他心中早有暗算。實事上齊桓公寫給魯君的信，也是故意說要親自醢管仲，其意是要魯國把他送回來以便重用他。

　　管仲來到齊國，鮑叔牙親到邊境迎接，並幫他解除手銬腳鐐，齊桓公則以隆重禮節儀式任命他為卿士，主持政務。

　　齊桓公即位第二年，對當年魯國護送公子糾的事還懷恨在心，《左傳》魯莊公十年記載齊國派大軍攻魯，雙方在長勺打了起來，歷史上稱之為「長勺之戰」，當時魯國的軍隊少，齊國的軍隊多，結果齊大敗，何以「以少勝多」，根據《左傳》的記載，魯國獲勝要功歸曹劌。曹劌本是局外人，當戰爭還未正式展開時，要求進見莊公，有人對他說，這軍國大事自有食肉者謀，你何必去干與，曹劌說「肉食者鄙未能遠謀」他的意思是指那些拿國家俸祿的人，見識鄙陋，不知從遠大地方著想。於是見著莊公討論一番，作戰的時候，魯莊公想要擊鼓進兵，曹劌說「還不可以」等到齊兵擊鼓三通，曹劌道「可以進兵了」。遂擊鼓攻齊兵，齊兵大敗，魯莊公問其原因，曹劌曰「夫戰勇氣也，一鼓作氣，再而衰，三而竭，彼竭我盈，故克之」。魯莊公想乘勝追擊，曹劌說等我觀看情況再追，因為有時候敵國敗退，並非真的敗走，而佯裝敗退引誘對方進入埋伏的陷井。於是曹劌下車觀察齊軍車轍零亂，登車觀望又見其軍齊不整，隊列混亂，顯示狼狽不堪，足見是真正敗退現象，乃告訴魯莊公乘勢追擊，遂大敗齊軍。前述曹劌的「肉食者鄙未能遠謀」篤盡謀國償事一流人物，非獨千古笑柄，於今奉迎吹拍，尸位素餐者亦比比皆是。

　　後世史家多認為這次齊魯長勺之戰，齊敗魯勝，乃因魯之曹劌「適時掌握戰機，準確掌握戰情」，再加以魯軍為保衛國土，士氣旺盛，都是致勝的關鍵與基礎。

（２）管仲治齊的政策

　　前述齊魯長勺之戰，齊國吃了敗仗之後，自知力量不足，於是轉而勤修內政，由管仲、鮑叔、隰朋、高傒等人負責，管仲為主謀。在未討論管仲如何治齊之前，先談談管鮑之交。《史記·管晏列傳》說：

　　管仲名夷吾，是潁上人。年少時與鮑叔牙交往，鮑叔牙知道他很賢能，所以推薦他做了齊桓公的宰相。在交往的過程中，管仲常常騙取鮑叔牙的財物，而鮑叔牙從不提這些事，後來鮑叔死了，管仲回憶說：

> 吾始困時,嘗與鮑叔賈,分財利多自與,鮑叔不以我為貪,知我貧也。吾
> 嘗為鮑叔謀事,而更窮困,鮑叔不以我為愚,知時有利不利也,吾嘗三仕
> 三見逐於君,鮑叔不以我為不肖,知我不遭時也,吾嘗三戰三走,鮑叔不以
> 我怯,知我有老母也。公子糾敗,召忽死之,吾幽囚受辱,鮑叔不以我為無
> 恥,知我不羞小節,而恥功名不顯於天下也。生我者父母也,知我者鮑叔
> 也。

後世讀了這段歷史便把朋友之間的純真情誼稱之為「管鮑之交」。不過管仲的這段話顯然是為自己的缺失作辯說,何況「三戰三走」乃是因為「家有老母」需人照顧,所以不能死於疆場,據《韓非子·五蠹篇》中說,魯國有個人跟隨國君作戰,多次打仗,多次逃跑,孔子問他逃跑的原因,他說,我有老父親,自己戰死了,沒有人養他了。孔子認為他孝順,而且請他坐上位,這種觀念都愧對後世眾多「移孝作忠」的忠臣義士。

然而管仲做了齊桓公的宰相後的確展現了他的才華,但他的才華從鮑叔的口中得知在未做齊相時就已初露頭角,因為《國語·齊語》記錄鮑叔向齊桓公推荐管仲時便說:

> 若必治國家者,則其管夷吾乎,臣所以不若夷吾者五:寬惠柔民,治國家不
> 失其柄,忠信可結于百姓,制禮儀可法於四方,執枹鼓立于軍門使百姓皆加
> 勇焉。

管仲在此之前,究竟作過何國何官?鮑叔的話究竟依據什麼而來?抑或憑他個人觀察所得?《左傳》沒有提及此事,《史記》僅在〈管晏列傳〉中說他「少時常與鮑叔游,鮑叔知其賢」,兩人合夥做過生意而已。歷代編史者也僅是照抄《國語·齊語》沒有人去考証。

關於管仲如何治理齊國,因為有《管子》一書可供閱讀;同時在《國語·齊語》中,齊桓公接見管仲時,兩人一開始便討論治國大道,其內容與《管子》一書所言大同小異。所以司馬遷撰《史記》時便省略了這一部分,僅發現在〈貨殖列傳〉中提到「管仲說輕重九府,則桓公以霸」。所謂「輕重」後世史家解釋就是「平抑物價」的措施,「九府」也就是管理這些事的官府衙官。此外就沒有看到司馬遷談論管子治齊的事了。大概要讀者自己去讀那些資料。至於後世編寫通史者更少論及。最近大陸「中國青年出版社」編寫了一套《中國小通史》,在《春秋》史中作了一個簡略的綜合介紹可以參讀。本書茲依《管子》《國語·齊語》的史料擇

要於下：

（A）就政治而言：管子將全國人民分為士、農、工、商不讓混雜在一起，分開之後，同類的人各自發展自己的事業，並分成若干個「鄉」來管理，類似後世的縣市鄉鎮的行政系統。管理的官吏要隨時報告管區內的優秀人物和不良分子，對管理人員也有一套考核制度，工作不力者要受到懲罰。另外創設了一種選拔人材的「三選制度」。先由鄉長推荐，再經有關部門試用，最後由國君詢問，合格者任為上卿的助手。這種制度無疑的打破了以前用人的「貴賤等級、社會地位和世襲」限制的觀念。尤對當時「世官世祿」制度莫大沖擊。

（B）就軍事而言：實行「兵民合一」的制度，把行政組織和軍事結合起來。每一家出一人當兵，每五家五人組一個最小的戰鬥單位，稱之為「伍」，五十家五十人為「小戎」，二百家二百人稱為「一卒」；二千家二千人稱為「旅」；一萬家一萬人組成「一軍」。這些軍人既是同鄉又或親友，居處同樂，死生同憂，禍福共之，夜戰則其聲相聞，晝戰則其目相見，患難與共，能發揮軍隊的戰鬥力量。

（C）就民生經濟而言：管子特別強調一個人的行為要重視「四維」，四維就是「禮義廉恥」。

所以管子說：「四維張，則君令行，四維不張，國乃滅亡」。政治是一種現實，不能專務理想，喊口號，要人民的行為合乎四維的標準，首先要使人民吃得飽穿得暖，如果「民生」問題不解決，禮義廉恥便難建立，所以管子說：「倉廩實而知禮義，衣食足而知榮辱」，又說：「凡治之道，必先富民，民富則易治，民貧則難治」，所以他鼓勵全國上下，無分男女，共同努力生產。「一農不耕，民或為之饑，一女不織，民或為之寒」。所以在齊國不僅農業發達，紡織工業也很興盛。管子除獎勵生產之餘，並注意財富分配，他說「貧富無度則失。」又說：「甚富不可使，甚貧不知恥」。於是他實行了「均地分田」制，使「地盡其利」，把過去由國家和貴族保留的「公田」廢除，把土地分配給全國農民獨立生產，並按土地好壞定一套合理的稅制，使農民負擔平衡，如此使耕者由被動變為主動，農民的身分也因之提高，不再像過去類似奴隸的勞動者。所以西周以來的「井田制度」應該是從春秋的齊國開始廢除了。

（D）尊重民意：國者人之積，管仲了解人民是國家最基本要素，所以善治國者，必以民為本，管仲治齊首重民意，即民之所好好之，所惡惡之，他在牧民篇說：「政之所興，在順民心，政之所廢，在逆民心。民惡憂勞，我佚樂之，民惡貧

賤，我富貴之，民惡危墜，我存安之，民惡滅絕，我生育之」。他為了使下情上達，乃仿照「黃帝之明台，堯之衢室，舜之告善旌，禹之諫鼓，湯之總街庭」建議桓公設「嘖室之議」以監督政府施政，他說：「故我有善，則立譽我，我有過，則立毀我」。

（E）勵行法治：齊國可謂歷史上最早建立之法治國家，管仲主張一切皆依法律施政，他說：「法者，天下之道也，聖君之實用也。」如果統治者，一切為公，不為私心所蔽，不自毀其法，則其法治收效是很大的。管仲說：「所謂仁義禮樂者皆出於法」又說：「夫法者，所以興助功懼暴也，律者，所以定分止爭也，令者，所以令人知事也。」他在〈任法篇〉中說：「有生法，有守法，有法於法。夫生法者君也，守法者臣也，法於法者民也。君臣上下貴賤皆從法，此謂為大治」，管仲更主張令出必行，他說：「君有三欲於民，三欲不節，則上位危。三欲者何也，一曰求，二曰禁，三曰令，求必欲得，禁必禁止，令必欲行。求而不得，則威日損，禁而不止，則刑罰侮，令而不行則下陵上。」

（F）提倡工商業：齊國是一個靠山帶海的國家，有所謂「海洋之國」之稱。山有銅鐵，海有漁鹽。具有這些天然的資源，是發展工商業的先決條件。前面說過，管仲和鮑叔兩人本來就是經商出身，所以他的施政很重視工商業的發展。工業方面包括紡織、冶鑄、煮鹽等諸方面。考古學家在臨淄城發掘出土多種名稱的「刀幣」及鑄刀幣的錢範（模子），紡織的針、刀也有出土。這裡要特別介紹的是煮鹽業，是當時諸侯各國無有，惟齊國僅有的一項專業。管仲規定由人民生產，官府專賣，除供國內人民食用外，大量外銷諸侯各國。並以高於成本十倍到四十倍的價格出售。所謂的利潤一年相當一萬餘斤黃金。所以鹽成為齊國的經濟基礎。另外在這裡還值得介紹的，就是齊國對外商特別重視，那就是來自其他諸侯國來買鹽的商人，國家特別優惠，即「取魚鹽者不征稅」，為便於外商來往，三十里設驛站，儲備食物草料及住宿所，在首都臨淄，更設「女閭二百」（類似今之妓院）作為行商行樂住地。這些外商在生活上都獲得不同等級的照應，如一輛車之小商，官府免費供應食宿；三輛車的中等商另加供牲口飼料，五輛車的大商，還派專人照顧其生活，這種招徠客商的措施，因是「天下之商賈歸齊若流水」。現代之經營國際貿易者對外商之優惠有過之而無不及。多少也學了些管子的原則吧。

（G）推任賢能：管仲為相三月，便向桓公推荐人才，如：「任隰朋為大行掌管九儀之制，以賓諸侯。其為政「升降揖讓，進退閑習，辨詞剛柔。」

任寧戚為司田（農），掌錢穀之事。其為政「墾草入邑，能盡地利。」

任王子成父為大司，掌管軍務。其為政「平原廣牧，車不結轍，士不旋踵，鼓之而三軍之士視死如歸。」

任賓胥無為大司理，掌司法刑獄。其為政「決獄折中，不殺無辜，不誣無罪。」

任車郭牙為大諫，掌監察進諫之事，其為政「犯君顏色，進諫必忠，不避死亡，不撓富貴」。

（3）齊桓公的尊王攘夷

《論語·審問篇》：

> 子路曰：「桓公殺公子糾，召忽死之，管仲不死。曰未仁乎？」子曰：「桓公九合諸侯，不以兵車，管仲之力也。如其仁！如其仁！」子貢曰：「管仲非仁者與？桓公殺公子糾，不能死，又相之。」子曰：「管仲相桓公，霸諸侯，一匡天下，民到如今受其賜，微管仲，吾其被髮左衽矣！……」《史記·齊太公世家》也說：「桓公曰，寡人南伐至召陵，望熊山，北伐山戎…西伐大夏，涉流沙，束馬懸車，登太行，至卑山，而諸侯莫違寡人，寡人兵車之會三，乘車之會六，九合諸侯，一匡天下…」

這就是後人所謂的齊桓公「九合諸侯，一匡天下」的出處，「九合」後世史家都認為並不是九次會合，而是「糾合」言其多的意思，依據《左傳》的記載，在齊桓公在位四十三年中，會合諸侯，主持會盟有二十六次之多。

一般習慣上都說齊桓公「尊王攘夷」，實際上他是先「攘夷」後「尊王」。他攘的是那些「夷」呢。

甲、攘夷

第一，北伐山戎救助燕國

山戎又稱北戎，分佈於今天的河北境內，經常侵擾燕國。燕國向齊國求救，齊桓公想邀魯國協助，魯國「以師行數千里，入北狄之地，必不返」而拒絕參加。齊桓公乃單獨率軍北上，將山戎擊敗，山戎遁逃，齊軍乘勝追擊，深入荒漠，竟迷失方向，進退不得。管仲乃選了一些老馬放置軍隊前面，任牠自走。軍隊跟從在後。，終於走出迷途。這就是我們常說的「老馬識途」。

齊國於敗山戎，同時又滅了附近也是燕國的敵人孤竹與令支兩小國，解除了燕

國急難。燕國國君感激不已，乃親送齊桓公回國，按禮的規定，諸侯相送不得出國境，而燕君一直送到齊國的國境內。齊桓公說：「吾非無禮於燕」。既然於此，乃將燕君送到齊境內的土地割送給燕國。燕君當然「受之有愧，卻之不恭」，而齊桓公則乘機勸燕君繼續向周室納貢，盡臣子禮節。燕君那有不聽從之理，這可謂齊桓公的「攘夷尊王」一舉兩得。

齊桓公救燕回國時，怨恨魯國拒絕協助伐山戎事想去討伐魯國，管仲說：「伐遠誅近，鄰國不親，非伯王之道，魯必事楚，是我一舉而兩失也，宜以所得山戎寶器，進周公之廟」。桓公接受了管仲的意見，諸侯們聽到這件事，都願接受齊桓公的領導。這也是齊桓公之所以能稱霸的另一種手段。

第二、討伐狄人救助邢國

狄人侵犯邢國，管仲請齊桓公率兵救邢，狄人聞訊退走，兩年後，狄人大舉進攻，攻破邢國國都，大肆搶奪燒殺。齊桓公乃邀集宋、曹等國相救，將狄人趕走。由於邢國國都殘破，地又靠近狄人，於是桓公把邢國的都城遷移到夷儀（山東境內）並協助建築城郭。邢國的人民很高興的像回家一樣的心情，都搬到新都來居住，史家們稱之為「邢遷如歸」。

第三、討伐狄人救了衛國

衛國的國君懿公淫樂奢侈沉醉於養鶴，置人民生活不顧，百姓大臣皆不服。當狄人攻打衛國時，國君令軍民抗敵，人民說：「君之所與祿位者鶴也，所貴當者宮人也，君使鶴與宮人去打仗好了。」衛懿公只得親率軍上陣，結果大敗，衛國被狄人滅亡，懿公被殺，而且將其屍體吃光，獨留一肝。接著狄人追趕連夜逃亡的衛國人民，一直追到黃河邊上，對那些準備渡河的人大肆屠殺，最後衛國都城裡的人只有七百三十人幸免於難。齊桓公聞訊，立刻率軍往救。並把衛國其他兩個城裡的一共五千多人集中在曹邑（河南渭縣）搭上臨時草棚，立戴公為新君並送他車馬衣服和牲畜木材等物質，又派公子率領兵車三百輛，甲士三千人協助防守，不久戴公死其弟繼立，是為文公、桓公又帶領諸侯在楚丘替衛國建造一座新都。可是衛國的人民卻很快忘了亡國之痛和恥辱。史家稱之「衛國忘亡」。所幸文公即位後，減輕賦稅，平斷刑獄，身穿布衣，頭戴粗帽，與百姓同苦，以收衛民。

此外，齊桓公又分別先後討伐了淮夷，以及楊、拒、泉、皋、伊洛等戎，保護了中原的一些弱小諸侯國。

第四、南伐楚國

齊桓公率領諸侯南伐楚國。有的史家認為也是齊桓公的「攘夷」之舉。為什麼把楚國也列入「夷」的行列呢？那是因為楚國在武王時曾說：「吾南蠻也」，後來要求周王室封尊他的爵位，王室沒有答應，於是武王乃自立為王，而且不向王室進貢，加以楚國不斷蠶食四圍小國，他這種種的舉動，卻為中原的一些正統派諸侯所不容，因而被貶在蠻夷之列。

然而齊桓公伐楚卻不是為的「攘夷」，而是起於蔡國把他的蔡姬改嫁，為了這件小事，齊桓公居然率領魯、宋、陳、衛、鄭、曹、許等八國聯軍攻打蔡國、蔡人聞風而逃，求救於楚，桓公接著進攻楚國，楚成王不敢迎戰，乃派大夫屈完前去交涉，質問齊桓公說：「君處北海，寡人處南海，惟是風馬牛不相及，不虞君之涉吾地也，何故？」這句話的語意是說，你齊國居在北方，我楚國居在南方，就像牛馬各走各的路，即使發情狂奔，彼此也不會相關，為什麼君王不遠千里而來到我們楚國。這一問，齊桓公一時傻了眼無話以對，管仲立刻趨前以責備的語氣說：「以前周天子命令我們齊國對五侯九伯都可以征討他們，征討的範圍，東到大海，西到黃河，南到穆陵，北到無隸。今楚『苞茅不入』，『昭王南征不返』是以來問。」

按諸侯應向天子貢「方物」，就是當地的特產。楚國惟一特產是「包茅草」，可以作為造酒的原料，楚就以此當貢品，周也可以以此釀酒當祭品。不過諸侯向中央的納貢主要的用意維繫君臣禮節，於今楚為諸侯不向朝廷進品，顯示目無天子，所以管仲以此責問楚國。

至於「昭王南巡不返」的事已在第五章中說過了。當時朝廷一直懷疑是楚國有計劃的謀殺了昭王，但卻苦無確實證據，結果不了了之。於今被楚國質問，管仲情急之餘，乃把舊事重提。對當時楚國來講「一不入貢，二謀殺天子」兩頂「大帽子」加在楚國頭上是相當嚴重的。

沒想到這個楚國使者屈完卻非等閒人物，乃不卑不亢的態度回答說：「不進貢是我國君的過失，以後不敢，至於昭王不返，與我國無關，你們去問漢水邊的人吧」。這一段回答真是妙極了。但是這段話《史記·齊世家》是楚成王自己回答的，《左傳》只稱「使者」回答，未指名是那個使者。而《穀梁傳》是指屈完擔任這個主角。本書採信穀梁的資料。

屈完真是一個不卑不亢的外交家。試想當時面對齊國大軍臨境，而又被加上兩大罪狀，屈完如嚇得發抖，馬上跪倒在地哀求道：「這都是小國的不是，罪該萬死，一切請包涵，請恕罪！」這樣或可避免齊國征討，但楚國的人格國格掃地，豈

不是太卑。設若毫不畏懼而且面呈傲色的反駁說：「不入貢就不入貢，怎麼樣！昭王就是我們殺了，又怎麼樣！」這樣回答可能激怒桓公，一舉滅楚，豈不太亢。

然而，屈完卻承認了「不納貢」的不是，這是「不亢」，反駁了「謀殺昭王」的罪過，這是「不卑」。

此次齊國雖率諸侯兵臨楚，並非真想打敗楚國，只是威脅楚國，希望他擁護齊國「尊王攘夷」達到稱霸的目的。春秋霸者除了「攘夷」之外，盡量不使用武力。但齊桓公覺得楚國的態度強硬，便進兵駐在陘的地方。不過碰到這個善言善辯的使者，卻無法動怒起來。

到了這年夏天，楚國又派了屈完到齊國率領的諸侯軍營中去講和，桓公把諸侯軍隊排列起來，招屈完同車前去，指點給他觀看，說道：「我把這些軍隊來攻人，誰能對敵，我用這些軍隊來攻城，那個城不能攻破！」屈完毫不示弱的回答：「你若用恩澤安撫諸侯，那個敢不服從，你若靠用武力來威脅我們，那麼楚國可以把方城的山當城，有漢水為池，城這麼高，池那麼深，你的兵雖多，也是沒有用的啊。」桓公聽屈完的話很厲害，不敢輕視楚國，便和和氣氣的邀楚國與諸侯結盟而去。這件事，對楚國來說，屈完替楚國保持了國格，爭到了大面子；對齊國來說，管仲替齊國表現了霸者的風度，齊桓公能夠說服楚國，霸業已算完成了。

齊桓公協助燕、衛、邢攘夷，當然獲得這些國家的擁戴，南伐楚國更建立了在諸侯中的威嚴，他屢平王室的內亂，又率諸侯朝見天子，這種種的攘夷狄，尊王室，就是孔子所說的「一匡天下」匡正了天下的是非。並不是《史記正義》所謂的「定襄王為太子之位」而已。

乙、尊王

那麼「九合諸侯」的情形如何，僅介紹重要者於下：

第一次「北杏之盟」：在西元前六八一年魯莊公十三年，由齊桓公主持的「北杏」之盟（今山東東河縣）參加的國家有齊、魯、宋、陳、蔡、邾等六國。這次會盟的目的是宋國要求齊國幫助平內亂，出兵的時候，齊桓公還要求周王室也派兵相助，這無疑的是在表面上尊崇周王，同時也顯示這次的行動既有中央的王室參與，當然是「合法」的，但主持者卻是一個諸侯，很明顯的春秋強大的諸侯「挾天子號令天下」的局面於焉展開了。

第二次「鄄地之盟」：在西元前六七九年魯莊公十五年，齊桓公、宋桓公、陳宣公、衛惠公、鄭厲公在鄄地會盟（衛國境內、今山東鄄城北）。《左傳》說，齊

桓公開始稱霸。《史記》也說「齊桓公會諸侯於甄，而桓公始霸焉」。

第三次「幽地之盟」：是西元前六七八年魯莊公十六年，齊、魯、宋、陳、衛、鄭、許、滑、滕等九國在幽地是為了對鄭國講和的事而會盟。有些史家認為這次會盟才是齊桓公真正成為霸主的開始，因為參加的國家比較多。

自是之後，齊桓公就經常打著周王的旗號，以諸侯長的地位指揮號令那些中小諸侯國家盟會。其中最重要的一次是「葵丘」之會。魯僖公九年，齊桓公邀魯、宋、衛、鄭、許、曹等國在葵丘（河南考城附近）會盟，周襄王特派大臣賜給桓公祭肉、彤弓及矢、車輛。這是最尊的禮節，並且吩咐受禮時無須跪拜。管仲勸桓公仍以諸侯的禮對天子下拜接受這些賞賜。後來因管仲為周襄王平定其弟王子帶勾結戎狄之亂有功，周王特以上卿禮授予管仲。按上卿地位超乎諸侯之上，管仲不敢接受這種尊禮，乃辭受下卿之禮。齊桓公與管仲的這種表態，就是「尊王」的表示。

根據《孟子·告子篇》的記載，在葵丘會盟時定下了盟約五條，把盟約掛在縛好的牲畜上面，但不殺牲歃血。

第一條盟誓說：「誅殺不孝的人，不更換已立的世子，不要把妾立為正妻。」

第二條盟誓說：「尊重賢人，培育英才，以表彰有才德的人。」

第三條盟誓說：「尊敬老人，慈愛幼小，不要忘記協助外來的賓客。」

第四條盟誓說：「士的官爵不得世襲，一官一事，不得兼職，取用士人，要有真才，不得擅殺大夫。」

第五條盟誓說：「不得彎曲建築堤防，侵害鄰國的水利，不得拒絕遭遇天災的國家購買糧食。不得把土地封給大夫而不稟告天子。」

末了還說：「凡是我們參加同盟的人，已經結盟以後，就要攜手和好。」

《左傳》僖公九年，只記載了「凡是我們一起結盟的人，都要言歸於好，不要再相攻擊。」《孟子》中的「全部誓詞」不知來自何書，而後世史家多以為依據。不過有的史家認為其中的盟誓是齊桓公在大會上宣布周襄王的幾條禁令，一方面是維護宗法制度，鞏固統治秩序，一方面也是齊國為自己發展商業經濟著想。

（4）齊桓公的晚景

齊桓公霸業期間的功績，對於安內攘外的貢獻良多。在當時所謂「南夷與北狄交，中國不絕若線」的局勢下，而周室又多亂，如果沒有齊國的支撐，不但周室有被滅亡的危險，中原地區亦將被戎狄蠻夷踐踏。所以孔子說：「管仲相桓公，霸諸侯，一匡天下，民到如今受其賜，微管仲，吾其披髮左衽矣。」按戎狄的習俗，成

人不束髮，衣襟向左開。

管仲生病時，齊桓公前往探視並問他誰可繼任為相。管仲首先勸他趕快疏遠易牙、豎刁、開方等人。管仲認為「易牙烹殺自己的兒子來取悅國君，人之情非愛其子也，其子亦不愛，又何愛其君，不可用為相」。「豎刁將自己去勢成為宦者以侍奉國君，亦非人情之常，其身既不愛，又將何有於君」。至於「開方原為衛國千乘之國的太子，於今背棄親人來討好國君，也不合情理」。桓公聽了管仲的話將三人都逐出宮門。但桓公卻「食不甘，心不悅」，管仲死後，又將三人召回，三人乃掌握大權，專橫跋扈。不久桓公生病，易牙、豎刁相與作亂，堵塞宮門，建築高牆，不許桓公與外人聯絡，不給任何飲食。這時桓公始知管仲的遠見，遂用衣服蒙面將自己窒息而死，易牙等不料理善後，而五個兒子又相互為爭，奪太子之位而攻打。以致任桓公屍體停放在床上六十七天之久，屍體腐亂，屍蟲都爬出宮外。三月之後才草草安葬，沒想到這雄霸天下的霸主竟落得如此下場。難怪他在他稱霸之後，一日登臨城牆，眺望江山不勝感嘆的說：「錦繡河山多可愛，人生為什要有死」。左右曰：「要使世無死，君安能當君」。桓公說：「你說得對，這世間什麼都不公平，惟一公平者就是一個『死』」。所以文天祥認為，既然「人生自古誰無死」，要大家「留取丹心照汗青」。齊桓公雖死得很慘，但在簡冊上留下的事蹟是不可磨滅的。司馬遷在《史記·齊世家》最後的詳論說：「我到齊地，看到從泰山直到琅邪，往北直到海邊，擁有肥沃的土壤達二千里，當地人民生性豁達，但是狡詐虛偽，這是天性啊！以太公（姜太公呂尚）的聖明，建立國家的根本，到桓公的盛世，修治德政，聚集諸侯同盟而稱霸，不也是應該的嗎。」

（五）宋襄公的霸業

很多史家根本不把宋襄公列入霸者之行列，因為宋襄公既未攘夷，也未尊王，只是以霸者的姿態出現而已，且前後不過三年，因其在齊桓之後，晉文之前，也曾會盟過諸侯，本書乃以春秋第二霸者的立場介紹他的有如「曇花一現」的霸業經過。

先說齊國的太子原本就是齊桓公的鄭姬所生的昭。桓公和管仲曾經託付過宋襄公。桓公死後，其他的四個公子各樹黨羽也要爭為太子。而權臣易牙、豎刁又相與作亂，殺戮群吏，另立一個公子為國君。於是太子逃奔宋國避亂。宋襄公乃聯合

曹、衛、邾等國派兵護送太子回國立為新君，旋平定齊國的內亂，安葬齊桓公。

由於齊國的內亂，原來追隨齊國的諸侯頓失重心，而晉國亦因內亂，諸公子或自殺或逃亡在外，此時的北方無復一等強國，至於楚秦兩國雖然逐漸強大，但偏處西南。於是，宋襄公乃以霸者姿態出場。他認為原為霸主的齊國內亂都是由他安定下來的，茲由他來繼承霸主地位，理所當然。可是他卻不自量力，而且作風粗暴，像滕國國君首先對他不服，他便把滕君囚禁起來，他邀集曹、邾、鄫等國國君到曹國國都會盟，鄫國國君因為遲到，便將他殺了用來祭土地神；地主國的曹國沒有提供牛羊，認為沒有盡地主之誼，也將兵包圍曹都。他這種種的殘暴行為，怎麼領導天下。於是陳、魯、蔡、鄭、楚等國聯合起來對抗宋襄公。

這時，宋襄公用其庶兄目夷為相，仍圖取得霸主的地位，在宋國境內的鹿上（今安徽阜陽縣南）邀集諸侯會盟，要求南方的楚國參加，目夷諫說「小國爭盟，禍也。」襄公不聽，果真楚國口允心非，事先在會盟的地方埋伏了軍隊，等宋襄公到達會場，楚王就把他抓起來。這下子從台上的盟主變成階下囚徒。接著楚國又起兵攻打宋國，所幸宋相目夷早有準備，及早逃回。召集軍民閉城防守。其實楚國只不過給宋襄公一個下馬威，並非真的要滅亡宋國，旋經諸侯的說情，也就把他釋放回國。

宋襄公在諸侯的盟會上丟了這個面子，原也該放棄霸主的欲望，可是不然。這時原來親齊的鄭國，自桓公死後轉而歸附楚國，宋襄公竟然聯合衛、許、滕幾個小國攻打鄭國，為的是想給楚國一個難堪。他這種舉動，國內大臣都不以為然，宋相兼任大司的子魚（目夷）一再的提醒宋襄公「大禍將臨頭」，襄公就是不聽，終於宋楚兩國在泓水（今河南拓城縣北）展開戰爭。

本來當宋軍排列好陣勢之後，楚軍還正在渡河的時候，子魚獻計說：「敵兵多，我兵少，乘他們尚未登岸時，發動攻擊！」襄公不同意。等到楚軍全部上岸，但陣勢還未排好一片混亂之際，子魚又說「現在可以出擊！」襄公還是不同意。於是楚軍順利完成佈陣，這才雙方命下，展開攻擊。古時候的戰爭多半如此，雙方人馬混戰一團，刀戈矛盾你砍我殺，似乎談不上戰技，全靠軍人的體力與刀槍的鋒利以及人馬之多寡決定勝負，宋國弱小，那是楚國的對手，就在眾寡懸殊之下，宋國大敗，襄公大腿也受了重傷。

宋國戰敗，損失慘重，事後檢討，都埋怨襄公沒有把握戰機，而襄公卻認為古人有言「君子不困人於險隘之地，不攻擊不成行列的敵人。」又說「君子不重傷

（對已受的人不要再傷害他），不擒二毛（不俘擄白髮的老年人）」。子魚則認為「用兵以制勝為大功，安可墨守常道，不求變通呢，不然就乾脆做他的奴僕，還打什麼仗呢？」然而宋襄公仍以為他這樣做是要為後世立一個好榜樣，軍事家則以為「明恥以教戰，求殺敵也」對付強悍的敵人「出奇」才能「制勝」，戰場上豈有「仁義」存在。後世確也有些史家評之為「雖敗猶榮」，為「慕仁義而亡」。司馬遷在《史記・宋微子世家》最後也說：「宋襄公在位的時候，修行仁義，想做諸侯的盟主……襄公在泓水一仗，被楚國打敗，但，世之君子，對他還是頗為讚美。原因是，大家有感於中國禮義淪喪，莫不為之痛傷惋惜，而襄公居然能夠讓天下與其弟（襄公為太子時曾讓位庶兄目夷，其父很稱許他這種兄弟之義，但沒有允許，所以襄公即位，特以目夷為相），並且臨大事而不忘大禮，所以才這樣的褒揚他啊」。

不久宋襄公因傷重而死，宋國的「霸業」也隨之而終。在此著者要附帶說明一件事：

> 《春秋》《左傳》僖公十六年記載，在宋國的上空墜落五塊隕石，又有「六鶂退飛過宋都」。
>
> 《史記・宋微子世家》也記載：「宋襄公七年，宋地霣星如雨，與雨偕下，六鶂退蜚，風疾也」。

很少看到後世史家談論到這件事，筆者曾撰有〈六鶂退飛過宋都〉文，刊於民國六十六年一月〈中華國學〉創刊號，茲附錄於下，供讀者參考。

六鶂退飛過宋都

〈六鶂退飛過宋都〉，是中國《春秋》這部書上的一句話。後人只知道「鶂」是一種鳥，但不知道是那一種鳥，而且說「退飛」是跟「風」有關係，說是風把鳥吹得向後「退飛」。這樣的照字面去解釋《經書》便是「知其不然不知其所以然」。如果是這樣的話，一定是相當大的強風，事實上，即使是「颱風」，我也從未看過把鳥吹得向後飛的景象。即或有之，在當時，中國「中原」也並沒有颱風的記錄。如果所有的鳥都會被風吹的「退飛」，何以文中單言是「鶂」鳥？即然各地的鳥都會被風吹得「退飛」，何以在中國的古書上只有《春秋》這部書上才有記載？既然只是六隻鳥被吹得退飛，何以魯國慎重其事的記寫在國史上？

最近我拜讀國學大師衛聚賢教授在香港出版的「中國人發現美洲」這本書，談到「鶂」鳥這個問題。據聚老的考證，鶂鳥就是蜂鳥，最先只有美洲出產，牠是

所有鳥中體型最小的一種，小得可以棲息在婦女頭上的簪子上。這種鳥吃花蜜，嘴特別長，爪很纖細，交配時非常快，飛的速度也最快。世界上只有這種鳥才會「退飛」。

中國歷史上的殷朝（商朝）是被周朝滅亡的，但殷朝的遺民仍被封在殷的舊畿，就是春秋時代的宋國。不過另有一部分的殷民卻逃到北美洲。所以，現在很多人都認為美洲的「印第安人」就是我國的「殷、狄人」。

周平王東遷後，王室衰微，政治的領導中心落到強大的諸侯手中，當時的宋國襄公也是春秋霸者之一。一批逃亡在美洲的殷民獲悉他們的同胞復國後，便組織了一個回國觀光團，並帶了美洲特產的會「退飛」的一籠蜂鳥。先到宋國的首都，但因種種原因沒能會見到宋襄公，回國的時候，就把那籠小鳥放了。其中有六隻曾出現在宋國國都的花園。因為中國從來沒見過這種鳥，而又是他們宋國的宗人遠從美洲帶來，所以宋襄公特別把這件事通知當時的各國，魯國的「春秋」便把這事記載下來。

可是在宋都出現六隻蜂鳥，因為數量太少，在中國沒有繁殖。到漢朝的時候，再因畢勒國（墨西哥）進貢了一百多隻，後來就在中國境內繁殖開來，在陝西、江蘇、河南、廣東、香港等地都出現過。尤其四川省出現的最多，不過因為地理環境等種種的關係，已經不像從前的蜂鳥了，而把牠稱叫「桐花鳳」，或者「太陽鳥」。四川通志卷七十四物產中，引寰宇記：成都出小鳥，紅翠碧色相間，出于桐花開時，惟飲其汁，不食他物，花落即死。士人畫桐花鳳扇，即此鳥也。特引於此，以俟他日是否再有發現。

（六）晉文公的霸業

（1）驪姬之亂

晉國的歷史發展至武公時，正是齊桓公稱霸的開始，晉國國內原有三君並存，位在沃苗的武公也攻殺了晉侯統一了晉國，並將晉人所有珍器物賄賂奉獻於周釐王，釐王乃命沃曲武公為晉國之君，列為諸侯。武公在位三十九年，其子詭諸立是為獻公。

獻公即位後首先聽了大夫士蒍的建議把晉國群公子統統殺光。鞏固了政權，並正式定於絳。接著就向外擴展，先後攻滅驪戎、及耿、霍、魏、虢、虞等國。當他

伐虢時，必須先經過虞國土地，獻公乃用良馬和璧玉向虞國借道，虞國大夫宮之奇勸國君不要借路，認為虞、虢兩國猶如「唇齒相依，唇亡則齒寒」。但虞君不聽，終於虢虞兩國都被晉吞滅。而「唇亡齒寒」遂成為世之警語。於此，晉獻公似乎可以步上霸者的地位。

　　然而獻公雖雄才大略，卻貪女色，他先娶賈國女為妻，因無子，再娶齊桓公的女兒齊姜為妻，生一子一女，子名申生，立為太子，女則嫁給秦穆公。不久他又娶了戎狄的一對姊妹花，各生一子，一名重耳，一名夷吾。其後因伐驪戎，又娶驪姬為夫人，生子名奚齊。獻公一共有八個兒子，其中申生、重耳、夷吾三人都有賢能的德行。獻公寵驪姬生奚齊後，有意廢除太子，乃將申生派往沃曲駐守祖先之地，重耳派守蒲邑，防堵秦國，夷吾派守屈邑防備翟人。故意疏遠三人。

　　當獻公對驪姬表示將廢太子立其子奚齊為太子時，還故意哭泣表示反對，而內心卻陰狠毒極。一日召申生入宮，說獻公夢見他的母親，要他去沃曲祭祀，申生祭祀回來，按禮要將祭肉奉獻父親，這時因獻公外出狩獵，驪姬留下祭肉，暗中放入毒藥。二天之後獻公狩獵歸來，驪姬端上祭肉，獻公正欲切食，驪姬偽稱過久，恐不衛生，獻公乃切一塊給狗食，狗立即死，又以酒飲小臣，臣亦斃命。因是獻公懷疑太子有意陷害，乃賜生申死罪。這時的驪姬乃露出狐狸尾巴，故意呼天撞地的哭訴，說太子想要毒死父親，好早當國君。平常驪姬在獻公面前說了很多太子的壞話，獻公對太子已經不滿。父子之間早有裂痕，眼前的事更使他深信不疑。首先將申生之傅杜原款殺害。申生逃回沃曲。有人對申生說：「毒藥是驪姬下的，何不親自向父親辯明。」太子說：「吾君老矣，非驪姬寢不安，食不甘，即辭之君且怨之，不可」。又有人勸他逃往他國，太子說：「冒這麼大的惡名出奔，還有誰來接納我呢，我還是自殺好了。」於是申生在沃曲自殺。

　　這時重耳和夷吾正入朝在絳都，驪姬又對獻公讒說毒藥放入祭肉的事兩人都知道，獻公乃下令捉拿兩人，兩人聞訊，各自逃回駐地，獻公又派兵攻兩地，於是重耳越城逃往翟國，夷吾逃往梁國，其他公子相繼被逐，而奚齊則立為太子。

（2）秦穆公與晉惠公

　　先說公子夷吾逃往梁國後，晉國國內仍內亂不已，獻公死後，大臣里克立刻將奚齊殺死，另一大臣荀息則立驪姬的妹妹與獻公所生的兒子悼子為君，也被里克殺掉，並鞭殺驪姬於市。里克原本要迎立公子重耳，重耳謝曰：「負父之命出奔，父恐不得修人子之禮侍喪，重耳何敢入，大夫其更立他子。」同時秦穆公也派公子縶

到翟國吊唁公子重耳，計劃送他回國，重耳婉轉的拒絕了。於是里克迎夷吾於梁。夷吾很想回國，但他們左右呂省和郤芮兩人認為「晉國內部還有公子可立，卻反求於外，實在難以相信，如果不藉強秦的威勢以進，恐有危險。」於是派郤芮厚厚賄賂秦國，並且相約：「如果我夷吾能回國立為國君，將以河西之地送給秦國。」同時夷吾又致書國內的里克，「倘被立為君，願將汾陽縣邑百萬之田（約一萬畝）封給里克，另七十萬田（七千畝）封給郤鄭。」秦穆公與夷吾相約，便派軍隊護送夷吾回國立為晉君是為晉惠公。

晉惠公竟是一個忘恩負義的人，首先派郤鄭到秦國說：「始夷吾以河西之地許君，今幸得入立，大臣曰，地者先君之地，君亡在外，何以得擅許秦者，寡人爭之弗能得故謝秦」。同時也不給里克地並藉故逼他自殺。後來郤鄭從秦國回晉也被惠公的左右殺害，郤鄭的兒子郤豹乃投奔秦國。

晉惠公即位第四年，國內發生饑荒，向秦國借糧，《史記·晉世家》說，穆公問百里奚，百里奚曰：「天災流行，國家代有，救災恤鄰，國之道也。」而《國語·晉語》說，穆公也問過公孫支，公孫支也說了一大遍道理主張借糧，也許他們倆人都是同一主張，司馬遷僅用了百里奚的話。剛投奔秦國的因懷恨晉國殺父之仇的郤豹則主張乘機討伐。穆公說：「其君是惡，其民何罪。」於是以大批糧食救濟晉國的饑荒。從渭水經黃河入汾水，運糧的船隻前後相望，史稱「泛舟之役」。

第二年，秦國發生饑荒，而這年晉國豐收，秦國乃向晉國借糧，也許是討回上次的借糧。晉惠公與大臣商議，大夫慶鄭說：「（當年）以秦得立，已而倍其地約，晉饑而秦貸我，今秦饑請糴，與之何疑。」（《左傳》《史記》都說是「糴糧」，也就是向對方「買糧」的意思，現在慶鄭又說：「秦貸我」，可見是「借糧」不是「買糧」，何況百里奚強調是「救災恤鄰」。當然不是一種「買賣行為」。（有些史家仍用「買糧」應是不對的。）

晉國的另一大夫虢射卻說：「往年天以晉賜秦，秦弗知取，而貸我，今天以秦賜晉，晉其可以逆天乎，遂伐之」。晉惠公充聽了虢射的話不以糧食救助秦國而且舉兵攻擊。

秦穆公雖然是晉惠公的姐夫，但惠公既違背信約在先，於今又乘秦「饑荒」來討伐，秦穆公實在忍無可忍。乃傾全國之兵，攻入晉國境內。惠公害怕的問大夫慶鄭該怎麼辦。慶鄭說：「當年秦人將君王送回來，君王已經違背贈地的諾言，晉國鬧饑荒，秦人以糧食救助，秦人饑荒，我國卻乘饑去打人家，於今敵人深入，不是

咎由自取嗎。」慶鄭在國君面前如此直言不避忌諱，令惠公實在有些難堪。

據《史記·秦本紀》載：秦晉兩軍相戰時，晉軍卻佔了上風，秦穆公被晉軍圍困而且受傷。就在這時有「岐下食善馬者三百人奮勇冒死救援穆公」，穆公因而脫險。原來秦公當年在岐下遺失一匹良馬，被岐下的三百野人所盜食，二百人被官吏捕拿，準備繩之以法，穆公說：「君子不以畜產害人，吾聞食善馬肉不飲酒傷人」，就是如果不飲酒，就會中毒身亡。於是賜給每個人一壺酒赦免了他們。這三百人感於穆公不殺之恩，而且又以酒相救。乃追隨秦軍之後，事過三年，見穆公被困，皆推鋒爭死，以報食馬之德。

而在晉軍這方面，軍馬陷入泥濘動彈不得。惠公大聲呼喚慶鄭「讓我乘你的車」。鄭慶卻埋怨惠公不聽他的忠告以至於此，故意不讓惠公乘他的車，乃叫另一個將軍去救惠公，但已經來不及，惠公被秦軍俘虜而走。

秦穆公將晉惠公俘虜後，據《國語·晉語》記載：召集了朝中大夫商議說：「殺掉晉君呢？還是驅逐他回去繼續做晉國的國君呢？」穆公的公子縶主張殺掉，而大夫公孫支則主張釋歸。兩人在穆公面前反覆辯論，似乎都有道理。但據《史記·晉世家》記載：穆公俘虜惠公後，非常氣怒，準備把他當祭品，後來由於周天子和穆公的夫人（惠公的姐姐）的求情，才將惠公放回。但把他的兒子圉留在秦國作人質，穆公並以宗女嫁給圉為妻。晉惠公回國後，將原先答允的河西之地割給秦國。

秦穆公之所以將惠公的圉留在秦國作人質，又之所以以宗女嫁給圉，其用意是想藉婚姻的關係，將來由圉回國立為晉君，晉君成為秦國的「因國」也無異是秦的從國，也就是現在所謂的「傀儡」。秦國便因此可以控制晉國，謀稱霸於中原。沒想到穆公的這一計劃，馬上成了泡影。留在秦國的圉，聽說父親患病，乃留下妻子，偷偷的逃回晉國去了。

另外在此要補述二件事：

其一：前面已曾提到晉國的大夫慶鄭一再勸惠公對秦國不要背約失信，惠公不聽，所以造成秦晉相戰，在危急的時候，慶鄭故意不救惠公脫險，所以被秦國俘虜。當秦穆公要釋放惠公回國時，有人對慶鄭說，惠公被俘是你的罪過，惠公將要回來，你還等待什麼，意思叫他趕快逃走。而慶鄭認為自己身為國家大臣，既沒有「為軍隊而死」，也沒有「為將帥而死」，而且又讓國君被敵人俘虜，自己犯了三大罪狀，還能往那裡去呢。如果國君不能回來，將率領軍隊與秦國拼命，如果救不

了國君，將為國君而死。

惠公回到晉都，聽說慶鄭並沒有逃走，要治他的罪，慶鄭說，君王不治我的罪，我也會自殺。當時還有人替他說情，但慶鄭本可以逃走而不逃走，就是準備受刑，他認為自己有罪而逃走是一種「忤逆」的行為。由見慶鄭表現了大丈夫敢作敢當的風範，而惠公終於還是斬殺了慶鄭也是為了貫徹政令。所以司馬遷說奉令斬慶鄭時，特別召集三軍將士，數說慶鄭的罪狀說：「錯亂行列，違犯軍令，死罪，將帥被俘而部下都未受傷，死罪；造謠惑眾，死罪。」於是宣布慶鄭犯了這些條文，將他論死，而慶鄭也就從容就刑。

其二：當秦穆公送夷吾回晉立為國君時，《國語‧周語》記載：周襄王派大臣及內史賜給惠公命服（標明等級的制服）時，惠公的臣子當司儀，態度不敬，而惠公拿著信圭的手放在胸以下，拜的時候頭也不至地。內史回去向襄王稟告這種情形，並認為惠公違背了他對國內外給予利益的諾言，如前述不給秦河西之地，也不給里克及邳鄭的田地，而且還殺了他們。他這種行為是拋棄了信，對王命不敬，是拋棄了禮，把自己所厭惡的給予別人，是拋棄了忠，把邪戀裝滿心中，是拋棄了情，這樣的君王是不會長久的。

（3）晉文公的流浪生涯

晉文公是春秋時代第三個稱霸的諸侯。他從家庭的變亂到流浪在外凡十九年之久，他的一生可謂多災多難，也多采多姿。

當驪姬之亂時，晉獻公聽了驪姬的讒言，派寺人披閹（宦者）到薄城暗殺重耳，重耳被刺客砍掉一隻衣袖，越城逃走。逃到北方他外婆家的翟（狄）國。追隨他的有孤偃、趙衰、顛頡、魏犨、季子等一批文武人才。在狄國居住了十二年。不久，他的同父異母弟夷吾做了晉國的國君，並派人到翟國暗殺重耳，重耳得悉後，乃與趙衰等商議，計劃依附比較大的國家。於是逃往強大的齊國。途經衛國時，衛國見他窮困不予禮遇，一路上饑餓不堪。不得不向農民乞食。有一個農人將一塊泥巴放在飯碗裡，送給重耳，重耳非常氣憤。趙衰說：「土塊正是象徵獲得土地，你應向他拜謝接受。」他們一行輾轉來到了齊國。齊桓公非常禮遇，並送了八十匹好馬（二十乘），且將宗女齊姜嫁給重耳。

重耳在齊國一住就是五年，生活舒適，有不思「晉」的念頭。但不久齊桓公已死，齊國也發生內亂，追隨重耳的趙衰等商議回國大計，但重耳仍想就此留在齊國。說：「人生一世，能享樂就好。」所幸他在齊國娶的妻子是一位明禮而賢惠的

婦人，正色的對重耳說：「你是一國的公子，窮困到齊國，跟隨你的幾位賢大夫都託命於你，你卻不趕回國報答勞苦的左右，留在這裡眷戀兒女私情，實在為你羞恥。」重耳無動於衷，後來他的妻子與趙衰等合謀將重耳灌醉用車載離齊國。這一路經過衛國，衛國不予禮遇，路過曹國，曹國也不予禮遇，曹國大夫釐負羈乃私自贈送重耳飲食和璧玉，重耳只接受了他的飲食。隨行的人中有一個叫里鳧須的，偷了重耳的飲食逃走，重耳饑餓難行，跟隨他的介子推乃割大腿的肉給重耳烹食。

　　他們一行人來到宋國，宋襄公正因泓戰受傷，無法親自接待，但以國禮款待，且送馬八十四。宋司馬公孫固本與重耳隨從咎犯要好，告訴他宋是個小國而且剛剛被楚國打敗，沒有能力幫助重耳，要他們轉往他國。於是重耳一行前往鄭國。鄭晉雖然是同宗，而鄭國國君認為「諸侯逃亡的公子經過我國的很多，豈可都以禮之。」所以不招待重耳等人，鄭國還有人主張把重耳殺掉。

　　最後重耳一行去了楚國。楚成王以諸侯的禮招待他，重耳謝不敢當，趙衰曰：「子亡在外十餘年，小國輕子，況大國乎，今楚大國，如此隆重禮待，何必推辭，這是上天要成全公子的象徵。」楚王對重耳如此厚待，重耳十分謙卑過意不去。一日成王對重耳說：「公子如果回國，將來如何報答寡人？」重耳說：「羽毛齒角玉帛等值錢的物品都是君王出產得過剩的東西，真不知要報答什麼才好？」成王說：「雖然如此，總有什麼可以回報吧。」重耳說：「實在不得已的話，如果有一天不幸貴我兩國在平原大澤以兵車交戰，我願退避三舍（九十里）。」楚將子玉聽了很生氣的說：「我王對晉公子如此禮遇，重耳卻出言不遜，讓我把他殺了。」成王阻止說：「晉公子十分賢能，在外受困很多年，跟隨的人都是成國大器，這是老天有意安排的，豈可隨便殺之，他不這樣說，又將如何說呢。」

　　重耳在楚居了幾個月，這時晉國留在秦國的人質圉，偷偷逃回晉國，顯然不願秦穆公扶立他，穆公見他不告而別，非常憤怒。聽說重耳在楚，乃派人前往楚國迎接。楚成王對重耳說：「楚國地方遼遠，要經過很多國家才能回到晉國，秦晉國土相連，秦王又賢明，請公子還是投奔秦國去吧。」成王並送了大批禮物隆重歡送。

　　重耳來到秦國後，穆公選了四個宗族女子嫁給他，並同時將以前晉公子圉的妻子也改嫁給他。重耳覺得圉的妻子是他的姪媳婦，怎麼可以接受呢？秦穆公也覺得不妥，恐影響重耳的名聲。但重耳的司空季子勸他說：「你將要回去討伐姪兒子的天下，現在娶他的妻子又算什麼呢，這正是與秦結親尋求回國的好途徑，何必拘泥小禮而忘大事呢。」於是重耳接受這種婚姻的安排。

在《春秋》史例上，這種諸侯間婚姻關係的建立，不勝枚舉，無非是彼此利用，企圖藉「姻親」來控制他國的政權，進而分化取滅，這就是前面所說的是歷史上的「因國」。由此可見秦晉婚姻關係之建立，不僅有濃厚的政治色彩，而重耳所娶者原是他的姪媳婦，有違倫理。而常見今人用「秦晉之好」四字賀人婚禮顯然不妥啊。

秦穆公對重耳接受他的婚姻安排非常高興，乃設盛宴款待，據《國語·晉語》記載：在酒席上，秦穆公首先朗誦「采叔」詩，這首詩是周王賞賜諸侯的詩，這似乎穆公把自己當作「天子」視重耳為「諸侯」的名分了。接著趙衰故意叫重耳唱「黍苗」詩（《史記》說趙衰朗誦）。為什麼唱這首詩呢，因為「黍苗」詩是描寫當年周宣王對召穆公在謝的地方，形容召穆公在謝地建國的過程，趙衰唱著：「芃芃黍苗，陰雨育之」兩句就是說：「那長得很大的黍米苗，在那田地上，全仗著天上有涼雨落下來滋潤著他，好似做臣子的全仗那皇帝恩得看待他。」這意思就是暗示希望秦穆公快點送重耳回國。穆公當然領會了趙衰唱詩的意思，馬上就說：「我知道公子想回國了。」《國語·晉語》又記載：穆公又朗誦了「鳩飛」一詩，就是詩小雅的〈小宛〉篇，描寫一隻小斑鳩，直飛上天，想要做一番大事業，顯然也是穆公勉勵重耳的意思。也有的史家認為是穆公懷念晉獻公（他的岳父）和自己的夫人（獻公的女兒）。重耳又接著朗誦「河水」，河水就是詩小雅中的〈沔水篇〉，重耳用以表達他回晉國後，必當朝奉秦國。最後秦穆公還朗誦了小雅中的〈六月篇〉，是勉勵重耳要擔任「輔佐天子，整頓王國」的重任。重耳、趙衰吃完酒宴後離席拜謝說：「孤臣仰望君王，就像百穀的仰望甘霈一般。」

於是秦穆公派大軍護送重耳回晉。

在此之前晉惠公曾推行了兩個重大的改革政策，一項是把公田分配給人民耕種，由耕者自行管理經營，這項改革類似當年齊國管仲的「均地分田」的土地制度，使國人的生產提高，生活改善。另一項是軍事制度的變革，使全國的人民都有服兵役的權利，擴大了國家的兵源，增強了軍隊力量。這兩項改革為日後晉文公的事業奠定了基礎。

當秦穆公送重耳回國時，晉惠公已死，由秦潛回的公子圉繼立是為晉懷公。即位之初，就曾下令追隨重耳身邊的大臣的家屬們，限期召回那些大臣回國。首先狐偃的父親不願遵奉命令，便遭懷公殺害，已引起國人的不滿。現在聽說重耳要回

國，晉國的人民都表歡迎。懷公雖派兵抵禦，卻被秦兵打敗，連連失去幾個城邑，旋晉軍亦紛紛倒戈，秦軍與倒戈的晉軍攻陷都城，晉懷公被殺。於是重耳即位，是為晉文公。

且說晉懷公之被殺，也是命中注定的。當年惠公生懷公之前，曾占了一個卜，卜卦說：「將來生下的孩子，男的為人臣，女的為人妾」。惠公為了破除這個惡兆，乾脆就替兒子起了一個「圉」的名字（養馬奴隸），結果還真的應驗了。

晉文公在外流浪十九年，飽經憂患，即位時年已六十二歲。晉國的人民大都擁護他。但他為了要回國作君王，接受秦穆公「陰謀」，甘願為秦國的「因國」，娶姪媳婦為正夫人，然後又利用秦運送他回國殺掉自己的姪兒。這種既娶姪子的妻子為己妻，又奪取姪子的政權，不知讀者的感觸為何？

（4）晉文公的安內政策

重耳回國即位後，還沒有進入王宮，原來支持懷公的大臣呂省、郤芮等不服，並陰謀焚燒宮室。幸有當年獻公派去刺殺重耳的宦者履鞮，（即前述之寺人披（就是閹人宦者），又叫閹楚（宦者，名楚），或稱勃鞮，後來又叫伯楚）。得到消息，想藉此解脫往日的罪過，前往求見文公，告訴了這個陰謀。文公乃抄小路間行。呂郤等果燒王宮，文公得免於難，旋秦穆公誘殺呂郤等大臣，並送三千衛士給重耳，以防晉國內亂。

文公將內亂平定後，乃論功行賞，功勞大的，封之以縣邑，功勞小的也賜以尊爵。正在賞的過程中，周王室發生變亂，襄王逃往鄭國，向晉國告急，而此時晉國又剛剛平定亂事，若出兵協助，又恐發生其他禍亂，不知如何是好。就因為這種情形，使論功行賞的事沒有能夠做得周詳。竟把追隨他的介子推遺忘了。再則此時介子推並不在身邊，前不久因為不滿意咎犯向文公邀功而恥於共事，已先退隱了。所以介子推沒有獲得任何封賞，介子推也沒向文公求賞。他認為今天文公之所以能為晉國國君，完全是上天所賜。追隨他的人以為是自己功勞，豈不是欺騙嗎。介子推以為這樣「下冒其罪，上賞其奸，上下相蒙，難與處矣。」他的母親要他去向文公求賞，介子推說：「已批評人家邀功的不是，自己還要去傚效，那就更惡劣了，況且已經口出怨言，怎樣好再接受他的爵祿呢。」推母還說：「總得讓他知道一下吧」。推說：「言辭是人身的文彩，人都將隱退了，還要什麼文彩呢。」母親見兒子如此清高的心志，又看破世情，乃跟隨隱居避世於深山去了。

介子推的朋友可憐他的遭遇，在文公的寓門口貼了一張字條，上面寫著：「有

條矯捷的龍想登天，五隻蛇跟隨著他，遊遍了天下，那條龍餓壞了肚子，一隻蛇割下肉給他吃。後來龍上了雲霄，四隻蛇各得其所，一隻蛇卻流落在野外。」

一天文公出門望見這個字條說：「這隻蛇就是介子推，我一直忙著安定國家的事，忘記了表揚他的功勞。」文公派人到處找尋，後來聽說他隱藏縣上山中，但遍尋不著。於是文公把環繞著縣山中的土地封給介子推，號為介山，有的說稱為「介田」，又稱「介國」。文公這樣做是表示「以此記載我的過失，並且表彰善人。」

不過晉文公行賞還是有他的原則的，如追隨他另一臣子壺叔認為文公三次行賞都沒有他的份，也前往求賞。《說苑》說：此人是陶叔狐，他先向文公的舅父咎犯訴苦，咎犯乃向文公報告，《史記·晉世家》記載文公的話說：「夫導我以仁義，防我以德惠，此受上賞，輔我以行，卒以成立，此受次賞；矢石之難，汗馬三勞，此復受次賞，三賞之後」輪到到「勞苦的人了」，我怎麼會忘記陶叔狐呢。漢人劉向編寫《說苑》時依據《史記》再加改編。所以讀者讀《史記》和《說苑》時會覺得有些出入，而且人物也不同。

晉國的人民對文公這種行賞的原則都感到很高興。《說苑》記載：周的內史叔興聽到晉文公這些話後讚美的說：「文公大概會稱霸吧，以前的聖王都是先重視德而後才談到力，文公的行賞，跟聖王相當了。」

接著晉文公在國內推行各項政治政策，茲把《國語·晉語》記載的事，語繹在下面：

文公集合百官，分別給他們的任務，委任有功的人。廢除舊債，減輕賦稅，廣施恩惠，分財給缺少的人，以救濟窮困，起用失業的能人，資助一無所有的人。減輕關稅，修治道路，消滅沿路盜賊，使往來貿易暢通，鼓勵務農，節省用度。彰明德教，使民性厚道，舉用賢能，建立常規官制，決定各項政事。正名分，使良民不受壓抑。顯揚有功的舊族。愛親戚、尊賢良、敬貴族、賞賜有功，侍奉老人，禮待賓客，並對敵人友好。由各舊族的人掌管近朝官員的職事，自己姬姓中的優秀人才，掌管朝中官員的職事。其他異姓的能人掌管遠郊地區官吏的職事。並規定：公食用貢賦，大夫食用從采邑，收得的財物。士食用土地的出產，平民靠勞力為生，工匠和官商，官府供給吃用，低賤的僕役靠自己的差使為生。家臣靠大夫加賞的田為生。自是全國政治清明，人民豐衣食足，財用不缺。

另據《史記·循吏列傳》記載：晉文公的一個監獄官名叫李離。有一次由於僚屬審理一件訟案發生差錯，而誤置人於死罪。事後發覺，就把自己囚禁起來，認為

應當以死來贖罪。文公說：「官位有高低，處罰有輕重。底下的官吏犯了過錯，罪責並不在於你。」李離拒絕接受君王的赦命，文公又說：「你自認為有罪，這麼說來，我也有罪嗎？」李離說：「獄官有他遵守的法條，刑罰有了疏誤，自己就皆受刑罰，判人死罪有了疏誤，自己就該接受死罪，君王認為我能聽察微理，以決斷疑獄，所以才任命我為獄官，現在既然審理訟案疏誤而置人於死罪，其罪過就應當接受死刑。」於是用劍自殺。太史公認為「晉文公因此能明正國家的法令」。

（5）晉文公的霸業

首平王室之亂

晉文公雖由秦穆公護送回國做了晉國的國君，按規定還需要周天子的賜封。據《國語·周語》的記載：時周襄王派太宰和內史賜給文公命服。晉國上卿到邊境迎接，文公自己到都城迎接，然後把他們安排在祖廟住，並贈九牢之禮（牛羊豬三牲為一牢），舉行接受命服儀式時，隆重莊嚴，完全遵守禮儀，不像當年惠公接受命服的不恭不敬。所以內史回國後向襄王報告，認為晉國國君必定會稱霸，因為他「迎接王賜命服，態度恭敬，遵循禮節，儀式完備。尊敬王的賜命，是順從之道，禮儀完備，是道德的準則。遵守道德，用來引導諸侯，諸侯一定會歸附他。」

周襄王十八年，王子帶因私通襄王的狄后，襄王且廢狄后，王子帶乃造反，聯絡狄人攻入朝廷，襄王逃往鄭國避亂。這時秦穆公正準備派兵迎接襄王，趙衰對文公說：「如欲稱霸諸侯，莫如迎回天子尊重周室，周晉同姓，晉國如不先迎周王回國，秦軍隨後將迎，如此即無以命天下，如此尊王重任，正好是晉國的機會。」於是文公辭退了秦師，派兵迎送周襄王回朝，殺了王子帶。

亂事平定，襄王回朝，以土地酬勞文公。文公推辭不受。《國語·周語》記載：文公要求如果他死了要以「隧禮」葬他（天子的葬禮，墓道全是地下通道），襄王以為這不合禮制章法沒有同意，最後文公還是接受了土地而回。

晉楚城濮之戰

宋國原本是楚國的從國，當晉文公即位後，乃轉而親晉。楚國乃聯合鄭、衛、陳、蔡四國圍攻宋國，宋國派人向晉國求救。當年晉文公流浪到宋國的時候，宋國曾贈送文公八十匹馬，此刻救援，乃義不容辭，所以晉國的大臣先軫說「報施定霸，於今在矣。」

晉文公想稱霸，必須要有強大的軍事力量。據《左傳》等書記載：當晉國要去救宋國時才「始作三軍」。安排統帥的人選。趙衰推舉郤縠為中軍元帥，郤溱為

中軍副帥，命狐偃為上軍統帥，狐毛為副帥，欒枝為下軍統帥，先軫為副帥。我們現在所稱的「三軍統帥」，古時稱為「元帥」，這「元帥」之名的使用就最早見於《左傳》僖公二十七年。

晉文公雖建立了三軍，三軍的總人數是多少沒有記錄，這些軍人是否受過嚴格的軍事訓練不得而知，晉文公雖「尚賢使能」，但所有統帥人選又是否科班出身均無從查考，《左傳》僖公二十七年說：「文公一回國就訓練百姓」，怎麼個訓練法，也找不到資料，僅知道文公要用國民作戰，子犯一再勸文公要使人民先知道「道義、信實、禮儀」之後才可以。不過其中有些軍人曾隨文公去打過獵，也就等於軍事演習而已。

晉文公派兵去救宋國時，有左右難為的問題，因為文公流浪時，宋國雖然贈馬，而楚國更厚待過文公。所以晉文公採取大臣先軫的建議，不直接正面與楚發生戰爭，而去攻曹、衛，而這兩個國家當年都是不禮遇文公的。同時運用外交手段使齊、秦兩國加入晉國的陣容。

由於晉、齊、秦三大國的聯合，楚成王知道形勢對他不利，乃命令圍攻宋國的令尹子玉撤軍，避免同晉國交戰。但子玉驕傲自負，國人都對他不滿，而且譏諷他不會帶兵作戰。為了睹氣，堅持要跟晉作戰以便立下大功可以堵塞那些說他壞話人的嘴。楚成王見子玉不撤兵，乃削減了他的兵力。這時晉國再運用計謀，使曹、衛與楚絕交，更激怒了子玉，於是子玉揮軍北上，直接攻晉國，城濮之戰就這樣打開來了。

當子玉率軍攻打晉軍時，並排列好陣勢，等晉軍來戰，但晉文公卻下令退軍。《左傳》及《國語·晉語》對雙方交戰的情形都有詳細的記錄。當晉軍撤退時，晉軍中的一些將士們還不知道什麼原因而議論紛紛，其實晉國之退兵，一方面是履行當年流浪在楚國時許下「退避三舍」的諾言；一方面是避開楚軍的鋒芒，並誘使楚軍窮追，是一種「疲敵」之計。楚國有一些將士也許看出晉軍的陰謀，主張就止罷手。但子玉以為是晉軍怕楚，難怪楚國人說他不會打仗，在此可得到證實。

晉軍撤退至城濮，這城濮有的說在今河南境內，有的說在今山東境內，據「古今地名大辭典」也說「今河南陳留縣，一云今山東濮縣南臨濮城」。大陸史家又認為是今天的山東范縣臨濮集，一九六四年劃歸河南省。本書為何討論這個問題，因為台灣的高中歷史教科書認為城濮在山東境內，大學聯考還拿它來當試題。

晉軍退到城濮時，正好九十里。履行了諾言，然後把軍隊駐紮下來。但晉文公

還一直懷念著楚國對他的恩惠。此時的晉軍有戰車七百乘，一乘四馬，也就是三千
匹左右的戰馬，兵員有三萬七千多人。加上齊、秦、宋三國的支援軍，以及曹、衛
兩國叛楚倒戈的人馬，可謂陣容壯大。而楚國那邊的確實兵力不詳，況且子玉原統
率圍宋的軍隊已被楚王削減了一部分，此刻晉楚之戰，應該是眾寡的局面。

交戰之際，晉軍運用了高超的技巧，把一支軍隊的馬蒙上虎皮（真不知那裡弄
來那麼多的虎皮），突然衝入楚軍，另一支軍隊先隱藏不動，見機行事，另一支軍
隊拖著樹枝，揚起土塵偽裝逃走，就這樣用攻、退、隱的三種戰略三管齊下，先挫
其銳氣，繼之迷惑軍心，接著乘機猛擊，楚軍左右兩軍大敗，子玉見情勢不妙，立
刻將中軍撤退，不敢再戰，總算保留了主力。

戰爭結束，晉國繳獲戰車一百輛，活捉一千人，至於楚國留下的糧食，讓晉軍
在城濮享用了三天。

城濮之戰，晉國所以獲勝，顯然是採用了孫子的兵法「兵不厭詐」之術。《呂
氏春秋・義賞篇》記述一個故事：晉楚未開戰前，晉文公問計於偃（咎犯），狐偃
說：「兵不厭詐，應以詭計取勝。」文公又問雍季，雍計則不以為然的說：「竭澤
而漁，豈不獲得？而明年無魚；焚藪而畋，豈不獲得？而明年無獸。詐偽之道，雖
今偷可，後將無復，非長術也。」晉文公聽了，非常感動。但為了當時國家的情
勢，仍然採用了狐偃的詐術。大敗楚軍。後來論功行賞，雍季第一，狐偃第二，大
家以為晉文公弄錯了，晉文公向大家解釋說：「雍季之言，百世之利也，咎犯（狐
偃）之言，一時之務也，焉有以一時之務先百世之利者乎？」

檢討城濮之戰，晉勝楚敗，史家都有一種共同的觀點。（一）楚成王不應該減
少子玉的兵力。（二）外交失敗，陷於孤立。（三）楚王政令不明，戰與不戰，舉
措失當。（四）領兵的子玉，剛愎自用，有勇無謀，開戰之初，他就宣稱要滅掉晉
國，自古以來，驕兵必敗。相反的，晉國則內政，外交策略運用得當，將帥和協，
足智多謀，治軍有方，嚴明法令。

所以當楚軍戰敗後，楚成王先命令子玉自殺，但覺得自己也要負責，乃派人收
回成令，然子玉已自殺了。

城濮之戰後，晉文公的霸主地位因而確立，以後晉國並長期稱霸於北方。楚國
則積極而經營南方，於是形成春秋南北對峙的形勢。

正式完成霸業

《左傳》僖公二十八年記載：晉文公在踐土同齊、宋、蔡、鄭、衛、莒、魯、

陳九國結盟，並把在城濮之戰獲得楚國的戰利品全部獻給周襄王，包括駟馬披甲的戰車一百輛，步兵一千人。周襄王設享禮用甜酒招待，旋策命晉文公為「侯伯」就是諸侯的領袖。同時賜給大路車和戎車以及相應的服飾、儀仗，紅色的弓一把，箭一百支，黑色的弓十把，箭千支，香酒一壺，勇士三百人。並對晉文公說：「你要恭敬地服從天子的命令，以安撫四方諸侯，懲治王朝的邪惡。」晉文公推辭了三次，然後接受說：「重耳謹再拜叩首，接受和宣揚天子的重大賞賜和命令。」依據《史記·晉世家》說：周王作「晉文侯令」，王如是說：「父義和，丕顯文武，克慎明德，昭升于上，敷聞在下……」。按這篇「晉文侯命」明明是《尚書·周書》中的「文侯之命」是指周平王即位時，因晉文侯輔佐平王，平定戎亂有功，平王為表彰晉文侯的功績，史官記下平王的冊命而成就此篇。司馬遷不知為何把一百三十多年前的事，寫在這裡，《史記·索隱》已提出質疑。這應該是一項錯誤的，但也有人說是周天子用同一詞語來表揚不同的人。

踐土之盟後，晉文公又召集齊、魯、宋、蔡、鄭、陳、莒、邾、秦等國在溫地（今河南溫縣）盟會。商議討伐不服的國家。晉文公本想率諸侯去朝見天子，但怕諸侯不聽他的話，萬一有人反叛更是下不了台。於是派人到中央請周襄王來會見諸侯，但周襄王並沒有來溫地，只到達離溫地附近的河陽，晉文公這才率諸侯到河陽去朝見天子。

這件事，孔子認為「諸侯不可以召周天子來見」所以《春秋》寫著「以臣召君，不可以訓」。把周天子到溫地會見諸侯的事，故意「諱言其非」寫成：「天王狩于河陽」。這樣就是表示周天子不是到溫地見諸侯，而是到河陽去打獵，如此乃維護王朝的體制。不過在孔子的眼中晉文公的稱霸是「譎而不正」比不上齊桓公的「正而不譎」。如前面提到的向周襄王請求「隧禮」，對楚國的「退避三舍」以及「召襄王於河陽」，都是使用權術的不正派的手段。這種詭詐欺詐是謂「譎」。

據《左傳》的記載：古帝王在四季外出行獵有不同的名稱：春天稱為「蒐」，夏天稱為「苗」，秋天稱為「獮」，冬天稱為「狩」。但春夏是禽獸繁殖生長的時期，在這期間打獵的情形較少。多半在秋冬日子，在北方廣濶的原野上，所謂「草枯鷹眼疾」，再加以「秋高馬肥」，馳騁追逐，不僅是娛樂，實是古代的軍事演習。

（七）秦穆公稱霸西戎

（1）地理環境的優越

前面已提到，秦國在周初只是一個附庸國，當周幽王遭犬戎之亂時，秦襄公協助王室將戎人趕出鎬京，與其他諸侯共擁幽王之子宜臼為王是為周平王。旋協助平王東遷雒邑，於是周平王賜秦襄公為諸侯，並將原關中的王畿大部分劃送給秦國。之後秦國的幾個國君在西方開拓疆土：

文公時攻伐西戎，收復了周朝舊有的土地和人民，疆域到達岐山，便把岐山以東都獻給周王。

寧公時征服戎人所建立的蕩社。

武公時攻打彭戲氏及邽、冀戎。並在這些地方設縣治理。

《史記‧秦本紀》載：「武公十一年滅伐邽、冀戎、初縣之」。這是中國歷史上首先實行的「縣制」。改變了西周以來把土地、人民都分封給貴族的辦法，而由中央（國君）直接派人治理。

從襄公到穆公為止，秦國已擁有關中千里大平原，土地肥沃，物產豐富，尤其農產品非常發達，如前面所述秦國穆公曾以大批糧食借給晉國救濟饑荒便可以證明。根據《詩經‧國風》中有關秦詩的篇章〈駟驖〉中，首句寫著「駟驖孔阜，方轡在手」。這兩句的意思是說：「在打獵的時候，拉車的四匹馬，黑色的毛，好似鐵一般，長得十分肥大，趕馬的人，六條韁繩拿在手中，車子跑著十分平穩。」其中另一句「輶車鸞鑣」，這「鑣」是指馬嘴裡的「嚼鐵」。可見秦國在春秋時代已經有鐵器的使用。再根據近世考古資料，在春秋時代的秦墓中出土有「銅柄鐵身劍」「鐵鑱」「青銅鐘」等等，反映了鑄造藝術之發達。另外在建築方面所發現的早期的秦國國都雍城，寬廣四十平方里，壯麗的宮殿，更反映了國家財富之充裕。當時的西戎王派由余出使到秦國，秦穆公特別向由余介紹那些華麗的宮殿和倉庫房室等，由余看了之後很感嘆的說：「使鬼為之，則勞神矣，使人為之，亦苦民矣。」這話的意思顯然是諷刺秦國之「勞民傷財」。但從而可知當時秦國在建築技術上的進步，以及在經濟文化方面的繁榮。

（2）重用客卿

　　李斯諫逐客書中說：「昔穆公求士，西取由余於戎，東得百里奚於宛，迎蹇叔於宋，求丕豹、公孫支於晉，此五子者，不產於秦，而穆公用之，並國二十一遂霸西戎。」

百里奚

　　百里奚原是虞國的大夫，晉獻公滅虞國時被俘。當秦穆公向晉國求婚時，晉獻公將女兒嫁給穆公，並以俘虜而來的百里奚為媵臣。當時國君或貴族嫁女除了大批陪嫁的財物外，另附男女奴隸，這些財物和奴隸稱之為「媵」。百里奚本貴為一國之大夫，安願作為媵臣。在送往秦國的途中乘機逃走到宛城（河南南陽）。不幸又為楚國人所捉，成為楚國的奴隸。秦穆公獲悉百里奚是一個有才幹的，想用重金贖回，恐怕楚國知道既是賢人而不給，故意不露聲色，所以《史記·秦本紀》說：

　　　　吾媵臣百里奚在焉，請以五羖羊皮贖之。

　　楚人不知底細，況百里奚已是七十歲的老人，留著也無用，便答應把百里奚送到秦國。

　　穆公親自啟囚籠，立刻跟他談論國事。百里奚謝說：「臣，亡國之臣，何促問？」穆公曰：「（當年）虞君不用子，故亡（國），非子之罪也。」

　　穆公一再請教，百里奚亦以穆公誠懇，不便拒絕，兩人暢談三天，穆公非常高興，於是委百里奚以國政，封他為大夫，因為是用五張公羊皮從楚人手中買來，故被稱為「五羖大夫」。

　　這是《史記·秦本紀》的記載，另外《呂氏春秋·慎人篇》記載：百里奚在秦國賣牛，並以五張羊皮賣其身，公孫枝高興的買到並獻給秦穆公，並勸穆公重用委以國事，穆公最初為「買之五羊之皮，而屬事焉，無乃天下笑乎！」公孫枝說：「信賢而任之，君之明也，讓賢而下之，臣之忠也。君為明君，臣為忠臣，彼信賢，境內將服，敵國且畏，誰暇笑哉。」穆公遂用之。

　　另外在《說苑》的〈臣術篇〉又是不同的記載：秦穆公派商人去運鹽，有一個商人用五張黑羊皮從奴隸販子買下百里奚，也叫他趕鹽車運到秦國，鹽車到了秦國，穆公親自出來察視看鹽車，看到所有拉車的牛都瘦巴巴的，只有百里奚的那頭牛很肥美，穆公問其原因，百里奚回答說：「我讓牠定時吃喝，一路上不虐待牠，遇到危險小心照顧他，大概是這個緣故吧」。穆公聽了這番話，知道百里奚是個君子，立刻叫人讓百里奚洗個澡，換上新衣帽，穆公跟他一坐談，就知是一位賢人，

非常高興。當時的公孫枝並把上卿的位子也自動讓給百里奚，而退居於次卿。

以上這些說法，讀者也許覺得相互矛盾之極。百里奚在做官之前曾經幹過「養牛」行業應該是真的，他自己也承認想用養牛術來謀取官職。至於是否以五張羊皮的身價把自己賣給秦國養牲畜的人，然後替人牧牛，以求取秦穆公的任用等等的說法。我很同意孟子對萬章的問答，「好事者為之也」，認為是喜歡生事的人捏造出來的故事。

蹇叔

當秦穆公起用百里奚之時，百里奚對穆公說：「我不及我的朋友蹇叔，蹇叔賢能而不為世人所知，我遊歷齊時曾經困窘得向人乞食，蹇叔曾收留我，我原想替齊國國君無知做點事，幸虧是他阻止我，後來當齊國的內亂時我才能不受牽累而逃到周室。周王子帶好牛，我就用養牛術來謀取官職，等到王子帶想用我時，蹇叔阻止我，我因此而離去免於被誅殺。當我在虞國做官時，蹇叔又阻止我，我雖然知道虞君不能重用我，但我因貪圖私利和爵祿而留下來。我一再聽用蹇叔的建議，都能脫離危險。所以，我知蹇叔是很賢能的人。」按蹇叔本岐州人，那時正在宋國閒著。於是穆公派人用貴重的禮物去迎接蹇叔，並封為上大夫。

公孫枝

《史記集解》引服虔的話說：「公孫枝秦大夫也」，正義引括地志云：「公孫枝岐州人，先游晉後歸於秦。」由見與蹇叔是同鄉，而蹇叔是由宋至秦，公孫枝是由晉至秦。蹇叔是因百里奚的推荐，公孫枝如何至秦而重用，史無可考，但所知者公孫枝都比百里奚，蹇叔先為穆公所用。

丕豹

丕豹是晉國人，這在前面已提到，他的父親丕鄭原是迎接晉惠公回國作國君的謀臣，事成之後卻被晉惠公無故的殺害，所以他的兒子丕豹奔到秦穆公這邊來，對公說「晉最無道，百姓不親，可伐也。」接著為了報父仇，又主張乘晉國發生饑荒時討伐晉國，但穆公沒有採納，卻聽了百里奚及公孫枝的意見仍以糧食周濟晉國人民。穆公雖未用丕豹之言，但對他頗為賞識，留之在朝，參預國事。

由余

《史記·秦本紀》說：他的祖先是晉國人，後來逃亡到戎國，仍然能夠說晉國的話，戎王聽說秦穆公很賢能，因此派遣由余為使者來參觀他的政績成就，穆公向他展示華麗的宮殿建築和聚積的寶物。由余看了之後，頗為感嘆的說：「使鬼為

之，則勞神矣，使人為之，亦苦民矣。」另李善文選注云：「戎王使由余聘秦，秦穆公示以宮室，引之登三休台。由余曰：臣國土堦三尺，茅茨不剪，寡君猶謂作之者勞，居之者淫。此台若鬼為之，則勞神矣，使人為之，則人亦勞矣。」

　　穆公驚訝此一西戎使者，竟有如此之高深學識與見解。繼而間曰：「中國以詩、書、禮、樂、法度為政，然尚時亂，今戎夷無此，何以為治，不亦難乎。」

　　　　由余說：「此乃中國所以亂也。夫自上聖黃帝作為禮樂法度，身以先之，僅以小治，及其後世，日以驕淫，阻法度之威，以責督於下，下罷極，則以仁義怨望於上，上下交爭怨，則相篡弒，至於滅宗，皆以此類也。夫戎夷不然，上含淳德以遇其下，下懷忠信以事其上，一國之政，猶一身之治，不知所以治，此真聖人之治也。」

　　所以孔子曾說：「夷狄之有君，不如諸夏之亡也」，「吾欲居九夷。」

　　穆公聽了由余的話，慚愧得無話回答，退而跟他的內史說：「孤聞鄰國有聖人，敵國之憂也，今由余賢，寡人之害，將奈之何？」

　　內史廖（《韓詩外傳》作內史王廖）獻計說：「戎王處辟匿，未聞中國之聲，君試遺其女樂，以奪其志。為由余請，以疏其間，留而莫遣，以失其期，戎王怪之，必疑由余，君臣之間，乃可虜也。」

　　穆公以為善，於是與由余曲席而坐，傳器而食，問西戎之地形與兵勢，由余一一告以實情。然後令內史以女樂二八（《說苑》作三九）遺戎王，戎王受而悅之，終年作樂，不問政事，以致牛馬半死。秦乃送由余回國。由余毫不知前情，回去之後，見戎王縱恣於此，數諫不聽。穆公又乘機派人遊說由余，由余因而降秦。穆公以客卿禮待之，拜為上卿，繼而詢問伐戎的形勢。

　　秦穆公用人之道，完全是以「才」「賢」為準則，大膽的啟用有才幹的「外國人」，除了前述五人之外，還有帶兵的將領如孟明視、白乙丙，西乞術都不是秦國人，而他們都能為秦國盡忠職守，貢獻力量，這是秦穆公所以能成為春秋霸者的主要原因。然而他所稱霸的地區僅限於西戎，卻未能稱霸中原，因為被晉國所阻。

（3）被晉國所阻，未能稱霸中原

　　秦穆公意圖稱霸中原由來已久。

　　首先他護送夷吾回國為晉國之國君，希望獲得「河東」、「河西」領土，繼之又以大批糧食週濟晉國的饑荒，以獲取晉國的民心，其後又將俘虜的晉惠公釋回，以表示他的胸懷。

以宗女嫁給在秦國作人質的未來將繼承為晉國國君的公子圉，企圖利用這種「因國」的關係以便控制晉國。但這個陰謀沒有得逞。乃繼而將另一晉國公子重耳從楚國迎接到秦，更以五個宗女嫁給重耳。然後送他回國立為晉君。就是前面所述的晉文公。

晉文公時年已六十，飽經憂患，也可說是一個老奸巨滑的人，對秦穆公對他的種種「恩惠」，自然了然於心。

此後晉秦雖曾結盟，但各懷鬼胎，不久周王室發生變亂，由於晉文公的謀臣智足多謀，勸文公「求霸莫如內王」，因之搶在秦穆公之前救了周亂。秦穆公雖然也派兵救亂，但被晉國所阻，因而失去了勤王爭霸中原的機會。

晉文公當年流亡於鄭國時，鄭國對文公不予禮遇，又因晉楚城濮之戰時，鄭國又站在楚國那邊，所以晉文公乃派兵攻打鄭國，這本來與秦國無關，但因秦晉是盟國，所以秦穆公也派兵協助圍攻鄭國。這時鄭國乃潛派老臣燭之武垂城向秦穆公勸說明利害關係，認為「滅亡鄭國只會加厚晉國，晉國是得利了，秦國則並無益處。晉國強盛了，也是秦國的禍患。」秦鄭本無仇，秦穆公聞燭之武的話，深以為然。於是罷兵回國，晉國也只好撤兵回去，自是以後，晉秦兩國由長期的婚姻之盟國開始轉變成長期戰鬥的敵國，而秦穆公並與鄭國結盟，且派杞子、逢孫、楊孫三位將軍為鄭國守城。這應該是秦穆公的「陰謀」，而鄭國竟相信由「外國的將軍」為他守城，未免太滑稽了。

這件事的第二年晉文公就死了。而秦國為鄭國守城的將軍果然偷偷的向秦國報告，若秦軍悄悄來攻打鄭國，他們便把城門打開接應。秦穆公認為這是他東進的一個好機會，想稱霸中原，必先滅鄭。於是馬上徵詢大臣蹇叔和百里奚的意見。

蹇叔卻堅決反對，認為要走一千多里的路去偷襲人家的國家，不但軍隊疲勞，力量衰竭，而且無法保密，將會遭致失敗。穆公竟然不聽。

關於秦穆公偷襲鄭國的原因有幾種記述：

《左傳》僖公三十二年：

> 杞子（秦穆公派去為鄭國守城的將軍之一）自鄭使告於秦，曰：鄭人使我掌其北門主管。若潛師以來，國可得也。

《史記·秦本記》：

> 鄭人有賣鄭於秦曰：我主其城門，鄭可襲也。

《史記·鄭世家》：

鄭司城繪賀以鄭情賣之秦，兵故來。

以上三說並不衝突，可合而為一，「鄭國守城的人出賣鄭國，要為秦國作內應」。

至於不贊同秦穆公偷襲鄭國的理由也有幾種記述：

《左傳》僖公三十二年載：

蹇叔曰：勞師以襲遠，非所聞也。師勞力竭，遠主備之，無乃不可乎！師知所為，鄭必知之，勤而無所，必有悖心，且行千里，其誰不知。

《史記・秦本紀》：

穆公問蹇叔，百里奚。對曰：徑數國千里而襲人，希有得利者，且人賣鄭，庸知我國人不有以我情告鄭者乎。不可。

《呂氏春秋・悔過篇》：

昔秦穆公興師襲鄭，蹇叔諫曰：不可，臣聞之，襲國邑，以車不過百里，以人不過三十里，皆以其氣之趨與力之盛至，是以犯敵能滅，去之能速。今行數千里，又絕諸侯之地，以襲國，臣不知其可也，君其重圖之。

關於此事，可能辯論很久，蹇叔，百里奚均不主張興無名之師。尤其「行千里之路」，真是「勞師力竭」。史家們以為秦穆公因長期被晉國阻於關中不能東進，很不甘心，所以聽不進大臣的正確的意見，也不考慮起碼的軍事常識，一心只想趁著晉文公剛剛去世的機會，打到中原去。毅然派了百里奚的兒子孟明視，蹇叔的兒子西乞術及白乙丙三位將軍率兵東征。

出發那天，百里奚、蹇叔兩人傷心大哭。穆公獲悉很是生氣，認為是斷喪他的士氣，二老說：「臣非敢沮君軍。軍行，臣子與往，臣老，遲還，恐不相見，故哭耳。」二人退下後，私底下跟他們的兒子說：「你們的軍隊一定會在崤地戰敗的！」

秦軍越過晉地，經過周室的北門，《史記・秦本紀》記載：「周王孫滿曰：秦師無禮，不敗何待。」

另《國語・周語》及《左傳》僖公三十三年都記載：「秦國軍隊經王城的北門，戰車上除御者以外，車左、車右都脫去頭盔下車致敬，隨即跳上車去的有三百輛戰車的將士，王孫滿年幼還小，看到，對周襄王說：秦國的軍隊不莊重又沒有禮貌，一定失敗，不莊重就缺少計謀，無禮貌就不嚴肅，進入險地而滿不在乎，又不能出主意，能夠不打敗仗嗎。」

　　王孫滿認為秦兵會「打敗仗」，是因為秦軍「無禮」。按「禮」秦軍經過王城時，應卷起鎧甲，束裹兵器，車左、車右都要下車行禮，而秦兵只脫了頭盔，這是驕傲無禮的表現。再看秦軍下車上車的動作都是輕佻而驕傲的樣子，沒有軍隊的威嚴，已經進入敵人的險境，還看不出嚴整軍陣，這樣「無禮」、「無謀」、「滿不在乎」的一支軍隊似乎注定要失敗了。

　　令人不解者，蹇叔是一個足知多謀的人，當秦軍出發時，跟百里奚二人只是一昧的「哭」，居然沒有對帶兵的兒子提供任何意見，甚至說了一些「師乎，見其出，而不見其入也」；「汝軍即敗，必於殽矣」的一些「洩氣」的話。

　　總之，秦穆公不聽朝中諸大臣之諫，興無名之師，既過晉境，又越王城，將士長途跋涉，苦不堪言，蹇叔等所以言其「必敗」，此乃恒理也。至於王孫滿所謂之「無禮」，對穆公遠征之勝敗並無直接關係，禮與戰爭似乎不必混為一談，像前述宋襄公與楚國在泓水之戰，宋襄公之所以敗乃因「慕仁義而亡」。若說秦軍經過王城不「卷起鎧甲，束裹兵荒」就是「無禮於周」，無禮於周，則軍隊就會打敗仗，簡直不合邏輯。何況當時王孫滿「尚年幼」，其觀感更不能捧為真理。然而，後世史家無不引述王孫滿的論調。另外《呂氏春秋・悔過篇》記載：「秦師行過周，王孫滿要門而窺之，曰：嗚呼，是師必有疵，若無疵，吾不復言道矣！……」高誘注《呂氏春秋》時王孫滿為「周大夫」。時尚年幼，何以為大夫，為大夫者，以後之事也。如王孫滿說退楚莊王問九鼎輕重之事，乃在周定王元年，距此已二十一年矣。

　　以上關於王孫滿對秦軍的「觀感」，實在沒有歷史意義，而秦軍後來吃了敗仗的真正原因是下列的事：

　　秦軍到達滑國時，正好有兩個鄭國的商人，弦高和奚施二人趕著十二頭牛要賣到洛邑去。見到秦國的大軍，覺察係是來攻打鄭國的。據《左傳・秦本紀》、《呂氏春秋・悔過篇》等書的記載：乃一面叫奚施快速回國報告國君；一面弦高自己假託鄭國國君的名義選了四張上等的皮革和以十二頭牛犒勞秦國的軍隊，並且說：「寡君聽說你們大國想來懲罰鄭國，鄭國已經嚴密防守，特派我以這些薄禮慰勞你們。」

　　秦國大軍，不遠千里而來，竟為鄭國一商人所詐。秦本紀記載：「秦三將軍相謂曰：『將襲鄭，鄭今已覺之，往無及已。』」《呂氏春秋・悔過篇》記載：「三師乃懼而謀曰：『我行數千里，數絕諸侯之地，以襲人，未至而人已先知之矣，此

其備必已盛矣，還師去之，當是時也。』」

　　未戰軍心已先動搖。其後為晉敗於郩，實所料也。據《左傳》記載：鄭國國君得到奚施的報告後，才發現原先秦穆公派來替鄭守城的三個將軍杞子等的陰謀，乃整軍備戰。杞子以陰謀洩露，逃往齊國，逢孫、楊孫逃往宋國。而孟明視等以襲鄭不果，乃就便進攻晉國的附庸國滑國，取其財物而西。

　　這時，晉文公剛死，晉國正準備辦理喪事，獲悉秦國攻陷他的邊邑國，初即位的晉襄公大為震怒，〈晉世家〉記載：「晉先軫曰，秦伯不用蹇叔，反其眾心，此可擊。欒枝曰：『未報先君施於秦，擊之不可。』先軫曰：『秦侮吾孤，伐吾同姓，何德之報。遂擊之。』」《左傳》，《史記·秦本紀》與此記述略同，而《呂氏春秋·悔過篇》記述頗詳：「先軫言於襄公曰，秦師不可不擊也，臣請擊之。襄公曰：『先君薨，尸在堂，見秦師利而因擊之，無乃非為人子之道歟。』先軫曰：『不弔吾喪，不憂吾哀，是死吾君而弱其孤也，若是而擊，可大彊，臣請擊之。襄公不得已而許之。』」

　　於是，晉襄公穿著染黑的喪服，率兵從側面突襲秦軍，並有姜戎的軍隊前來協助。而此時的秦軍正帶著滅滑國的戰利品正在回國的途中，躊躇滿志，毫無戰備的心理，就在郩的地方被晉軍打得大敗，全軍覆沒。孟明視等三將軍被俘。接著襄公就穿著黑色喪服安葬晉文公，自是晉國使用黑色喪服。

　　秦國三個將軍被俘擄到晉國，據《左傳》、〈秦本紀〉、〈魯世家〉的記載：晉襄公的母親，就是當年秦穆公嫁給晉文公的秦國宗女，乃向襄公求情說：「穆公之怨此三人，入於骨髓，願令此三人歸，令我君得自快烹之。」襄公許之，乃將三人釋回。

　　據《左傳》記載：晉國的中軍元帥先軫聽到襄公將秦三將放回，立刻趕到襄公面前氣憤的說：「將士們在戰場上拼命奮戰，俘獲敵人將領，婦人在家幾句話就把他們放了，這是毀棄了戰果而增長敵人的氣志，晉國將要被滅了。」說著還向地上吐了一口唾沫。先軫這一舉動顯然違犯古禮，竟不把國君放在眼裡。而襄公卻也不在意，反覺自己不該放虎歸山，忙派陽處父去追趕，追到黃河邊上時，秦三將已上了渡船駛至中流。陽處父故意解下駕車的馬，以襄公的名義贈送他們，以便引誘他們上岸。孟明視等三將豈是省油的燈，知道是詐；乃在船上向陽處父叩謝，並表示三年將向君王拜謝，這言下之意，還要來報仇。

　　秦國三將孟明視回到秦國，穆公乃穿著素服親到郊外迎接，痛悔不聽蹇叔、百

里奚之言，以致喪師辱將。當年只想偷襲鄭國的利益，想不到會有郩地的失敗。蹇叔雖有先見之明，也只是哭著對兒子將軍們說，於今，事已至此，還能怨誰，穆公也不能怪罪於孟明視作戰不力，並恢復原來的官職，勉勵他們復仇雪恥。

自是，穆公似已無意再爭霸中原，退而準備為西方的霸主。但在名譽名份上已被貶為「戎秦」。《公羊傳》：「其謂之秦何？夷狄之也，……」《穀梁傳》：「不言戰而言敗，何也，狄秦也，其狄之何也，秦越千里之險，入虛國，進不能守，退敗其師，徒亂人子女之教，無男女之別，秦之為狄，自殽之戰始也。……」此處所謂之「夷狄」並非指為「異族」。公羊穀梁二傳以秦「違諫，千里而襲人」，即以為「徒亂子女之教，無男女之別」，而以「夷狄」視之，已有人責其所評不當。然春秋當世，其理使然、公羊高、穀梁赤有他們的立場，所謂「傳義而不傳事」是也。

（4）正式稱霸西戎

秦晉殽戰之後的第三年，穆公再派孟明視率領秦大軍攻打晉國以報前仇，但在彭衙被晉國的中軍元帥（先軫的兒子）先且居打得大敗。第二年，穆公仍厚待孟明視等人，再派他率兵伐晉，渡過黃河，把船隻焚燬，以示必勝決心，終於在王官及鄗地打敗晉軍，報了在殽地戰敗的恥辱。於是穆公從茅津渡河埋葬了五年前在殽戰中為國捐軀的士兵屍骨，全軍在此哭祭三天。穆公面對遍野白骨，深自責備說：「我們要牢記，古人行事常向長者商量請益，便不會產生過錯。我當初因不聽蹇叔、百里奚的意見，才有這樣重大的損失，讓後人記住我這一罪過以作為教訓吧！」《尚書》中有一篇〈秦誓〉就是穆公自我責備的誥辭。將士們聽了都為之落淚，他們既哀禱死去的戰士，也為穆公自責的誠實精神所感動。〈秦本紀〉記載：「君子聞之，皆為垂涕曰：『嗟乎！秦穆公之與人周也。』」

今人顧敦鍒在〈秦文學〉中評論說：「這篇文章，文辭峭勁，情致緜邈，而於罪已舉賢之處，一篇之中三致焉，尤可見秦人爽直懇摯的氣度。」

秦穆公的事業，或者就是成功於「休休有容」的修養。

這時蹇叔、百里奚已相繼去世，穆公乃重用孟明視。《左傳》有這樣一段記載：

> 「用孟明也，君子是以知秦穆公之為君也，舉人之周也，與人之壹也。孟明之臣也，其不解也，能懼思也，子桑之忠也，其知人也，能舉善也。詩曰：于以采蘩。于沼于沚，于以用之。公侯之事，秦穆有焉。夙夜匪解。以事一

人，孟明有焉。詒厥孫謀。以燕翼子。子桑有焉。」

殽戰之後，秦晉雖有多次交戰，秦國並沒有打出東進的大道，乃決心向西方發展。前面已經提到，秦穆公用計把由余從西戎那裡降到秦國，由於由余長期生活在西戎中，對那邊的一切環境非常了解，穆公完全採用了由余的計策。

　　《史記・秦本紀》：「秦用由余謀，伐戎王，益國十二，開地千里，遂霸西
　　戎，天子使召公賀穆公以金鼓。」

　　《史記・李斯列傳》：「昔穆公求士，西取由余於戎……并國二十，遂霸西
戎。」

　　《漢書・匈奴傳》：「秦穆公得由余，西戎八國服。」

以上所云「十二國」「二十國」「八國」都沒有具體的國名，事實上也無需去詳其號，正如《史記》匈奴傳所說：「諸戎各分居谿谷，自有其君長，往往而聚者百有餘戎，然莫能相一。」而在諸戎之中，或以「犬戎」之勢力較強，為西戎中的領袖。秦穆公三十四年，「戎王使由余於秦」，這戎王也許就是犬戎之王也。故秦穆公三十七年，「秦用由余謀，伐戎王」，也可能以犬戎為主要對象，前面也已說過，戎王因被秦國誘惑，正沉迷於聲色之中，故一舉就將其擊敗。於是西方諸戎皆成為秦國的附庸。至於「開地千里」也不是單指秦穆公三十七年，一年之內的事。應該是從秦穆公元年到三十七年止的事而言。梁任公在其所著《春秋》載記中說的對：「秦戎之爭，自始建國迄春秋中葉（穆公時）歷四百餘年而始略定，而秦人強武不撓之德，實經此磨練以得之。」

從上述史實來看，秦穆公的霸業，比齊桓公，晉文公為艱為鉅，而且功勞亦甚大。有些史家認為穆公沒有「尊王攘夷」，不夠霸者的條件，其實不然。穆公不但「尊王」（如前述之擁立周平王），而「攘夷」的功績，比春秋任何一個諸侯有過之而無不及。著者認為當時對周室為患最大者，乃西戎。秦能獨當一面，拒此大敵，其功就不是齊桓、晉文可以相比的。其次，周室所患者乃中原諸侯，尤以同姓諸侯為甚。齊桓、晉文雖標榜「尊王」，實則威權震主，目無天子。相反的，秦穆公僻處西方，謹守臣節，雖與晉國數爭中土，適足以削弱晉國的權勢，護衛天子，而西服戎人，開疆拓土，給後世留下恩惠。或謂周室終為秦所滅，此為百數十年後之事，非秦穆公之罪，亦勢所以然也。

前面已說過當年齊桓公稱霸時，周天子（僖王）賜給桓公的禮物是：「祭肉、彤弓、矢和車輅」；晉文公稱霸時，周天子（襄王）賜給文公的禮物是：「車輅、

彤弓、矢」之外，還有香酒和勇士三百人。」於今，秦穆公為霸，周天子（襄王）所賜者，僅僅是一個金鼓。據《左傳》僖公二十二年：「金鼓以聲氣也」。漢文帝十一年時，晁錯上書談論兵法時，其中有「前擊後解，與金鼓之指相失」的文句，師古注曰：「鼓所以進眾，金所以止眾。」

從以上各賞賜的禮物來看，並不是當時的一定「禮制」而是全憑天子的喜悅。周襄王雖僅派召公帶一金鼓來向秦穆公道賀，然含義頗深，金鼓者「進眾止眾」，真正彰顯霸者的聲威。

據《史記·封禪書》說：「秦穆病臥五日不寤，寤乃言夢見上帝……後世皆曰秦穆公上天。」《史記·秦本紀》記載：穆公死後葬在雍地。從死的人有一百七十七人。其中有名奄息、仲行、鍼虎的三位良臣。秦人哀痛這三位良臣的從死深為痛惜，所以作「黃鳥詩」三章來哀悼。

> 交交黃鳥，止於棘。誰從穆公！子車奄息。維此奄息，百夫之持。臨其穴，
> 惴惴其慄；彼蒼者天，殲我良人，如可贖兮，人百其身！
>
> 交交黃鳥，止於桑。（以下與右詩同）
>
> 交交黃鳥，止於楚。（以下與右詩同）

那飛來飛去的黃鳥，飛在小棗上，是何等的自由自在啊！如今什麼人跟著穆公活活的去埋在墳裡啊，是他的臣子，姓子車名叫奄息的。唉，這個奄息呀，是一百人裡面頂有才學的人呢！我們做百姓的走近那埋棺材的深坑邊去；祇見這個人活活的埋在地下，心裡禁不住跳動起來，十分害怕。唉，這在上面灰色的天啊！怎麼活活的弄死我們這個好臣子？倘然可以想法子把他們的性命贖回來啊，我們做百姓的，便是每人把身子去死一百回也是願意的呢。

這表示了人民對殉葬制度的不滿，對秦穆公以人殉葬的憤怒與遣責。

《史記·秦本紀》對穆公以良臣殉葬極為不當，特引用君子之言曰：「秦穆公廣地益國，東服強晉，西霸戎夷，然不為諸侯盟立，亦宜哉，死而棄民，收其良臣而從死，且先王崩，尚猶遺德垂法，況奪之善人良臣，百姓所哀者乎，是以知秦之不能復東征也。」

朱熹注《詩經·黃鳥篇》認為穆公以三良從死，「其罪不可逃矣」。

按我國的殉死風俗最早始於秦武公時（西元前六九八年）。《史記·秦本紀》：「二十年武公卒，葬雍平陽，初以人從死，從死者六十六人。」考古學家的研究，埃及在西元前六千多年便有殺後宮或侍者而殉葬的習俗。在中國考古學家從

安陽發掘中發現排列放置整齊之無肢體人頭，及無頭之肢體骨，認為是殷人已有以人殉葬的習俗。據國人研究國史上殉葬的事可說每個朝代都有，直到清世宗才禁止。這其中當以秦始皇死後的殉葬最為慘烈，《史記·秦始皇本紀》：「二世曰：先帝後宮，非有子者，出焉不宜，皆令從死，死者甚眾。葬既已下，或言工匠為機藏，皆知之，藏重即泄，大事畢已，藏閉中羨，下外羨門，盡閉工匠藏者，無復出者，樹草木以象之。」

（八）楚莊王的霸業

（1）楚國簡介

　　前面已經提到，楚國的祖先是五帝中顓頊的後代。帝嚳時做過「火正」官，掌管燈火雜務，「能光融天下，帝嚳命曰祝融」。經過好多代，歷夏商周千有餘年傳到熊繹時，因周成王「舉文武勤勞之後嗣」，而封熊繹於楚蠻，賜以「子男之田」（方五十里）。再經過幾代到周夷王時，楚熊渠甚得江漢間的民和，曾興兵討伐庸、楊、粵等國。並認為「我蠻夷也，不與中國之號諡」。乃將自己的三個兒子自封為「王」。周厲王時因暴虐無道，熊渠害怕他討伐楚國，乃將王號取消。再數傳到熊通，自立為楚武王，並要求周王室承認他的王號，王室並沒有答應。但楚國從此目無天子，潛號稱王如故，並正式定都於郢。不斷侵陵江漢間的小國。不久齊桓公稱霸，而楚國也開始壯大起來。楚成王即位後更對人民「布德施惠，結舊好於諸侯」並向周天子進貢，周天子特別賜給他祭肉說：「好！鎮守你的南方，平定夷越之亂，不要侵擾中國。」這時楚國的疆土也已擴展到千里之大。

　　從以上發展的過程來看，楚國的確從「篳路藍縷」起家。篳路就是柴車，藍縷就是敝衣。《左傳》「篳路藍縷，以啟山林」這是楚國大臣子革說的話，「從前我們先王熊繹僻處荊山，乘著柴車，穿著破衣，開闢雜草叢生的山林」楚世家記載楚國的大夫析父在靈王前面又引述了這段話。但因楚國地處江漢平原，有良好的自然條件。有利於農業的發展。最近考古學家從當年楚國控制的地區發現很多農業用的鐵製農具。以及其他質量優良的青銅器等等。由於有這些雄厚的物質力量作基礎，再加上《史記》十二諸侯年表所說「楚介江淮」的地理環境，這些應是從事稱霸的先備條件。

　　到春秋前期，楚成王已經使楚國發展到高峰階段。在他當政的四十六年之中，

本想向北推進，但正好碰到齊國桓公「尊王攘夷」的霸權時期，當齊桓公率諸侯軍南伐楚國時，幸好楚派屈完以不卑不亢的外交辭令，說退了齊軍。但後來在城濮被晉文公打得大敗，其大將子玉也因而在前方自殺。不久宮中發生內亂，成王竟被兒子逼迫自殺，兒子繼立是為穆王，穆王在位十二年死，其子莊王繼立。

（2）楚莊王的崛起

楚莊王即位後，似乎對外的發展有些灰心，三年不出號令，左抱鄭姬，右擁越女，日夜作樂。而且下令國中：「有敢諫者，死無赦。」《史記‧楚世家》記載：「伍舉入諫曰：希望有進陳隱語的機會；有隻鳥待在高山上，三年來不飛不叫，請問這是什麼鳥？」莊王說：「三年不飛，一飛必定沖天；三年不叫，一叫必定驚人。」伍舉告退說：「我明白了。」數月之後，莊王仍然淫樂如故，大夫蘇從曰：「食君厚祿，愛死不諫非忠臣也」。乃入宮進諫。莊王說：「你沒有聽見我的命令嗎？」蘇從回答說：「犧牲生命而能使國君清明，這是我的願望。」於是莊公停止淫樂，治理國政，這故事不見《左傳》的記載。而《吳越春秋》、《韓非子》，《說苑》等書的記載與《史記》都各有出入。很多史家則多引據《呂氏春秋》及劉向《新序》的記載：有一個叫成公賈的人去見莊王，莊王問他看到我的命令沒有？成公賈說，我不是來勸諫的，而是來說迷語解悶的，莊王就讓他說下去。成公賈說：「南山有一隻鳥，三年不動不飛也不叫，是什麼鳥？」莊王回答說：「三年不動是決定志向，三年不飛是在長翅膀，三年不叫是觀察周圍情況，此鳥不飛則已，一飛沖天，不鳴則已，一鳴驚人。」論者認為莊王即位之初，之所以不問政事，是採取「外昏內智」的策略，用「沉緬于酒色」作掩護，使矛盾暴露，以便洞察忠奸。所以，當蘇從進諫之後，立刻用刀割斷懸掛鐘鼓的繩子，上朝聽政，《史記‧楚世家》說：殺了幾百人，進用了幾百人，其他史書則記載：「所進者五人，所退者十人，誅大臣五，舉處士六」。將政事委任伍舉、蘇從，全國人民大為喜悅。

莊王親政，立刻整頓內政，旋舉兵攻滅庸國，解除了西部的威脅，同時把疆土擴展到今湖北西北。接著又向北方用兵，進攻陳，宋兩國，晉國援助陳國，但被楚國打敗。第二年春天，楚國再指使鄭國攻打宋國，鄭宋開戰之際，據《左傳》宣公二年及《史記‧宋微子世家》記載了這樣一個荒唐的故事：宋國主將華元在戰前殺羊分賞戰士，卻漏掉了給他駕車的車夫（羊斟），這個車夫因此懷恨，竟跑到鄭國軍中，告以機密，宋國因此打了敗仗，華元也被鄭國所俘。同時鄭國繳獲宋國的戰車四百六十輛，活捉二百人，斬首一百人並割下他們的耳朵。宋國乃準備了一百輛

兵車，毛色漂亮的馬四百匹，以便贖回華元，但只送去一半，華元就逃回來了。對他那個以私怨出賣他的馬車夫羊斟竟然沒有懲處，還問他是不是馬不聽使喚，羊斟卻大言不慚的說是他故意那麼幹的，說完便逃到魯國去了。史家以為這故事正反映了宋國的軍紀和法紀敗壞到了極點，宋國之所以積弱不振，此其然哉：

這年的夏天，晉國率領了宋、衛、陳四國聯軍準備攻打鄭國以報前仇，楚國的軍隊開到鄭國的都城等待晉軍，晉軍看到這種情形，卻不敢前去交戰就退回去了，趙盾的理由是「楚國內部的宗族正爭權奪利，暫且讓他增加弊病吧」。《左傳》記載趙盾的話，大概是為自己找個藉口吧。因此史家認為楚莊王的這些對外的軍事行動，還真是「一鳴驚人」。

莊王的對外軍事行動節節勝利，尤其跟當時中原的霸權國家晉國兩次相遇都占了上風，所以他更大膽的向北推進，去攻打陸渾戎，這陸渾戎位於洛邑西南。莊王故意把軍隊開到周王室的洛邑城郊，陳示他的軍事力量，也有一點向天子示威的用意。周定王忙派大夫王孫滿到郊外去慰勞楚軍，莊王竟乘機問王孫滿九鼎的大小和輕重，這種舉動正像他所說的想「一飛沖天」。

前面已說過，這九鼎乃傳國之寶器的王象徵，莊王此問，乃有取周天下的用意。王孫滿知道他不懷好意，便以德義的道理去折服對方，《左傳》宣公三年及《史記·楚世家》記載王孫滿的話說：「統治天下在乎德而不在乎鼎」。莊王說：「你不要恃著九鼎，九鼎有什麼了不起，楚國士兵在戰場上折斷敵人的戈尖矛頭便足以鑄成鼎。」王孫滿乃進而針對莊王目無天子的傲慢態度予以反駁說：「唉！君王你忘了嗎，從前虞夏的盛世，遠方的人都來臣服，九州的長官，貢獻轄地所產的金屬，禹王便把那些金屬鑄造九鼎，並在鼎上雕刻了山川物象，象徵著整個天下，後來夏昏亂無德，鼎就轉移到商，經歷了六百年，商紂王暴虐無道，九鼎又遷到周。所以天子有德，美善而光明，鼎雖小而重，若天子無德，姦邪昏亂，鼎雖大而輕。當初成王把鼎安置在郟鄏時，曾經占卜過，可以傳三十代，經歷七百年，這是上天之命，如今周朝的道德雖亡衰微，可是上天之命不能改，這九鼎的經重，還是不可以問的哩。」楚莊王一聽，九鼎居然有如此大的來頭，就不敢再說什麼，領兵而回。

關於九鼎的傳說，前面已經提到，紂王滅周後，鼎的下落就不可考了。現後世很多史家以為禹鑄九鼎的傳說不可靠，他們所持理由是，商朝前期的鼎都是以素面為主，到現在為止還未出土過先秦時期鑄上山川花紋的鼎。至於王孫滿向莊王述

說鼎的種種乃是以此帶有「神密色彩」的寶物來嚇唬他的，何況莊王也沒有親眼看到那些九鼎。總之周有九鼎是實事，九鼎由夏傳至周也是實事，鼎上鑄有山川花紋等圖形似不可懷疑。幾千年前的事不可能都由考古家來認定，所以《左傳》和《史記》上的記戴還是可信任的。吾人讀史固有「懷疑」的權利，但是在沒有獲得正確證據前，卻沒有「否決」的權利，莊王問九鼎的輕重，想必也是「好奇」心理，不應該想到要滅周的念頭上，王孫滿拿「天命未改」來當擋箭牌，也未免太高估了莊王的野心而產生的「恐懼」心理。如果莊王真有竊取天下的慾望，以他當時的實力，很可以揮軍直入王城，何必問什麼九鼎輕重，果真如此，王孫滿的這番話又安能阻止嚇唬得了莊王。

當楚莊王正向北用兵時，晉國趙盾的情報還真確實，前面說過他早知楚國內部不安，果真貴族斗越椒叛亂，以及舒蓼人反楚的事件，斗越椒原是楚國的令尹（宰相）屬於楚國古老的若敖族，但不久就被莊王消滅。接著莊王任用了孫叔敖為令尹。任孫叔敖還經過了一段插曲。據「新房雜事」及「列女傳賢明傳」記戴：楚莊王有一位賢慧的夫人叫樊姬，有一天莊王退朝很晚，樊姬問他為何如此晚才退朝，莊王說跟賢者談話，樊姬問所謂的賢者是何人，莊王說是宰相虞邱子，樊姬說，虞邱子賢是賢，但不夠忠，樊姬接著說：「虞邱子為楚相十多年，他所引薦的人，不是他的弟子就是他的族人，未曾見他引進賢人或能退不肖的人，這乃是蒙蔽了大王而阻塞賢人進的路。知道賢人而不引進是不忠；不知道有賢人可以引進，是不智。」莊王聽了大為讚賞。次日上朝，莊王把樊姬的話告訴了虞邱子，虞邱子立刻辭去相位，莊王起初還不肯答應讓虞邱子辭職。據《說苑·至公篇》記戴：「虞邱子說，我為相十年，沒把國家治理得更好，訴訟案件不曾中斷，有才學的隱士沒有受到提拔，淫亂殘暴的人沒有加以誅討。……我的罪狀，早就該交付法律審判，為了贖罪，乃推薦一個才俊之士來接替我的職位，他是一個鄉下人，他叫孫叔敖，多才多藝，性情澹泊而沒有欲望，可以把國政交給他，一定治理得很好。莊王認為虞邱子輔助爭霸中原，命令能通達荒遠地域，功勞很大，還想挽留他，但虞邱子辭意甚堅，莊王只好賜給他三百戶采邑，並尊他為「國老」。另《呂氏春秋·贊能篇》記戴是孫叔敖的另一朋友沈尹蔓向莊王推薦的，莊王用王輿把他迎接入宮。

於是楚莊王任孫叔敖為令尹（宰相），他的確是一個有才幹的人，上台後即著手整理內政和軍事，楚國國內雖經短暫內亂，但很快便恢復起來。尤其他執法公允，決不偏私，不久推荐他的虞邱子的家人犯法，仍被孫叔敖依法論罪處死，而虞邱子還上朝在莊王前面稱讚他「奉行國法而不偏私，執行刑罰而不枉曲。」

據《說苑·敬慎篇》記戴：當孫叔敖當了楚國令尹時，全國吏民都狂賀喜，惟有一老人穿著布衣戴著白帽前往弔問，孫叔敖深知來者有意，特整裝恭敬請教，老人說：「身份已經尊貴，還要向人民驕傲的，百姓就會拋棄他；地位已經崇高，還要把持大權的，國君就會討厭他；俸祿已經很優厚，還是不知足的，禍患就會跟著他。」孫叔敖立刻拜謝並繼續請他指教，老人又曰：「地位越是崇高，意態越是卑下；官做得越大，心願越是細小；俸祿越是優厚，越是謹慎而不敢苟取，你能小心地守住這三條，就足夠治理楚國了。」

據漢人劉向《新序》記戴：有一天楚莊王問孫叔敖：「寡人未得所以為國是。」國是是指「國家之大計」這是國史上最早提到的這個詞彙。於是孫叔敖曰：「國之有是，眾非之，所惡，臣恐王之不能定。」莊王曰：「不定，獨在君乎，亦在臣乎？」孫叔敖曰：「國君驕士曰，士非我，無逌（與「由從」同義）貴富，士驕君曰，國非士，無道安疆。人君矢國而不悟，士饑寒而不進，君臣不合，國是無逌定矣。桀紂以合其處舍者為是，不合者為非，故亡而不知。」莊王曰：「願相國與大夫共定國是，寡人豈敢以褊國驕士民矣。」

司馬遷撰的《史記·循吏傳》。乃特別把孫叔敖列在傳中首位，傳中說：「（孫叔敖）為楚國，施教導民，上下和合，世俗盛美，政緩禁止，吏無姦邪，盜賊不起，秋冬則勸民山採，春夏以水，各得其所便，民皆樂其生。」這大概是孫叔敖所定的「國是」的一部分。有一次莊王認為錢幣太輕，乃改小為大，百姓很感不便，紛紛拋棄本業，市場的負責人向孫叔敖反應，孫叔敖稟報莊王，莊王也是立刻接受下面的意見，又恢復了舊制。

莊王好田獵弋射，《烈女傳·賢明傳》記戴：他的夫人樊姬勸他說，如果再打獵，他不再吃禽獸的肉。於是莊王勸修內政。《說苑·君道篇》記戴：有一位大夫諫曰：「晉楚敵國也，楚不謀晉，晉必謀楚，王無乃耽於樂乎。」莊王說：「吾獵以求士也，榛藂刺虎豹者，吾知其勇也；攉犀博凶者，吾知其勁有力也；罷田而分，吾知其仁也。因是道也，而得三士焉。」

楚莊王任用孫叔敖為相後，國力很快恢復起來，而他自已虛心採納臣下諫言，勵精圖治，已打下與晉爭霸中原的基礎。在未說晉楚正式展開爭霸前，回頭來看晉國霸業的再興。

（3）晉國霸業的再興

晉國並不像齊國，齊桓公死後，齊國的霸業即結束，而晉文公死後，替兒子留

下強大兵力（三軍），以及好幾位良臣，如趙衰，狐偃、賈佗、先軫、魏犨等。再加上晉國的地理山河阻險。因此晉國在中原的霸權繼文公之後持續了一段時期，如襄公，靈公時先後主持過幾次諸侯會盟。晉襄公更阻止了秦穆公向中原的發展。

晉襄公死後，兒子夷皋年幼，國人都希望立一個年長的國君。不但諸大臣之間發生爭執，而當時掌權的趙盾（趙衰之子）原本要迎立住在秦國的襄公的弟弟雍，但經不起太子的母親抱著兒子日夜哭泣於朝，以至出爾反爾，最後還是立了夷皋為君，是晉靈公。這件事不但引起朝中卿大夫之間嚴重裂痕，而秦晉兩國又為此打了一仗。

晉靈公長大後，極不成材，從不理朝政，只顧加強對人民的剝削，修建了許多雕樑畫棟的宮殿，又喜歡惡作劇，經常坐在高台上，用彈弓打台下過路的人，觀看他逃躲的情景來取樂，一次他的廚夫因沒有把熊掌燉好，就把他殺了，還故意令一宮人用草皮裹著尸體從廷上拖過。朝臣士會和趙盾屢諫不聽，尤其對趙盾的屢次進諫感到厭惡。竟派武力鉏麑前往刺殺趙盾，行至盾寓，天尚未亮見盾正整裝上朝辦公，深感趙盾確為忠臣，不忍殺害，乃退而嘆曰：「殺忠臣，棄君令，罪一也。」於是在趙盾的庭院觸樹而死。但靈公仍想用毒酒及其他方法殺害趙盾。《左傳》宣公二年記戴：靈公請趙盾喝酒，埋伏了甲士，準備攻殺趙盾，陪同趙盾的衛士提彌明察覺這個陰謀，快步登上殿堂說：「臣下侍奉國君飲酒，超過三杯，就不合禮了。」說著就扶了趙盾下殿。這時靈公埋伏的甲士還不及出現，靈公乃放出惡犬撲過去，提彌明上前與惡犬博鬥，趙盾脫難退出，而提彌明卻被埋兵殺死。《左傳》又記戴說：當時趙盾在首陽山打獵時，曾遇見一個饑餓的人叫靈輒，趙盾給了他很多食物，這個人後來做了靈公的衛士，在這次事件中，這個衛士為了報恩乃倒戈殺退其他衛士，使趙盾免於禍亂，然後自己也逃走。《史記·晉世家》的記載與《左傳》有很大的出入，但故事的含義正與前述秦穆公當年賞賜「岐下盜食善馬者酒喝」而獲得救難的情形很相似。

由於靈公一再要殺他，趙盾無可奈何，只得逃出晉都。這時，趙盾的族姪趙穿，不滿靈公的暴行，乃將靈公殺死。趙盾得知這一消息，便立刻到晉都。派趙穿到洛陽迎接文公的另一個兒子公子黑臀為君，是為晉成公。而對趙穿弒君的事，沒有追究。因此，晉國的史官董狐便在簡冊上寫下：「趙盾弒君」。趙盾說：「弒國君的是趙穿，我沒有罪。」董狐說：「你是國家的正卿，出奔時沒有離開國境，回到朝中又不為國家討賊，殺國君的不是你還是誰。」後來趙盾也知道自己的不是，

承認自己的罪過。所以孔子知道此事後，稱讚董孤是古代的優良史官；趙盾是古代的良臣。因為一個不懼權勢，據理記載；一個勇於承擔錯失。乃至宋文正公的「正氣歌」中有「在晉董孤筆」一句。

晉成公在位七年，也主持諸侯會盟一次，追隨晉國的尚有鄭、魯、衛、曹等五國。成公死後，景公立，此時楚莊王已經興起，於是晉楚兩國展開了長期的鬥爭。

（4）晉楚長期鬥爭

在晉楚長期爭霸中，夾在這兩大國家之間的一些小國如鄭、宋、陳、蔡等，如果站在晉國那邊楚國要興師問罪，如果站在楚國這邊，晉國要責其背盟。這些國家猶如順風的牆頭草。時晉時楚，左右逢緣才能生存下去。以下列舉幾次有名的戰爭

A·楚國攻打陳國

由於陳國的大夫夏微舒的母親夏姬，與當時陳國的國君靈公及二位大夫私通，彼此還穿著夏姬的內衣在朝廷上炫耀嬉戲。另一大夫泄冶看不慣這種荒淫的事。曾勸導說：「君臣都貪好女色，百姓以誰做榜樣呢？」結果被殺。靈公與二位大夫在夏姬家飲酒，彼此開玩笑，靈公說：「夏徵舒長得像你們！」二位大夫說：「也像你啊。」其為夏徵舒者在這種侮辱之下斯可忍也，孰不可忍也。夏徵舒非常生氣，忍無可忍乃在馬房裡將靈公射殺，自立為陳君。二位大夫則逃奔楚國。楚莊王就因此率諸侯軍去討伐陳國。事先派人去偵察陳國國情，回報說：「其城高溝深，而畜積多。」可見國家很安寧。莊王認為「陳小國而畜積多，必賦斂重而民怨上，城高溝深，則民力殫矣。」莊王的這一政治哲學很合邏輯。於是興兵伐陳。對陳國人說：「不要害怕，我只是來誅討夏徵舒而已。」可是，莊王誅了夏徵舒後，卻把陳國的土地劃為楚國的一個縣邑。正好出使齊國的申叔時回來，對莊王說：「俗話說：牽牛踏過人家的田，田主就將這頭牛搶走了。讓牛踏人家田，是不對的，但田主搶了他的牛，不是過分了嗎？現在你君王以為夏徵舒弒君，是個亂臣，因此向諸侯徵兵，持著大義去討伐他。接著貪圖陳國的土地，卻據為已有，那以後如何去號召天下呢？」莊王聽了認為說得對。於是從晉國迎回靈公的兒子回來立為國君。孔子讀到這個歷史，讚美說：「楚莊王真賢明啊，他能不貪求一個千輛兵車的大國，卻重視一句有意義的話。」

B·晉楚攻打鄭國

夾在晉楚之間的鄭國，幾乎年年有戰禍，晉楚兩國五次伐鄭國，楚國七次對鄭加兵。魯宣公三年春天，晉國為鄭國與楚結盟，乃攻打鄭國，接著晉鄭講和，夏天

楚國以鄭國親晉之故，乃發兵攻鄭，鄭又與楚講和，接著晉國又聯合宋、衛、曹三國攻鄭，鄭又背楚從晉。冬天楚國又攻鄭。鄭國真是可憐，從楚不得，從晉不能，大夫子良認為晉楚兩國都是講信用的國家乾脆提出了「與其來者」的方針，誰的軍隊來就服從誰，不必死守同誰的盟約，這可謂是外交上的一種「靈活運用」。

但這種周旋於晉楚之間的兩面外交，卻不為楚國所認同。當鄭楚結盟後，楚國見鄭國繼續保持同晉國的關係，乃率兵進攻鄭國，包圍國都十七天。城裡的人在太廟大哭，守城的將士也在城上大哭，楚國的軍人都被哭軟了，莊王乃下令暫時退兵。鄭國乘機修築城牆，楚國又再次包圍鄭國，經過三個月，攻陷了國都，鄭襄公脫去衣服，牽著羊迎接楚莊王，這種舉動是表示可以任其宰割，並說了一大篇卑恭屈膝的話，莊王也頗為感動乃退兵三十里，與鄭國講和，鄭襄公的弟弟子良到楚國作人質。

C．晉楚邲之戰

魯宣公十二年（西元前五九七四）

當楚國圍攻鄭國時，因晉鄭曾是盟國，理應救助鄭國，但等到鄭國人民受了幾個月的兵災苦難，鄭國兵攻投降楚國後，晉國才派荀林父率領中軍（春秋之世，「中軍是主帥」，上軍，下軍都要受其節制。）先縠為輔佐；士會率領上軍，郤克為輔佐；趙朔率領下軍，欒書為輔佐；趙括趙嬰擔任中軍大夫、鞏朔、韓穿擔任上軍大夫、荀首、趙同擔任下軍大夫。韓厥擔任司馬。這一隊人馬，浩浩蕩蕩開到黃河，卻聽說鄭國已與楚國講和結盟。擔任三軍的總指揮荀林父準備撤軍回去。擔任上軍統帥的士會還講了一大篇道理表示同意，但擔任中軍的副帥先縠卻堅決反對，認為若不與楚作戰，使晉國的霸主地位丟掉，不如去死，於是帶領他所屬的軍隊渡黃河。此時擔任中軍和擔任下軍大夫的趙括、趙同也支持先縠的行動。按先縠是先軫之子，趙括、趙同是趙盾的異母弟，這先、趙兩家在晉國都是很有權勢力的，故不甘受荀林父的節制。但在戰場上應通力合作，怎麼可以搞派系。所以負責維繫軍紀的司馬韓厥，對荀林父說：「先縠若失敗，你是元帥，責任由你一人負擔，不如全軍渡河，若失敗，大家分擔責任。」經韓厥這麼一唆，荀林父就下令全軍渡河。可見主帥是在聽副帥的指揮，而負責糾察軍紀的人不嚴格執行違反軍令之罪，卻「委屈求全」，只在打算如何減輕個人的責任，也可見晉國國法和軍紀已鬆弛到如此地步了。

前面說過鄭楚講和後楚莊王原本就要回到楚國去，聽說晉國援救鄭國大軍已渡

河而來，令尹孫叔敖也不希望與晉國作戰。而莊王身邊的伍參（伍子胥祖父）不知從那裡得來的情報，知悉晉軍內部不和，軍令不統一，認為是戰勝晉軍的良機。由於孫叔敖的堅決反對，暫且把軍隊駐紮下來。曾兩次派人到晉軍中講和，晉軍的統帥荀林父也同意講和，但他又不能約束自己的部下。內部又掀起「和戰」的分裂。終於晉楚戰爭還是展開了，兩軍在邲地（河南滎陽）相遇，結果晉軍大敗，晉軍在逃的過程中因爭先恐後，爭奪船隻上船，相互矽殺，或將船上的人推下淹死，史書上並沒有記述楚軍追殺晉軍的暴行，反而是晉軍自亂陣腳，而失敗。自是楚莊王的霸業因這一戰役得到了鞏固和發展。而戰敗回去的晉軍統帥荀林父雖向國君請死，後因士貞子勸晉景公要吸取當年楚成王城濮兵敗殺大將子玉的教訓，不要輕殺大將，所以恢復了荀林父的職務，而那位不聽指揮造成晉軍大敗的副統帥先縠並沒有得到應有處罰，甚至還派他代表晉國去主持宋、衛、曹國的盟會。盟會後的第二年，先縠居然勾結北方的赤狄來進攻自己的國家。晉景公這才追究邲戰的失敗和狄人來攻的責任，於是罪上加罪，把先縠處死，並將先氏全族殺光。

D·楚國圍攻宋國

前面已提到夾在晉楚兩國間小國，都受晉楚的支配。鄭在邲戰之後完全偏於楚方，宋國則始終向著晉國，而宋國所處的地理位置對楚國不利，因為楚國要想和齊國交往，必須經過宋國，當然更阻礙楚國稱霸中原的大道。所以楚國對宋國一直如鯁在喉。想法子要把它去掉。

晉宣公十四年，楚莊王派申舟出使齊國，派公子馮到晉國。到齊國必須經過宋，到晉必須經過鄭。按當時的國際關係凡經過人家的國家，一定要向該國請求「借路」，一如今天的船隻、飛機進入他國的領海、領空時要事先徵得對方的同意，否則便被認為侵害人家國家的主權而受到攻擊。楚國自以為是當時超強國，根本不把一些小國放在眼裡，下令出使的使者「不必向經的國家借路」。其實被經過的國家是否答允你借路還是問題，何況不借路。況且這出使齊國的申舟曾在二十多年前得罪宋昭公，宋人對此還懷恨在心。此刻當申舟路過宋境時，又沒有向宋借路，宋國執政大臣華元認為楚國故意侵害國家的主權。乃將申舟捉殺。楚莊王便以此為藉口，派令尹子反率軍攻圍宋國。

宋國告急於晉，晉景公原本要救宋，但大臣伯宗說：「雖鞭之長，不及馬腹」這就是「鞭長莫及」這句成語的出處。它的本義是（馬鞭雖然很長）此喻晉軍雖然強盛），但是馬腹（比喻救宋攻楚）不是該打的地方。鞭子長只適合打馬屁股不適

合馬肚子。現在派兵去救宋，等於拿鞭子打馬肚子。認為楚國正是強盛的時候，沒有必要為了宋國去跟他打仗。這也可以看出自從邲戰之後，晉國懼怕楚國，不敢與楚國交戰的一種托辭。

晉景公在大臣反對下，決定不出兵救宋，但卻耍了一個花招，派了解楊到宋國去告訴宋人不要投降楚國，晉國的援軍就要趕到。解楊路過鄭國時，卻被鄭國人捉住送交楚國，楚莊王重重賄賂他，經過三次逼迫要他把話反過來說「勸宋投降」。解楊表面答應，登上樓車，向宋人喊話，還是把晉君給他的「要宋人不要投降」的話傳給了宋人。楚莊王生氣要殺他，解楊說了一大篇「死忠」的道理，「我完成了國家的使命，你殺我是對我忠於國家的獎賞」。莊王很賞識他的忠貞，就把他放了。這件事情就解楊來說，可謂「不辱使命」。對晉國來說這種使命一點不光彩，欺騙宋人，讓宋人信賴大國的保護，以致造成宋國人民的慘烈犧牲。

宋國聽到解楊傳達的消息，乃一心一意固守待援，堅決不投降。《左傳》說楚軍包圍宋都長達九個月（《史記》說五個月），宋國城裡糧盡援絕已經「易子而食，拆骨為炊」。楚國還準備在城外蓋房子作長期打算，宋人久待晉援軍不到，已無法支持下去。這才準備請和。《左傳》說，乃派華元在深夜僭入楚將子反的營帳。華元登上子反的床前，向子反訴說了城裡缺糧的慘況。要求楚軍退後三十里，兩國講和。《史記·宋微子世家》說：華元私自去見子反。子反報告莊王，莊王當面問華元，華元向莊王告訴宋國城中的實情，莊王認為華元說得很誠實，是一位君子。也把自己軍中只剩三天糧食的實情說了出來，基於彼此的誠信，楚國終於罷兵解圍而去，《左傳》說，宋楚結盟，華元到楚國作人質。關於這件事，《公羊傳》卻又有不同的記述，楚圍宋九個月後，宋國城內發生「易子而食，拆骨為炊」的慘狀；楚莊王還想繼續圍攻下去，但為自己只餘七天糧食，便派司馬子反登山去偷看宋國的虛實，不料宋國的大夫華元也適時登上山來，子反問華元，你們國家怎麼樣！華元將實情相告，子反聽了奇怪的說：「受圍的人，為什麼肯告訴人家實情呢？」華元說：「君子看見人家的困苦，往往可憐他，小人看見人家的困苦，往往希望他，我知道你是君子，所以肯將實情告訴你。」於是，子反也告以實情，回到楚營把探得宋國的實情報告莊王，莊王大喜，子反說：「我也把只有七天糧食事告訴了宋國。」莊王發怒說：「我叫你去偵探人家的虛實，你反而告訴我方的虛實，是何道理？」子反說：「他們小的宋國，尚且有不欺人的人，為什麼楚國沒有，所以我告訴他了。」在這種情況下，楚莊王也只好退師。

楚圍攻宋的歷史，《左傳》、《公羊》、《史記》的記戴互有出入。

《左傳》說：圍宋九個月。《史記》說：圍宋五個月。《左傳》說：楚圍只剩下七天糧食。《史記》說：楚國只剩下三天糧食。

《左傳》說：宋派大將華元深夜進入楚軍營，登上子反的床……《史記》說：華元趁半夜私自去見楚元帥子反。而公羊傳說：子反先登山去偷探宋國……

《左傳》說：華元逼迫子反講和結盟……《史記》沒有記戴宋楚講和結盟的事。

後世撰編通史的史家，有的採用《左傳》，有的採用《公羊傳》，有的採用《史記》。為免產生誤會，故把各方面的資料簡介在這裡供參考。這些記述的出入，對整個事件並無影響。

楚莊王圍宋退師後的第二年去世。史家對莊王的霸業評價頗高。上台後的總總措施表現了霸王的風範。即位之初雖荒淫酒色，但能及時悔悟、接受臣下勸諫，鳴鼓上朝親理政事，任用賢能。制定國是，一切聽任宰相，如前述莊王下令改革錢幣的事由於人反應不好，便立刻收回成命。在他對外發展的過程中，並沒有殘酷的戰爭，如前述攻打陳國的事，只是為了懲罰弒君的夏徵舒，告訴陳國的人民不要驚怕，滅陳之後，雖想把陳國的領土據為己有，但馬上接受了大臣的意見，替陳國立了新君。孔子對莊王處理這件事也稱讚他是一個賢明的君王，在攻打鄭國的過程中，因鄭國人民的哀求，曾兩次退兵。至於晉楚邲之戰，莊王根本就不想跟晉國打仗，曾兩次派人到晉軍中講和，結果是由於晉軍的內部不和，下面的人不聽上面的人指揮，擅自渡河攻打楚軍而引發雙方戰爭，晉軍的慘敗也是晉軍自己造成的，關於楚圍宋國造成宋國城裡的人「易子而食」的人間慘事也是晉國造成的。

總結起來，莊王的為人也頗識大體，識時務，不意氣用事，前述「問鼎」的事，經王孫滿一番諷刺，便暗然而退。對欺騙他的晉國使者解揚，不但不殺他，還稱讚他是一位忠臣，把他放了。宋國的華元夜潛楚軍，當以宋國城中的實情，認為他的誠實，乃講和解圍。有些史家更認為楚莊王在南方的經營，使由分散的狀態變為區域的統一、不僅加速了當時中國南方的社會，經濟和文化的發展，也為日後秦的大一統奠定了基礎。

E·晉國聯吳制楚

楚莊王死，子共之繼位，這時的中原國家齊國和魯國，以及齊國和晉國發生了戰爭，而齊晉的戰爭，跟魯國也有些關係。先是齊、魯交兵。齊國先攻打魯國，但

齊國頃公的寵臣盧蒲魁卻在攻城時被擒，齊頃公以不再進攻魯國要求不要殺他的寵臣，魯人不理，而且屍體懸掛在城頭。齊頃公很生氣，親自擊鼓指揮攻城，同時又入侵衛國，於是魯，衛都去求救於晉，兩國的使者都來到晉國，直接找到晉國的執政大臣卻克。

在此之前卻克曾出使過齊國，齊頃公的母親蕭夫人聽說卻克是個跛子。躲在帳幕內偷看並發出笑聲，有事湊巧，同時與卻克到達齊國的魯國使者季孫行父是個禿子，衛國的使臣孫銀夫是個斜眼，曹國的使者公子首是個駝背，齊國為奚落這些使臣，居然找了生理上有同樣缺陷的齊人接待他們，齊頃公的這種行為，存心是輕侮使者，是對各國極不友善的表現。自然引起諸使者不滿，尤以晉使卻先發誓要報此仇。

事過三年，當魯、衛都派人到晉國請求共同伐齊國時，晉景公一口答應，卻克也近好乘機報仇，擔任中軍元帥，帶領六萬人馬（兵車八百乘）出發，與魯、衛、曹等國組成聯軍，在齊國的鞌地，把齊國打得大敗。

據《左傳》咸公二年記戴：

晉軍得勝回國分別接見領軍將士，並向他們慰勞說，這次獲勝都是你們的功勞。而中軍主帥卻先推辭說：「是我執行君主命令，三軍將士聽從，我有什麼功勞。」上軍統帥莊父子說：「我接受中軍的命令，貫徹到上軍中去，士兵們聽從命令，我沒有什麼功勞可稱的。」下軍統帥欒書說：是服從上軍的指揮和下軍將士聽從命令，我有什麼功勞呢」。可見晉軍軍紀之嚴，上下協力，將士聽從主帥指揮，內部團結一致，這樣的軍隊那有不戰勝之理。且看漢劉邦在打敗項羽後，論功行賞，酒宴間詢問左右說「項王的勢力超過我數倍，何以他失敗，我成功」一些拍馬屁的搶著說：「因為你領導有方，仁而愛人……」劉邦說你只知其一，不知其二，「鎮國家、撫百姓、給餽饟，不繼糧道，吾不如蕭何：運籌策帷帳之中，決勝於千里之外，吾不如張良，連百萬之軍，戰必勝，攻必取，吾不如韓信……」觀今之世，若干領導者，如有失敗，一概歸咎下面，如有成功，全據為己功，獎金按高階大小分配，不以功勞為準。如此這般，行政效力怎能發揮，真是愧對古人也。

就在這不久，南方的楚國在蜀地（山東泰安）邀集了魯、蔡、許、秦、宋、陳、衛、鄭、齊、曹、邾、薛、鄫等十三國的國君或卿大夫結盟。史家認為這春秋以來參加國數最多的一次大盟會。對楚國這樣的氣勢，晉也不甘示弱；第四年乃約集魯、宋、齊、衛、鄭、曹、邾、杞等國在虫牢（河南封兵北）會盟。

　　就在這樣晉，楚處於均勢的情況下，晉國接受了從楚國逃亡來的申公巫臣的建議「聯吳制楚」。這巫臣是怎樣的一個人，要從頭說起。前面已經談到楚莊王討伐陳國殺夏徵舒的事。莊王就在那次把夏徵舒母親俘虜回國，想要作夫人，大夫申公巫臣也打著夏姬的主意，乃勸莊王說：「不行，君王召集諸侯，是為了討伐有罪，現在收納夏姬，就是貪戀她的美色了，貪戀美色叫淫，淫就會受到重大處罰。……」莊王接受了巫臣的勸諫。沒想到另一大夫子反也想要娶夏姬。巫臣又對他說：「她是一個不吉利的人。」並舉了很多因為她而倒霉的例子，又說「如果娶了她，恐怕不得好死」「天下多的是漂亮女子，為什麼一定要她。」子反聽了這些話，也就打消念頭，莊王乃將夏姬償賜給楚國的一位將軍連尸襄老者，而這位百戰百勝的將軍，就在娶了夏姬後在前述的邲戰中不幸陣亡。九年後（魯咸公三年）晉國才把屍體送回楚國，不知用什麼方法保存那麼久，屍體還不腐爛。這夏姬還真如巫臣所說，是個不吉利的女人，有剋夫的命。

　　連尸襄老戰死後，他的兒子黑要，就和這個「姨娘」私通起來。巫臣派人向夏姬示意，叫她先回娘家鄭國，將來要娶她為妻，不久巫臣出使到齊國的機會，從鄭國娶了夏姬。帶了家財逃到晉國，晉國給他當邢地的大夫。楚國的子反當然痛恨巫臣娶走他要的夏姬，再加上楚國的令尹子重也與巫臣有舊恨，於是子反，子重聯合起來把巫臣在楚國的家族殺死。這夏姬真不知是怎樣的女人，先是陳國的國君靈公和兩個大夫與她私通很久，楚莊王也想娶這個俘虜，巫臣，子反更是為她爭風吃醋，按情理夏姬應是一個徐娘半老的女人，何以美艷得使人迷戀到如此程度，連襄老的兒子竟不顧倫理和她私通。誠如巫臣所說她是一個「淫亂妖亂」的女人，是一個「不吉利的」女人。

　　由於楚國殺了巫臣的全族，巫臣從晉國寫信給楚國執政的子反，子重兩人，指責他們殺了無辜的人，要他們「疲于奔命」而死。所以向晉國提出了「聯吳制楚」之策。巫臣並自薦作聯絡吳國的使臣。還帶了一批晉國的人馬去到吳國，幫吳國訓練軍隊，教以射箭、駕車、戰陣等軍事技術。慫恿吳國背叛楚國，又把自己的兒子孤庸留在吳國作他的行人官（外交官）。自是吳國開始攻打楚國的屬國，很多小國都被吳國奪去。使得子重，子反一年中在戰場上奔波了七次。而吳國也因此強大起來，和中原諸侯開始交往，楚國從此受到吳國很大的牽制。

　　F·晉楚鄢陵之戰

　　這次戰爭又是因鄭國引起，晉楚兩國都是由國君領兵，各自動用了全國的將帥

精英。當楚軍出發之前，子反特地請教已告老反鄉的耆臣申叔時，請他談談這次出兵的利弊。首先申叔時說了一大篇有關軍隊打勝仗的條件，如德行、刑罰、和順、道義、禮法、信用等等，接著就直截了當的指出：當今楚國內部丟棄他的百姓，外部斷絕他的友好，違背盟約，不守信用。況且現在又是農耕季節，使百姓疲勞，誰願去拼命打仗呢。說著要子反好自為之，恐怕以後不會見面了。

戰爭還沒有開始之前，楚王登上瞭望車，觀察晉軍的活動，令尹子重把由晉逃楚的大宰伯州犁安排在楚王身旁，楚王把看到晉軍的情形，一一詢問伯州犁，伯州犁向楚王解說，晉軍正在營內召集軍官、商議計策、宣布法令、填井平灶、排列陣勢，以及戰前的宣誓等等。而在晉軍這邊也是採取先探看楚軍虛實的辦法。由楚逃晉而且了解楚國軍情的苟賈皇站在晉厲公的身旁，提供戰略。

雙方戰爭一開始，各有勝負，晉厲公的座車曾陷入泥沼，楚共王被晉將呂錡射中眼睛，而呂錡旋被楚共王的神射手射死。有些史家誤將呂錡寫成郤錡，而郤錡是在鄢陵戰被厲公殺的。楚軍被晉軍逼入危險地帶，楚將公子茷被俘，令尹子重的帥旗也被奪走。戰爭進行了一整天，雙方都疲憊不堪，暫且停止戰鬥，檢查傷亡，重整兵馬。晉軍故意把楚將放回，楚共王聽到從晉營中放回來的楚國士兵講到晉軍的部署，立刻叫子反來商討對策，可是子反卻喝得酩酊大醉，不醒人事。共王見此情形，不勝感嘆的說：「是天意要使楚國失敗」。乃乘夜帶著楚軍離開戰場回國去了。晉軍即進入楚營，吃了三天楚軍留下的糧食。當年城濮之戰，楚國留下的糧食，也讓晉軍享用了三天。

楚軍回到中途，共王派人跟子反說：「以前楚國打敗仗，君王都不在戰場，所以主將要負責，這次有我在軍中，不是你的罪過。」子反說：「君王要臣下死，我死也甘心，我的士兵不戰而逃，我要負責。」楚共王的意思是要免除子反的罪，但令尹子重與子反之間曾經有過過節，故意派人在子反面前說了一些諷刺的話，威脅他自殺，然而子重當時統領右軍，也是主將之一，楚軍戰敗，難道自己沒有責任嗎。而子反為表明自己並非貪生怕死的人，戰敗之將理應負起責任，於是飲劍自殺，共王派人去阻止他，已來不及了。當年晉楚城濮之戰，楚國戰敗後，楚成王要主將子玉負責，命令他自殺，但後來又後悔，準備收回成命，而子玉已自殺了。鄢陵之戰後，晉楚復有湛板之戰，楚國大敗。楚國從此處於守勢，加上晉國聯合吳國扯他的後腿，楚國的處境已不再是往日風光了。

（九）和平運動與弭兵大會

（1）和平運動的始末

　　楚晉兩國經過前述鄢戰之後，雙方都感覺戰爭勞民傷民傷財，耗費國力，都想與對方講和與民休息。

　　首先晉楚兩國釋放了在鄢戰俘虜的戰俘，並互派使者往聘。而當時夾在晉楚之間的宋國曾被戰爭搞得「易子而食」的慘況。對「和平」的盼望更是迫切。因此，宋國的執政大夫華元聽說晉楚兩國都有尋和好的意向。乃憑著他跟楚國令尹子重，晉國中軍元帥欒書兩人都有很好的關係，於是從中積極活動。不久，兩國的和平會盟便於魯成公十二年（西元前五七九年）在宋國的西門外召開了，晉國大夫士燮與楚國公子罷，許偃結盟，盟辭中說：「從此以後，晉楚兩國不要互相以兵戎相見，要同心同德，一起救濟災難危亡，救援饑荒禍患；若有危害楚國者，晉國就起兵討伐，若有危害晉國者，楚國也要這樣做。兩國使者往來，道路永不堵塞，兩國要協商不和，並共同討伐不向周王朝貢的國家。誰要背叛這次盟約，就要受神靈誅殺，使它軍隊覆亡、國家危亡」。

　　然而，雙方和議好景不長，事隔三年，楚國便先違背了盟約，因而引發前述的晉楚鄢陵之戰。按著和平運動隨之瓦解。

（2）弭兵會議

　　根據《春秋》的記載，從魯隱公到襄公二百年間，發生了約五百多次軍事行動，每一次戰爭中，有一些較弱小的國家不僅是大國交兵的戰場，受兵災蹂躪，而且還是大國掠奪戰爭所需財物的對象，尤以前述宋國受害最慘。所以宋國的華元首先發起和平運動，由於楚國的缺乏誠意而沒有收到預期的結果。事隔三十年（魯哀公廿七年），又由宋國的左師向戌來倡議「弭兵會議」。

　　向戌和晉國執政的趙武很要好，和楚國的令尹子木也是好友。他想利用這種關係，在諸侯間發起停戰運動，減少人類的災害，也藉此提高他的名聲。於是他首先去到晉國，跟趙武商量，趙武徵求諸大夫的意見，韓宣子就：「兵民之殘也，財用之蠹，小國之大蓄也。」趙武考慮是否接受向戌的邀請，韓宣子繼而分析說：弭兵是應該的，即使做不到，也要答應，倘若晉國反對，楚國就會搶先利用它來號召

諸候，奪去晉國的霸主地位。於是趙武就答應了向戌。向戌接著到了楚國，楚國令尹子木也欣然同意了。向戌再到齊國，齊國的君臣起初還很難決定，當政的陳久子說：「晉楚都答應了，我們怎能不肯，要是我們反對弭兵，傳開出去，恐怕連自己的人民也要離心了，」於是齊國也答應了。最後派人去告訴秦國，秦國也表示贊同，。然後由這些大國通知他們各屬的小國，如鄭、魯、衛、陳、蔡、曹、許、邾、滕以及發起的宋國一共十四個國家，但秦國僻處西方，只同意弭兵，但沒有出席會議。

會議在宋國的首都舉行，出席的代表多半是各國的執政，也有由國君本人出席的。會前，晉人發覺楚人心懷不軌，在衣服內藏兵器，這種不講信義的作法連楚人伯州犁也勸令尹子不要這樣做，但令尹子木公然說晉楚從來互不信任，唯有去做對我有利的事就是了。在會議上楚國首先提出了：「晉、楚的從國交相見」的要求。就是說原先分別從屬晉、楚的中小國家、現在要同時向晉、楚兩國朝貢。這不但使這些小國家的負擔增加了一倍，再則因原來從屬晉國的候國占多數，（鄭、衛、曹、宋、魯五個為晉之從國，陳、蔡許為楚之從國。）這樣一來，晉國豈不吃了虧。同時晉國趙武提出質疑說：對小國家倒好辦，可是齊、秦和晉、楚是地位相同的國家，我們晉國不能強求齊國去朝貢楚國，正如你楚國也不能強求秦國來向我們晉國朝貢一樣。最後作成決議，把齊、秦兩國除外，其他的國家要對晉、楚「交相見」。為了和平，晉國也只好委曲求全，讓了步，另外晉、楚為了爭盟主的事爭得很激烈，晉國在這方也讓了步，讓楚國作了盟主。

大會前後經歷了兩個月，簽訂盟約的共有晉、楚、齊、鄭、宋、魯、衛、陳、蔡、曹、許十一國代表，前面說過秦國只有同意弭兵，沒有與會，至於邾附於齊，滕附於宋的兩小國，是因齊、宋的建議，被謝阻參加。

會議結束後，向戌自以為從橫捭闔於國際間，促成弭兵大會，功不可沒，請求國君賞賜，宋平公封給他六十個城邑。向戌沾沾自喜的把國君賜封的文件給掌管水土的司城子罕看（原名叫司空，宋國為避宋武公的名司空，放改名為司城），子罕在原則上根本就不贊同弭兵之議，據《左傳》記載，他的理由是：戰爭從來就是存在的，凡是小的諸候國須有大的諸候國用武力來威懾他們，使他們害怕，然後就上下慈愛和睦，把國家治理好。否則就會驕傲，由驕生亂，由亂而亡，反而不是小國的福，所以子罕指責向戌的弭兵主張是欺騙人，蒙蔽諸候，應該受重責，說著還把竹簡上的策命文字削掉之後，扔在地上。向戌被子罕當面厲聲辭訓斥一番，啞口

無言，只好辭去賞邑。事實上向戌的弭兵會的決議案，對宋國本身來講，不但一點好處沒有，反而從今以後還要向楚國納貢。其他小國減輕了戰爭痛苦，但人民的負擔卻加重，他們原本只向晉國或楚國一個大國納貢，現在要向兩大國納貢。儘管如此，從弭兵會議起，中原平靜，晉楚兩國有四十年沒有發生軍事衝突。晉齊，晉秦之間也沒有任何戰爭。只是楚國在南方偷偷的滅去陳、蔡兩國。過了幾年，兩國又都復國，因為兩國本是楚的附屬，似乎是楚方內部的事。而晉國在北方也肅清了殘餘的白狄。

（十）春秋中期以後各國大事記

晉國

（1）晉厲公誅「三郤」

三郤是晉國卿族中最為強橫的郤氏：他們是郤犫、郤錡、郤至，史稱「其富半公室，其家半三軍」，可見土地多，兵力也強。在晉國因為有功（鄢陵之戰大敗楚國），所以對上侮慢、對下驕傲、結怨朝臣，尤與執掌大權的欒書及中行偃兩家結怨更深，終於在欒書的策劃下將三郤誅滅，而厲公旋亦被欒書謀弒，繼立是年僅十四的晉悼公。

（2）晉悼公整飾內政，任賢使能

據《國語·晉語》記載：當大夫們從周王那裡迎接他回來作國君時，這位十四歲的悼公對各位大夫說：「我原先根本沒有想到會當國君，既然要我作君主，就要聽我，否則就不用立我。」接著他還作了一些比方，要大夫們當場表明態度。大夫們都一致表示聽從他的命令，於是在武公廟裡接受群臣朝賀，正式當了國君。立即議定各類大事，設立各種官職。選用賢良，減收賦稅，免除百姓對國家的欠債，赦免罪人，節省開支，節用民力。救濟鰥寡，養育老幼，撫恤孤兒和殘疾。親自接見七十歲以上老人，稱之為「王父」，還不敢不按他們的心意辦事。

《左傳》襄公三年記載：當時擔任中軍尉的晉大夫祁奚請求告老退休時，晉悼公問他誰可以接替他的職務，祁奚乃推荐他的仇人解狐，但解狐不久就死了。悼公再問祁奚，祁奚則推荐自己的兒子祁午來擔任，中軍的副帥羊舌也死了，祁奚向悼公推荐羊舌的兒子羊舌赤繼任。這件事，很受當時社會人士的讚揚，認為祁奚「推

荐仇人而不是諂媚，推荐兒子而不是自私，推舉他人為兒子的副手也不是結黨。」《史記・晉世家》說：「君子曰祁奚可謂不黨矣，外舉不隱仇，內舉不隱子」是也。

《國語・晉語》《左傳》武公十八年，對悼公用人的經過記載的非常詳盡：首先提升老臣的後代魏相、士魴、魏頡、趙武為卿；特別任命四個公族大夫：如荀家（純樸寬仁）、荀會（有父才而且聰敏）、欒黶（果敢）、韓無忌（鎮靜），要他們負責以「恭敬、節儉、孝順、友愛」等美德，教育「養尊處優」的貴族子弟。接著便任命一批政府的文武官員：任博學多聞的士渥浊（士貞子）為太傅，執行國家法令；任擅長計算、闡明物理的右行辛為首席司空，掌管土木工程；任善于駕車，協調軍政的欒糾為戎御，負責駕駛國軍的兵車；任勇而不暴的荀賓為右戎，負責國君的安危，有如今之衛侍（保鏢）。任果斷不會有過失的祁奚為中軍尉，任聰明敏捷的羊舌為中軍尉的輔佐，任勇敢而不亂來的魏絳為中軍司馬，掌管軍法；任多智而不作偽的張老為中軍候奄，擔任軍中偵察任務；任恭敬而信實的鋒遏寇為上軍尉，任恭敬便捷，謹遵職守的籍偃為上軍司馬，這兩人都是負責教育訓練士兵聽從長官的命令。任端正無邪，樂於規勸國君，無所隱瞞的程鄭為乘馬御（贊仆），擔任百官駕車的總領。以上各部門的官吏，都是才能稱職，德行稱爵的人，因而上下有禮，不相欺凌，獲得人民的擁護，這是晉國所以能繼續維持中原霸主的主要原因。不過還是有美中不足的時候。在一次與秦國的戰爭中，秦國涇水上游投放毒葯，使晉軍多人中毒，中軍元帥荀偃下令填井平灶，要與秦決戰，向將士們宣布「唯余馬首是瞻」，就是要大家看著他馬頭行事。可是當時的下軍帥欒黶反對說「晉國從來沒有這樣的命令，我的馬頭卻要向東」，說著就調頭帶領他的軍隊回去了，荀偃也只好命令全軍撤退，晉人稱這次戰爭為「遷延之役」。這件事已開始反映晉軍將領間之不和，對以後的政治局面也逐漸的不穩定。

（3）綏服戎、狄

戎、狄是兩種不同的邊疆少數民族，有時稱狄人也叫戎，或戎狄並稱。狄族的活動地區以陝西、山西、河北一帶為主。春秋初期，他們的勢力已經很強，燕、齊都曾遭其威脅，而邢、衛兩國還一度被其滅亡。

狄人分為白狄、赤狄、長狄三支。白狄據說以愛穿白衣而得名，赤狄以愛穿紅衣而得名，長狄則以身高大而得名。這並不是他們本族這樣起的族名，而是中原華夏人對他們的稱呼。晉國因地近狄族，所謂「晉居深山，戎狄與之鄰」。晉文公

開始便專門建立了一支軍隊來對付狄人。晉襄公曾親討白狄，並活捉白狄君長，白狄一支從此衰落，但其中另一族支後來建立中山國，戰國時代頗為強盛，最後亡於魏。從此大部分狄人接受華夏文化，逐漸和華夏族融合。

當時赤狄的勢力很大，對晉威脅也大，晉景公時先採荀林父的「縱敵法」使其驕橫，然後進行分化瓦解，終於在景公八年派荀林父將赤狄滅亡，晉國把赤狄人降為奴隸，一部分獻給周王室，一部分賜給大臣將領，伐狄有功的荀林父獲得一千家奴隸。

戎人與華夏族的關係較深，一是互通婚姻，晉獻公的寵妾驪姬是戎族，重耳、夷吾的母親還是戎女一對姐妹花。重耳逃難時在戎人那裡住了十二年，並娶戎女為妻。晉景公的姐姐也下嫁到戎族去。二是晉戎曾並肩作戰，像秦晉崤戰，晉軍與姜戎便聯合作戰打敗秦軍。後來戎人首領戎子駒支說，當時他們採用的戰術是像獵人捕鹿那樣，晉人抓住它的角，戎人捉著它的腿，一起將秦人打敗。原文是「晉人角之，諸戎掎之」。後人所用的一句成語「掎角之勢」便是從這裡來的。

晉悼公時，掌管軍法的司馬魏絳勸悼公與戎講和，他說與戎人講和有五個好處：（一）戎人逐水草而居，重財貨而輕土地，因此可用貨物去交換他們的土地。（二）邊境不再被侵擾，百姓可以安居樂業。（三）戎人事奉晉國，四邊的鄰國震動，諸侯也因而懾服。（四）用德政安撫戎人，不動干戈，可以避免軍力消耗。（五）這樣以德服人，使遠地的來朝貢，近處的安寧和睦。悼公聽了非常高興，乃派遣魏絳與各部戎人講和。

其實戎人與中原華夏族只是在某些生活方式上有所不同，他們的上層人物中，其文化水準之高並不遜於華夏人。如前述秦穆公時誘降的由余，他的祖先雖然是晉人，但卻是在戎人文化中成長的人。魯襄公十四年，戎人首領駒支參加中原十四國諸侯時，晉國代表有意排斥他，駒支在會場上詳述戎人過去幫助晉國的功勞，今天晉國自己對諸侯無禮，以至諸侯離心離德，怎麼可以把過錯加在戎人身上，說著並引誦了《詩經‧小雅》〈青蠅詩篇〉「愷悌君子，毋信讒言」的詩句後便退出了會場，與會人士無不刮目相看，晉國的代表更感歉意，讓他參加了那次會議。由這些事例來看，戎人上層人物接受華夏文化已相當深厚，而晉國的和戎政策對往後國家民族的融和與統一也是有相當貢獻的。

（4）晉國宗族間的鬥爭

甲、范氏滅欒氏

前面已提到執掌大權的欒書和中行氏兩家聯合滅掉「三郤」後，晉厲公的黨羽胥童建議厲公也乘早把欒氏和中行氏消滅，厲公以為一天之內已殺三卿，恐事急生變，想緩和一下，沒想到欒書和中行偃已看出厲公險惡用心，乃先下手為強，將厲公殺掉，從周室那裡迎立了悼公。前述悼公雖然無論在用人與政治諸方而作了重大的革新，可是大夫專權的形勢卻日漸發展。

在秦晉「遷延之役」時，欒黶（欒書之子）與士鞅（即范鞅范獻子）之間發生誤會，從此范、欒兩家有嚴重的裂痕。不久范鞅執掌晉國政權，到晉平公時，雙方經過激烈鬥爭，范氏終於滅掉欒氏，自是范氏成為晉國的強大公族。范鞅的父親范匄（范宣子）自以為他們范家了不起，在魯襄公廿四年，魯國大夫穆叔到晉國聘問，范匄在接待他時問他「古人所謂死而不朽是什麼意思？」穆叔還未及回答，范匄就誇耀說：「以前我的祖先，從虞舜以上是陶唐氏，在夏朝是御龍氏，在商朝是豕韋氏，在周朝是唐杜氏，晉國稱霸時是范氏，所說的不朽就是指這個吧！」穆叔回答說：「你所說的叫世祿，不是不朽。魯國有一位死去的大夫叫臧文仲，死了以後，他的很多言論仍留傳下來，這叫做不朽。我聽說，不朽的最高標準：是樹立德行，其次是樹立功業，再其次是樹立言論。具備這些條件的人，即使死了，也久久不會廢棄。如果只是保存自己的族氏、宗廟、世代不斷絕祭祀，每個國家都有這種人，算不上什麼不朽的功德。」穆叔的「三不朽」以現代人的觀念來看，立功、立言都先要以「德」為主，以德為出發點所立的功，才算功，以德為出發點立的言，才算言。如不顧人道，馳騁戰場，斬殺無辜，雖有戰勝敵人之功，卻違背道義，不能謂之立功；如陳腔爛調，誨淫誨盜，妖言惑眾等等的著書立說，都不謂之立言，所以雖三不朽，實則為立功、立言兩不朽，蓋立德已包含在功、言之中矣。至於范匄強調的世卿世祿只不過是當時貴族享有的特權，把世卿世祿當作不朽的業績，乃反映了范氏力量的強大和驕橫，亦可看出他們有窺伺政權的野心。

乙、六卿的由來與權力的產生

前面說過，晉國的卿族最先強大的是「三郤」和「欒氏」，先後在晉厲公、悼公時被消滅。悼公即位之後，提升了一批老臣的後代為卿，如魏相、士魴、魏頡、趙武，以及一批公族大夫，如荀會、欒黶、韓無忌。他們都是六卿中的佼佼者。

范氏一族的祖先叫士會從晉文公開始便是正卿，因為他的采邑在范的地方，稱

為范武子，他的後代士燮范文子、范匄范宣子、士鞅范獻子歷經好幾個國君，對晉國有很大的功勞。

中行氏的祖先是荀林父，荀林父在晉景公時擔任過中軍主將，中軍又稱為中行，因此他的後代便稱為中行氏。

智氏與中行氏是同一族，他的祖先是荀首，是荀林父的兄弟，因為他的采邑在智，所以稱智氏。

韓氏的祖先與周同姓，姓姬氏，其後代在晉國任職得封於韓原，稱曰韓武子，武子三傳至韓厥，因從封姓而稱為韓氏。晉景公時，晉作六卿，韓厥為六卿之一。

魏氏的祖先是周文王的兒子畢公的後代，叫畢萬，事於晉獻公，封於魏地，從其國君稱為魏氏。畢萬之子魏武子，在晉文公時列為大夫，其孫魏絳在晉悼公時擔任過中軍司馬。悼公說：「自吾用魏絳，八年之中，九合諸侯，戎狄和，子之功也。」三傳至魏獻子，在晉頃公時執掌政權，當時因晉的宗室祁氏和羊氏相與為惡，六卿把他們誅滅，將他們的封邑劃為十個縣，六卿各令其子為大夫。這時魏獻子、趙簡子、中行父子、范獻子並列為晉卿。

趙氏的祖先是造父，是周穆王時馬車夫，因功封於趙城，周幽王時因事晉文侯，開始建立趙氏。經過七代傳至趙衰，重耳流亡時，趙衰一直追隨左右，返國後復更為晉文公的重臣，其子趙盾歷任襄公、靈公、成公之正卿，趙氏一族對晉國的功勞非常的大。晉景公時，趙盾卒其子趙朔為下軍將領，擔任司寇的大夫屠岸賈準備造反，乃先找一些藉口。因為屠岸賈以前是晉靈公的寵臣，趙盾是靈公的正卿，靈公被趙穿殺害時，趙盾沒有追究凶手，由於史家記載「趙盾殺君」，屠岸賈乃找這個理由，聲言要為國家除賊，並遍告朝中諸將，要懲罰趙盾的後代。當時六卿之一的韓厥反對說：「靈公遇賊，趙盾在外，吾先君以為無罪，故不誅，今諸君將誅其後，是非先君之意，而今妄誅，妄誅謂之亂，做臣子的有大事卻不向國君報告，就是不把國君放在眼裡。」屠岸賈不聽，韓厥勸趙朔趕快逃亡，趙朔並沒有逃走，要求韓厥將來保存趙氏的後代，韓厥答允了趙朔的要求。屠岸賈沒有經過景公允許，擅自帶領諸將攻殺趙氏於下宮，韓厥則假裝生病沒有參加，而趙氏一族包括趙朔、趙同、趙括、趙嬰齊全部被消滅。所幸趙朔的妻子是晉成公的女兒，景公的姐姐，正懷孕在身，逃入宮中藏匿，因之歷史上產生一件可歌可泣「趙氏孤兒」的故事。據《史記·趙世家》記載：

趙朔有個賓客叫做公孫杵臼，杵臼對趙朔的好朋友說「為什麼不殉難而死？」

程嬰說：「趙朔的妻子有孕在身，如果幸運生個男孩，我要撫養他，如果是個女的，我慢點兒死罷了。」過了不久，趙朔妻分娩，生下男嬰，屠岸賈知道了，進宮搜索，夫人把嬰兒藏在褲襠裡，禱告道：「趙的宗族註定絕滅嘛，你就哭出來，要是不絕滅，你就不出聲。」當搜索到她身邊時，嬰兒竟然沒有出聲，脫離危險後，程嬰跟公孫杵臼說：「現在雖然搜不到，日後一定會再來搜索，怎麼辦？」公孫杵臼說：「扶立孤兒使繼承先業跟以死相殉是一樣難辦？」程嬰說：「死容易，扶立孤兒較困難啊！」公孫杵臼說：「趙氏先君對待你頗優厚，你勉強從事困難的，我做容易的，請讓我先死。」於是兩人設計抱來別人家的嬰兒背著（戲劇裡是程嬰的獨生子），披上華麗的襁褓，藏匿到山裡。程嬰然後從躲藏處出來，故意荒謬地告訴諸將說：「我程嬰沒才德，不能扶立趙氏孤兒。誰能給我千金，我就說出孤兒的藏匿之地。」諸將很高興，答應了他的要求，便派遣軍隊跟程嬰攻打公孫杵臼。杵臼故意荒謬地叫道：「小人呀程嬰，前日下宮的患難不能以死相殉，還跟我計劃藏匿趙氏孤兒，現在來出賣我。即使不能跟我扶立孤兒使繼承先業，怎麼忍心出賣我呢！」說著抱著嬰兒叫道：「天呀！天呀！趙氏孤兒有什麼罪呢？請你們讓他活，只殺杵臼可以吧！」諸將不答應，終於殺了杵臼跟嬰兒。諸將認為趙氏孤兒真的已死，故很高興，但趙氏的真正孤兒卻還活著，程嬰終於跟他一起藏匿於山中，起名叫趙武。

過了十五年，晉景公問起趙氏是否還留有子孫，韓厥把實情詳細報告，於是景公與韓厥及其他諸將把屠岸賈消滅，恢復了趙氏舊有的田邑。事成之後，程嬰等趙武二十歲長大成人，然後自殺了。趙武為他服齋衰之喪有三年之久，還替他設置了專供祭祀的縣邑，春秋兩季按時祭祀他，世世代代不曾中斷。

這個故事並不見《左傳》，後世史家幾乎都不相信這件事，認為是戰國策士刺客所編造出來的，春秋之世不應有這種風俗。然而古人寫戲劇者和現代編電視劇的人都把《史記》中「別人的嬰兒」改寫為「程嬰的獨生兒子」，使故事更為生動感人。故事的發展雖有質疑的地方，但不容否認全部史實，有人拿某些人的「筆記」來批評正史，筆者是不敢苟同的。

前面已介紹了晉的六卿就是范氏、中行氏、智氏、韓氏、魏氏、趙氏，他們都曾是晉國的執政掌權者。所謂六卿，就是六軍的「軍長」。按照周代的封建制度，天子才能擁有六軍的建制，諸侯們只能有一軍或二軍、三軍不等。晉國原本一軍，晉文公時擴充為三軍，即上軍、下軍之外，另添一中軍。三軍的主帥都命令大夫擔

任。這三軍之中又以中軍為最大，中軍的主帥為「元帥」。到晉景公時，在鞌地打敗齊軍，得意之餘，竟自視為天子，僭設六軍，晉國自是有六卿，特別提升在戰爭中立功的韓厥、趙括、鞏朔、韓穿、荀騅、趙旃六人作卿官。到晉頃公時，六卿將晉之公族祁氏、羊舌氏誅滅，並把他們的土地劃為十個縣，由六卿的子弟為大夫來治理，晉公室由此更加衰弱。

丙、六卿的互鬥

趙氏滅范氏和中行氏

前述趙氏一族，在晉景公時，差一點被奸臣屠岸賈剷除，幸公孫杵臼、程嬰等救了「趙氏孤兒」趙武，恢復了趙家的田邑，至平公時，趙武作了晉的正卿，再經二傳至其孫趙鞅（趙簡子），掌握了晉國的政權。

首先是范氏、中行氏起來反抗趙氏，而這事是由趙氏內部的矛盾所引起。晉定公在位時，趙鞅執掌晉國政權，有一次因攻打衛國，衛國送給他五百家奴隸，本來安置在邯鄲，後來打算移往晉陽，治理邯鄲的趙午答應了，但他族兄弟不贊同，趙鞅便將趙午殺害，趙午的幾個兒子據守邯鄲反叛。趙鞅除了派上軍司馬去攻打邯鄲之外，並下令要范氏、中行氏協助圍攻，但因為被殺的趙午是中行氏（荀寅）的外甥，而荀寅又和范氏（范吉射）有姻親關係，因此，范氏、中行氏不但沒有聽趙鞅的命令，反而起來反抗進攻趙氏，將趙鞅圍困在晉陽。

這時，范氏的內部也發生矛盾。范氏的族人范皋夷（繹）因得不到范昭子（范吉射）的重用，想乘機反叛。韓簡子（韓不信）跟范吉射有仇，魏襄子（魏曼多）也與范吉射不和，另知文子（荀躒）寵愛梁嬰父，想讓他和自己分別取代荀寅（中行氏）范吉射（范氏）的卿位。於是范皋夷、梁嬰父、荀躒、韓不信、魏曼多等五個人結合在一起，由荀躒代表向晉定公說：「晉國的法律規定，首先挑起內爭的要處以死罪，現三個大臣（指趙鞅、范氏、中行氏）鬧內亂，而獨逐鞅，用刑不公平，應將他們都趕走。」定公同意了他的意見。於是智氏（荀躒）、韓氏（韓不信）、魏氏（魏曼多）三家，包括反范氏的族人范皋夷等等打著國君的旗號，對范氏、中行氏進行討伐，沒有獲勝。范氏、中行氏乃反而攻打晉定公，引起晉國人民的不滿，都站在國君那邊，把范氏、中行氏打敗。范氏、中行氏逃到朝歌。韓、魏二家在晉君面前為趙氏求情，趙鞅得再回到國都，立刻加派軍隊包圍朝歌，但范氏、中行氏獲得齊、魯、宋、衛、鄭、鮮虞等國的支持，致雙方鬥爭持續了七年之久。由於在戰爭之前，趙鞅召集軍隊宣誓，一方面宣布范氏、中行氏的罪行，一方

面設立重賞爭取各階層人士的支持，「重賞之下必有勇夫」，個個奮勇作戰，終將范氏、中行氏打敗，荀寅、范吉射逃往齊國，趙簡子乃將范氏、中行氏剩餘的封邑歸入晉公室。這時，趙氏名義上是晉的正卿，實際上專擅著晉國的政權，祿秩封邑跟諸候相等。

韓、趙、魏三家滅智氏

趙氏消滅范氏、中行氏之後，接著又是智氏與韓、趙、魏三家的矛盾。先是知伯和韓、趙、魏把原先范氏、中行氏的封地瓜分，晉出公很生氣乃向齊、魯告狀，想藉齊、魯兩國來討伐四卿。四卿害怕，故一起攻擊出公，出公出奔齊國，不幸死於路上，智伯乃立昭公曾孫是為晉懿公。自是智伯更加驕縱任性，竟向韓、魏、趙三家要求割讓土地。韓康子（韓虎）、魏宣子（魏曼多）各送了一個統轄萬家的縣，但趙襄子不給，智伯腦差成怒，乃率韓、魏軍攻打趙氏，趙襄子害怕逃到晉陽固守。晉陽城很堅固，三國圍攻一年沒有攻下，智伯乃掘汾水灌溉晉陽城，水滲透進城，百姓的灶裡都生了青蛙，已經到了「易子而食」的慘況。趙襄子在黑夜派人跟韓、魏秘密聯絡，三家聯合起來滅了智氏，一起分割智氏之地。

智氏被滅亡之後，司馬遷在《史記・刺客列傳》中又寫了一個感人的故事，全部列述在下面：

豫讓，晉國人，從前曾先後臣事范氏和中行氏，但並不知名。後來替智伯做事，智伯很尊重信任他。不久智伯攻伐趙襄子，趙襄子與韓、魏聯合起來，滅了智伯，三分智伯的土地。趙襄子痛恨智伯，故漆了智伯頭顱，當做酒器。

豫讓逃到山中，說道：「唉！士為知己者死，女為悅己者容。現在智伯知遇我，我必須為他報仇，來報答他的厚愛。即使死了，魂魄也不愧對他。」於是改名換姓，扮作一個犯罪受刑的奴隸，進入趙襄子宮裡，在廁所做塗飾粉刷的工作。身上帶著短劍，想乘機刺襄子。襄子到廁所，突然心驚膽跳，於是命左右捉住審問那塗飾廁所的奴隸，就是豫讓，他身內藏著短劍，說要為智伯報仇。趙襄子左右的人都要殺他，襄子卻說：「他是個有義氣的人，我以後小心避開他就是了。何況智伯死了，沒有後代，他的臣子想為他報仇，這是天下的好人呀！」結果放了他。

不久，豫讓用塗漆使身體長滿惡瘡，吞炭使聲音變成沙啞，讓自己的形貌不被人辨認出來。他在市上行走求乞，連他的妻子也不認識他了。後來他友人辨認出是他，說：「你不是豫讓嗎？」豫讓說：「我是的。」他友人為他流淚說：「以你的才能，委身侍奉襄子，襄子必會親近寵愛你的。等他親近寵愛你了，你便可為所欲

為，這樣不是更好嗎？為什麼要殘害身體，苦變形狀？像這樣想去報復襄子，不是很困難嗎？」豫讓說：「若是委身做人臣子，還想殺他，這便是不忠。我這樣做雖然很困難，但是所以要這樣做的原因，就是要使天下後世做人臣子，卻存著不忠之心侍奉他君王的人，知道那是可恥的呀！」

他走後，過不久，襄子預備外出，豫讓便藏伏在他所必經的橋下。襄子到了橋邊，馬忽然驚跳起來。襄子說：「這必定是豫讓想刺殺我。」使人搜查，果然是豫讓。於是襄子責備豫讓說：「你不是曾臣事過范氏和中行氏嗎？智伯把他們滅了，但你並不為他們報仇，反而委身效忠智伯為臣。現在智伯已死，你為什麼偏偏要替他再三報仇呢？」豫讓說：「我侍奉范氏和中行氏，他們都以普通人對待我，我因此僅以普通人報答他們。至於智伯，他以國士待我，我因此要以國士報答他。」襄子不覺長嘆一聲，流下同情的淚說：「唉！豫子，你為智伯的事盡忠已經成名了；而我對你的饒赦，也已至盡了。現在你只好自己想辦法，我不能再放你了。」即命令衛士包圍豫讓。

豫讓說：「我聽說賢明的君王，不掩蓋人家的美德；而忠心的臣子，有為名節而犧牲。從前您已寬赦放了我，天下的人莫不稱頌您的賢德。今天，我自應伏罪受誅，但還希望求得您的衣服，讓我打擊它，作為表示我替智伯報仇的意願，如此雖死也不覺憾恨了。這不是我所能希望得到的，只是我斗膽說出衷心的話。」

襄子很為豫讓的義氣感動，便派人拿衣服給豫讓。豫讓拔劍跳了三下來擊刺它，說：「我可以報答地下的智伯了。」於是橫劍自殺。死的那天，趙國志士聽到此消息，均流下同情的淚。

崇尚法制精神

在春秋以前，刑法掌握在貴族手中，執法的人說了就算。到春秋時代，就趨向於法制精神，一切按法律辦事，這方面以晉國表現最為突出。如前面所說的晉文公時，有一位司法官因錯誤殺了人，為表示負責，先將自己拘禁起來，然後伏劍而亡。為了達成軍事上的統一行動，用軍法約束才能獲得戰爭的勝利，因之對違犯軍法而被論罪的事例很多，如城濮之戰，晉文公就殺掉違犯軍紀的三個大夫，其中顛頡還是當年跟隨晉文公流亡有功的大臣，也沒有因此而被赦免。在邲戰之後，處死不聽從指揮的中軍副帥先縠。到春秋晚期，晉定公時（魯昭公二十九年）公布了成文法典，晉大夫趙鞅把過去在范匄（晉悼公時）執政時所定的刑書鑄在一個二百斤重的鼎上，他這種舉動就是要全國上下，無論貴賤都要遵奉法令。像過去貴族階層

的人犯了法有「豁免權」，所謂「刑不上大夫」，而且法律條文又不公布，誰犯了
什麼法，一般的老百姓根本就不知道，現在看到了這些法律條文，才知原來貴族的
種種行為也是有法律約束的，這應該是晉國的一項重大革新。可是一向主張「民可
使由之，不可使知之」的孔子，對這件事認為是「打亂了尊卑貴賤的秩序，會造成
國家的衰敗。」孔子這種為維護封建以貴族意志的不成文法，後世的人多批評他是
一種「守舊」思想的表現。何況二十多年前，鄭國子產執政時就已經將鄭國的法律
鑄在銅鼎上公布於世了。鄭、晉兩國的公布成文法，可謂為後世「法律之前人人平
等」的觀念立了基礎。

齊國

（1）君臣淫亂

齊莊公的名字叫光，原本是齊國的太子，但靈公另寵仲姬生的兒子牙，把光放
逐到邊疆。靈公病重時，大臣崔杼復將原太子光追回立為國君，是為莊公。

齊國棠邑大夫的妻子貌美，棠邑大夫死後，崔杼乃將她娶回來為妾。不料堂堂
國君莊公也和她私通，竟經常到崔家和她幽會，甚至還將崔杼的帽子拿走送人。這
種淫亂的行為連侍者都覺不妥，崔杼更憤怒，想藉著莊公伐晉國之時跟晉國合謀偷
襲齊國，以便殺掉莊公，但找不到機會。正好莊公曾經鞭笞過宦官賈舉，而此刻莊
公又把賈舉重新隨侍身旁，賈舉懷恨莊公的鞭笞，因此幫崔杼和自己找機會報仇。
有一天，崔杼藉口生病不理政事，莊公也假意去探視崔杼的病況，想乘機跟崔杼的
妻子相會。崔杼妻走入內室，和崔杼關緊房門不出來，莊公便在走廊上抱著柱子唱
歌挑逗她。這時莊公的侍隨被賈舉關在大門外，崔杼事先埋伏好的武士一擁而上，
莊公急忙爬上庭台求饒，沒有被接受，請求訂立盟約，也不被同意，最後要求放他
回去在祖廟中自殺，也沒有獲准。崔杼的武士們對莊公說，我們是奉令來追趕好色
淫徒的，莊公見大勢已去，就轉身想越牆逃走，但被箭射中大腿，摔了下來，旋即
被殺害。

當這一內亂發生後，齊國另一大臣也是一位著名的政治家晏嬰持中立的態度，
一方面認為殺君不對，一方面認為如果國君為私事而亡，不值得為他殉死。但他伏
在莊公屍身上大哭一番後離去。而齊國的太史敢於面對事實，在簡冊上寫下「崔杼
弒君」，並在朝廷上宣讀。崔杼將太史殺害，太史的弟弟接替哥哥的職務，仍然堅
持記載「崔杼弒君」，崔杼又把他殺了。太史的幼弟繼任太史，依舊照樣記載，崔
杼不敢再殺。另一史官南史氏聽說太史兄弟被殺，乃挽著簡冊趕去準備記下此事，

後來聽說已經如實記載下來，才作罷。

前面提到的晉國史官董狐的「趙盾弒君」，和齊國太史的「崔杼弒君」，都是古代史官不畏權勢，秉筆直書的最好範例，直書是作史官必須具備的品德，但這種「史德」後世史官有沒有都遵循，那是很難斷言的。

（２）齊景公與晏嬰

崔杼弒莊公後，擁立莊公的異母弟杵曰為君，是為齊景公。齊國繼續發生內亂，先是左相慶封殺掉崔杼，接著田、鮑、高、欒四豪族合謀將慶封家族逐出齊國。齊國的政務便掌握在田氏手中，所幸有賢臣晏嬰居間，終景公之世沒有出大亂子。

景公在位的時間很久，統治齊國達半世紀之久，雖在對外方面有不少成就，但在內政方面犯了嚴重的錯誤。根據晏嬰一次對晉國人的談話中說：「齊國已到衰敗時期，政權將被田氏奪取，因為君主拋棄國人，田氏收買國人，人們像流水一樣歸向田氏。」晏嬰說：「齊國有四種量器：豆、區、釜、鐘。原先前三種都是四進制，鐘是十進制，田氏把豆、區、釜三種量器都改為五進制，田氏擴大量器，用大的「私量」借貸出去，用小的「公量」收進來。另外在官營貿易方面，如山林的木材運到市場上賣給人民，價格跟產地一樣……」這些措施顯然就是在收買民心。晏嬰又說：「相反的，在公室方面，對人民是另一種樣子，如民眾生產的物質，有三分之二被政府奪走。公家財物多得任它腐爛，小官卻挨凍餓，人民更是無法生活，連鞋子都買不起，只好買木頭做的木屐（台灣稱之拖板）來穿，但價錢還相當昂貴。在這種情況下，犯罪的人越來越多，有的人被處以刖刑。」一九四九年考古工作者在臨淄墓中出土一副骨架完整獨缺一隻左足的屍骨，印證了齊景公用刖刑鎮壓人民的史實。

齊景公的整個政治現況也可以從晏嬰的口中得到真相。如景公患了瘧疾，長期沒有治好，他的兩位寵臣梁邱據和裔款居然說是因為太史、太祝得罪了神靈，天神才降疾病到景公的身上，必須殺掉太史、太祝向神靈請罪，君主的病才會好起來。景公準備採納他們的建議，晏嬰得知此事，立刻向景公進諫，《左傳》魯昭公二十年有一段很詳盡的記述：晏嬰首先認為「君主生病是由於政治不好，得罪了上天，上天才降罪於君主」，景公問晏嬰怎麼辦？晏嬰就指出國家的不當措施：①國家壟斷了山林、水澤、海濱的資源。②人民的勞役太重。③關卡橫征暴斂。④大夫們放肆賄賂。⑤施政無一定制度。⑥征稅無一定標準。⑦不斷新修宮室，淫樂無度。⑧

宮內姬妾任意奪取市場上的物品。⑨朝廷寵臣在城外違法亂紀。⑩君主所看中的東西如果不給就將之治罪。

晏嬰繼續告訴景公說，現在民眾痛苦、怨聲載道，從齊國東方到西方，民眾無不咒罵。事已至此，僅憑幾個祝、史在神靈前幫您說好話，又怎能敵得過千萬張口對你的詛咒呢？景公聽了，滿身發熱，立即叫官吏減免稅收，除去關卡，免去債務，減輕一些剝削。

晏嬰先後做過齊靈公、莊公、景公的大臣，後世史家對他的評價很高，日本宮城谷昌光著有《晏子》專書；台灣實學社聘請內子名翻譯家黃玉燕女士譯為中文問世，成為中日暢銷書。

歸納起來，史家對晏子的評論有五點：①主張加強國君的權力，但事實難以做到，因此，他基本上是採取中立的態度。②他有銳利的政治眼光，清醒的頭腦，但對政治措施卻比較守舊。如他想用《周禮》來壓制已掌大權的田氏，已無濟於事。③清廉儉樸的作風，有如鶴立雞群。有次國家要賜給土地，被他拒絕，景公要為他修建房子，他也不要。④反對迷信。景公三十二年（魯昭公二十七年）出現了慧星，景公深以為憂，要派人去祭祀。晏嬰認為那是迷信，君主如果不做壞事何必祈禱，如果大興土木，橫征暴斂，濫用刑罰，連掃帶星也會出現。如果神可以接受祝禱來臨，當然也可以禳祭而離去。但是百姓痛苦怨恨的人數以萬計，而國家讓一個人去禳除，怎能勝得眾口的咒罵呢？⑤具有邏輯辯證思想。《左傳》魯昭公二十年記載：有一天景公打獵回來，晏嬰在遄台侍侯，景公的寵臣梁邱據也趕來。景公對晏嬰說：「只有梁邱據同我的關係和好。」晏嬰說：「你們之間只是『同』而已，哪裡說得上『和』」。景公奇怪的問道，難道和諧跟相同不一樣嗎？晏嬰說，區別很大。他首先舉做菜湯來說明「和」的道理。他說廚師用魚肉加上醋鹽等調料，進行烹調，如果太淡，就增加調料，如果太濃就加水沖淡，使味道適中，吃起來才津津有味、身心愉快。君臣之間也是這樣。君主認為是對的，也許其中有不對的，做臣子就應提出自己的意見，改正君主不對的部分，使其合理的部分更加完善，假若君主認為不行，其實其中也有可行的，臣下就應陳述可以行的理由，幫助君主改正他的錯誤觀念，這樣矛盾減少，國家政治穩定，這就是「和」。晏嬰又用音樂曲調來比論「和」的含義。他說：「樂師作曲，用『五音』相配合才能成為曲調，使人聽來悅耳。」接著他指出像梁邱據這種臣子不管事情的對不對，只是一味對君主隨聲附和，維維諾諾，就好比水裡加水不作調料，毫無味道，也好比曲調只有一個聲

節，聽來乏趣。這也顯示出獨裁政治與民主政治的分野，然而時至今日，如梁邱據之人者比比皆是。

（3）田氏坐大

田氏的祖先陳完原來是陳國的貴族，陳完出生後，周太史為他卜卦時，就認為這孩子發展不在陳國而是在齊國，不是他自己而是他的子孫。果不然，陳完在陳國一次政治鬥爭中失敗後逃到了齊國，當時的齊桓公準備任命他為卿，陳完以自己只是一個寄身的流亡旅客，不敢擔當高官，只接受了管理工匠的職務，但從此在齊國有立足點，並改「陳」為「田」姓，死後諡為敬仲。齊國的大夫懿仲想把女兒嫁給他，事先預卜，占兆上說是「鳳凰于飛，和鳴鏘鏘，將育于姜，五世其昌」，於是完成婚事。經四傳到田釐子時為齊景公大夫，向人民征收賦稅時用小斗來量糧食，貸糧給人民卻用大斗，於此暗中施惠於百姓，很得齊國民心，因之田氏宗族的勢力越來越大。晏嬰早有預見，認為齊國的政事，終將被田氏獨攬。

果不出所料，齊景公死，就在田氏的導演下，製造內亂，除去政敵，擁立新君，執掌齊國政權，最後將公族中有力量的人物都殺掉。到田常時，其封地擴展到比國君的封邑還大，田襄子更將自己的兄弟和族人委派作齊國都邑的大夫，由上至下自是完全控制了齊國的政權。在這一個奪取政權的過程中，完全是採取陰謀的手段，如前面說的先是用「大斗借糧、小斗收回」的小恩小惠籠絡人心，以爭取士階層和人民的支持。在田氏力量還不夠強大時，乃對姜姓貴族採取分化瓦解，拉攏一批，消滅一批；等到力量強大時，就對姜姓大貴族，直接加以剷除。同時在姜姓之間製造不和，挑起火拚，從火中取栗，坐收漁人之利。這種政治權謀，常為後世運用和效法。

鄭國

春秋初期鄭國曾是舉足輕重的國家，周王室也受過他的氣。當齊、晉、秦、楚四大強國興起後，鄭因處在諸大國之間，雖然不是各國主要爭取的目標，但由於他的雙面外交政策曾引發晉楚之邲戰和鄢陵之戰以及晉秦之崤戰。而鄭國本身如同牆上草，隨大國跑龍套，幾乎是唯命是從。在國內則強大貴族干政，真是處在所謂「國小而逼、族大寵多」的困境之中。

春秋晚期，鄭簡公時，子產執政，鄭國的政治才柳暗花明。他的政治措施值得介紹的有三點：

（1）作封洫

「封」就是田邊的壟堆、道路。「洫」是田間的水溝。總括的說，就是清理田畝，重修水利系統，利於灌溉，劃定地界，將侵占他人的土地，歸還原主，承認土地私有，對私田也一概課稅。在這些政策中自然有抑制舊貴族專橫兼併的作用，所以遭到某些貴族的反對，他們詛咒子產說：「（子產）將我的衣冠下令收藏起來，把我的土地進行收稅，誰要殺子產，我也一同去。」然而，這些政策推行的結果，對一般有土地的人，田產受到保護，安心發展生產，對維護整個貴族階級的長遠利益也很有效果。所以幾年之後，當年反對子產的人改變了調子，歌頌他說：「我有子弟，子產教育他；我有田畝，子產使它增產，要是子產死了，誰是他的繼承人呢？」所以後世一些政治家所主張的「民可與樂成，不可與慮始」，大概就是從這裡而來的吧！

（2）作丘賦

就是向那些不服兵役的「丘」範圍內的農業奴隸徵收軍賦。雖然增加了那些地區的負擔，使他們要繳納軍事裝備，但這些人從此能當兵打仗，逐漸改變了其原有的身分地位，打破了征服者與被征者間過去不可逾越的鴻溝，受到統治族人（國人）的強烈反對並咒罵子產。子產不予理睬，他認為只要對國家有利，寧願以身殉職，所以堅持了他的這項政策。

（3）鑄刑書

前面說過晉國將法律條文鑄在大的鐵鼎上，而子產將法律條文鑄在銅鼎上的事還早於晉國二十年，是我國古史上第一部公布於世的成文法典。這樣，國家今後用刑就有了準則，在一定程度上，限制了貴族的某些不法行為。但守舊思想的人，卻怕民眾依據條文爭辯，不但有損貴族的權益，還會造成國家政治的不安。這一點，後來孔子對晉國的公布成文法典也作了類似的批評（見前節）。子產為了解救社會，還是打破了傳統，毅然鑄了刑鼎，將法令條文公布於世。

中國自古以來就有「民主」的觀念，如帝禪位時，先徵詢「四岳」的意見；舜在位時，用人之先，與四方諸侯謀商，大開四面城門，以暢通四方的見聞；舜與禹繼承堯舜為天子都是取決於民意。降至商周，一些侯國遇到某些重大政治事件，如國家之遷都，或另立新君，或遇有危險情況等，都要召集全體統治族人開會決定，平時人民在公共場所也可以議論國家政治。周厲王就因為壓制輿論而被人民趕走。鄭國的人民經常在「鄉校」（鄉的學校，也就是公共場所）議論國家政治，當時有

一位大夫然明要子產把鄉校毀掉，子產不以為然，並且說：「人民早晚在那裡談論國家政治的得失，他們喜歡的事，我們照著辦，他們反對的，我們就革除。人民等於是我們的老師，所謂『忠言逆耳利於行』、『防民之口甚於防川』啊！」由見子產是一位很重視民意的政治家。

另外他處理國家政治從不專擅獨為，善用左右長才，如大夫馮簡子善於決斷；子太叔長於文才；公孫揮通曉各官員動向，善于辭令；裨諶多謀略，子產結合大家的智慧去辦理，遇有交涉諸侯的事，先問公孫揮作了解，將了解的情況使裨諶冷靜審思，再由馮簡子作決斷，然後由子太叔辦理，所以很少有失誤的地方。至於在外方面，極力反抗強權的外交，不向大國委屈低頭，維護了君主的尊嚴和國家獨立的地位。

其次子產和齊國的晏嬰都是古代的「無神」論者。《左傳》昭公十八年：「慧星出現，鄭國占星者告訴子產，必大火，可為禳祈除災，子產不信，果大火。占星者又曰：『不用吾言，鄭又將火』。鄭人請用之，子產仍不信，且曰：『天道遠，人道邇，非所及也，何以知之？』」後來並沒有發生大火，由見子產只管「人事」而不論「天道」。

總之，子產的為人仁厚慈愛、事君忠貞，死後，鄭國人民悲痛不已，就像死了親人一樣。孔子早年曾經到過鄭國，與子產親如兄弟，聽說子產死了，也悲泣著說：「古人的仁愛，只有在子產身上重現呀！」於是以兄死的禮節祭祀子產。

魯國

（1）保持周禮的國家

魯國是周公的封國，周公又是周王朝禮樂制度的制定者，魯國保有周禮好像是自然的現象。魯昭公二年，晉平公派韓宣子到魯國聘問，參觀魯國的圖書館，在那裡看到《周易》、魯史《春秋》和國家法令存檔等。韓宣子說：「《周禮》完整地保存在魯國呀！我現在才知道周公的德行和周朝的所以能成就王業的緣故啊！」就因為於此，所以魯國死守周禮，以致在社會型態和政治格局一直守舊，不能振作，總是受他國的欺負。

（2）三桓的興起

三桓是魯桓公的三個兒子的後代。次子的後代叫仲孫氏，三子的後代叫叔孫氏，四子的後代叫季孫氏。桓公的長子繼承為君是為莊公，莊公在位三十二年，其

間曾跟隨齊桓公並協助完成霸業。莊公之後還有閔公在位兩年就被叔叔殺害，莊公另一個兒子繼立就是僖公，僖公在位三十三年，再經文公十八年，在宣公即位後，季文子開始執掌魯國政治先後輔佐宣公、成公、襄公，執掌政權達四十一個年頭，而且在宣公死的那年，就清除異己，鞏固自己的政治地位。《論語·公也長》：「季文子三思而後行」，他做每一件事都要再三考慮，然後才去做。

《左傳》魯襄公五年記載，季文子死後，根據大夫入斂的禮儀，魯襄公親自檢視，發現家臣只是用家裡的器物作為葬具，器物中沒有銅器和玉器。平常「妾不衣帛，馬不食粟」，輔佐過三個國君，家裡沒有私人的積蓄。子貢說他「舉賢任能，分財任能」，很受國人愛戴，孔子也稱讚他。但「三桓」在魯國的專橫卻是由他而來，因為繼承他掌政的仲孫蔑（孟獻子）就是他培養的。仲孫蔑執政期間首先允許季孫氏在私邑築城設防，因之其後「三桓」均各有其大城。孟獻子死後，讓叔孫氏的叔孫豹繼掌大權，這是根據當年季文子的遺志，由三家輪流執政。三年之後，季孫氏的季武子又從叔孫氏手中搶過來執掌政權。

（3）三桓擴充兵力與逐君

季武子還在叔孫豹當權時就主張把魯國的軍隊由二軍改為三軍。以前的二軍原則上由魯國國君統領，改為三軍後，軍事力量轉移到三家手中，公室實力受到嚴重的削弱。

魯襄公死後，季武子殺了太子，立了一個「猶有童心」、「知儀而不知禮」的昭公，以便於操縱。季武子之後，應該輪到仲孫氏親政，不知何故輪回到叔孫氏，叔孫氏掌權十七年後再輪到季孫氏。季孫氏就是季平子，是季武子的孫子，這時已到了魯昭公廿五年。這年季平子跟郈家鬥雞，季氏給雞套上皮甲，郈氏給雞安上金屬爪子，結果季氏的雞被鬥敗。季氏發怒，指責不應替雞裝上金爪子，接著又在郈氏那裡擴建自己的住宅，因此郈氏怨恨季平子，同時季氏又窩藏了臧氏家族內爭而逃來的人，以致臧氏也恨季氏。再則魯國要為死去的襄公舉行禘祭，可是找不到表演萬舞的人，表演者都跑到季氏家裡去了。臧氏（昭伯）乃借此公開譴責季孫氏的行為，朝中大夫都怨恨季氏，所以有人建議昭公除掉季氏，但因策劃不週，結果卻被季平子所領導的三桓勢力將昭公逼走。

（4）孔子與魯國的政治

孔子，名丘字仲尼，先世是宋國人，曾輔佐三個國君，受命為上卿，後來在國君爭位鬥爭中被權臣所殺，家族沒落，後裔逃到魯國，傳到孔子的父親諏叔紇時

（或稱叔梁紇），已經是春秋後期。諏叔紇是一個大力士，可以用手把厚重的城門頂起，叔紇續絃妻顏氏生下孔子。前面說過，孔子既是殷商的後代，商的始祖又是吞食燕子的卵而生，所以帝舜賜商為「子」姓，而商湯的名字又所以叫「天乙」。後來把「子」加「乙」而為「孔」字。從孔子六世祖開始號為孔父嘉，自是這一家便以孔為氏。

孔子父親原先娶顏氏生了九個女兒，其妾雖生一子，但又患了足病，其後乃娶一妙齡少女，彼此年歲相差甚大，但老夫少妻生下孔子。司馬遷在《史記·孔子世家》中稱之為「野合」，認為老夫少妻不合禮儀。孔子生下來時是一個怪胎，頭頂中間低、四周高，所以起個名字叫「丘」。常聽人說，年齡大的人生下的子女會比較愚笨短命，孔子的例子粉碎了這種傳說，我的親友中很多都是晚年得子，但個個聰敏絕頂。

孔子在孩時就喜好「陳俎豆、設禮容」，大概與繼承周禮傳統的魯國禮教環境有關。再則宋國是殷商之後，而「周因於殷禮」，以及魯國又是保存周禮最完善的國家。

孔子的先世雖然是貴族，傳到他時已是一個沒落貧寒的家庭。他說「吾少也賤，故多能鄙事」。如他作過倉庫管理員，替人放牧牛羊，以及整理苑囿，經理財務，事事都很稱職盡責。他自稱「十五志於學，三十而立……」他學的就是禮、樂、御、書、數、射等六藝。他一生「學不厭，教不倦」、「發憤忘食，樂以忘憂，不知老之將至」。他說「三十而立」就是這時他已是博學知禮聞名於貴族社會了。三十五歲時曾到過齊國，他很不滿意當時齊魯兩國的大夫專政的狀況，乃向齊景公提出了「君君臣臣，父父子子……」的看法，齊景公聽了叫好：「善哉，信如君不君、臣不臣、父不父、子不子，雖有粟，吾得而食諸？」馬上就要重用孔子，並準備封他一塊地方。但因輔佐大臣晏嬰不信他那一套，嫌他的禮學繁瑣、理論迂腐，勸阻了景公，而齊景公本來也沒有什麼作為，終於說「吾老矣，不能用也」，推謝了孔子。

前述三桓將魯昭公逐走，昭公先逃到晉國又流亡到齊國，齊景公把他安置在齊晉邊界上的鄆城，齊晉打算要護送昭公回國，但因魯國國內，以及晉齊之間發生矛盾，沒有具體行動，昭公就在鄆城和乾侯兩地流亡了八年而死。沒有跟隨出亡的公子宋于被立為君，是為魯定公。

魯定公五年，驅逐昭公的季氏平子死了，家臣陽虎造反，控制了季氏家族，操

縱了魯國的權柄，這時陽虎有意起用孔子，孔子認為陽虎的所作所為並不是為了魯國，而是為了自己，所以在陽虎執政的三年之中終不願「為虎作倀」。後來季桓子驅逐了陽虎，陽虎逃到了晉國，居然幫助趙簡子滅了范氏、中行氏，立了大功。季氏家臣陽虎之亂結束後，叔孫氏的家臣侯犯又起來造反，但不久失敗而逃往齊國。季孫氏重掌魯國政權，季桓子覺得當年孔子不替陽虎做事，是個正人君子，乃起用孔子，孔子這才開始政治生涯。他先任中都宰，而司空，而司寇。司寇相當於一省的警察廳長，負責治安工作，在他任內，使魯國夜不閉戶、道無拾遺。

孔子並不是一個「知禮無勇」的文人。有一次隨魯定公在齊魯「夾谷」的會議上，齊國企圖用威脅的手法占取便宜，孔子機警地為魯國爭得了面子，並使齊國歸還了過去侵占魯國的田地。

前面說過，在仲孫氏（孟獻子）執政時，首先允許季孫氏在自己的私邑築城設防，其後三桓都各有其大城，本來是用以專權的根據地，沒想到，這三大城後來都被他們的家臣所把持，成了家臣們反叛三桓的城堡。

孔子既然擔任了魯國的司寇，在職務上負有肅清盜匪與叛臣的權力與任務，所以他要把魯國內部的割據與種種非禮的事取消。首先用勸的方法叫三桓自動毀去三城，而三桓也正可以消弭蕭牆之患。於是一致行動，季孫氏的費城、叔孫氏的郈城，都先後毀去了，但仲孫氏中途反悔，不肯毀去自己的郕城。

孔子「墮三都」的計劃並沒有收到預期的效果，而執政的季桓子和魯君竟在齊國的買通下疏遠孔子，在一次郊祭後，照禮應將祭肉分享大臣，季孫氏居然不分給孔子，孔子認為是最大的侮辱，於是與子路等人離開了魯國，周遊列國宣揚他的政治理念，也希謀得一個官位，以便推行他的政治主張。季桓子死後，仲孫氏和叔孫氏都沒有輪到執政，由季桓子的兒子季康子掌權。

孔子周遊列國十四年，竟沒有碰到一個有為有道之君，悵然而返。有謂是季康子迎他回來，但已經是六十八歲的老人，僅僅諮詢而已。

孔子周遊列國的順序及國家是：衛、鄭、陳、衛、陳、蔡、楚、衛。其中三至衛、二至陳，最後還是回到魯國。一路上曾被匡地人、薄地人所圍困，到鄭國時還與弟子們走散了，子貢到處找他，孔子一個人呆在鄭國的城門口狼狽不堪，有人形容他有如「喪家之犬」。

孔子述作六經

孔子回到魯國後，魯哀公及當政的季康子還是不想重用孔子，而孔子自己也覺

得年歲也大了，決心不再求仕，一心作傳道授業，他知自己在世的時候已不多，所以發憤忘食，誨人不倦，述作六經。

《易經》

易是一部講天道的書，學者認為是中國文化的源頭，儒道兩家思想的核心淵源於此。孔子晚年喜歡讀「易」，以至「書編三絕」，就是連結書的繩子斷了三回，可見用功之至。易經的文字非常古奧，意義更是艱深幽渺，經過孔子整理後，後人才得以稍窺堂奧。學者傳統的說法是：易經的卦是伏羲氏作畫；爻辭是周文王推演；象傳是孔子所作。現今有些編撰通史的學者，不同意這種說法，但大陸史家從一九七二年出土的長沙馬王堆的史料中，證明孔子作「易傳」則是鐵的實事。

《書經》

《書經》是古文獻留下較多的資料，大部分是西周的檔案。內容包羅萬象，如誓詞、冊命詞、告諭等，以及唐虞夏商的故事。孔子採取了其中確實可信部分，編排其次序，整理成書，一共五十八篇，秦始皇焚書，項羽燒咸陽，詩書盡毀，秦亡漢興，學者蒐集群書，其中《書經》有的從宿儒口授，有的發自孔壁，乃有《今、古文尚書》之分，下迄清代又有人考證其真偽。本書在前面已有專文論述。

《詩經》

在孔子的時候，從古代流傳下來的詩經，有三千多篇。據學者（朱自清）研究，詩的源頭是歌謠。古時候，沒有文字，只有唱的歌謠，沒有寫的詩，有了文字以後，才有人將歌謠寫下來。這些詩的內容包羅萬象，有祭祀、宴客、打獵、出兵等所作的屬於典禮的詩；有諷諫、頌美等屬於政治方面的獻詩這三千多篇詩，經孔子刪去其中重覆的篇章後，所餘三百零五篇，孔子乃以「斷章取義」的辦法，採用其中有益風教的詩句，用來討論做學問與做人的道理。如《論語・學而篇》跟子貢談到《詩經》中的衛風淇澳篇；《論語・八佾篇》跟子夏談到《詩經》中的〈衛風〉〈碩人篇〉；孔子更在《論語・陽貨篇》中，勸弟子們多讀詩經，孔子認為「詩可以激發人的心志（可以興），可以觀察時政的得失（可以觀），可以溝通大眾的情志（可以群），可以抒暢個人的憂怨（可以怨）；就近處來講，可以運用其中道理來服事父母（邇之事父），就遠處來說，可以用來奉事上君（遠之事君），還能多記識鳥、獸、草、木的名稱（名識於鳥、獸、草、木之名）。孔子還對弟子伯魚說，如果沒有讀過《詩經》國風中的〈周南〉、〈召南〉兩篇詩，就如同面對牆壁而站著。按周南、召南都是周公、召公的封地，是周立國最早之地，文化開通

得早，所以民間這些歌謠，都是講家庭和樂，反映民間人心的快樂。

　　最後孔子還指出了《詩經》的要旨：「詩三百，一言以蔽之，曰詩無邪。」意思是詩三百多篇，拿一句話來概括它，就是作者們的思想是純正無邪的。所以孔子教人要學詩，便可以達到「思無邪」的境地。

《禮經》

　　孔子的時候，周室已衰微，禮樂之教廢置不興，而且散失不全。孔子很不滿意當時的諸侯、大夫們的僭竊行為，曾氣得「是可忍也，孰不忍也。」他說「吾十有五而志於學，三十而立」。大概從十五歲便開始學「禮」，三十歲便以禮聞名天下了。他從追述考察夏商周三代的禮制開始整理，但因感「文獻不足」，他說「夏禮吾能言之，杞不足徵也。殷禮吾能言之，宋不足徵也，文獻不足故也。足，則吾能徵之矣。」他又說「殷因於夏禮，所損益可知也。周因於殷禮，所損益可知也…周監二代，郁郁乎父哉、吾從周。」所以孔子整理的禮制是吸取了夏商兩代的長處的周禮。

《樂經》

　　孔子反對法治，主張禮治，他說：「興於詩，立於禮，成於樂」。詩可以鼓舞人的意志，使人興起向善的心；禮可以端正人的行為，使人德業卓然有所自立；樂可以涵養人的性情，使人養成完美的人格。他特別拿禮樂來薰陶人心性靈，孔子是一位音樂家，他整理的《詩經》，幾乎都譜成了曲子，使之適合於在樂器伴奏歌唱。他曾對魯國的太師說：「樂其可知也，始作，翕如也。從之，純如也，皦如也，繹如也」。意思是說，樂理是可以知道的，音樂一開始就應該和諧，接下去應該清純醒耳，再下去是清新明朗，最後是餘音裊裊不絕。所以孔子最反對鄭國的淫蕩的靡靡之樂。孔子說「吾自衛反魯，然後樂正，雅頌各得其所」。他從衛國回魯之後，譜詩成曲，訂正音樂，使雅、頌的詩樂，恢復原來的適當位置，可以說是他引為得意的事。

《春秋》

　　孔子所作的《春秋》，是依據各國的歷史資料，但以魯國歷史為主線，尊重周王室，追溯殷代舊制，上承三代法統，全書其詞簡約而意旨宏富。孟子說：「世道衰微，邪說暴行有作，臣弒其君者有之，子弒其父者有之，孔子懼，作《春秋》，《春秋》，天子之事也」。孔子的《春秋》含有濃厚的「正名」思想，褒則褒，貶則貶，矯正不合名分的行為。如前述「踐土之會」，並不是天子親自與會，而是晉

文公一個諸侯的身分把周天子召來，所以孔子在《春秋》中便記載「天子狩于河陽」，又如吳楚之君自稱為王，《春秋》便把他們貶稱為「子爵」。所以「《春秋》作，亂臣賊子懼」。

但近代學者認為《春秋》不是孔子所著，也只是經過他整理而已。因為《春秋》記載的是兩佰四十四年的魯國大事和周室以及列國的活動，每年按春夏秋冬四時排列，故取《春秋》以概括全年。那時王室和諸侯各國都設有史官，負責記載，孔子並非魯國史官，所以魯國的《春秋》與他無關。學者認為孔子曾抄錄魯史，然後加以整理一番，但因《春秋》紀事簡略，事件內容、性質不易了解，於是有左丘明著《左傳》，很具體把當時發生的每一件國家以及國際間的大事過程，包括人物言行、事件時間、地點、結果等都交代清楚，並追溯遠古，其中還有不少典章制度和名物，也囊括為一體。學者認為《左傳》是一部翔實史書。另外公羊高著《公羊傳》，穀梁赤著《穀梁傳》，將《春秋》史事加以評論，算是「微言大義」的東西。

以上易、書、詩、禮、樂、春秋，原被稱為「六藝」，漢代改稱為「六經」。所謂「經」者，乃「道義之不可易也」，也就是這些詩書經過孔子闡釋之後，其道理、義理便不必改易，縱或變更之，但沒有比得上孔子的義理完美。故學者認為六經是孔子為後世所編寫的一套標準教科書，不幸經過秦火後，其中樂經從此亡佚而成為「五經」，漢武帝採董仲舒之議，罷黜百家，獨尊儒學，自是五經成為後世政教之依據，考試之定本，下至南宋，因朱熹另編《四書》，五經地位遂為四書所取代。

誨人不倦、因材施教

孔子回魯後，在淮泗講學，以詩書禮樂教弟子，從學弟子三千多人，身通六藝者七十二人。弟子來自四面八方，如顏淵、曾子等是魯國人；子貢等是衛國人；公冶長等是齊國人；子牛等是宋國人；子張等是陳國人；子游等是吳國人，真可謂「桃李滿天下」。

孔子的教育以「變化氣質」、「成就人格」、「提升生命境界」兼顧「才能培養」為目標，就是所謂孔門四科：德行、政事、言語、文學是也。無論弟子稟賦如何，孔子皆能因材施教。

《論語》雖然不是孔子手著的一部書，但卻包含了孔子的重要思想，古今中外學者都有專著論述，本書僅為讀者查考方便，茲列舉《論語》中有關「為學」、

「為人」、「為政」三方面主要者於後。（參考坊間出版之論語讀本）

　　為學方面

　　「學而時習之，不亦悅乎？」〈學而篇〉把已經求得的學問，再時時去溫習它，不是令人喜悅的嗎？

　　「君子食無求飽，居無求安，敏於事而慎於言，就有道而正焉，可謂好學也已。」〈學而篇〉君子對飲事不滿足，對居處也求安適，敏捷地做事，謹慎地說話，親近有道德的人，以便糾正自己的錯誤，這樣也可算是好學了。

　　「學而不思則罔，思而不學則殆。」〈為政篇〉只知學習，不加思索，終於迷惘而無所得；只靠思索，不知學習，也就不切於事而危疑不安了。

　　「力不足者，中道而廢，今女畫。」〈雍也篇〉孔子弟子冉求覺得求學的力量不足，孔子勉勵他要力學，以為力量不夠的人，走到一半便停下來，現在你是畫地自限不想前進。

　　「知之者不如好之者，好之者不如樂之者。」〈雍也篇〉對於一種學問，瞭解它的人不如喜愛它的人，喜愛它的人不如嗜好它而陶醉在其中的人。

　　「君子博學於文，約之以禮，亦可以弗畔矣夫！」〈雍也篇〉君子廣泛地研習聖賢的典籍，再用禮節約束自己的行為，就可以不致於背離正道了。

　　「默而識之，學而不厭，誨人不倦，何有於哉？」〈述而篇〉將所見所聞的默記在心裡，努力學習而不厭棄，教導別人不倦怠，這些事情對我來說有甚麼難呢？

　　「三人行，必有我師焉。擇其善者而從之，其不善者而改之。」〈述而篇〉孔子認為學無常師，三人同行，其中必有可做我老師的。選擇他們的長處而學習，將他們的短處作為自我改正的榜樣。

　　「我非生而知之者，好古，敏以求之者也。」〈述而篇〉我不是生下來就知道許多道理的人，而是喜好古代的文物制度，勤快地求學得來的。

　　「學如不及，猶恐失之。」〈泰伯篇〉求學如像來不及似的，學到了又怕把它忘掉。

　　「吾嘗終日不食，終夜不寢，以思；無益，不如學也。」〈衛靈公篇〉孔子說：我曾經整天不吃飯，整夜不睡覺，來思考，可是沒有益處，倒不如去學習地好。

　　孔子對仲由說：「好仁不好學，其蔽也愚；好知不好學，其蔽也蕩；好信不好學，其蔽也賊；好直不好學，其蔽也絞；好勇不好學，其蔽也亂；好剛不好學，

其蔽也狂。」〈陽貨篇〉孔子稱之為「六言」：仁、知、信、直、勇、剛；「六蔽」：愚、蕩、賊、絞、亂、狂。意思是：只喜歡仁德不去學習，所受的蒙蔽是愚昧；只喜歡才智不去學習，所受的蒙蔽是放蕩；只喜歡誠信不去學習，所受的蒙蔽是賊害；只喜歡正直不去學習，所受的蒙蔽是急切；只喜歡勇敢不去學習，所受的蒙蔽是禍亂；只喜歡剛毅不去學習，所受的蒙蔽是狂躁。

做人方面

「弟子入則孝，出則弟，謹而信，汎愛眾，而親仁。行有餘力，則以學文。」〈學而篇〉此為孔子勉勵青年要以德為本，在家要孝順父母，出門要恭敬長上，言行當謹慎信實，廣博地愛眾人，多親近有仁德的人。如此躬行實踐而有餘力，再學習詩書六藝。

「君子不重則不威，學則不固。主忠信，無友不如己者，過則勿憚改。」〈學而篇〉君子不莊重，便不威嚴，所學者也就不會堅固。親近忠信的人，不要結交不如自己的人，有了過失，不要怕改正。

「不患人之不己知，患不知人也。」〈學而篇〉孔子認為人當責己，不要責人。不要憂慮別人不瞭解我，該憂慮自己是不是能瞭解別人。

「苟志仁矣，無惡也。」〈里仁篇〉此為孔子勉人立志行仁，一個人能真心向仁，也就不會做出壞事來。

「見賢思齊焉，見不賢而內自省也。」〈里仁篇〉看到賢德的人，就應想和他一樣，看到不賢的人，當自我反省，有沒有像他不好的行為。

「君子博學於文，約之以禮，亦可以弗畔矣夫。」〈雍己篇〉君子廣泛地研究聖賢的典籍，再用禮節來約束自己的行為，就可以不致於背離正道了。

「飯疏食，飲水，曲肱而枕之，樂亦在其中矣。不義而富且貴，於我如浮雲。」〈述而篇〉此乃孔子勉勵人安貧樂道，每天吃些粗米飯，喝點水，彎著手臂當枕頭，樂趣也在其中了。以不合理的方法求得富貴，對我來說，只像天上的浮雲一般。

「好勇疾貧，亂也。人而不仁，疾之已甚，亂也。」〈泰伯篇〉一個好勇而又厭惡自己貧賤的人，必將出亂子。對於不仁的人，人家厭惡他太甚，使他走投無路，也將會出亂子。

「子絕四：毋意，毋必，毋固，毋我。」〈子罕篇〉孔子勸人戒絕四種毛病：不憑空揣測，不絕對肯定，不固執拘泥，不自以為是。

「忠告而善道之，不可則止，毋自辱焉。」此為子貢問孔子交友之道，孔子以為朋友有過失，忠心勸告他，並且好好開導他，朋友如不接受，便要停止勸導，不要自討沒趣而遭受侮辱。

「人無遠慮，必有近憂。」〈衛靈公篇〉一個人如果沒有久遠的謀慮，一定會遭受眼前的憂患。

「躬自厚，而薄責於人，則遠怨矣。」〈衛靈公篇〉嚴格地要求自己，對別人的過錯卻輕微地指責，這樣別人就不會對你怨恨了。

「巧言亂德，小不忍，則亂大謀。」〈衛靈公篇〉聽花言巧語，會使人失掉原來的德性，小事不能忍耐，就會敗壞大事。

「過而不改，是謂過矣。」〈衛靈公篇〉有了過失而不改正，那才是真正的過失。

「益者三友，損者三友：友直，友諒，友多聞，益矣；友便辟，友善柔，友便佞，損矣。」〈季氏篇〉有益和有害的朋友各有三種：和正直的人交友，和信實的人交友，和博學多聞的人交友，便有好處。和慣於迎逢的人交友，和工於獻媚不信實的人交友，和口辯無實的人交友，便有害處。

「益者三樂，損者三樂：樂節禮樂，樂道人之善，樂多賢友，益矣；樂驕樂，樂佚遊，樂宴樂，損矣。」〈季氏篇〉有人受益和受損的各有三種愛好。愛好行事以禮樂為節度，好愛稱道人的好處，愛好多交接有賢德的朋友，都可以使人受益；如果愛好意氣驕慢，愛好閒散遊蕩，愛好沉迷酒食，都將使人受損。

「侍於君子有三愆：言未及之而言，謂之躁；言及之而不言，謂之隱；未見顏色而言，謂之瞽。」〈季氏篇〉侍奉君子時，容易犯的三種過失：不該說話，卻搶著說話，叫做急躁；該他說話，卻又不說話，叫做隱瞞；不看清對方的顏色，而輕率發言，那便是瞎了眼睛。

「君子有三戒：少之時，血氣未定，戒之在色；及其壯也，血氣方剛，戒之在鬥；及其老也，血氣既衰，戒之在得。」人應該警惕戒備的事：少年時，血氣未固定，不要把精力放縱在女色上；到壯年時，血氣正旺盛，應該警戒，不要動怒毆鬥；到老年時，血氣已經衰退，應該警戒，不要貪得無厭。

「君子有九思：視思明，聽思聰，色思溫，貌思恭，言思忠，事思敬，疑思問，忿思難，見得思義。」〈季氏篇〉一個人要有九種思慮的事：要看得明白，要聽得清楚，要溫和悅色，要容貌謙恭，要說話忠實，要行事認真，有疑惑要發問，

忿怒時要想到事後的禍害，見到財利要想想是否應得。

為政方面

「道千乘之國，敬事而信，節用而愛人，使民以時。」〈學而篇〉孔子認為領導一個擁有千乘兵車的大國，處理政事應該謹慎專一而取信於民，要節省國家財用而愛護人民，使用民力時，要揀在農閒的時候。

「為政以德，譬如北辰，居其所，而眾星共之。」〈為政篇〉憑藉道德來治理國政，就好比北極星一般，安居在天的中樞，而眾星環繞著歸向它。

「道之以政，齊之以刑，民免而無恥；道之以德，齊之以禮，有恥且格。」〈為政篇〉用政治法令來領導民眾，用刑罰來整頓人民，人民只求免於刑罰罷了，並沒有羞恥心。如果用道德來感化人民，以禮儀來教化人民，人民不但有羞恥心，而且會使自己的人格達到更善更美的境地。

「舉直錯諸枉，則民服；舉枉錯諸直，則民不服。」〈為政篇〉此為魯哀公問孔子，怎樣做才可以使人民服從？孔子認為舉用正直的人，安置在邪曲的人上面，人民便服從了；舉用邪曲的人，安置在正直的人上面，人民便不服從了。

「民可使由之，不可使知之。」〈泰伯篇〉這兩句，很多學者認為是斷句的錯誤，應該是：「民可使，由之。不可使，知之。」人民已知國家的禮義法度，便可由他自由去發展，如果還是愚蒙不智，便應去教化他。

「不在其位，不謀其政。」〈泰伯篇〉不在那職位上，就不要參與計劃那職位上的政事，此為孔子主張不要越職侵權。

子貢問政。子曰：「足食、足兵，民信之矣。」子貢曰：「必不得已而去，於斯三者何先？」曰：「去兵。」「必不得已而去，於斯二者何先？」曰：「去食。」「自古皆有死，民無信不立。」〈顏淵篇〉為政之道，國家的糧食要充足，軍備要強大，固然重要，但政府得到民眾的信任最為可貴。如果這三者不能同時擁有，可以去掉兵備與糧食，假如人民不信任政府，國家的威信就建立不起來。

齊景公問政於孔子。孔子對曰：「君君，臣臣，父父，子子。」〈顏淵篇〉當國君的，治國之要道，要能明人倫，國君要盡國的道理，臣子要盡臣子的道理，父親要盡父親的道理，子女要盡子女的道理。

子張問政。子曰：「居之無倦，行之以忠。」〈顏淵篇〉居官行政，不要懈怠，始終如一；推行政事，要表裡一致，以盡職守。

季康子問政。子曰：「政者正也，子帥以正，孰敢不正？」〈顏淵篇〉政字的

意義，就是中正，依正道而行，來領導民眾，誰敢不依正道來做事呢，此為孔子強調為政在乎修己，以身作則。

「苟子之不欲，雖賞之不竊。」〈顏淵篇〉此為季康子問孔子如何防止盜賊橫行，孔子以為如果國君自己不貪求財貨，雖獎勵人民去行竊，人民也不會去做的。

季康子問政於孔子，把無道的壞人殺掉，就可以改正社會風氣嗎？孔子認為改不一定要刑殺。「子為政焉用刑？子善善，而民善矣！君子之德風，小人之德草，草上之風必偃。」〈顏淵篇〉一個主政的人，何必要用殺戮的辦法呢？只要自為善，老百姓也就向善了。在位者的德行好比風，老百姓的德行好比草，風加在草上，草必定會隨風仆倒，也就上行下效。

子路問政。子曰：「先之，勞之。」請益。曰：「無倦。」〈子路篇〉領導民眾，凡事自己先實行，先勞苦。如要詳細說，只要持久不倦就夠了。

仲弓問政。子曰：「先有司，赦小過，舉賢才。」〈子路篇〉凡事自己比百官先躬行，百官如有小過失當赦免，舉用有德有才能的人。

衛國國君準備請孔子輔政，子路問孔子準備先做什麼事？孔子認為必先「正名」，子路不以為然，還批評老師「迂闊不切實際」。孔子頗為氣憤的說：「名不正，則言不順；言不順，則事不成；事不成，則禮樂不興；禮樂不興，則刑罰不中；刑罰不中，則民無所措手足。……」〈子路篇〉如果名分不正，說出來的話就不能合理；話不合理，做事便不能成功；做事不能成功，禮樂便不能推行；禮樂不能推行，刑罰便不得當；刑罰不得當，人民便不知道要怎樣做才好。

「上好禮，則民莫敢不敬；上好義，則民莫敢不服；上好信，則民莫敢不用情。夫如是，則四方之民，襁負其子而至矣。」〈子路篇〉此為孔子回答樊遲請學稼的一段話，認為一個國君只要用禮義信來治民，民眾便會背著孩子來歸服他。

「其身正，不令而行；其身不正，雖令不從。」〈子路篇〉這也是孔子主張，一個領導者，當先正己之身。

「苟正其身矣，於從政乎何有？不能正其身，如正人何？」〈子路篇〉此為孔子一再主張，執政的人如果能端正自己的言行，對於從事政治工作又有什麼困難呢？如果不能端正自己的言行，又怎能去端正別人呢？

子夏問政。子曰：「無欲速，無見小利；欲速則不達，見小利則大事不成。」〈子路篇〉搞政治不要求速成，也不要只看到小利；求速成就不能達成圓滿的任務，只看到小利就不能成大事。所以孔子主張為政宜依次漸進，不宜貪圖小利。

「上好禮，則民易使也。」〈憲問篇〉在上位的人，事事遵照禮節去做，那麼民眾就容易聽從指使了。

顏淵問如何治國家。子曰：「行夏之時，乘殷之輅，服周之冕，樂則韶舞。放鄭聲，遠佞人。」〈衛靈公篇〉這是孔子主張法古：用夏代的曆法，乘商代樸素渾堅的車子，戴周代的禮帽，採用舜時的樂舞。但要禁絕鄭國靡曼淫穢的音樂，同時要遠離小人。

「君子不以言舉人，不以人廢言。」〈衛靈公篇〉孔子認為取其善，不要因為一個話說得好，便啟用他，也不要因為一個人的地位低或是行為差，便輕視他所說的話。

「眾惡之，必察焉；眾好之，必察焉。」〈衛靈公篇〉此為孔子論知人之事，大家所討厭的人，必定要細加考察；大家所喜愛的人，也必定要細加考察。

子張問孔子，怎樣治國家的政事。孔子說：「尊五美，屏四惡」才可以治理政事。何謂「五美？」孔子解釋說：「惠而不費，勞而不怨，欲而不貪，泰而不驕，威而不猛。」就是民眾所應得的利益讓他們獲得，選擇農暇時，使健壯的人服勞役，只顧求仁，不再貪求什麼，在位者無論人多人少，無論勢力大小，都不敢怠慢，胸襟舒泰而不驕傲，端正衣冠，莊重儀容，使人生出敬畏的心理。何謂「四惡」？孔子解釋說，就是四種惡政：「不教而殺謂之虐；不戒視成謂之暴；慢令致期謂之賊；猶之與人也，出納之吝，謂之有司。」不教導民眾，等他們犯罪，便加以殺戮，叫做虐。不先告誡民眾，只看他們的成果，叫做暴。發佈教令遲緩，到期又不寬假，叫做賊。既要散發財物給人民，但發的時候又顯得吝嗇，叫做像小官員般的氣度。

（十一）春秋晚期的吳、越

吳國

（1）吳國的興起

前面已略為提及吳國的祖先，是周太王的兒子。太王有三個兒子，長子叫太伯，次子叫仲雍（又叫虞仲或吳仲），三子叫季歷。（伯、仲、季是兄弟次第之字）由於季歷之妻生子時有一些瑞兆，太王以為周人會在這孩子昌盛發達起來，因

起名為昌，因此太王特別喜歡這個孫子。而長子太伯，次子仲雍看在眼裡，想在心裡，知道父親有意要傳位給弟弟季歷，以便將來由昌繼立。所以當太王生病時，兄弟倆便藉口到橫山採藥為老父治病，相約逃奔到荊蠻（是對楚國的卑稱，楚原建國於荊山一帶，所以稱「荊」。秦始皇的父親莊襄王名字叫楚，由於避諱的緣故，秦以後常稱楚為荊。至於「蠻」是古代對南方民族污蔑性稱呼）。然後在身上刺上紋彩，又剃去頭髮，這樣表示已不能再在宗廟裡主持祭祀，來讓位給季歷。季歷傳位給昌，就是周文王。

太伯仲雍兄弟來到荊蠻後，那裡的人尊敬他們的義行把他們當國君來侍奉，歸順他的有一千多家。就這樣共同擁戴他們而形成了吳國。數年之後，人民都變得富有了。那時中原地區頻頻發生戰爭，太伯怕戰禍蔓延到南方，於是建築周長三里二百步的內城和周長三百餘里的外城。民眾都住在城中種地。

太伯去逝，因無子，由弟仲雍繼立，再經三傳到周章。此時周武王已滅商朝，派人找尋太伯、仲雍的後人，找到了周章，而周章已是吳地君長，因此就封他於吳，位列諸侯。

（2）吳國的發展

從周章經過十四代傳至壽夢。壽夢曾朝見周天子（簡王），又到過楚國，考察其他諸侯的禮制音樂。

一批外國人來到吳國

首先是楚國的亡大夫申公巫臣來到吳國。巫臣原為楚國申縣的縣尹。楚國國君僭稱為「王」，大夫、縣尹等跟著也僭稱為「公」。所以楚人稱之為「申公巫臣」。前面已經提到過，楚莊王討伐陳國時俘虜了貌美淫蕩的夏姬，原想納之為妾，被巫臣勸止了。另一大夫子反也想娶她，也被巫臣勸阻，後來他自己卻偷偷地把夏姬帶走到了晉國，於是子反怨恨巫臣而殺了他的全族。巫臣決心報復，向晉國提出「聯吳制楚」之策，並自告奮勇的擔任晉國出使吳國的任務。他的兒子也作了吳國的外交大臣（行人）。

巫臣來到吳國後，馬上就教導吳國人射箭駕車與作戰的技術，接著又去攻打楚國的邊境，從此吳楚結下怨仇，吳國也開始與中原諸侯有了往來。

壽夢在位廿五年，他有四個兒子。長子叫諸樊，次子叫餘祭，三子叫餘眛，四子叫季禮。由於季禮很賢明，壽夢有意傳給他，季禮謙讓說：「禮有舊制，奈何廢前王之禮而行父子之私乎？」故不肯接受。壽夢只好立長子諸樊，由他代理王位，

秉持國政。諸樊也很有風度，如果父親要傳給弟弟，他不會反對，一定會心甘情願在野地去耕田。

壽夢死後，諸樊暫時接受了王位，但他服喪完畢後，又提起要把君位讓給季禮，兄弟兩人互相謙讓了一番，吳國人民也想由季禮來接任，但季禮不肯，為了表示決心乾脆放棄了自己的家室，到田野去耕種去了。吳國人民看他如此堅辭，也就不再勉強。

諸樊繼壽夢為君後，將都城遷於姑蘇（江蘇吳縣），建立城廓宮室。十三年之後不幸死於戰爭中，在此之前曾遺命將君位傳給弟弟餘祭，他的意思是想以「兄終弟及」的傳位方法，一定要到傳國給季禮為止，以符合先王壽夢的心意，而且以此嘉美季禮讓國的節義。諸樊的這番用意，真是良苦。然而餘祭死後傳餘昧，餘昧死後要傳季禮，季禮還是不肯接受，說：「我不肯接受君位，已經很明白了……，我要潔身自好，清廉為人，景仰高風亮節，從事崇高的事業，只遵行那仁義的原則，榮華富貴對於我來說，就像秋風吹過罷了。」說著逃到封地延陵去了。

季禮雖沒有接君位，但在這段期間，周遊中原諸國，當他出使到魯國時，請求魯國讓他觀賞保存在魯國的周天子禮樂，魯國便為他歌唱所有的詩章，季禮聽後對每一詩章都作了精當的評語，這可以看出他對中原文化造詣之深。考古學家曾出土這個時期的文物，顯示吳國的文化水準已經很高，不知中原貴族為何還視吳國為「蠻夷」。

季禮離開魯國，去到齊國，勸晏嬰趕快把封邑及國政交還齊君，所以晏嬰才逃避了欒、高二氏作亂的禍害。接著去了鄭國，見到子產，如老友一般熟絡，他對子產說：鄭國目前的執政大夫奢侈無度，將會有禍難臨頭，認為鄭國的政權遲早會交給子產，勸子產將來處理國政要謹慎的以禮來治理。之後又到過了衛國、徐國、晉國，到晉國後看出了晉國的政權一定會落在趙文子、韓宣子、魏獻子三個大夫之家。季禮還真是一個先知先覺者，所言後來都成了實事。司馬遷在寫完「吳太伯世家」後，稱讚「季禮的仁心以及向慕道德的心懷永不休止，能夠觀察細微而測知時代的治亂。何況他又是一個多麼見聞豐富、博識事物的君子啊！」

又來了一個外國人：伍子胥

餘昧死後，季禮仍不願繼承君位，吳人只得立餘昧的兒子州于，是為吳王僚。但是公子光是諸樊的兒子，他一直認為自己的父親有兄弟四人，應當順序由季禮繼位，季禮既不願繼位，理應由他這個長兄的兒子來繼位，而卻由叔叔的兒子繼承王

位，自然心有不甘，乃暗中交納賢士，乘機奪取王位。

吳王僚在位五年時，楚國逃亡在外的臣子伍子胥投奔到吳國。

伍子胥的先人伍舉，曾冒死進諫楚莊王戒除淫亂生活，整軍經武，稱霸天下。之後又勸楚靈王節儉愛民，停止修建高台，楚平王時，伍奢為太子的太傅。從此伍家三代都成了楚國的忠臣。

楚平王派寵臣費無忌到秦國為太子建娶妻，找到一個美女，費無忌竟對平王說：「秦女天下無雙，王可自娶。」平王聽了他的話，另外為太子娶了一個齊國女子。費無忌雖然是太子的少傅，但得不到太子的寵信，所以常常在平王面前說太子的壞話，以致於平王疏遠太子，把他弄到城父地方，戍守邊境。費無忌這麼做，擔心日後太子繼位為國君後，對自己不利，乾脆一不做二不休，日夜在平王面前讒陷太子說：「自從無忌把秦女獻給王以後，太子就怨恨無忌與大王，現在太子位在邊境，擁有兵權，外和諸侯勾結，恐怕會造反作亂。」平王乃召見太子的太傅伍奢查問，伍奢知道是費無忌的讒言，於是對平王說：「大王怎麼聽信小人的讒言疏遠骨肉至親呢？」費無忌更進一步讒說：「現在如果不加制裁，將來必定會後悔。」平王就聽了無忌的話，先將伍奢囚禁起來，命令司馬奮揚召回太子。幸奮揚是一個正直的人，暗自通報太子，太子得到消息，逃奔宋國。

費無忌又對平王說：「伍奢有兩個兒子，都很賢能，如不一起殺掉，將來會成為楚國的憂患。」平王乃派人告訴伍奢說：「你能把你的兩個兒子叫來，就饒你一命。」伍奢知道他兒子的個性，告訴平王，大兒子也許會來，二兒子「少好於文，長習於武，文治邦國，武定天下，執綱守戾，蒙垢受恥，雖冤不爭，能成大事」。他是一個有預見的賢士，哪能招得來呢？平王不聽，還是派人去召告伍奢的兒子。伍子胥知道那是騙人的，如果去了，三人都被殺，於是兄弟兩人商討一番後，伍尚決定跟隨拘捕他們的使者去到楚都，伍子胥則逃離楚國。當伍奢得知子胥逃走的消息後，對楚國人警告說：「楚國的君臣，將要被戰爭搞得困苦不堪了。」楚王聽了這番話，立刻派出大批人馬去追趕伍子胥，而接著也把伍奢、伍尚父子殺死在市街上。

伍子胥在逃亡的路上遇到他的朋友申包胥，對他說：「楚王殺了我的父兄，對此該怎麼辦？」申包胥公私兼顧的說：「我要是教你報復楚國，那就是不忠，如果教你不要報復，那就我心中沒有你這個朋友。我沒有意見，你還是走吧！」伍子胥表示「將來一定要滅亡楚國，來洗刷父兄所受的恥辱。」申包胥看他於此的惱怒，

也就表示將來要「保存楚國」。

在逃亡的過程中非常艱苦，但也發生一些感人的故事。有一個漁夫，送給他飲食，又幫助他渡河，子胥還懷疑他告密，漁夫為表示自己的真誠，便將船弄破後跳水自殺。一個卅年未嫁貞節女子送給他飲食，子胥吃完後也怕她洩密，女子也跳水自殺了。

伍子胥輾轉來到吳國，披著頭髮，假裝發瘋，光著腳板，用爛泥塗抹在臉上，在街市中乞討。有一個善於看相的市場管理人員看見了他，暗自說：「我相過很多人的面，從來沒見過這種人，這一定是別國的亡命之臣。」於是報告了吳王僚，詳細陳說了他的情況，並勸吳王召見他。

公子光聽到這件事，心想那一定是勇敢而足智多謀的伍子胥為了報父兄之仇來到了吳國，但他沒有動聲色，暗自以賓客之禮接待他。

吳王僚首先接見了伍子胥。《史記》說是由公子光所引見，《吳越春秋》說是由一個看相的人引見，據《吳越春秋》記載：僚王驚見伍子胥「身材高一丈，腰粗十圍，兩眉之間相距一尺。」不知為何如此誇大記敘。王僚跟他談了三天，言談中沒有一句重複的話，知道他是一個賢人。每次進宮交談時，伍子胥不但表現出英勇豪邁的氣概，偶爾言及自己的仇恨，露出切齒的神色，吳王因而知道他想要吳國為他起兵報仇。

公子光早有陰謀，謀奪吳王僚的政權。本來伍子胥要勸吳王派公子光去討伐楚國，公子光怕壞了他的計劃，乃勸吳王不要聽伍子胥的話。伍子胥也領悟到公子光的心意，馬上改變了勸吳王伐楚的意見，旋即到鄉下耕田去了，但一面為公子光約結亡命之徒，討好公子光以為自己將來立足吳廷謀求進身之途。

當年伍子胥從楚亡命於吳的途中時，就曾經遇到一個叫專諸的勇士，於是將他推薦給公子光，公子光得到專諸後，對他以客禮相待。相處期間，公子光不斷地把他之所以要謀殺吳王的理由訴說給專諸聽，進而研究謀殺的計劃，準備在吳王吃飯的時候採取行動，專諸從公子光口中得知吳王喜歡吃烤魚，於是就從這方面下手，專諸還特別跑到太湖學習烤魚的手藝回來。

不久，吳王僚乘楚平王剛死，派他的兩個弟弟率兵攻打楚國，卻被楚國打敗，並斷絕了吳兵的後路，吳國內部空虛，公子光認為時機已到，假意在家中宴請王僚，酒過三巡之後，專諸端上烤魚，從魚腹中抽出匕首，說時遲那時快，匕首直穿吳王僚的胸立即斃命，而專諸亦被吳王衛士刺斃。公子光事先埋伏的武士消滅了吳

王的黨羽，於是就自立為國君，是為吳王闔閭。闔閭為報答專諸，將他的幾個兒子都封為卿，並重用伍子胥共謀國政。

伍子胥為吳王闔閭做了哪些事呢？據《吳越春秋》的記載，他首先擔任吳國的行人，就是接待國賓的外交大臣，同時吳王請教他在內政方面的措施。伍子胥認為：想要使國君安定，使民眾有秩序，建立霸業，成就王業，既使近處的人服從，又制服遠方的人，必須築起內城外城，設置防守器具，充實糧倉，以備民食軍用。吳王聽了就把這些計劃交給伍子胥籌劃，於是修築了周長四十七里的大城，周長十里的小城。

又來了兩個外國人：伯嚭和孫武

伯嚭也是楚國人，他為何來到吳國，據伍子胥對吳王闔閭說：伯嚭是楚國伯州犂的孫子，伯州犂原為晉國人，他的父親伯宗被晉國殺害而投奔到楚，作了楚國的左尹，侍奉平王。平王非常寵愛他，經常和他整天交談，共進早餐，費無忌十分嫉妒，設陷使平王殺了伯州犂，他的孫子伯嚭聽說伍子胥在吳國，所以他也投奔到吳。因為伍子胥的關係，介紹給闔閭，闔閭任他為大夫，和伍子胥一起謀劃國家大事。

當時吳國有另一個大夫叫被離，質問伍子胥為何一見面就信任伯嚭？伍子胥說「因為我的怨恨與他相同」。伍子胥還引述了一首河邊上的山歌中的兩句「同病相憐，同憂相救」來自勉。但被離警告伍子胥只知著眼於外部的因素，不知依據內在的思想來決斷疑難，同時他告訴伍子胥，他觀察伯嚭這個人「鷹視虎步，專功擅殺之性，不可親也。」伍子胥並不以為然，還是和伯嚭一起侍奉吳王。

孫武，字長卿，簡稱孫子，是齊國陳氏的後裔，後因齊國內亂，逃奔到吳國，隱住在偏僻幽深的地方，潛心研究兵法，少有人知道。經伍子胥的推荐，得以晉見吳王，吳王問他用兵的方法，乃以所著兵法十三篇獻上，吳王看後，大為讚賞，並叫他用宮女們當作軍人來操演給他看。於是找出宮女一百八十人，編成兩隊，以吳王兩位寵姬分任隊長，開始操練，宮女們那能聽從號令，而且嬉笑不休，孫武要以軍法處斬兩位隊長，吳王見狀，立刻阻止說「寡人已知將軍用兵矣，寡人非此二姬，食不甘味。請勿斬。」孫武回答說：「臣既已受命為將，將在軍，君命有所不受。」終究斬殺二姬，重行操練，隊伍肅然聽命，操練完畢，孫武回報吳王，請他下來檢閱說「兵既整齊，可以使其赴湯蹈火」矣。吳王還是怒氣未消，叫孫武解散部隊回館休息，孫武聽了有點兒失望的說：「大王只是喜好我紙上談兵罷了，而不

能用實際的情理來用兵。」吳王默不作聲，但心裡已知孫武真能用兵，伍子胥從旁向吳王陳述兵道尚法，才能創建霸業的道理，於是氣氛為之緩和，後來吳王終究起用孫武為將。

這個故事記載在《史記》的〈孫武列傳〉中，《吳越春秋》更加詳盡，但不見《春秋》及三傳的記載，後世有些史家頗為懷疑。據一九七二年在山東臨沂發掘的漢墓，其中有「孫子兵法」的殘篇，內有「吳問」篇記錄了孫武和吳王的對話，證明了孫武其人和傳世的「孫子兵法」，應該是真實可靠的。不過大陸學者從漢墓中發現「孫子兵法」，同時也發現了戰國時孫臏的著作，經整理成書為「孫臏兵法」，約一萬多字，所以現在有「孫子兵法」和「孫臏兵法」。

附錄「孫子兵法」與「孫臏兵法」的要點

「孫子」是我國第一部兵法書，總結了春秋時期軍事思想和戰略與戰法。他認為戰爭要事先作好準備：「無恃其不來，恃吾有以待之，無恃其不攻，恃吾有所不可攻也。」一個政治家首先要考慮的是否做到「教民」、「息民」，軍事家注重的是「將帥的團結」以及「將帥的品德和才能」，「孫子兵法」提出「主不可以怒而興師，將不可慍而致戰。」「孫子」中更精粹的是重視軍事情報，「知己知彼，百戰不殆，不知彼而知己，一勝一負，不知彼不知己，每戰必殆。」另一方面又提出「兵以詐立」、「兵者，詭道也」要善用奇正變化之術，要善于「示形」「示弱」，用假象造成敵方的錯覺，以便聲東擊西。「孫子」也十分強調士氣的作用，「故三軍可奪氣，將軍可奪心」，對敵方要「避其銳氣」，對自己要「鼓足士氣」，這在前面已提到過的曹劌論戰要「一鼓作氣」，此則要「先聲奪人」。但也要「以治待亂」、「以靜待嘩」、「以逸待勞」保存自己的銳氣。打敗敵人並非全靠幾倍兵力去壓倒敵人，而是要善于調動敵人，「多方以誤之」，造成「我專而敵分」，使其防不勝防。「孫子」主張速戰速決，避免「鈍兵挫銳」的消耗戰，也不主張曠日持久的攻城戰。

「孫臏兵法」的要點

①戰前要有周詳準備，「事備而後動」，「用兵無備者傷」。②作戰時，要「讓威」，不與敵人硬拚，避開敵人「鋒芒」，「以驕其意，以惰其志」。③主張嚴格治軍，賞罰分明，令出必行。④重視「陣法」的運用，兵法中提出了十種陣法。

孫武當了將軍後，在伍子胥的合謀下，先後打敗楚國、越國，又北上中原，威

震齊魯，使吳國的聲名顯揚諸侯。楚國在連連被吳國侵擾邊境又屢遭失敗這才覺悟都是奸臣費無忌的讒言使伍子胥和伯嚭才出走吳國後所造成的情況，於是楚昭王在國人的怨聲下才殺了費無忌以及他的全族。

（3）大舉伐楚、攻陷郢城

吳國攻打楚國乃是既定的政策，而伍子胥必欲滅亡楚國以報父兄之仇，於是吳國對楚國採取一連串的攻擊，如闔閭三年，與伍子胥、伯嚭攻伐楚國，攻下楚國的舒邑，殺死吳國逃亡的兩個公子，本來想乘時進攻楚國的首都，因孫武認為「民眾已經勞苦了」，主張緩些時日再戰而作罷。

闔閭四年攻得楚國兩邑。

闔閭六年，楚國先攻吳，吳軍反擊，大敗楚軍於豫章，佔取了楚國的居巢（安徽巢縣）。

闔閭九年，採取伍子胥、孫武的意見，發動國內所有軍隊，聯絡唐、蔡兩國，西向進攻楚國，楚國也發軍抵禦，兩軍隔著漢水排列陣勢。吳王的弟弟夫概了解楚軍士氣低落，乃帶領所屬五千人馬，未得吳王的同意，就一舉將楚軍擊敗，楚軍還沒有渡過漢水，又正好楚軍正在吃飯，吳軍乘其逃亡之際，乘勢追擊，連打五仗五勝，一直攻入郢都，楚昭王倉皇逃走。

吳軍進入楚都後，伍子胥和伯嚭掘開了平王的墳墓，挖出平王的屍體，鞭打了三百下，用左腳踩他的腹部，用右手挖出他的眼睛，譴責他說：「誰叫你聽從奸臣的話殺了我父兄？難道不冤枉嗎？」接著吳國君臣就按君臣等級住進楚的宮廷，伍子胥並就叫吳王闔閭姦淫昭王的夫人，伍子胥、伯嚭、孫武姦淫其他臣子的妻子，以此來侮辱楚國的君臣。

前面說過，當伍子胥逃亡的時候，曾經中途遇過他的朋友申包胥，伍子胥說「要滅亡楚國」，申包胥說「要保存楚國」。當吳軍攻陷楚都時，申包胥逃亡在山中，聽到吳軍入郢後的種種情形，乃派人對伍子胥說：「你的報仇未免太過分了吧！你以前是平王的臣子，處在臣位上侍奉他，現在對於這鞭打屍體的恥辱，難道是道義的最高境界嗎？」伍子胥回答，承認是「倒行逆施而不顧情理」了。

申包胥對伍子胥也沒有辦法，於是趕到秦國求援，在秦廷外哭了七天七夜，終於感動了秦哀公，派了五百乘救楚擊吳，大敗吳師，越國也乘吳國國內空虛，攻擊吳國。吳王闔閭的弟弟夫概看到秦、越兩國連敗吳軍，吳王又停留在楚國不離開，於是夫概趁機逃回吳國，自立為吳王。闔閭得悉，才領兵回吳，攻打夫概，夫概逃

到楚國，這個打敗楚國的夫概，楚昭王居然還封他於堂谿，這大概是因為夫概回國發動政變時是由楚國所策劃，昭王因此得以回郢都。於今夫概既政變失敗不得不逃奔楚國請求收留，所以楚昭王為報答他「相互勾結」之恩，乃給他一個棲息之地。

（4）夫差與伍子胥

夫差是闔閭的次子，由於太子病死，闔閭正準備在諸公子中挑選繼承人，召見伍子胥商議。由於事先夫差要求伍子胥為他謀劃，伍子胥就向吳王推薦夫差，吳王認為夫差「愚而不仁，恐不能奉守國統」，伍子胥一再為夫差說好話，說他：「信以愛人，端於守節，敦於禮義。」吳王聽從了伍子胥的話立夫差為太子。旋立即派他攻打楚國，佔據了楚國的番邑，楚王怕吳再來，乃離開郢都，遷徙到鄀地。這時的吳國，因為在伍子胥、孫武、伯嚭的謀略策劃之下，西面攻破了楚國，北面威脅到齊國、晉國，南面又進攻越國，儼然成為諸侯的霸者。於是大修宮殿城池，在蘇姑台外射獵馳馬，早晚遊樂其中，躊躇滿志。

魯定公十四年（西元前四九六年），越王允常死，勾踐初立。吳王闔閭乘喪進攻越國，越國出兵抵禦，雙方在檇李排列陣勢，勾踐先用敢死隊衝鋒陷陣，接著又用罪犯排成三行，當作吳軍面前自刎，使吳軍頓感莫名其妙，瞪眼望著，軍心士氣為之不振，越王乘機下令大舉進攻，大敗吳軍。吳王闔閭被戈擊傷，一只腳的大趾被砍掉，鞋子也丟了，終因傷重死於歸途中。臨終時，遺命太子夫差為君，並對他說：「你會忘了勾踐殺死你父親的仇恨嗎？」夫差說：「絕不會忘記。」

夫差即位後，發誓報仇，派一個臣子站在宮門，每當他出入即大聲喊道：「夫差，你忘了越國殺父之仇嗎？」他就回答：「沒有忘記。」

夫差作了吳王後，任命大夫伯嚭為太宰，講習戰射之道，時時以報復越仇為念。約二年便將越國打敗，越王勾踐只剩下五千甲士，退到會稽山上。為免亡國，乃採納大夫文種「卑辭厚禮」向吳請降的計議，派大夫諸稽郢到吳軍中，表明勾踐願為吳王臣僕，夫人為奴妾，大夫及士和他們妻女為吳服役，並進獻寶器。夫差將要答應，伍子胥勸諫說：「越王勾踐為人能忍耐辛苦，現大王若不消滅他，以後一定會後悔。」吳王不聽伍子胥的話，用太宰伯嚭的計策，允許越國講和，於是越王勾踐和后妃及臣僚三百人入吳服役，但三年之後，吳王又將他們釋回。

這時，齊國計劃攻打魯國，魯哀公憂心忡忡，孔子乃從諸弟子中挑選了子貢遊說諸侯。子貢首先到齊國叫他不要打魯國，說了一大堆理由勸他去攻趙國，接著子貢又來到吳國，勸吳王援助魯國「有美好顯赫的名聲」，討伐齊國「有極大的好

處」。子貢離開吳國去到越國，勸越王盡量討好吳國，於是子貢又折返吳國，促成
了吳越的合作準備攻打齊國。最後子貢到了晉國，勸晉國也要準備攻打齊國。子貢
真不愧是孔子的高徒，一介書生憑其三寸不爛之舌，使各國君王「唯命是從」，完
成了使命，這與孔子平時所教的「己所不欲勿施於人」的道理，又是另一種詮釋
了。

於是吳王夫差發動了九郡的軍隊，要和齊國作戰，越王勾踐也聽了子貢的話，
帶他的軍隊幫助吳國作戰。軍隊從胥門出發，經過姑胥台時，白天打瞌睡時做了一
個夢，心中若有所失，占夢的人說是喜事，吳王乃使太宰伯嚭為右校，司馬王孫駱
為左校，帶領了勾踐的軍隊去打齊國。伍子胥聽說了這件事，勸諫說：「發動上十
萬民眾去供奉軍隊於千里之外，百姓的費用，國家的支出，每天要幾萬兩黃金。不
顧念戰士們的死亡，卻去爭奪一時的勝利，我以為這是一種使國家危險，使自己滅
亡的極端作法……。」吳王不聽，還是攻打齊國，雖打敗齊軍，旋與齊結盟而回。

吳王回國後，大大的責備伍子胥，認為他「年老還不安分守己，反而惹是生
非，製造謠言，擾亂法令制度，用怪異反常的事物挫敗軍心……」指他對吳國一無
事功，而且從此不聽伍子胥的謀略了。伍子胥放下寶劍，十分憤怒的說：「……現
在大王拋棄諫諍大臣，對於值得擔憂的災難卻置之度外，這只是孤兒小孩的計謀，
決不能成就稱霸稱王的事業。……王若覺悟，吳國就能世世代代存在下去，不然，
吳國的壽命就短促了，我伍員不忍心藉口有病而退避隱居，卻竟然要看到大王被人
活捉，我如果先死的話，請把我的眼睛掛在城門上來觀看吳國的滅亡。」吳王對伍
子胥的話暫時沒有理睬。

有一天吳王在文台上面設置了酒宴，大臣們都在，越王勾踐也在旁陪坐。吳王
對大家說：「今太宰伯嚭為寡人有功，吾將爵之上賞，越王仁慈忠信，以孝事於寡
人，吾將復增其國，以還助伐之功，於眾大夫如何？」

群臣賀曰：

大王躬行至德，虛心養士。

群臣並進，見難爭死。

名號顯著，威震四海。

有功蒙賞，亡國復存。

霸功王事，咸被群臣。

這時只有伍子胥一個人坐在地上流著眼淚說：

於乎哀哉，遭此默默。

忠臣掩口，讒夫在側。

政敗道壞，詔諫無極。

邪說倫辭，以曲為直。

舍讒攻忠，將滅吳國。

宗廟既夷，社稷不食。

城廓兵墟，殿生荊棘。

吳王大怒說：「老臣多詐，為吳妖孽，乃欲專權擅威，獨傾吾國，寡人以前王之故，未忍行法，今退自計，無沮吳謀。」

伍子胥說：「我如果不忠貞不誠信，就不能做先王的臣子了。我不敢愛惜自己的身體，而是怕我們的國家要滅亡啊！從前夏桀殺死了關龍逢，商紂王殺死了臣子比干，現在大王殺死我，就和桀、紂合成了三個。大王努力去做吧！我請求告辭了。」

在此之前，伍子胥勸吳王不要興兵對外作戰，以及不要接受越國的講和，吳王都不聽，嫌他礙手礙腳，派他出使齊國。臨走的時候對他的兒子說：「我好幾次勸諫我們的國王，國王不聽我的話，現在眼看吳就要滅亡了，你與吳國一起滅亡沒有好處。」便把兒子托附給齊國的大夫鮑牧來照顧。

太宰伯嚭是當年伍子胥向吳王推荐入仕的人，當他得吳王寵信後，就忘恩負義，一再在吳王面前說子胥的壞話，此刻正當吳王與伍子胥水火不容的情況下，更乘機讒毀伍子胥，說他「剛強暴戾，沒有感情，並且猜疑嫉害，他的怨恨恐怕會釀成大災難。前些時候大王要攻打齊國，伍子胥認為不可以，結果得到大勝。伍子胥對於他的計策不被採用很感差恥，因此反而怨恨大王。現在大王又要去攻打齊國，伍子胥因自己的勸諫不被採納，因此假裝生病，不上朝不跟大王同行，大王不可不防備。他出使齊國的時候，把兒子托附給齊國的大夫鮑氏，可見他是在國內不得意，便在外倚靠諸侯，希望大王早些對他下手。」

吳王說：「沒有你的話，我也會懷疑他。」於是派使者送一把名叫屬鏤的劍要他自殺。

伍子胥接下寶劍，赤著腳撩起下衣，走下廳堂來到院子中，抬頭朝天喊怨：「唉呀！讒臣伯嚭作亂，國王卻反來殺我。我讓你父親成為霸主，你還沒有被立為太子時，各公子爭立為儲君，我用生命在先王面前為你力爭，才得有今天，你竟然

忘了我安國安邦的恩德，聽信讒臣的話來殺長者，難道不荒謬嗎？」說著就告訴舍人「一定要在我的墓上種一棵梓樹，讓它長成後可以做棺材，挖我的眼睛掛在東門上，用來看越寇的攻入滅吳。」說完，便自抹脖子而死。

吳王餘怒未息，竟割了子胥的頭，放在高樓上，氣憤的說：「日月烤你的肉，旋風吹你的眼，火光燒你的骨，魚鱉吃你的肉，你骨頭變了，形體成了灰，還有什麼能看得見呢？」再把他的軀體裝在皮袋子裡面（鴟夷革，就是馬革或稱生牛皮），扔進江中，讓它隨波漂浮。後來吳國人可憐子胥，替他在江邊建立祠堂，把建立祠堂的地方叫胥山。

司馬遷寫完〈伍子胥列傳〉後說：「怨毒對於人實在太厲害了，國王都不能對臣下沒有怨毒，何況是地位相同的人呢？起先如果讓伍子胥追隨父兄一起身死，與螻蟻的死亡有何差別？但他能放棄小義，洗雪大恥辱，讓名聲流傳後世。可悲啊！當伍子胥在江上困窘，在路上討飯吃的時候，心裡何嘗有一會兒忘掉郢都仇恨呢？所以說隱藏忍耐來成就功名，要不是壯烈的大丈夫誰能辦得到呢？」

著者曾撰有〈伍子胥的功過〉一文，如下所述。

伍子胥的功過

有關伍子胥歷史，對國人來說，可謂婦孺皆知，而且在主觀上大家都認為他是一個好人，一位忠臣。

前幾年有一部國片「西施」上映，由於以「越王勾踐雪恥復國」為主題，觀眾對那位「賣主求榮」既先不忠於楚，旋又不忠於吳的伯嚭，不但不覺其討厭，反而認為「那樣做」才能使越王復國，好不快哉！觀眾雖自始至終站在越國那邊，但對伍子胥忠於吳王而遭殺身之禍的下場，仍感到無限惋惜。

伍子胥對吳國來說，的確忠心耿耿，一諫吳王拒納西施，再諫吳王滅越，三諫吳王殺勾踐，四諫吳王防越，奈何吳王受伯嚭挑撥離間，非但不聽，反將其殺害，對吳人來說，好不哀憐。

看電影和讀小說的人，亦僅知伍子胥之忠於吳，而忽略其負於楚。

據《史記・楚世家》及〈伍子胥列傳〉載，楚太子傅費無忌因無寵於太子，乃讒其太傅伍奢于平王，平王因囚伍奢，費無忌更讒曰：「伍奢有二子，皆賢，不誅，且為楚憂，可以其質而召之，不然，且為楚患。」於是，楚王遣使召二子。伍子胥曰：「楚之召我兄弟，非欲以生我父也，恐有脫者，後生患，故以父為質，詐召二子，二子去，則父子俱死，何益父之死，死而令仇不得報耳，不如奔他國，借

力以雪父之恥，俱滅無為也。」其兄伍尚曰：「我知往終不能全父命，然恨父召我以求生而不往，後不能雪恥，終為天下笑耳，汝能報殺父之仇，我將歸死。」於是伍尚被執，旋與其父同時被害，伍子胥亡奔，**輾轉**至於吳。

伍子胥在他父親眼裡是一位「智而好謀，勇而矜功」〈楚世家〉「為人剛戾忍訽」（列傳）的人。伍奢雖被囚，仍對楚王說：「然為楚國患者必此子。」及子胥亡去，伍奢又「警告」國人說：「胥亡，楚國君臣，其苦兵矣。」

伍奢真不愧為楚國一位大忠臣，在蒙冤垂死之時，尚憂心國運，可歌可敬。

子胥為父兄報仇是應該的行為，而且必報。然真正陷殺其父兄者乃費無忌，以子胥之勇與謀，殺費無忌輕而易舉。可是他卻找錯對象，埋怨君王，背棄祖國。逃到「外國」去做起「楚奸」來。終於率領「外軍」打進自己的國家，蹂躪自己的同胞，把平王屍體從墳墓中掘出，還鞭打三百，顯然他這種僅為父兄報仇，而打垮自己國家的行為，是因「小我」之不平，禍「大我」以洩憤，千古之下，人人得而誅之。當時他的友人申包胥責備他說：「子之報仇，其以甚乎，吾聞之人眾者勝天，天定亦能破人，今子故平王之臣，親北面而視之，今至僇死人，此豈其無天道之極乎？」伍子胥居然回答說：「吾日暮塗遠，吾故倒行而逆施之。」

這一句「倒行逆施」後世一些國賊漢奸的理論，都是根源於此。伍子胥是歷史上楚國叛賊乃自己親口承認者，司馬遷說他是「烈丈夫」，豈不謬乎。（原載六十一年四月一日「華副」）

越國

（1）越國的興起

越國的祖先是夏禹的後代，禹六傳至於少康，少康將自己的庶出兒子封在越地，號稱無余。越地在會稽山下，就是今天浙江紹興地區，古時稱會稽山又叫茅山，大禹曾巡行於此，並在這裡大會諸侯，禹死後也葬在這裡。

無余以下沒有歷史的記載，《史記》、《吳越春秋》說無余之後經過二十幾代傳到允常。允常的兒子就是越王勾踐。

據《吳越春秋》的記載，遠在無余受封時，民眾都在山上居住，國家的收入只夠供給宗廟祭祀的費用，民眾利用陸地土山來耕種，或者追捕禽獸補足食用。無余本人非常質樸，不設宮殿，與人民住同樣的房子。考古學家在今天浙江餘姚縣的河姆渡遺址，出現了人工栽培的水稻以及大批農具，距今有七千年之久，被認為是

世界最早栽培水稻的紀錄。可見越國也是全中國農業發展的最早地區，到越王勾踐時，農業相當發達，據說，越王勾踐在一年之內償還吳國的借糧一萬擔，為了怕吳國當作種子，是將它煮熟了才償還的，竟使那年吳國沒有糧食的收入。

在晉楚爭霸時，晉國採行了「聯吳制楚」之策，派巫臣到吳國將中原先進的車戰和列陣戰術教給吳國，因而打敗楚國。之後楚國也仿效晉國的策略，派文種、范蠡去幫助越國發展，越國的復興，這兩人貢獻很大。

（2）委屈求全

前面已經提到，越王被吳王夫差打敗後，用文種的計策，暫時作了吳王的臣僕。從越國去到吳國，群臣送他到江邊設宴餞行，勾踐覺得遭受此辱，被天下人取笑，感慨萬千，大夫文種祝詞安慰。大夫扶同也勉勵說：「從前商湯囚禁在夏台，伊尹不離開他的身邊，周文王關押在石室，太公不拋棄他的國家。是興盛還是衰微在於上天，是生存還是滅亡卻和人相關。商湯改變了自己的儀表去向夏桀獻殷勤，文王俯首從命而受到了商紂王的寵愛。他們都委屈了自己從而得到了天道，所以商湯並不因為困厄而自我憂傷，周文王也不把窘迫看作為恥辱。大王何必以此為恥辱呢？」勾踐還是感傷不已。大夫文種、范蠡繼續舉古人的話安慰說：「處境如果不困厄，那麼志向就不會遠大，形體如果不憂愁，那麼考慮就不會深遠。」他們倆人又舉例說：「聖明的帝王，賢能的君主都遭遇到困厄的災難，蒙受到不能免除的恥辱，……時間經過了一定的期限，困厄到了極點就轉向了通達。……吉利的事情，是不幸的源頭，幸福的事情是災禍的種子。現在大王雖然處在危難困厄之中，但誰能知道它就一定不是通達得志的徵兆呢？」

勾踐聽了左右的這一番話，心情自然開朗，但令他不放心的，他去了吳國，國內的事要如何安排呢？要求諸大夫提供意見。有的大夫首先推荐文種，認為他是「國之棟梁」，由他來處理國政，不會有差錯。勾踐的意思希望諸大夫都能坦誠的把自己能夠擔任的事說出來，於是大夫文種、范蠡、苦成、曳庸、皓、諸稽郢、皋如、計硯等，一個個都把自己的長處和能夠勝任怎樣的職務都在越王面前報告出來。越王聽了他們的報告後放心的說：「我雖然要到吳國去做奴隸，但有各位大夫胸懷道德，又掌握了各種各樣的手段，各人都管好自己的一份工作來保住國家，我還擔憂什麼呢？」於是決定把國政交由文種負責來領導群臣處理，范蠡跟隨越王，就在浙江邊上和群臣分別，群臣都痛哭流涕，無不感到悲哀，越王仰天歎曰：「死，是人所害怕的，而我聽說要死，在心裡竟然沒有一絲恐懼。」於是就上船逕

直走了，始終沒有回過頭看一下。

越王和范蠡來到吳國後，吳王試圖誘勸范蠡投降不成，即將兩人關入石洞中。伍子胥一再勸諫吳王將勾踐、范蠡殺掉以除後患，夫差認為「誅降殺服，禍及三代」，加以伯嚭因接受了越國的賄賂，一再的為越王講情，所以夫差始終沒有要殺越王的意圖，只是令越王割草養馬，與他的妻子和范蠡等從事一些勞役，而勾踐等表面上看來恭恭謹謹的，毫無怨怒，極盡臣虜之勞，忍辱吞聲。但身為一國之君，變成亡國俘虜，其內心的痛苦是可想而知的。

（3）臥薪嚐膽

三年之後，夫差釋放越王勾踐回國，還送給勾踐百里見方的土地。越王回國後，立即與大臣商討復興之計。首先命令范蠡仿擬傳說上帝所居的紫微宮修築了一座王宮，外城築起城牆，故意空下西北角，表示仍然侍奉吳國，不敢堵住通道，實際上是想憑藉它來攻取吳國，但吳國並不知道這個用意。

越王知道復仇不是一朝一夕的事，他「苦身勞心，夜以接日」的工作。

《史記·勾踐世家》說：

> 「越王勾踐返國，乃苦身焦思，置膽於坐，坐臥即仰膽，飲食亦嚐膽也。」
> 就是掛一個動物膽在座旁，坐著臥著都能仰起頭來嘗一嘗膽的苦味，飲食的時候也嘗嘗膽的苦味。

《吳越春秋》說：

> 「目臥，則攻之蓼，足寒，則漬之以水，冬常抱冰，夏還握火，愁心苦志，懸膽於戶，出入嘗之不絕於口。」

把它譯為語文：

眼睛要打瞌睡了，就用辣蓼來刺激它；

腳冷了，就用水來泡它；

冬天常常抱著冰，夏天反而握著火；

整天使自己心裡發愁，刻苦磨鍊著自己的意志；

把苦膽懸掛在房門上，進出房門時就不斷地用嘴去舔。

以上兩處記載，後世人稱之為「臥薪嚐膽」，畫家也有「臥薪嚐膽」圖，畫一個老人躺在一堆木柴上，面孔上方懸掛一個膽。難道勾踐為了復國，每天都躺臥在硬梆梆的木柴上嗎？每天早晚都要嘗膽嗎？動物的膽不僅奇苦而且含有毒菌，每天都嘗那些毒菌還了得！何況，膽只是懸掛著，苦汁在囊裡，不弄破又如何嘗到苦

味？這都是「望文生義」而產生的誤解。若說想睡覺，眼睛提不起神，就用辣性的東西來刺激它，更是誇大。至於「臥薪」，史書上找不到這個紀錄，不知何人無中生有。有人說「臥薪」這詞兒是宋朝人才加上去的。

總之，勾踐以上的種種行為，無非是為了使自己不要沉溺於安樂之中，而忘了復仇。

勾踐為了討好吳王，使國中男男女女到山中採收葛麻，用來織成黃色纖維的布，準備獻給吳王，還未來得及派遣使者，而吳王聽說越王勾踐「全心全意地安分守己，不吃兩種以上的食物，不穿兩種以上的彩衣」，「雖然有五種可供遊覽的場所，從沒有去玩過。」於是派人送一封信給勾踐，告訴他增封他東西南北廣八百里的封地。勾踐也就派大夫文種送去葛布十萬疋，甜美的蜂蜜九桶，花紋方形竹器，狐狸皮五雙，箭竹十船，以此作為報答吳王增加封地的禮物。

越王勾踐以八位大臣及朋友當作老師，時時向他們請教治國的措施，大夫文種認為「治國的措施不過愛護民眾罷了。」文種詳細向勾踐陳述說：

不要奪取民眾喜歡的東西，讓他們安靜無為而不苛刻，那就是使他們喜悅。如果使民眾喪失他們喜歡的東西，那就是損害他們。

不讓民眾錯過農時，那就是使他們成功。如果使農夫錯過了農時，那就是敗壞他們。

減少刑法免去懲罰，那就是使他們生存，如果有了罪刑又不赦免，那就是殺死他們。

減輕對他們的稅收，那就是給予他們，如果加重賦稅從重徵收，那就是掠奪他們。

不要多造高台別墅去遊玩，那就是使他們快樂。如果大量建造高台別墅去遊玩，勞累侵掠民間的人力物力，那就是使他們發怒。

善於治國的人，對待民眾就像父母愛護自己的子女，也像兄長愛護自己的弟弟。聽說他們饑寒交迫就為他們感到哀痛，看到他們疲勞困苦，就為他們感到悲傷。

現代當政的人提出來的「民之所欲，常存我心」，「苦民之所苦」，根本就是古人的施政準則。文種所談到的這些，就是人民所希望的，政府應該推行的。

越王於是放寬了刑法，減輕了處罰，減少了對民眾的稅收。於是人民十分富足，都有了身穿鎧甲上陣殺敵的勇氣。

越王勾踐召見五位大夫要他們確實提出對付吳國的計策謀略。

大夫扶同主張秘密親近齊國，深交晉國，並偷偷地和楚國加強關係。但同時優厚的侍奉吳國，使吳王自高自大，輕視諸侯各國，促成齊、晉、楚與吳為敵，越國趁吳疲憊不堪之際去攻打它。

大夫范蠡認為吳國雖然憑藉著諸侯的威勢，對天下發號施令，但「物極必反」，卻不知自己的功德不深而思情淺薄，可以走的路狹窄而怨恨他的人面廣量大，權勢雖然高高在握而智能卻已衰退，力量已經用盡而威勢已經減損。只要我們整頓好士兵，等到吳國衰敗，即乘機襲擊，吳國君臣便成俘虜，但此刻我方要不動聲色，不使對方看出我們的作為，以免提高警覺來預防我們。

大夫苦成認為吳國的伯嚭是個狂妄諂媚的人，通曉謀略，但輕視朝廷上的政事。伍子胥則致力於戰爭，又豁出命去勸諫議論。這兩個人一起權衡事情，一定會有破敗的時候，所以也勸越王丟掉心事把自己隱藏起來，不要暴露計謀。

大夫皓認為「現在的吳國，國君驕橫，臣子奢侈，民眾飽食終日，將士膽大妄為，外面有侵擾邊境的敵人，國內有爭權奪利的臣子耀武揚威，應該是出兵攻打的時機了。」

大夫皋如說：「自然界有四季的交替，人類社會有五德相勝的更迭。從前商湯、周武王憑藉了四季交替的有利條件而制服了夏桀、商紂王。齊桓公、秦穆公憑藉了五德相勝的有利條件而能安排各諸侯國的位次。這都是憑藉時機才取勝的。」

越王聽了諸大夫的意見後，認為「時機」還沒有到，叫各大臣先回到自己工作崗位上去。

過了一陣子，越王又再向大夫文種請教，文種對他說：「我聽說：『高飛之鳥，死於美食，深川之魚，死於香餌。』現在要攻打吳國，一定得先找到吳王喜歡的東西，投合他的願望，然後才能得到他的土地財物。」接著文種就向越王提出了九種辦法。

第一種辦法：尊敬上天，侍奉鬼神以求得福佑。

第二種辦法：加重財物禮品送給它的國君，增加貨物錢財去討好它的臣子。

第三種辦法：以昂貴的價格買入糧草來挖空他的國家，誘使他縱欲，從而使他的民眾疲勞不堪。

第四種辦法：贈送美女來迷惑他的思想而擾亂他的計謀。

第五種辦法：送給能工巧匠和優質木材，讓他建造宮殿房舍，來耗盡他的財

產。

　　第六種辦法：送給阿諛奉承的奸臣，使他輕易地去攻戰。

　　第七種辦法：使他的勸諫之臣剛強不屈，從而使諫臣自殺。

　　第八種辦法：使自己國家富足，準備好鋒利兵器。

　　第九種辦法：鍛鍊好自己的軍隊，趁敵人疲憊困乏之時去攻打。

　　於是越王首先實施第一種辦法，在東郊建立祠廟來祭祀主陽氣的神，名叫東皇公祠。在西郊建立祠廟來祭祀主陰氣的神，名叫西王母祠。在會稽山上祭祀山陵之神，在浙江中的沙洲上祭祀江河湖泊之神。說也奇怪，越王如此侍奉鬼神一年，國家竟然不再有災異的事發生。自古以來，國家的領導人物都不忘記祭天地神祇，以祈求國泰民安。

　　接著越王勾踐進行前述第五種辦法，派木工三千多人進山砍伐優良樹木，派文種恭敬的獻給吳王。吳王不聽伍子胥的勸諫，乃用這些木材建造蘇姑台，另外花了三年時間收集材料，造了五年才完成。台高可以遠望二百里外的事物，使得吳國百姓疲憊，士人勞苦，怨聲載道。

　　接著越王勾踐進行前述第四種辦法，從苧蘿山上尋覓到兩個賣柴女子，一個叫西施，一個叫鄭旦。經過一番訓練後，將她倆打扮得如花似玉，派范蠡慎重地獻給吳王，吳王十分高興，以為「越國進獻女子，是勾踐忠於吳國的明證。」伍子胥勸吳王不要接納，以為「賢士是國家的寶物，美女是國家的災禍。」並提醒吳王「夏桀因妹喜而亡，商紂王因妲己而亡，周幽王因褒姒而亡」的例子，但是吳王不聽，自是寵愛西施，縱慾放蕩，日夜沉緬於酒色之中。

　　接著勾踐又推行前述第三種辦法，向吳國購買糧食。伍子胥也向吳王提出警告，但因伯嚭從旁聳恿，終於吳國將一萬石的穀子給了越國。第二年，越國雖償還了這些穀子，但事先把它煮熟了，吳國以為越國的穀子可以作優良的種籽，發給人民種植，結果全部腐爛，造成吳國大鬧饑荒。

　　最後推行前述第八、第九種辦法，由范蠡物色到一個神秘的「越女」，教導戰士學習所謂「越女劍術」，又由范蠡找到善於射箭的陳音，訓練越軍都能使用弓弩的技巧。

　　至於前述第二、第六、第七種辦法，早已陸續執行中，使吳王夫差和伯嚭、伍子胥之間的矛盾一天天加深，終於達到諫臣伍子胥被吳王逼迫自殺的目的。（其後勾踐殺文種之前說只用了三種辦法，那應是殺文種的藉口）

　　自從勾踐從吳國被釋放返國後，就一心一意為了復仇。《國語·越語上》及《吳越春秋》都記載了越王勾踐召集了父老兄弟向他們發誓說：

　　我聽說古代賢明的君主，四方的人民歸附他，就像水往下流一樣。現在我還做不到，將帶領你們夫妻生兒育女，使人口眾多，壯年人不要娶老年妻子，老年人不要娶年輕妻子，女子十七不嫁，或男子二十不娶，其父母都有罪。將要生孩子的向上級報告，公家派醫生守護，生男孩，獎賞兩壺酒、一條狗，生女孩，獎賞兩壺酒、一條小豬，一胎生三個，公家給他們請乳母，一胎生兩個，公家供應吃的。……勾踐不是他自己種的糧食不吃，不是他夫人所織的布不穿，十年不向國內征收賦稅，人民都有三年的存糧。

　　以上種種就是後世所謂的越王勾踐「十年生聚、十年教訓」的計劃，使越國府庫充實，人民富足，社會安定，兵強士勇，準備攻打吳國，以報前仇。而吳王夫差在越國的種種策略下，對內聽信伯嚭的讒言，迫害忠心耿耿的伍子胥，對外結怨齊、晉、楚三國，還想爭霸中原。

（4）越國滅亡吳國，稱霸江、淮

　　就在西元前四八二年（魯哀公十三年），吳王夫差殺了伍子胥之後，這時的吳國已經是莊稼連年欠收，民眾已經怨恨不已，他還動用民力挖掘宋國、魯國之間的運河，向北連接沂水，向西連接濟水，這大概是中國境內最早開鑿的運河吧！運河完成後，就率領大軍北上，並下令誰要勸阻者處死。自然沒有人敢冒死進諫，只有他的兒子太子友，用委婉含蓄的方法，講了一個螳螂捕蟬，黃雀在後的故事，並指出吳國傾全國兵力、財力到千里外去攻戰，不知道身後的越國會以精兵來攻滅自己，這是世間上最危險的事。但夫差那裡能聽得進去，還是率軍揚長北上。

　　越王勾踐聽說吳王夫差率軍北上，立刻動員水陸軍五萬餘人，分三路進攻吳國。派范蠡、洩庸率領軍隊駐紮在東海邊，打通長江沿線，以此來截斷吳軍的退路，另一支軍隊從吳國南境直逼姑蘇，勾踐自率中軍隨後。吳國的太子友、王子地、王孫彌庸、壽于姚率軍在泓水應戰，旋即被越軍打敗，焚燒了姑蘇，奪取了吳國的船隻。這時，吳王夫差打敗了齊軍以後，把軍隊調過來進逼晉軍，準備和晉定公爭奪盟主，但國內的敗訊即時傳到了黃池，夫差決定封鎖消息，將知情的七個官吏斬於帳下。連夜「秣馬食士」，整頓隊伍，擺出陣勢，向晉軍挑戰，企圖以威脅的手段爭奪盟主地位，晉人不知底細，大為驚駭，派大臣董褐到吳軍中質問「雙方的軍隊休戰和好，約好在中午進行會晤，為何要如此在會前耀武揚威？」吳王夫差

乃諉稱晉國沒有向周天子進貢等等理由來搪塞。董褐回到晉軍，向執政的大臣趙鞅說：「我觀察吳王的臉色，面帶墨色，想是國內發生大亂，但這種亡命之徒，不可與戰，不如暫時答應給他盟主。」於是在黃池大會上，晉國故意讓步，讓吳王夫差爭得一個空虛的霸主頭銜。

吳王夫差也只能就此結盟，班師回國，怕沿途被諸侯列國得知越軍敗吳的消息而中途截擊，一路還焚燒宋都的外廓以示威。回國之後即向越國請和，越國也自度還不能一舉滅吳，答允言和，繼續加緊滅吳的準備。

首先越王召來諸大夫，君臣之間反覆謀劃，《國語·吳語》及《吳越春秋》都記述諸大夫提供的意見。

大夫曳庸主張：「嚴明賞罰，士兵就不會懈怠懶惰。」

大夫苦成主張：「嚴明賞罰，士兵就不敢違抗命令。」

大夫文種主張：「慎重地弄清楚各種事物的內容實質，使將士明辨是非，就不會受別人的迷惑。」

大夫范蠡主張：「周密的做好防禦工事，便可應付戰禍。」

大夫皋如主張：「慎重維護名聲，有高潔的名聲傳揚到周王朝，使各國諸侯就不會在外怨恨我君。」

大夫扶同主張：「擴大自己的恩德，知道自己的職分，就不會越俎代庖。」

大夫計硯主張：「觀測天象，考察地理，天氣是否要變化，地形是否能適應，以作為採取行動的依據。」

越王聽取諸大臣的意見後，即從內宮到朝廷，對妃嬪、宮官和留守大夫等一一嚴令職守，宣布今後「內政無出，外政無入」。

所謂「內政無出，外政無入」，他對夫人說：「從今以後，後宮的事情不要捅出後宮的門讓別人管，外朝的國事不要帶入後宮之門而讓你插手。各人管好自己的職事，後宮內有了恥辱的事，就是你的責任，在國外千里之遠的地方有了屈辱的事，就是我的責任。」又對大夫們說：「從今以後，國內的政事不要搞到國外讓我管，對外作戰的事不要帶進宮內讓你們插手。」嗚呼！後世之某些領導者為何不研讀這段史實？

接著再次嚴肅軍紀，凡不服從命令者一律斬首。號召國人「安土守職」，踴躍送子入伍，告誡在軍中的戰士安心服役。勾踐說，他會愛護士兵如自己的兒子，國

家會盡一切責任照顧家屬，於是戰士無不抱定決心甘願犧牲。

西元前四七八年（魯哀公十七年），越國趁吳國饑荒，決定攻滅吳國。這個時候吳國把所有兵力都駐紮在吳松江北岸，越軍駐紮在江的南岸。越軍把部隊分為左、右二軍，組成鉗形攻勢，勾踐親率六千精兵為中軍。夜晚命令左、右翼口銜木片分別悄悄渡江，夜半全軍一齊鼓噪而上，吳軍大駭。吳軍也在黑暗中把軍隊分左、右二支包圍越軍，而勾踐的中軍從中間突擊，吳軍崩潰，越軍趁勢追擊，雙方交戰三次，吳軍三敗，越軍直搗姑蘇城下。

但因吳國的都城都十分堅固，攻破不易，勾踐只好採取長期圍困的戰略，雙方持續了將近五年的戰爭，吳國終於「士卒分散、城門不守」，在西元前四七三年的冬天，越軍發動猛攻，打進吳都，夫差率眾逃至姑蘇台上，被越軍重重圍困。夫差不得已乃派王孫駱袒胸露臂，跪著用膝蓋走向前，向越王求和，要求「唯命是聽，也像當初一樣，允許吳王長期為越王臣虜。」勾踐也有些心軟，打算答應請降，但范蠡立刻趨前說：「君王忍辱受苦廿年，為了什麼？」說著就敲響戰鼓準備再戰，吳王使者只得含淚而退。勾踐可憐吳王，派人去對吳王說：「我把你安置在甬江東邊，供給夫妻倆三百多家，以此來渡過大王這一生。」也許夫差認為這是加給自己的羞辱，於是拒絕說：「上天既然把災禍降給了吳國，那就不在乎早一點死還是晚一點死。使我的宗廟和國家喪失的人，正是我自己。吳國的土地臣民，越國已經占為己有，我老了，不能再做君王的臣子了。」說著派人向伍子胥祝告說：「如果死者有知，我有何面目去見伍員啊！要求用絲帶蒙住他的眼睛。」然後自殺身亡。《吳越春秋》又說，起初吳王還不肯自殺，越王乃派使者對吳王說：「為什麼大王這樣容忍羞辱，厚顏無恥呢？世界上沒有萬年在世的君主，死和生是一樣的啊，現在你還有一點殘留的體面，為什麼一定要讓我軍的士兵把刀砍到大王的脖子上呢？」吳王還不肯自殺，越王又瞪著眼睛憤怒的說，指他負有六大罪惡，卻還不知慚愧羞辱而想救得一命，難道不鄙陋嗎？吳王這才自刎而死。越王轉向吳國的太宰伯嚭說：「你當臣子，不忠誠，不老實，以致於使國家滅亡，使君王覆沒。」於是殺了伯嚭及其妻子兒女。

越王按照禮節把吳王埋葬在秦餘杭山的卑猶，太宰伯嚭也葬在卑猶的旁邊。

越王勾踐消滅吳國後，便帶兵向北渡過長江、淮河，與齊、晉兩國會於徐州，並向周元王獻上貢品，周元王派人賜給勾踐祭祀用的肉，同時任命他為伯。勾踐旋即離開周王朝返回江南，把淮河邊上的土地給了楚國，把吳國侵占宋國的土地還給

宋國，把泗水東邊方圓百里的土地給了魯國。這個時候，越國的軍隊在江淮一帶縱橫馳騁無阻，東方諸侯都往祝賀，稱勾踐為霸主。這也是春秋時代最後一個霸主。由於越國占了整個吳國，增加了一倍的國土和財富，因而它的霸業延續了一個頗長的時間。

司馬遷所撰《史記‧越王勾踐世家》，對勾踐的事蹟到此為止，其後三分之一的篇幅都是記述范蠡的事，可見司馬遷對范蠡的歷史極為重視。

附錄：范蠡、文種的下場

范蠡、文種如同越王勾踐的左右手，越王勾踐之所以能滅吳稱霸，他們兩人的功勞最大。有人說：「范蠡善慮終，文種善圖始。」所以當越王滅吳之後，范蠡就向勾踐告辭離開了越國，越王自然捨不得范蠡離開，但也留不住他，越王就收攬了范蠡的妻子兒女，封給她們百里見方的土地，還叫工匠鑄造一個范蠡的銅像放在座位旁邊以表示不忘故舊。

范蠡為什麼要離開勾踐，可以從他寫給文種的信中看出來。《史記》說，范蠡離開越國到了齊國後，寫信給文種說：「飛鳥盡，良弓藏，狡兔死，走狗烹。越王為人，長頸鳥喙，可與共患難，不可與共樂。」勸文種早點兒離開勾踐以免被殺。

范蠡離開後，大夫計硯假裝發瘋，其他大夫曳庸、扶同、皋如之輩，一天天的疏遠，不再親自上朝了。大夫文種並沒有聽范蠡的忠告，只是心中憂鬱不樂，也不再上朝。於是有人在越王面前詆毀他，說他心懷怨望，甚至說他謀反。文種曾向越王解釋說：「我過去所以很早上朝，勤於政事，只是為了對付吳國，現在已經把他們消滅了，大王還擔憂什麼呢？」越王沒有吭聲。不久，越王召見文種，直接了當的問他：「我聽說『知人易，自知難。』我哪能知道你相國是個什麼樣的人呢？」文種感慨萬千的說：「大王知道我勇敢，卻不知道我仁慈，知道我忠貞，卻不知道我守信。……從前夫差將被我攻殺的時候，對我說：『狡兔死、良犬烹、敵國滅、謀臣亡。』范蠡也對我說過這些話。」越王沉默不答。

文種回到相府後，舉止反常，並告訴太太自己的生命不過是在片刻之中罷了。果不然越王又召見文種，對他說：「你過去教我的九種計策，只用了三種，已經攻破了吳國，還有六種在你那裡沒有用過，希望你這些剩下的方法為我的前代君王在地下圖謀吳國的祖先吧！」於是文種仰天歎息：「唉，我聽說：『大的恩德是得不到報答的，大的功勞是得不到酬勞的。』我真後悔沒有聽從范蠡的計謀……」越王賜給文種屬鏤寶劍（吳王賜給伍子胥的也是這種劍），文種接劍後譏笑自己說：

「後世的忠臣，一定會以我為鑒戒。」於是伏劍自殺。越王把文種埋葬在國都西面的山上。吳越《春秋》記載說，文種「葬了一年，伍子胥從海上過來，鑿通山胸夾著文種走了，和他一起漂浮在海上。所以前面的潮水盤旋前來伺望迎候的，就是伍子胥，後面那層層重疊而來的波浪，就是文種。」

　　前面說過范蠡是一個「善慮終」的人，他離開越國浮海來到齊國，慕伍子胥的忠悃，嘆為夫差所殺，就取名為「鴟夷子皮」，即伍子胥鴟夷浮江之意。他在齊國一邊從事農耕，一邊經營商業，沒有多久，就積蓄了數十萬家財。齊國人聽說他賢能，請他做卿相，他沒有答應，卻把全部家產散發給親朋至友及鄰里鄉黨，然後只帶一些重要珍寶，秘密的離開那裡，移居到當時是中原交通樞紐的定陶，主要從事商業，自稱為「陶朱公」。住沒多久，又累積了千萬財富，但很不幸發生一件家庭悲劇，司馬遷在越王勾踐世家中不厭其煩的記述了全部經過。

　　有一天他的第二個兒子犯了罪，被關在楚國，他想用重金去贖兒，原想派小兒子裝了一車黃金前往，但大兒子卻爭著要去，由於母親的支持，朱公也只好讓大兒子去，於是寫了一封信給他老朋友莊生，並叮嚀大男送一千金給莊生，一切聽其所為，不要過問。大男到了楚國，找到了莊生，起初按父親囑咐的話辦理，莊生叫他趕快離開，「勿問所以然」。但大男私自逗留楚國，並與楚國貴人及當權者往來，又私自送一些財物與他們。莊生雖然窮居簡陋，但以廉直聞名全國，從楚王以下，都以師禮尊崇他，朱公送給他的黃金，他並無意收受，只暫作信用抵押，等事成以後歸還給他，而朱公的大兒子不明白莊生的心意，還以為他是一個無足輕重的人物。

　　莊生找了一個適當的機會去見楚王，說某星宿出現在某個位置，將對楚國有災害，若施德可以消除。因楚王平素就很相信莊生，就準備照莊生的意思去做，首先將藏金幣的府庫封閉起來，以表示節儉，照以往的例子，楚王這麼做就是要接著大赦天下，所以受過朱公子的大兒子賄賂的官員紛紛告訴他，說他的弟弟有救了，大男得訊後，以為楚國既然會大赦，那他的弟弟也就會被釋放出來，於是前往莊生的家，說弟弟將獲赦免，莊生知道他的來意，乃退回黃金。但莊生覺得被騙，非常憤怒，於是再入見楚王說：「我以前說某星宿的事，你說要用修德的事來回報，現在外面的傳言說，是因為陶朱公的兒子殺了人被囚在楚國，他家裡拿了很多錢賄賂了王的左右，所以王不是為了體恤楚國人民而行赦令，而是為了朱公兒子的緣故。」楚王聽了大大的發怒說：「我雖然沒有什麼德行，怎麼會因朱公子的兒子而特別施

恩呢！」遂命令先殺掉朱公子的兒子，隔天才下赦免的命令。

朱公子的大兒子最後取回他弟弟的屍體，母親和陶家人都很哀傷。惟陶朱公獨自好笑的說：「我早知一定會被楚王殺死他弟弟的！他不是不愛他的弟弟，只是他對金錢看得很重，因為大兒子跟我一起共患難，治產業，惜財如命，小兒子從沒有吃過苦，對錢財的施舍不會吝嗇，所以我要小兒子去做這件事就是因為他能捨棄財物，而大兒子辦不到，以致弟弟被殺，是理所當然的事。沒有什麼好悲傷的，其實我日日夜夜都是盼望喪車回來。

綜觀文種、范蠡在越國的歷史中算是舉足輕重的人物，他們的事蹟較之吳國的伍子胥有過之而無不及，尤其范蠡一生可謂善始善終，司馬遷既然在「越王勾踐世家」中用很大的篇幅，為何不單獨為他立傳，況且范蠡的為人，如在政治上的遠見，處理人事糾紛之體察入微，以及他治產業之有道，在在都堪為後世典範。范蠡曾三次遷徙，遷到那裡，就在那裡成名，真是顯名於天下。最後老死於陶，所以世上流傳著陶朱公的名聲。

第八章　戰國時代

一、戰國七雄的形成

（一）三家分晉

本書在前一章已經詳細介紹了晉國六卿專政的情形，以及六卿彼此鬥爭的經過。最後只剩下韓、趙、魏三家，形成了三足鼎立之勢。晉國的國君則變成傀儡。接著又在晉幽公時；韓、趙、魏三家瓜分了晉公室的大部分土地和人民，僅僅給晉君留下曲沃和絳州兩個地方，晉幽公的地位降在三家之下，而且還要向三家朝拜。

西元前四○三年，周威烈王廿三年，韓、趙、魏三家同時派人去王都。名義上去朝見周天子，實際上是要求周天子正式冊命他們為諸侯。照理來說，堂堂周天子應該維持紀綱，討伐叛逆，然而這時的周室已經衰弱，面對眾諸候各國強大的公卿也無可奈何，倒不如順水人情，正式加封韓虔為韓侯是為韓景侯，加封趙籍為趙侯，是為趙列侯；加封魏斯為魏侯，是為魏文侯。而晉國的國君再經二十餘年傳到晉靜公時，魏武侯、韓哀侯、趙敬侯聯合起來滅亡了晉國，而將其瓜分，晉靜公被貶為庶人，從此晉祀斷絕。

司馬光批評說：「晉大夫暴蔑其君，剖分晉國，天子既不能討又寵秩之使列為諸侯，是區區之名分，復不能守而並棄之也，先王之禮，於斯盡矣。或者以為當是之時，周室微弱，三晉強盛，雖欲勿許，其可得乎。是大不然。夫三晉雖強，苟不顧天子之誅，而犯義侵禮，則不請於天子而自立矣，不請於天子而自主，則為悖逆之臣。天下苟有桓久之君，必奉禮義而征之，今請於天子而天子許之，是受天子之命而為諸侯也，誰得而討之，故三晉之列於諸侯，非三晉之壞禮，乃天子自壞之也。

從韓、趙、魏正武被列為諸侯開始，乃形成了齊、楚、燕、秦、韓、趙、魏七雄並立的局面。開始了戰國時代。

（二）為什麼叫戰國時代

戰國時代是名符其實的戰爭時代，諸侯列國爭戰不已，正如孟子所說「爭地以戰，殺人盈野，爭城以戰，殺人盈城」。

據學者研究「戰國」這個名詞成為一個歷史時代的專稱，是西漢劉向所編的《戰國策》而來。而《戰國策》又是因為秦的焚書與項羽火燒咸陽使先秦典籍遭受極大的破壞，原來由各國史官或策術士們所輯的一些《國事》、《國策》、《事語》、《短長》等書殘缺不全，劉向乃將之匯編成一書。

一九七三年，湖南長沙馬王堆出土一部類似《戰國策》的帛書，全書共有廿七章，據學者的研究，其中有十章見於劉向的《戰國策》，有八章司馬遷的《史記》引錄過。這部帛書出土後，已經專家整理成《戰國縱橫家書》，將來很可能對傳世的戰國時代的歷史有所改變。

至於戰國時代究從何時開始，有兩種不同劃法：司馬遷寫《史記》將周元王年（西元前四七六年）作為戰國的開端，宋人司馬光編《資治通鑑》則以周威烈王廿三年（西元前四○三年）冊冊立韓、趙、魏三家為諸侯為戰國時代的開始，當然宋以前以《史記》為準。宋以後的史家多半是採取司馬光的說法。但是在西元前四五三年時三家雖然還沒有分晉，但晉國已名存實亡，所以也有些學者把戰國時代推前五十年。又有人以為齊國成為七雄之一應該以田氏篡齊後，周安王十三年（西元三七九年）正式冊立田和為諸侯，才算進入戰國七雄的局面。

（三）戰國七雄的地理形勢

中國歷史演變到戰國初期，除了齊、楚、燕、秦、韓、趙、魏七大國之外，還是有名義上為天子的周，以及魯、衛、宋、滕、鄒，中山和越國。四周圍則有兄弟民族，如北方的匈奴、林胡、東胡，南邊的百越，西南的巴、蜀等等。戰國七雄的形勢大致是：

齊國：建都於臨淄（今山東臨淄），東濱大海，南有泰山，與魯、宋為鄰，不久齊滅宋而占有其地。西有清河（河北清河縣以西）與趙國為鄰，北有渤海與燕為鄰。它的領土包括山東省偏北的大部分與河北省東南部份。

楚國：建都於郢（今湖北江陵），東到大海，南有蒼梧（今湖南南部九嶷山）與百越為鄰，西至巴，黔與秦為鄰，北達中原，與韓、魏、齊相接，它的領土包括了今之湖南、江西、安徽、江蘇浙江等地。是七雄中土地最廣大的國家。

秦國：建都咸陽（今陝西咸陽），東到黃河，函谷關與三晉為鄰，南有巴，蜀與楚國為鄰，西及西北與西戎和匈奴諸部為鄰。它領土包括今之陝西中部，甘肅東南部，以及四川，青，寧夏等部分地區。

燕國：建都於薊（今北平東南）。東有遼東與朝鮮為鄰，南與齊國交界，西有

雲中，九原與趙國為鄰，北與東胡、樓煩諸部為鄰。它的領土包括今天的河北省的北部，山西省東北部以及遼寧、吉林等部分地區。

趙國：初都晉陽後徙邯鄲（今河北邯鄲）。東有清河（今河北省清河縣西）與齊國為鄰，南有漳河與魏為界，西有黃河與秦相望，北與燕國以易水為界，西北與匈奴為鄰。領土包括今山西省中部，陝西省東北部，河北東南部和山東西部、河南北部，以及內蒙古的南部等地區。

韓國：初都陽翟（河南禹縣），後徙於鄭（今河南新鄭），夾在魏與秦、楚之間，四周都是比它強大的國家。領土包括山西省東南部、河南省中部、西部等地區。疆域最為狹小。

魏國：初建都安邑（山西夏縣）魏惠王時徙都大梁（今河南開封）。東有淮，穎與齊、宋相鄰，南有鴻溝與楚為鄰，西及黃河西岸與秦為鄰，北部與趙國為鄰，西南與韓國為鄰。領土包括山西南部，河南北部，以及陝西，河北的部分地區。

二、戰國七雄的發展

（一）魏國的發展

韓、趙、魏三家分晉而並列諸侯後，歷史上稱之為「三晉」。戰國初時，七國中以魏國國勢最強。梁惠王（魏惠王）曾對孟子說：「晉國，天子莫強焉，叟之所知也。」魏惠王儼然以晉國的正統自居。但魏國何以當時是「天下之強國」呢？

魏文侯禮賢下士，用人唯才。

首先他以孔子的名門弟子卜子夏為老師，學習經學，對當時社會上的名賢如：田子方、段干木等都優禮有加，戰國時代招賢養士的風氣，可以說從他開始，在魏文侯的朝堂上集結了從各地來的志士能人，他先後用魏成子，翟璜、李悝（克）為相。當他任用魏成子為相時，《史記·魏世家》記述了一段插曲：

> 魏文侯跟李克（悝）說：「先王曾教寡人曰：『家貧則思良妻，國亂則思良臣。』要是立宰相，你看魏成子和翟璜這兩個人怎麼樣？」李克說：「平居時看他接近的人，富裕時看他交往的人，顯達時看他推薦的人，困阨時看他不樂的事情，貧苦時看他不苟取的東西。這五樣就足以決定誰當宰相了。」魏文侯說：「寡人的宰相決定了」。李克離開後，經過翟璜的家，翟璜問道：「聽說國君召喚先生去選擇宰相，究竟誰當上了。」李克說「魏

成子」。瞿璜很生氣的說道：「憑耳朵眼睛所見所聞，在下那一點輸給魏成子呢？西河的守將吳起，是在下推薦的，國君最擔憂的鄴，在下推薦西門豹治理，國君計劃攻伐中山，在下推薦樂羊。中山拔取後，沒有去防守，在下推了先生，國君的兒子沒有老師，在下推薦屈侯鮒，在下怎麼會輸給魏成子呢？」李克說：「你當初推薦我，難道是想藉此結黨親厚來取大官嗎？我為什麼會知道魏成子會當宰相的呢，因為魏成子把千鍾的俸祿，十分之九用在禮賢敬士，只十分之一用在家裡；因此東方禮聘到卜子夏、田子方、段干木。這三個人國君都尊奉為老師，你所推薦的五位，國君都只是任用為臣子，你怎麼能跟魏成子相提並論呢？」瞿璜退縮愧疚，向李克拜道：「我真是一個鄙陋的人，願終身做你的學生。」

然而使魏國成為當時最強盛的國家，可以說是得力於兩位人物，一個是政治家兼農經家的李悝；一個是軍事家兼政治家的吳起。先介紹李悝。

司馬遷的《史記·魏世家》沒有提到李悝這個人，也沒有談到魏侯用李悝為相變法的事，但好幾次提到文侯與李克商談用人的事，但又沒有用李克為相的事，而《史記》〈平準書〉又提到「魏用李克盡地利為彊君」。所以後世史家認為李克就是李悝。但大陸史家靳生禾近著《中國古代的變法》書中說：「李悝的生平事蹟，後人知道的很少，說他年青時代受業于子夏，但子夏是儒家的代表人物，李悝是法家的代表人物，因此這樣說法是不正確的。這個誤解。大概是把李悝與確實曾受業于子夏的『李克』混淆了。」但大陸另一批史家所編撰的《中國小通史》卻認為李克就是李悝。而我現在要述敘的有關李悝的各項實蹟的事則是依據《漢書食貨志》和《說苑·政理》而來。姑不論李悝、李克是否同一個人，但這個姓「李」的為魏文侯變法改革，使魏國成為當時天下之強國則是事實。

（1）政治方面

實行所謂「食有勞而祿有功」，「奪淫民之祿，以來四方之士」的辦法，這是據《說苑·政理》的記載，就是廢除舊的世卿世祿制度，改為按功勞大小和對國家貢獻的多寡，分別授予職位和新的爵祿。對那些於國家沒有貢獻，而靠父親的爵位享受特權，整天游手好閒，沉浸在舞樂酒色之中，不以為恥而且作威作福的「淫民」，則加以取締。然後用這些爵祿去招攬四方的人才。

為了鞏固統治者的利益，和國家社會的安定，李悝乃收集整理了春秋後期以來各國的法律條文，就是「集諸國刑典」之大成，並結合魏國當時的實際情況，編制

了一部《法經》。可惜《法經》的原文已經佚失，不過從有關的記載，可知原著的內容大致分為〈盜法〉、〈賊法〉、〈囚法〉、〈捕法〉、〈雜法〉、〈具法〉六個部份。

前面四篇主要是對「盜」「賊」的拘捕囚禁的辦法，如殺人者處死外，對全家和妻家都要收為奴隸。對「大盜」，輕者充軍於邊地，重者處死，《法經》中甚至規定了對在路上拾遺的人，也要砍去腳趾。歷史上統治階級經常吹噓的「道不拾遺」，原來是法律規定了不准在路上拾東西。

所謂的〈雜法〉是規定對淫亂、賭博、盜竊官府印信、貪污賄賂以及僭越逾制，議論政府法令等等的懲治辦法。甚至對群眾的集居者，一日要追問，三日以上的還要處死。〈具法〉是依據不同情況，減免刑的方法。就整部法經來講是極為嚴厲的。這部《法經》後來被他的學生商鞅帶到秦國，成為秦國實施法治的藍本，而且裡面的內容也為秦漢以後歷代所沿用。

（2）經濟方面

最重要的是「盡地力之教」和「平糴法」。

所謂「盡地力之教」就是破除舊有的阡陌封疆，鼓勵自由開墾耕地、勤謹耕作，充分利用土地。連房前屋後也規定要種植桑樹，即使田埂上也要種蔬菜瓜果。同時要農人種上五穀雜糧，盡一切可能增加農產品，以防自然災害的所造成的影響。

所謂「平糴法」，據《漢書·食貨志》的記載李悝的話說人們所吃的糧食、「甚貴傷民，甚賤傷農，民傷則離散，農傷則國貧，故甚貴與甚賤，其傷一也，善為國君，使民無傷而農亦勤。」這段話的意思就是說，糧食貴了，人民買不起，太便宜，農民太吃虧。李悝用「平糴」「平糴」法使糧食不太貴，也不太便宜。那就是當農民收成時，除了納稅及留下自己食用之外，多餘的糧食則由政府按合理的定價向農民收購儲存起來，所以叫「入米」是為「糴法」。待荒年欠收或饑饉的時候，則由政府將存糧平價出售，所以叫「出米」是為「糶法」。這樣糧食就不會太貴，也不會太便宜，農人和不種糧的士民工商都不會吃虧，不僅可以防止「饑饉水旱」，由於「糴、糶」的價格是由政府統一規定，免除商賈囤積居奇，自然可以在荒年缺糧之時，維持糧價穩定。使社會安定。

另外李悝在軍事制度方面也有重大的改革，是由軍事家吳起負責進行。其軍制改革概括稱「武卒制」。對士卒的選拔，訓練、考核極為認真嚴格。規定一個合格

士卒的一般要求是：身著三層甲，頭冠以鐵盔，腰佩利劍，持十二石弓，帶箭五十支，肩扛長茅，背三日糧，半日可行百里。（一個軍人扛這麼重的東西，還能行動迅速，靈活作戰嗎，令人懷疑。）如能達到此種標準者，免除一家徭役，並獎給田宅。吳起是李悝變法的極積支持者和參與者，以下介紹吳起其人。

　　吳起，是衛國人，司馬遷將他與孫子同列為一個列傳中，首先說他：「喜好用兵之術，曾受業於曾子的門下，以及侍奉過魯國的國君，當他在魯國時，齊國曾來侵略魯國，魯國的國君聽說吳起善用兵，本想用他為將，但因吳起的太太是齊國人，因為怕他會因妻子之故，跟齊人串通，所以猶疑不決，未敢立即任用。後來，吳起探知這個消息，為了不錯過這個成就功名的好機會，便恨下心來，殺掉妻子，以表明他跟齊國之間，已無任何牽連，魯國的國君不得已終於任他為將，由他率兵前去拒敵，大敗齊兵。」這就是有名的「殺妻求將」的故事。

　　接著司馬遷在列傳中又藉著魯國人的說法，記述吳起的身世，說魯國人有厭惡吳起的，便中傷他說：「吳起的為人，是個猜殘忌的人。當他年少時家累萬金，為求功名四處奔走尋找門路，結果把所有家產耗盡。變成了一個破落戶人，然後逃亡出國，臨行時咬著手臂對母親發誓說，『不當卿相決不回衛。』吳起離開衛國去到魯國，先到孔門弟子曾參之子曾申門下學習儒術。不久他的母親去世，他竟信守誓言，沒有回去奔喪，曾申認為不孝，乃斷絕了師生關係。吳起也就棄儒改學兵法。在魯國『殺妻求將』，魯國人更因此認為吳起這種殘忍寡情的作為，簡直不是一個人。」

　　由於魯國是一個重視禮教的國家，對於一個「殺妻求將」及「不奔母喪」的不義、不孝的人，自然難以立足。

　　聽說魏文侯求才，於是吳起離開了魯國來到魏國。魏文侯向李克詢問吳起的為人，李克說：「吳起貪名好色，但他喜於用兵。」魏文侯乃任用吳起為將，一舉就將秦國打敗，奪取河西之地，又協助樂羊滅了中山國，接著吳起就被任為河西之守，防禦秦國，保衛魏國西部的邊疆任務。

　　吳起善於帶兵，他擔任將領時，與士卒同甘共苦，史載：「與士卒最下者同衣食，臥不設席，行不騎乘。」親自扛著糧食與士兵卒分擔勞苦。有一士兵長了一個瘡，他親自吸出瘡中的膿。因為他如此的關心士卒，所以大家都為他效死命，因之他打仗，可謂無戰不勝，無城不克。他曾把自己的軍事實踐經驗，寫成《吳起兵法》、與前述《孫子兵法》在我國軍事史上俱有同等重要地位。但《吳起兵法》的

原著已經散失，現在所能看到的只有〈吳子〉六篇，而且據學者們研究並非原著，所保存者吳起的軍事思想而已。

　　吳起也是一位傑出的政治家。他在河西任上廿七年，「治百官，親萬民，實府庫」把河西治理得非常好，從而「使秦兵不敢東向，韓趙賓從。」

　　魏文侯死後，武侯即位，有一次，武侯與一些朝臣乘船巡視河西，坐船順西河而下，當船航行中流的時候，武侯眺望山河險阻，不禁很興奮的，對著吳起說：「美哉，山河之固，此魏國之寶也。」隨從中有個王錯在旁一味地河諛奉承。吳起當即指責王錯有害君王的行為，並以歷代興亡的教訓相直諫，認為「在德不在險」。特別指出以前的三苗氏，左有洞庭（湖），右有彭蠡（湖）的山險要，但因國君不知講德修義，結果國家被大禹滅掉；夏桀商紂王都是自恃有險峻的山川形勢，卻暴虐百姓而不講修德義，結果亡於湯武。所以要武侯不能以為有了山河險阻，就可以高枕無憂，必須要政治清明，善於治理。吳起的一番話，充分顯示了他是一位了不起的政治家，魏武侯也認為他是一位「賢人」。而吳起的聲望也揚名於魏國。

　　當魏國宰相出缺時，很多人都看好吳起，而吳起本人也滿望拜相，但結果有兩次機會都沒有輪到他，武侯先後卻任用了比他能力差的田文和公叔，吳起自然心中不悅。再因公叔及其他朝臣在武侯面前挑撥離間，使武侯對吳起失去信任，吳起也感受到這種變化，恐怕再待下去會惹禍上身，於是離開魏國去到了楚國。

　　魏武侯死，子罃即位是為魏惠王。在此之前趙、韓兩國計劃把魏國分割為兩個國家，但因兩國的陰謀不協調，魏惠王乃保住了性命。之後，三晉的關係頗不穩定，互相打來打去。魏惠王在軍事上屢次失敗，尤其先後兩次被齊國在桂陵和馬陵被打得大敗。更慘的是被秦國打敗後，逼得把都城遷往大梁，自是國際間便稱魏為梁國。

　　魏惠王除了後悔沒有留住商鞅，讓他去了秦國，而且還打敗了他。現在處此國景，不得不用極謙下的禮節來招聘賢者，於是鄒衍淳于髡、孟軻都來到了梁國。其實這三個人都是游學之士，他們治國的理念都很高，可以說不合時宜，魏惠王也沒有任他們用事，司馬遷在《史記·孟子·荀卿列傳》中說得很明白。戰國之時，各國無不利用法家新崛起的人才而富國強兵。如秦王用商鞅，楚魏用吳起，齊之用孫子，各國無不視征戰為至高無上的事情。所以孟子對各諸侯稱述遠古唐堯虞舜及三代的仁政德治，自然難合時宜。《孟子·梁惠王上》及《史記·魏世家》記載：

當梁惠王見到孟子時：「寡人沒有才德，軍隊曾三次遭到痛擊，太子被俘虜，上將戰死，以致沾辱了先君的宗廟社稷，寡人以此為羞，老人家不嫌千里之遠，委屈來到困乏都邑的朝廷，將要提供什麼意見使我國有利呢？」孟子回答說：「國君不可以這樣重視利，凡是國君貪利，大夫也就貪利，大夫貪利，老百姓也即貪利，上上下下交相爭取利益，國家就危了，做國君的只要有仁義就夠了，何必講利呢？」東漢王充在「論衡」一書中曾批評孟子，認為「利」有「財貨之利」，「國家之大利」，梁惠王請教孟子「亦將有以利吾國乎？」顯然所指是「國家之大利」。「國家之利不講還能講什麼呢？孟子的陳義雖高，處在那個時代，徒「仁義」不足以強兵，徒「仁義」何足以養民。

大史家司馬遷也反對這個「利」字，他在《孟子‧荀卿列傳》開頭便說：「余讀孟子書，在梁惠王問何以利吾國，未嘗不廢書而嘆也，曰：「嗟乎，利誠亂之始也，夫子罕言利者，常防其原也。故曰放於利而行多怨，自天子至於庶人、好利之弊何以異哉。

實則這時的梁惠王已經七十左右了，他自信對國家已盡了很大的心力，為何沒有把國家治理好。孟子直率地描出是因為梁惠王「好戰」。接著孟子勸梁惠王注重農業生產，「不違農時，如果不耽誤農人耕作的季節，五穀就豐收吃不完了；不要用「數罟」（細密的網）捕捉池魚，魚鱉也就會不斷繁殖，不要濫伐山林，材木也就用不完。」「五畝畝之宅，樹之以桑，五十者可以衣帛矣。雞豚狗彘之畜，無失其時，七十者可以食肉矣。百畝之田，勿奪其時，數口之家，可以無饑矣。謹庠序之教，申之以孝悌之義，頒白者（頭髮花白的老人）不負戴於道路矣（不至於親自背負重擔行走於道路）。七十歲者衣帛食肉，黎民不饑不寒，這樣就是王業。孟子又說，豐年要收購餘糧荒年要開倉救災。天下的人民都會歸順。然而梁惠王卻一心想用戰爭報仇雪恥，收復失去的土地，重振國威，對孟子這一番主張，絲毫聽不進去，繼續驅使百姓走上戰場，所以在「盡心」篇中，評介梁惠王「不仁哉梁惠王也」。

（二）楚國的改革

楚國在春秋以前被中原國家視為「荊蠻」，春秋時代已經為南方強大的國家，據清人顧棟高的統計，春秋間楚國先後併滅達四十二個國家。據專家研究，歷史上直屬中央的郡縣制度，就是楚國吞滅鄰國的過程中首先發展起來的。進入春秋晚期，楚國的政治一度不穩，國外受到新興的三晉的威脅，在國內，舊貴族既腐敗又

專橫，據《韓非子》的記載，楚國「大臣太重，封君又眾」，「上逼主」、「下虐民」，結果弄得國貧兵弱。

楚悼王即位後，面對國內外這種交困的情況，很想變法圖強。正在這時，吳起從魏國來到了楚國。悼王素聞吳起賢能，首先派他擔任苑地守，即展現了他的才能，沒多久，使苑地經濟發展，邊防鞏固。於是悼王把他升任為令尹（宰相職務）。

吳起當年離家時向母親發誓「不為卿相決不回家」，此刻達成了他的願望，心中自有一番滋味，心想既然受到國君重用，就更要有所表現，決心對楚國進行巨大的改革。他在作苑守時，就開始了解楚國的情況，曾走訪過一些楚國的大貴族，試探他們對政治改革的看法，貴族中雖然有守舊派不贊同他的變法革新，吳起作了令尹後，仍堅持自己的主張制定了一套改革辦法，主要內容是：

（１）限制舊貴族

改變世襲的分封制，「廢公族疏遠者」，就是那些封君凡超過三世的就取消爵祿，並把位在國都的舊有顯貴遷到「廣虛之地」（地廣人稀之地）。

（２）厲行法制

嚴明法令，罷無能，廢無用，損不急之官」，就是裁減無能無用的官員，以及廢除不急需的官職。

（３）整頓財政

節省費用，獎勵耕戰，加強國防。

把以上裁減下來的爵祿以及省下的冗官冗員的俸祿，統統用來「撫養戰士」，建立一支強大的軍隊。

此外，將國都的城牆加高，增強首都的防衛力量，同時還斥逐高談縱橫之術的遊說之士。

楚國經過吳起的大力改革，於是那些腐朽，頑固守舊的貴族勢力受到嚴厲的打擊，一些無所作為，且知作威作福的舊貴族官僚被撤換了，使國家走上了富強的大道，不久就南平百越，北併陳、蔡。既擊退了三晉的部隊，又西伐秦國，使得各國諸侯都震懾於楚國的強盛。就在楚國走向強盛之時，楚悼王突然死去了。

支持吳起改革的後台一倒，原來被吳起壓制的舊貴族便乘機發動政變。吳起正在料理悼王喪事，叛軍包圍了他，一陣亂箭射殺，吳起眼看支持不了，於是伏在悼王屍體上。按楚國的法律規定，如果有誰傷了王屍，就要「盡加重罪，逮三族」。

旋吳起被亂黨刺殺，同時也傷及了悼王的屍體。悼王安葬後，太子肅王即位，乃下令令尹著手調查追殺吳起的一干亂黨，統統格殺勿論。在這次事件中，楚國的舊貴族被「夷宗死者七十餘家」。有些編撰通史的人，不依據史實，隨便含糊籠統的說「楚國用吳起的謀略有計劃的消滅了楚國的世族七十多家」云云。楚國的貴族被消滅七十多家是實事，但不是在吳起改革中被消滅，而是在政變中被消滅。

司馬遷在《孫子·吳起列傳》最後評論說：「世上的人，凡談軍旅戰法的，無不稱道孫子的十三篇和吳起的兵法。他們二人的遺著，世上很多人家都有了，所以我在寫他們兩人的傳時，也就不多引述他的作品，而只編錄他們透過理論，實際施展出來的幾項作為。常言道：『能做的未必能說，能說的未必能做。』試看孫臏的計謀殺龐涓，就可明白，可是他又不能早救自己的兩腿免於被斬。（孫臏的事詳後）吳起向魏武侯講治國之道，與其徒恃山河的險阻，不如講修德政來得可靠。然而一旦到他自己為政於楚，卻又不修德政，反而以刻薄、暴虐、寡恩而喪生，這就不禁令人感到矛盾並為他感到悲哀了！」

（三）齊國的圖治

司馬遷在《史記》中先有〈齊太公世家〉，從姜太公到齊康公被田和篡奪放逐海濱為止。自是田氏擁有齊國。這齊國的先世又是春秋時陳國的後代，叫做陳完，後因陳國發生內亂，陳完乃逃到齊國，並改姓名為田完，田完死後，諡號為「敬仲」，所以司馬遷為之寫「田敬仲完世家」。

田氏之所以取奪姜姓的齊國政權，已在前面說得很清楚了。從田和篡齊，周安王正式封為齊侯，列為諸侯。所以春秋時代的姜姓齊國，實際就變成了戰國時代的田氏齊國。但這新興的齊國，由於國勢衰弱，其他諸侯國家看不起他，而且接二連三的遭受別國侵襲。這時田因即位，他就是後來的齊威王。威王即位之初，卻不問政事，把國事委託給卿大夫處理，而朝廷新舊勢力之間仍鬥爭不已，彼此結黨營私，以邪壓正，打擊排擠正直官員。引起齊國人民的不安。一些有眼光有作為的代表人物，眼見齊國的處境，心裡更為著急。他們都希望改變現況，使齊國走上富強之道。據《史記·滑稽列傳》記載，有一個名叫淳于髡者用隱語進諫說：「國中有大鳥，止王之庭，三年不飛又不鳴，王知此鳥何也。」王曰：「此鳥不飛則已，一飛沖天，不鳴則已，一鳴驚人。」（按這一對話完全套用了以前伍舉與楚莊王的對話）於是是齊威王決定從整頓吏治著手他首先召見了七十三個縣長入朝奏事，他多次詢問臣下，在地方官吏中，誰最好？誰最壞？左右不少人說即墨的大夫最壞，

阿城的大夫最好。威王並沒有聽信一面之詞，私底下派人下去了解實際情況，待掌握實情後，威王把即墨大夫和阿地大夫以及其他官員都召到朝庭上，首先對即墨大夫說「從你到即墨上任後，每天都有人說你的壞話，但是我派人到即墨視察，卻發現田野開發越廣，人民豐衣足食，官吏不延誤公事，東方因而安寧。這是因為先生不巴結我的左右近臣以求美譽，所以別人說你不好。」於是封他一萬戶的租稅作俸綠。

接著對阿城大夫說：「從你鎮守阿城以來，每天都有人讚美你。但是我派人到阿城視察，只見田野荒蕪，人民生活貧苦，老百姓話都不敢多講，只在背地埋怨你，趙國和衛國攻占你附近的城池。你都不去協助他們抵抗敵軍，你只知欺壓民眾，向上司行賄，求得爬升的機會，把齊國的風氣都被你敗壞了。」

於是卜令將阿城大夫和朝臣中受賄者以及為阿大夫說過好話的官吏，一律用烹刑處死。自是，整個齊國的風氣為之一變，「人人不敢飾非，務盡其誠」。

接著淳于髡又以「飲酒」來諷諫齊威王，認為酒喝得太多就容易發生亂子。自是威王便停止了徹夜飲酒的習慣。用淳于髡主管諸侯間外交的事務。

這時又有騶忌用彈琴的技巧謁見齊威王，然後用「彈琴的道理」向齊威王談「治國之道」，他的理論是：「大弦急彈時如春風般溫和，是象徵國君；小弦音明辨而清晰，是象徵相，手把弦抓得緊而又輕輕的放開，是象徵政令；和諧的聲音，大小相輔相成，曲折而不相干擾的，是象徵四時，聲音往復不亂，是象徵政治的昌明，聲音連續而行，是象徵保存亡國，所以說能將琴音調理好，天下就能治平，安定人民。」齊威王認為有道理，三個月後便拜騶忌為相。

騶忌為相後，採取了淳于髡給他的一些意見，再把這些意見綜合起來向威王提出，首先「謹修法而督奸吏」，認為做臣下的要盡心竭力地輔佐國君，把國家的事放在第一位；做國君的要順民心，體貼民眾，要親賢人遠小人，鼓勵臣民進諫，不為阿諛奉承的人所蒙蔽。所以齊乃下令：能當面提出批評建議者，給上等賞，用書面提出者給中等獎，在街頭巷尾評論者，只要傳到國君耳裡者，也要獎賞。詔令下達後，開始時提批評建議的人爭先恐後，「門庭若市」。

齊威王用騶忌的意見，選用了大批適任的人才，擔任要職，從齊威王與魏惠王在一次相會時的談話中便可以得知，魏惠王首先問齊威王「國家是否有寶物？」齊威王回答說「沒有」。

魏惠王說：「若寡人國小也，尚有徑寸之珠，照車前後各十二乘者十枚，奈何

以萬乘之國而無寶乎？」

　　齊威王說：「寡人之所以為寶與王異。吾臣有檀子者，使守南城，則楚人不敢為寇東取，泗上十二諸侯皆來朝；吾臣有盼子者，使守高唐，則趙人不敢東漁於河；吾吏有黔夫者，使守徐州，則燕人祭北、趙人祭西門（恐怕齊國入侵，祈求神靈保佑之意）徙而從者七千餘家。吾臣有種首者使備盜賊，則道不拾遺。」齊威王以為有這些賢能的人可以照耀千里的領土，豈是十顆寶珠照十二車乘可以比擬的。魏惠王聽了慚愧而退。

　　齊威王死後，子宣王即位，不久為了救助韓國與魏國大戰於馬陵。齊魏馬陵之戰是戰國時代有名戰役之一，說來話長。先從《史記·孫子吳起列傳》說起。馬陵之戰打敗魏國，殺掉魏將龐涓的就是孫臏。孫臏是前面所說過的孫武的後代子孫。曾跟龐涓一起學兵法，後來都在魏國做官，龐涓雖為魏將，且得魏王信任，但自以為才能不及孫臏，乃設陷使孫臏獲罪，踞砍去他的雙腿。後來有位齊國的使者，秘密將孫臏營救到了齊國，當時齊國掌兵的大將田忌很佩服他的軍事天才。乃向齊威王推薦，威王拜他為軍師。首先就聽了孫臏的設計在桂陵大敗魏軍。十三年之後，齊宣王在位時，魏國攻打韓國，韓向齊告急，齊乃派田忌為將，孫臏為軍師，還是採用前次桂陵之役的戰法，先攻擊魏軍的後方，逕向魏的大梁進發，魏將得悉後放棄攻韓，趕回相救。這時齊國的軍隊已出了國境正向魏國進擊，孫臏知道龐涓的軍隊將到，乃採「滅灶誘敵」之計，即是：「當軍隊跨入魏境的第一天，要部隊挖可倍十萬人煮飯用的灶；到第二天，只挖可供五萬人用的就好，到了第三天，只挖三萬人的就行了。」龐涓跟在齊軍後面追趕了三天，發現齊軍煮飯的灶日漸遞減的情形，以為是齊軍膽小怕死，紛紛逃亡去了。於是龐涓拋下步兵補給，只帶輕裝戰士，急忙追趕。孫臏計算龐涓的行程，在黃昏日暮時刻，當會趕到馬陵，馬陵這個地方，路狹道窄，兩旁又多險阻，很適宜設兵埋伏。孫臏便命士兵砍一些樹木以阻去路，並選一棵大樹，將大樹面向路一邊削去樹皮，露出光滑潔白的樹身，然後在上面寫下：「龐涓死於此樹之下」等幾個大字。於是又下令軍中善於射箭的人，共拿萬支強弩，夾道埋伏，約定：「晚間但見大樹底下有人點火，就萬弩齊發。」龐涓一路追趕，果然在當夜趕到那棵大樹底下，抬頭看見光滑樹身，髣髴若有字，於是點火照看，可是字還沒有看完，齊軍萬弩齊發，箭如雨下，魏軍大亂，竄逃失散，龐涓自殺，齊軍乘勝追擊，徹底擊潰魏軍，並俘虜魏太子申而還。孫臏因此名揚天子，後世也傳下了他的兵法。

關於，桂陵、馬陵之戰，大陸的史家有不同的看法，他們認為龐涓是死在桂陵之戰，所持的理由是一九七二年出土的《孫臏兵法·擒龐涓》章所記，孰是孰非，還有待研究。

且說齊宣王在位期間，孟子正二度游說於齊（第一次在齊威王時，因孟子主張以德服人，實行仁政，與威王力圖以武力統一天下，爭霸中原的野心，幾乎是針鋒相對。所以未受到威王的重用。而此刻到齊國，宣王待他為客卿，孟子以為此時的齊國土地遼闊。人口眾多，要實行仁政，稱王天下，乃易於反掌之事。所以多次與齊宣王的談話中都巧妙的把齊宣王引導關於仁政王道的意念中。如《孟子·梁惠王篇》中記戴孟子與齊宣王的對話中說：

宣王問到「齊桓、晉文稱霸之事」孟子回答「保民而王，莫之能禦也。」

宣王問到「不肯做與不能做的區別」，孟子回答「挾太山以超北海，非不為也，實不能也。為長者折枝，非不能也，實不為也。」孟子接著又說：「老吾老，以及人之老；幼吾幼，以及人之幼；天下可運於掌。」「推恩，足以保四海，不推恩，無以保妻子。」孟子告訴宣王不行仁政，而一心圖開疆土，使秦楚來朝君臨中國「猶緣木而求魚也。」孟子又說：「今王發政施仁，使天下仕者皆欲立於王之朝，耕者皆欲耕於王之野，商賈皆欲藏於王之市，行旅者皆欲出於王之領土；天下之欲疾其居者，皆欲赴愬於王，其若是，孰能禦之？」

孟子更進一步的明白勸告宣王人民因為沒有永久保有的產業，也就沒有經常向善的心志，所以種種放蕩無禮、邪僻不正的壞事都會做出來，如果等他們犯了罪，再處罰他們，這等於是預設法網，陷害人民了。所以一個賢明的國君必須「制民之產，必使仰足以事父母，俯足以畜妻子；樂歲終身飽，凶年免於死亡；然後驅而之善，故民之從之也輕。」

孟子又把當年勸梁惠王的一些主張向宣王重複說了一遍：「五畝之宅，樹之以桑……雞豚狗彘之畜，無失其時……百畝之田，勿奪其時……謹庠序之教申之以孝悌之義……」

然而齊宣王跟梁惠王一樣，對孟子的主張一點也沒有聽進去。

另一點還要在此補充說明，齊國在齊威王、宣王在位時是當時東方的強國，在文化思想上居領導地位，齊威王特在國都臨淄一個名叫「稷下」的城門建立一所學宮，邀集各國學者來此講學，著書和辯論。來此講學的人被稱「稷下先生」。齊王並封之為上大夫。自是齊國的臨淄成戰國時代學術活動的中心，來此講學的人包括

各種學派，人數有時多達數百千人，歷時一百多年，齊宣王時最盛。據歷史的記戴有名的人物有宋鈃、尹文女、慎到、彭蒙、田駢、環淵、鄒衍、鄒奭、淳于髡、兒說、田巴、魯仲連、接子、孟子、荀子等。齊襄王時，非常尊敬荀子，拜他為卿，稷下學士一致推舉他為「祭酒」（年歲高而有德行的人，為稷下學宮的領導者，但因荀子名望太大，遭人讒言被迫離開齊國去到秦國考察。此時正當秦昭王在位，范雎為相，國力強盛，荀子諫秦王挑起統一中國的重任，提出「力求止，義求行」的「王道」主張，但因秦國推行的是「霸道」，所以不見用，于是又回到齊國。這時齊王健在位，政權卻掌控在「王后」手中，荀子乃對「女主亂之宮」「詐臣亂之朝」「貪吏亂之宮」於以揭露批評。自然遭到讒言攻擊，離開齊國去到楚國，楚相春申君任他為蘭陵令，不久又離楚去趙，再由趙回楚，重作馮婦，及春申君被人刺死，荀子亦去職，終身留位蘭陵，著書立說。至今留有「荀子一書」，其中「性惡論」最為後世所樂道，認為「人性本惡，其善者偽也」。性是天生，善是「偽」，是人為。天生性，無論聖人、君子、小人都有「好利疾惡之心，耳目聲色之欲」人既有這些不好的性，所以主張用教育變化人的氣質，用禮約束人的行為，使其「非禮勿視，非禮勿言，非禮勿行」。如果不能做到，則只有用嚴刑峻法，所以由「禮治」演變為「法治」，因是他的兩位高足韓非、李斯成為法家著名人物。後世對荀子有很多專書論述，故本書從簡。

（四）韓昭侯用申不害的「法術」圖強

　　三晉中以韓國的地盤比較小，韓虔正式取得諸侯的封號後，三年便死了。他的兒子列侯即位，不久列侯的相國俠累又被嚴仲子派聶政刺死。聶政刺殺俠累後，自己毀容自殺，他的妹妹前往認屍後也自殺在旁，司馬遷在「刺客傳」中把這故事寫得很動人，後人還改編為戲劇。之後，韓國的局勢一直不穩定，時常遭受外國的侵略。至到韓昭侯決心變法圖強，起用申不害為相。

　　關於申不害的生平事蹟，司馬遷在《史記‧老莊申韓列傳》中寫得很簡略：「申不害京人也，故鄭之賤臣，學術以干韓昭侯，昭侯用為相，內修政教，外應諸侯。十五年，終申子之身，國治兵強，無侵韓者，申子之學，本於黃老，而主刑名，著書二篇，號曰申子。」《漢書藝文志》說他著書六篇，但都已亡佚。後世學者乃從《韓非子》、《呂氏春秋》、《戰國策》以及宋人編的《大平御覽》等書中找到一些有關記戴申不害的片斷的文字加以研究。

　　他的思想以「法」「術」為主。故有人稱他為「法術士」。他的所謂「法」就

是今人所謂的法治。所謂「術」就是執行法的手段和方式。

第一、他認為「君必有明法正義，若懸權衡以正輕重，所以一群臣也。」又說「衡設平，無為而輕重自得。」這話的意思就是一個國君治國先要確立法治，法就像種重量的一個「秤」，有「秤」才能量知物重，有了「法」才能駕取臣下的行為。

第二、他認為「法」既然確定，就要依法辦事。反對統治者憑主觀心智和個人的善惡去隨意決定政策措施和賞罰制度。他認為單憑各人的「耳目心智」是不行的，國君也應該「任法而不任智，任教而不任說。」如不依法行事，而以個人之隨心所欲，想怎麼就怎麼辦，則國家一定大亂。

第三、「法」既然定了，國君就用「術」去推動「法」的實施。他主張國君集權於一身，就是「獨斷」，把國家官吏的設置、任免、考核、賞罰等以及生殺予奪之權，都緊緊的掌握在國君手中。但不是「隨心所欲所為」，一切都依「法」行使。他說：「術者，因任而受官，循名而責實，操生殺之柄，課群臣之能者也。此人主之所持者也。」

第四、申不害的另一種「術」，就是要國君平常不要讓臣下看出自己的欲望和某些弱點，以及言行舉止等習慣，使臣下猜不透內心的某種意圖，臣下就不至於揣摩看國君的心理而投其所好，或弄虛作假。從而臣下就只好去盡力做自己的事。他也提出「治不逾官，雖知弗言」，只准各自辦好職分的事，不相干的事不要去隨便干涉。

申不害除了在政治方講求「法、術」之道外，在經濟方面也特別重視農業生產。因此把土地看得十分重要，他說：「四海之內，六合之間（天地四方），曰奚貴？曰貴土，土，食之本也。」「王天下」者，「必當國富而粟多也。」

申不害相韓十五年，在他的主政期間，使韓國「內修政教，外應諸侯，國治兵強，無侵韓者」。但韓昭侯晚年往往聽從左右的錯誤意見，不能貫徹新的法令。加以國內發生旱災，昭侯竟不顧人民疾害，還大興土木，修築一座大城門，耗費人力物力。當時有一個楚國大夫屈宜看到這種情形認為「國中既發生旱災，不安撫人民反而更加奢侈，此謂『時紲舉贏』。」（時衰耗作奢侈）預料他出不了這座高門。果然當高大城門建好，昭王便在這年死去，而申不害已於四年前去逝。

（五）秦孝公用商鞅變法

秦自穆公稱霸西戎後，歷經康公、共公、桓公、景公、哀公、惠公、悼公、

屬公、躁公、懷公、靈公、簡公、惠公、出子、獻公共十五主，其間何以出現兩個「惠公」不知何故，胡三省注通鑑云：「愛民與好，曰惠。」在這些君主期間，是秦國的守成時期，但與東方諸侯時有爭戰，在國內從屬公開始，則困貴族侵凌公室，干涉君位，曾多次發生內亂，國勢日衰。前述魏文侯即乘其朝政不穩之際，使大將吳起西侵，奪回原屬晉國的河西之地，也就是當年晉惠王送給秦穆公的那遍地。楚悼王也侵奪了秦的漢中之地。

秦獻公是一位英明的君主，即位時已四十一歲。他第一件事是「廢除從死的習俗」。這是從秦武公開始以臣殉死的極不人道的習俗，何況死者中曾有賢能之士，獻公將之廢除，可謂第一善政。在位廿四年期間，曾清理全國戶籍，整頓卒伍，又「初行為市」就是開闢市場交易，發展經濟。於是國勢有了好轉，秦本記說「與晉戰於石門，斬首六萬，天子賀以黼黻」（禮服上繡的花紋，黑白相間稱之黼；黑青相間謂之黻。）此處「晉」當是指魏國而言，「斬首」二字第一次見於史書，而「斬首六萬」之多尚史無前例，此後「斬首」云者遂屢見史書，斬首之數目更是駭人。

孝公繼位後，當時的天下形勢，據秦本記稱：「河山以東強國六，與齊威、楚宣、魏惠、燕悼、韓哀、趙成侯，並淮泗之間。小國十餘，楚魏與秦接界，魏築長城，自鄭濱洛以北，有上郡，楚自漢中，南有巴黔中，周室微，諸侯力政，爭相併，秦僻在雍州，不與中國諸侯之會盟，夷翟遇之。」按秦自靈公即已徙居於涇，獻公又別營櫟陽，此時並非僻在雍州，且獻公之時，連敗三晉之軍，周天子還致賀稱之為伯。故《史記》這段記述似乎有些含糊矛盾。

然而東方諸侯仍把秦國視為「夷狄」秦孝公引以為恥，決心發憤圖強，布德修政，賑濟孤寡，招募戰士，嚴明功賞，並下了一道詔令。要洗滌諸侯卑秦的心理。最後在詔令中說：「賓客群臣，有能出奇計強秦者，吾且尊官，與之分土。」

就在這時，有個叫公孫鞅的人，從魏國來到了秦國。《史記》中有〈商君列傳〉，記述他的事非常詳盡。

商君是衛國的庶公子，名鞅，姓公孫。少年時就喜歡刑名之學（法術），在魏國的相國公叔痤家中任高級家臣（中庶子，掌公族事。）公叔痤知道他很能幹，還沒有來得及把他推薦給魏惠王，自己就病了。魏王親自來探望公叔痤的病，公叔痤就乘機推薦衛鞅，希望魏王把國政交他掌管。魏王默然未答，公叔痤接著說：如果不用他就將他殺掉，不要讓他離開魏國。魏王允諾後離去。公叔痤即刻派人召見衛

鞅，叫他立刻辭別說：「剛才國君來問我誰可以為相國，我推薦你，看他的表情似乎不同意。我做人的原則是『先君後友』，我見他不會用你，所以叫他把你殺掉，現在我告訴你，趕快逃走吧！」衛鞅聽了公叔痤的話一點都不緊張，反而對他說：「國君既然不聽你的話用我，又怎麼會聽你的話殺我呢？」不久，公叔痤死了，魏惠王認為公叔痤當初向他推薦衛鞅是重病中的胡話，所以沒有用他，而衛鞅也沒有逃走，還一直待在魏國等消息。

　　不久，聽說秦孝公下詔求才，衛鞅見自己國君不用，乃攜李悝，吳起的法經去到了秦國。透過秦孝公的寵臣景監的安排，求見孝公。

　　衛鞅見孝公時，語事良久，孝公時時閉眼直打瞌睡，沒有專心聽，結束談話後，孝公責備景監說：「子之客妄人耳，安足用耶！」景監詰責衛鞅，鞅曰：「吾說公以帝道，其志不開悟矣。」

　　過了五天，衛鞅又見孝公，然而仍話未中肯。孝公又責備景監，景監亦詰責衛鞅，鞅曰：「吾說公以王道而未入也。」

　　衛鞅第三次見孝公，孝公認為他不錯，還沒有要用他，但孝公對景監說：「汝客善，可與語矣！」景監轉告衛鞅，衛鞅說：「吾說公以霸道，其意欲用之矣，誠復見我，我知之矣。」

　　衛鞅第四次見孝公，兩人談得很投機，一連談了好幾天不覺得厭倦。景監說，你以什麼說動我們的國君呢？我們的國君高興極了。

　　衛鞅說：「吾說君以帝王之道，比三代，而君曰：『久遠，吾不能待，且賢君者，各及其身，顯名天下，安能待數十百年，以威帝王乎！』故吾以強國之術說君，君大悅之耳。」

　　按衛鞅既「聞秦孝公下令國中，求賢者，將修穆公之業，東復侵地，迺遂西入秦」，又在求賢令中說得很白：「有能出奇計強秦者，吾且尊官，與之分土」。而且衛鞅又是孝公的寵臣所引見，對孝公求賢用人的標準，應當很瞭解，何以衛鞅見孝公後，不開門見山地談強國之術，而先談「帝王之學堯舜禹湯的仁義。可見衛鞅的初意並不喜歡行「霸道」，然因孝公求強心切，才不得已提出來。後人批評衛鞅「刻薄寡恩」，其實是秦孝公的旨意，司馬遷為商君立傳詳細列述了孝公接見衛鞅的經過，其用意或亦在此。

　　孝公準備用衛鞅變法，又恐怕天下議論自己，意猶未決，衛鞅乃對孝公說：「疑行無名，疑事無功，且夫有高人之行者，固見非於世，有獨知之慮者，必見敖

於民，愚者闇於成事，智者見於未萌，民不可與慮始，而可與樂成。論至德者不和於俗，成大功者不謀於眾，是以聖人苟可以強國，不法其故，苟可以利民，不循其禮。」顯然地衛鞅的意思只要國富民強，不必按舊的制度去辦，也沒有必要遵守老規矩。

可是孝公的一位大臣甘龍不同意，他認為：「不然，聖人不易民而教，知者不變法而治，因民而教，不勞而成功，緣法而治者，吏習而民安之。」甘龍的意思遵循舊習來施教，不用費大力氣就會得到成功，依舊有的法制來治理國家，官吏民眾都很熟悉，不會引起混亂。

衛鞅反駁說：「龍之所言，世俗之言也。常人安於故俗，學者溺於所聞，以此兩者居官守法可也，非所與論於法之外也，三代不同禮而王，五伯不同法而霸，智者作法愚者制焉，賢者更禮，不肖者拘焉。」

另一大臣杜摯也不贊同衛鞅的變法，他認為「利不百，不變法，功不十，不易器，法古無過，循禮無邪。」

甘龍、杜摯是兩個極為保守的人物，然足以代表大部人的意見，而衛鞅毫不妥協，嚴厲批駁說：「治世不一道，便國不法古，故湯武不循古而王，夏殷不易禮而亡，反古者不可非，而循禮者不足多。」治理天下不能只按照一個道理，為了國家利益，也不一定要效法古代那一套，像成湯、周武王並沒有遵循古代的制度，也興旺發達起來，夏桀、商紂王沒有改變舊的那一套，卻照樣亡了國。

說來雙方都有理，只因時代環境不同，代表守舊勢力的一方失敗，衛鞅不僅在理論上取得勝利，而且說服了孝公堅定了變法的決心。

於是孝公不顧貴族與諸大臣的反對，毅然用衛鞅變法，拜他為左庶長，十爵的官位，相當於九卿。新法頒行之先，為樹立政府的威信，乃在國都的南門立了一根三丈長的木頭，上面貼一個條子，如有人把它搬到北門，賞給十金，老百性看了都感到很奇怪，以為有什麼陰謀，都不敢動。於是政府又把那條子改寫為「賞五十金」。也許重賞之下必有勇夫，於是有一個老百姓不信邪，將木頭輕而易舉的搬到北門，這時看熱鬧的人，人山人海，政府乃當作廣大群眾的面，賞給那個老百姓五十金。這意思是「民無信不立」，這是政府說的話，說了要算數，不能欺騙人。於是衛鞅把新法正式公布出來，《史記·商君列傳》說：

> 令民為什伍，而相收司連坐，不告姦者腰斬，告姦與斬敵首同賞，匿者與降敵同罰。民有二男以上不分異者倍其賦，有軍功者，各以率受上爵。為私鬥

者，各以輕重被刑大小、僇力本業，耕織致粟帛多者復其身。事末利及怠而貧者，舉以為收孥，宗室非有功論，不得為屬籍，明尊卑爵秩等級，各以差次。名田宅臣妾衣服以家次，有功者顯榮，無功者雖富無所芬華。

按衛鞅變法前後兩次，總計施行二十年，前面的令文是第一次變法的主要內容，茲再分析說明於下。

前期：

（1）行連坐法

行什伍之制與連坐之法，什伍同於後世的保甲。衛鞅為嚴密基層組織，即五家為保，十家相連，一家有罪，其他諸家如不檢舉，連同懲罰，而且獎懲都很嚴、重，不告發者要腰斬，告發者給予爵賞。這樣不僅使國家直接掌握了全國戶口，而且使民互相監視，以防違法犯罪。

（2）勸民分居

凡一家有二個以上成年男子就必須分家，否則要加倍出賦稅。其用意是除掉人民的依賴心理，使成年人都能自立更生，人盡其才，各有所業，以便達到民裕國富的目的，這也是中國小家庭制度的由來。

（3）鼓勵耕織

獎勵生產，規定耕種的人如果使糧食增加，紡織的人如果使布帛增多，便免除他們對國家的勞役。如果游手好閒、或者家裡貧窮，以及營事末利者（從事工商的人）全家的人都要收為公家的奴隸。讓全國沒有一個吃閒飯的人，人人都努力生產。

（4）提倡軍功

嚴禁私鬥：凡為國家立有軍功的，按功勞的大小授予爵位和田宅。私鬥的按情節輕重，處以不同的刑罰。提倡軍功的另一辦法，就是廢除舊有的世卿世祿制，重新確定爵位和等級，宗室（國君的親屬）沒有軍功的不得列入宗室的屬籍，不得享受宗室的特權。以後必須依據對國家功勞的大小，確定爵位、田宅，奴婢以及車服器用等等的占有，不許僭越逾制。有功的就榮顯，沒有功勞的，雖富有也不能尊榮。

（5）定首功之制

此為前所未見之制度，對敵人「斬首」的事，首先發生於秦獻公已於前述。即視斬獲敵人首級之數目，而定爵位之高低。這一制度之建立，使秦軍衝鋒陷陣，

發揮無比之強悍。為了報功，見人即殺，使無辜生命遭殃。在一次秦楚戰爭中，楚世家記載，被秦軍斬首八萬，而秦本紀記載：斬首楚軍十五萬，同一個戰爭，何以雙方的記載有七萬之差。顯然楚國方面記載的是指被斬首的軍人，而秦國方面記載的是根據一些將軍的口頭報告，這其中除了虛報之外，一定包括無辜的老百姓的首級，官方沒有去驗明正身，何者是軍人，何者是人民，實事上也無法去查驗。這就是孟子所以說：「爭城以戰殺人盈城，爭地以戰殺人盈野」。

當新法公佈之後，秦國數以千計的人民前往國都議論紛紛，指出新法不妥不便，認為行不通，而舊貴族更是反對。不久，太子居然明知故犯。衛鞅認為「法之不行，自上犯之」，決心衝破傳統，建立「法律之前人人平等」的原則，不論誰犯法都要依法處理。但太子是國君的繼承人，不能施刑，於是「刑其傅公子虔，黥其師公孫賈」。表面看來是罰老師平時沒有負起管教太子的責任，實際上就是懲罰了太子。從此以後，誰敢不遵守新法呢。

新法推行十年，獲得了顯著成效，《史記·商君列傳》說：「行之十年，秦民大悅，道不拾遺，山無盜賊，家給人足，民勇於公戰，怯於私鬥，鄉邑大治。」

秦國人民中最初對新法不滿意，於今又對新法稱便，衛鞅認為「這些都是擾亂教化之民」便將他們遷徙到邊疆。從此，人民都不敢再議論法令了。

人民由詛咒轉而歌頌，足証新法的成功。衛鞅自己在前面也說過「民不可與慮始，而可與樂成」。何以對「言令便」者也遷到邊疆乎？既不容咒，亦不許頌，這與前述子產治理鄭國的態度就大有不同了。

司馬光的：「通鑑」寫到這裡，認為秦孝公用衛鞅變法之所以成功，主要是先建立了人民對政府信心，上下一律守法，國人無不遵法趨令。他說：「夫信者，人之大寶也，國保於民，民保於信，非信無以使民，非民無以守國。是故古之王者不欺四海，霸者不欺四鄰。善為國者不欺其民，善為家者不欺其親。不善者反之，欺其鄰國，欺其百姓，甚者欺其兄弟，欺其父子。上不信下，下不信上，上下離心，以至於敗。所利不能藥其所傷，所獲不能補其所亡，豈不哀哉。昔齊桓公不背曹沫之盟，晉文公不貪伐原之利，魏文侯不棄虞人之期，秦孝公不廢徙木之賞，此四君者，道非粹白（純白，言四君的政教並不是沒有缺點），而商君尤稱刻薄，又處戰攻之世，天下趨力，猶且不敢忘信以畜其民，況為四海治平之政者哉。」

宋人熊去非著通鑑疑難批評說：「或問商鞅徙木之信，果可以為信乎？曰，此小人狙詐之術，非信也。然則溫公稱其信以畜民，荊公贊其令之必行，非歟！曰，

溫公不識王伯，故有此等議論，若荆公者，方以術禍天下，無怪乎喜而贊之也。昔也聖人之治世者，因其自然之理，當行之路，而立教養之法爾。一政之出，堅如金石，於以定民之心志。一令之施，確如四時，於一民之耳目。聖人之所以信民者，蓋於此，豈有一毫私意於其間哉。商鞅以刻薄之資，欲售其富強吞併之術，恐民驚駭，而不之信，非議而之從，於是持假取木之小事，而立五十金之重賞，行不測之賞，誘之於先，用不測之刑，驅之於後，移其耳目，奪其心志。於是驅之力本，則務農矣；驅之弒父，則不敢違矣；驅之君，則臣不敢違矣。厥後扶蘇聞詔賜死，不敢自白；趙高指鹿為馬，廷無閒言，皆徒木之所致也。嗚呼！小人之術，正如毒藥攻病，非無一時捷效，且其潰腸刻骨之禍，蓋有旋踵者，鞅不足道也！而溫公議論如此，吾以是知功利之移人甚矣。」

熊去非的這番話，未免過於偏激。鞅法固不足為後世師，然此一時彼一時。秦不用鞅法，安足以圖後世之強，或又謂「秦據膏腴之地，河山之險，固地利為之，機勢為之也，使無衛鞅變法，則秦亦將以併天下」（勞幹秦史論）。

「然不變法，腴地不用，生產不增，國焉能致富！不變法，民未能用，兵力不勇，戰安能致勝；不變法，民風不改，社會不安，政治無由上軌道，徒依河山之險，古之未有以強國者。」（彭友生著《秦史》114頁）

> 苟子強國篇說：「應侯問孫卿曰：『入秦何見？』孫卿子曰：『其固基險，形勢便，山林川谷美，天材之力多，是形勝也。入境觀其風俗，其百姓樸，其聲樂不流汙，其服不挑，甚畏有司而順古之民也。及都邑官府，其百吏肅然，莫不恭儉敦敬，忠信而不楛之吏也。入其國，觀其士大夫，出於其門，入於公門，出於公門，歸於其家，無有私也。不比周，不朋黨，偶然莫明通而公也。古之士大夫也。觀其朝廷，其間聽決百事不留，恬然如無治者，古之朝也。』」

這是苟子盛讚秦之政治入於常軌，雖受環境的影響，但主要還是法令之獎成。

賈誼《過秦論》說得比較正確：「秦孝公據崤之固，擁雍州之地，君臣固守，以窺周室，有席捲天下，包舉宇內，襄括四海之意，并吞八荒之心。當是時也，商君佐之，內立法度，務耕織，修守戰之具，外連衡而鬥諸侯，於是秦人拱手而取河西之地。」

按自秦孝公三年用衛商變法以來，計九年期間，除前述在內政方面收到相當成效外，在對外方面，計與魏國相戰三次，與韓趙相戰一次，都獲得勝利。孝公雄心

勃勃，衛商信心更強，於是開始第二次改革，據《史記·秦本紀》及〈商君列傳〉
所載，衛鞅後期的變法有下列五要點：

後期：

（1）建立新都：

孝公十二年，西元前三五〇年，將國都徙於滑水邊的咸陽。在此營建宏偉之宮
殿及城闕，此地土地肥沃，形勢扼要，為秦政治中心，較以前的雍州、櫟陽為宜。
此為衛鞅之遠見，秦國從此不再遷都。

（2）統一全國度量衡：

將升斗、丈尺權衡（稱物輕重之器）確定統一標準，不許私改變造，他定下度
量衡的標準，一百廿年後秦始皇還沿用著。這樣利於稅收和交換，按此時秦國的疆
土很廣，且諸戎雜處，若度量衡不一，影響民生頗臣，此為衛鞅之便民新政。

（3）改定地方行政制度：

按秦國設縣早在秦武公（西元前六八八年）討伐邽、冀戎之後，就已開始，秦
屬公時也有設縣的措施。現在普遍設立縣制。把原來的小鄉邑加以合併，統一規劃
為四十一縣。（此據秦本紀文，而商君傳及六國表都作三十一縣孰是孰非，幾千年
來沒有人去肯定。）縣設令、丞（正副縣長），由國君直接任命，集權中央。

（4）實施新土地法：

廢井田開阡陌，就是把從前所謂的「井田制」那種縱橫疆界剗除掉，鼓勵人
民自由佔耕未墾的荒地，承認土地私有，可以自由買賣，政府按田多寡徵收賦稅。
後世有些史家謂「井田之廢始於秦」而舊有的高中歷史教科書更說秦孝公用衛鞅變
法「廢封建，開阡陌」。這些說法都是含混不正確的。按阡陌為田間小道，南北為
阡，東西為陌，此不過是整理經界，而便於政府之徵稅而已。現在只是把這縱橫阡
陌剗去，增加耕地的廣面，並沒有廢除「封建制度」何況衛鞅本人，在變法成功
後，秦孝公封他商於之地為列侯（號商君）《左傳》昭公二十八年：「秋，晉韓宣
子卒，魏獻子為政，分祁氏之田以為七縣，分羊舌氏之田以為三縣。」然後又把這
些縣邑轉封給其他的人，此乃早於衛鞅井田共同體之破壞事例。

（5）焚詩書，制秦律：

秦國焚詩書的事，一般都以為是秦始皇開始，其實在秦孝公時就實行過。《韓
非子》一書中有「燔詩書而明法令」。衛鞅並根據李悝的「法經」制定了秦國的法
律。

此外，「令民父子兄弟同室內息者為禁」秦人的習俗父子兄弟同室同息，此為中原諸侯所以以「戎狄」視之，孝公也早以此俗為恥。但並非全秦民如此，或為被征服之戎瞿地區，仍過其行帳生活而已，此項禁令是為改革秦人感染戎狄的習俗。

衛鞅在秦孝公的全力支持下，實行變法，前後達二十年之久，獲得巨大的成就，尤其沉重的打擊了舊貴族的威勢。第二次改革時，據〈商君列傳〉說：「行之四年，公子虔復犯約，劓之。」按前述，公子虔當太子的老師時，因太子犯法已經被處過刑。處什麼刑沒有具體交待，〈商君列傳〉只說：「刑其傅公子虔，黥其師公孫賈」，〈秦本紀〉說得比較清楚：「黥其傅師」。可見傅與師都是處以黥刑。於今公子虔自己又犯法，被割掉鼻子。由見古法不循情，要自衛鞅開始，真正做到了法律之前人人平等。

孝公十九年，衛鞅變法可謂已經完全成功。商君傳說：「居五年，秦人富強，天子致胙於孝公，諸侯畢賀。」〈秦本紀〉則說：「天子致伯。」就是霸者的意思。

這時東方強大的魏國被齊國打敗，而大將龐涓被殺，衛鞅認為有機可乘，乃對孝公建議說：「秦之與魏，譬若人之有腹心疾，非魏并秦，秦即并魏。何者？魏居嶺阨之西，都安邑，與秦界河，而獨擅山東之利，利則西侵秦，病則東收地。今以君之賢聖，國賴以盛，而魏往年大破於齊，諸侯畔之。可因此時伐魏，魏不支，秦必東徙，東徙，秦據河西之固，東鄉以制諸侯，此帝王之業也。」〈商君列傳〉

孝公以為然，乃使衛鞅為大將，率兵擊魏。按此時秦社會安定，民風樸質，舉國上下皆以對外戰爭為主要出路。加以嚴刑酸法，秦民皆恪守紀律，軍隊戰志高。

魏國聽到秦軍來擊，派公子卬為將迎戰，當雙方對峙時，衛鞅先寫了一封信給魏將公子卬，信中說：「吾與公子歡，今俱為兩國將，不忍相攻，可與公子而相見盟，樂飲而罷兵，以安秦魏。」

魏公子卬不知道是衛鞅的詐術，乃相與會盟，正歡飲中，衛鞅埋伏的甲士，將公子卬擒住，旋乘機突襲大敗魏軍。魏惠王以屢為秦齊擊敗，這一次戰爭失敗尤慘。國內空虛，日以削恐，乃派使者將河西之地割給秦國以求和平。又因魏國的首都安邑靠近秦國，於是徙都大梁（開封）。自是歷史上便稱魏國為梁國，孟子且有「梁惠王篇」。為什麼把人家的國號都改掉，大概含有諷刺的意味，認為魏惠王連國都都保不住，況且當他被衛鞅打敗後，沒有全盤檢討失敗的原因，只說了一句「寡人恨不用公孫痤之言也。」按當初公孫痤曾告訴他，要嘛就用衛鞅當宰相，不

然就把衛鞅殺掉不讓他去國。此刻惠王所悔恨的究竟是「沒有用他」呢？還是「沒有殺他」呢？從前面所談到的魏惠王只愛財寶而不重人材的情形來推斷，應該是後悔沒有殺掉衛鞅。即或衛鞅留在魏國為相，而魏國也不可能像秦孝公那樣有魄力支持衛鞅來變法，魏國也是強盛不起來的。

衛鞅破魏軍回來後，秦孝公封給他「於、商」兩地十五個都邑，稱號為商君，自是以商鞅稱呼他。

《史記·商君列傳》：「商君相秦十年，公室貴戚多怨。」這是因為他在變法中，剝奪了無功的嬴姓貴族世祿，而自己最後卻被封賜十五個都邑，自然引起宗室貴戚的懷恨與不滿。這時有一位叫趙良的人因孟蘭皋的介紹去見商鞅。趙良對商鞅說：「……你為秦國宰相，也不為人民做事，而大築門闕，這並不是有功績的。對太子的名師施以刺額的刑罰，用嚴刑峻法來傷害人民，是累積怨恨儲蓄災禍呀，教令要求人民，比國君的命令要深；人民服從你的命令，比服從國君的命令還要快。而你又以不正當的方法建立權威，對外朝妄改國君的命令，這並是教化呀！你又南面而自稱『寡人』，每天都在羅織秦國貴公子的罪過。……公子虔（被你割去鼻子）閉門不出已有八年了，你又殺死祝懽，刺字在公孫賈的面上。《詩經》上說：『得人心的振興，失人心的滅亡。』這幾件事並不能說得人心呀！你出門時有數十輛穿甲武士隨從，有大力士在旁保護，另有手執長短矛的力士靠著你的車邊。如果不具備這些護衛，你就不出門。《周書》上說：『依賴道德的昌盛，依賴武力的滅亡。』你的生命危險就像早晨的露水，瞬息就要消失。」趙良更勸他「何不歸還秦所賜的十五個都邑，到鄉野去耕田務農。你若還貪圖商邑的富裕，專橫秦國的教令，積蓄人民的怨恨，一旦秦（孝公）王去世，你的死亡也就隨之到來。」

商鞅自以為他對秦國的功勞超過百里奚和由余，並沒有聽趙良的勸告。過了五個月，秦孝公去世。太子即位是為秦惠王。秦惠王就是當年犯法而使他的兩個老師被受刑的太子。當然還懷恨於心。至於兩度遭商鞅行刑的公子虔更是怨不可制，而其他被壓制的秦宗室貴族怨氣久悶在心。現在都因商鞅失去了後台老板的支持保護。於是公子虔等一班人，就誣告商鞅有謀反的意圖，惠王也就因此下令逮捕商鞅。在這種情況下，豈容商鞅有申辯的機會，只有逃亡一條路。當他逃到函谷關的時候，天黑想住旅館，旅館的老板並不認識他是商鞅，要他出示身份証明以便登記，商鞅自己是一個逃犯，當然不敢暴露身份，旅館老闆看他沒有身份文件便對他說：「商君的法令，讓旅客沒有印信証明住宿，我們會被牽累入罪的。」商鞅長長

嘆氣說：「制法的流弊，竟到了這樣的地步。」

旅館住不進去，只好連夜逃亡，逃到魏國，魏國人怨恨他欺騙公子卬而打敗魏軍，當然不收留他，而且認為他是秦國追捕的通緝犯，於是把他捉拿送交秦國，商鞅回到秦國不知什麼辦法又逃脫了，逃到了自己的封地。立刻與部屬家臣發動邑兵，向北攻擊鄭國，希望找出一條出路，但被秦國的軍隊追到鄭國的黽池將商鞅擒獲，秦惠王以謀反的罪刑「車裂」，就是五馬分撕而死，並消滅全族。這也是當年商鞅所定的嚴刑峻法。

《戰國策·秦策》云：

> 商君治秦，法令至行，公平無私，法不諱強大，賞不私近親，法及太子，黥劓其傅。朞年之後，道不拾遺，民不妄取，兵革大強，諸侯畏懼。然刻薄寡恩，特以強服之耳。孝公行之年，疾且不起，欲傳商君，辭不受。孝公已死，惠王代後，蒞政有頃，商君告歸。人說惠王曰：大臣太重者國危，左右太親者身危，今秦婦人嬰兒，皆言商君之法，莫言大王之法，是商君反為主，大王更為臣也！且夫商君，固大王仇讎也，願王圖之。商君歸還，惠王車裂之，而秦人不憐。

對友生者《秦史》第124頁說：

> 就〈商君列傳〉及〈國策〉所言，縱其法峻刑重，然已行之二十年，國人已習為常矣。余以為商鞅之不得善終者，乃因威名震主耳，若能聽趙良之言，歸十五都，不貪商於富，從此灌園於鄙，養老存孤，敬父兄，序有功，尊有德，或能安其餘年。然平心而論，秦國之強，民之富，天子致胙，諸侯畢賀，此皆商君變法之所致也。商君雖有罪，然亦有功：其罪或不可恕，而功亦不可沒。惠王對鞅之國恩不念，而私怨難忘，此非明君之度量者也。

太史公曰：

> 商君其天資薄人也，跡其欲干孝公以帝王術，挾持浮說，非質矣。且所因嬖臣，及得用，刑公子虔，欺魏將卬，不聽趙良之言，亦足証明商君之少恩矣。余讀商君開基耕戰書，與其人行事相類，卒受惡名於秦，有以也夫。

今人勞幹氏《秦代史論》有云：

> 衛鞅之弊在萬世，不惟亡秦，且以亡宋，不惟亡宋，且將流毒宇內而無所紀極。

彭著《秦史》又說：

按此皆反對「刑名」家之言，各有立場。余以為讀歷史，應就事論事。前已述及，彼一時，此一時，孝公用商鞅變法，為適應其國情，與其時代需要，事實上，秦之強賴鞅法：秦之亡則非鞅法，蓋鞅法既定，行之興否，在於其君，鞅之被誅，其法不廢，亦能罪鞅者歟！

梁任公在其所著《國史研究》六篇中說：

商君之於秦則誠忠也，感激主知，屬行所信，不惜賈怨以種後禍。其視公孫衍，張儀輩，險側取容者何遠哉！鞅奚負秦，乃為魏報怨，秦之不中蹶幸耳。

張蔭麟氏在其所著《中國通史上篇》說：

在六國中秦人是最獷野矯健的，商鞅的嚴刑峻法給他們養成循規蹈矩的習慣，商鞅的特殊爵賞制度使得對外戰爭，成了他們唯一出路。以最強悍，最有紀律的民族，用全力向外發展，秦人遂無敵於天下。

大陸學者彭邦炯、謝齊等著《中國小通史‧戰國篇》中說：

商鞅的變法無疑是起了巨大的歷史作用，影響也是深遠的。在秦國，從此法家思想就一直成了古統治地位的政治思想，這對封建制的發展和鞏固有其積極的意識。但是法家的嚴刑峻法，特別是商鞅開創的『焚書禁游說』的高壓政策，不僅極端壓制了人民的政治思想，對我國古代的文化典籍也是一種摧殘。這一點，又集中反映出新興封建統治階級，一開始登上歷史舞台時就有其殘暴的一面。

（六）趙武靈王「胡服騎射」

三家分晉後，趙國再經過五個君主，傳到趙武靈王，因年紀還小，不能處理政事，乃由見聞廣博的老師三人，左右司過三人，共同輔佐朝政。等到他親自處理政事時，便先請教先王尊崇的臣子肥義，並加高他的官秩。當時就規定國內工、商、農三老凡年八十的，每月都致送禮品。

趙武靈王即位後為什麼要「胡服騎射」。他召見肥義，跟他討論天下大勢，五天才談完，他覺得當時的趙國幾乎被秦、韓、魏、燕、齊以及胡（東胡、林胡、樓煩）包圍著，尤其中山國位於趙的腹心之地。當時的人稱趙為「中央之國」，形勢險惡。一天他曾到北方去勘察中山國的疆界，又登上黃萊山頂，召見樓緩謀劃說：「如今中山國插在我們趙國的腹心部位，北面又有燕界，東西又是胡境，西面更與林胡、樓煩，秦、韓為界，在這樣的環境下，卻沒有強大軍隊的護衛，是會亡國

的，凡是要超乎流俗功名的，必定遭到遠離風俗的譴責。我要改穿胡服。」樓緩表示贊同，但恐眾臣反對。

所謂「胡服騎射」就是把趙人原來所穿的上衣下裳（裙），長袖寬袍，改成胡人所穿的小袖短褂，腰間繫上皮帶，腳上穿上皮靴，頭戴羽冠；擺脫笨重的戰車，騎著快馬，持著輕弓，才能輕巧靈活作戰。武靈王把他的理想告訴肥義說：「我為了要完成先王的功業，將以胡服騎射以教百姓，必然會遭到世人的非議。」肥義說：「臣聽說過『事情有疑惑就沒有成功的希望；行動有疑惑就沒有美好的名譽』。大王既然要移風易俗，就不要管天下俗人的議論了。凡是講論大德的人不會跟世俗諧調，凡是成就大功的人不會跟大眾謀劃。從前虞舜為有苗舞蹈，大禹打赤膊進入裸國，並不是為著縱養情欲悅快心志啊！只是專力於講論大德而期望功勳未萌前卻已看清楚了；那麼大王對這事為什麼還疑惑不定呢？」武靈王還說：「我不疑惑改穿胡服這件事；我是怕天下人訕笑我呀！痴漢高興之事，聰明的人為它而哀傷；愚人發笑之事，賢能的人卻反覆詳審。世人要是順從我的，那麼胡服的功效將不可限量呀！即使全世間的人拿這件事來訕笑我，胡人之地和中山之國我一定要有它。」經過這次談話後，趙武靈王決定自己先穿起胡服。但在實施初期，除了肥義、樓緩幾個近臣的理解和支持外，可謂朝野一片怨聲。

當趙武靈派王緤告訴他的叔叔子成，希望他也改穿胡服時，公子成卻說：「臣聽說過：中國，是聰明深智的人居住之地，是萬物財貨聚集之地，是賢聖教化之地，是仁義施行之地，是詩書禮樂應用之地，今王捨此而倣效遠方的服飾，那就是改變古時的教化，更易古人的方法，違逆人民的心理而且激怒了有學問的人，遠離了文明的中國。所以希望大王再考慮這件事。」使者王緤回去把公子成的話報告武靈王，武靈王說：「我本來曉得叔父對我的改革不舒服，我將自己去向他請安。」

於是武靈王來到公子成的家，對他說：「衣服是為了使用方便；禮法是為了行事方便，這些並不是一成不變的。聖人因地而制宜，因事而制禮，都是為了方便人民而富厚國家。……地方不一樣，使用自然也相異；情事不同，禮法自然也改變。……今天叔公所言，是因循舊有習俗，我所說的是制變習俗。現在我們的國家東邊有黃河和薄洛水道與齊國、中山共有，卻沒有舟船；西邊與樓煩，秦國、韓國為界，東北與燕、東胡與為鄰，我們卻沒有騎馬射箭的裝備，怎麼能防止這些敵人的侵襲呢？……以前就是因為沒有國防裝備，連小小的中山國也侵略我們的領土，欺凌我們的民眾，我先王感到很羞恥。今天胡服騎射，為的就是圖強雪恥。然而叔父

為了因循中國舊俗違背了先王的意願，反對胡服而忘了報仇雪恥。這不是寡人所希望的啊！」

經趙武靈王一番曉論後，公子叔終於贊同，第二天也穿起胡服上朝。但公族中趙文、趙造等仍然反對。經武靈王再三申明大義，並嚴令遵守，於是胡服騎射雷厲風行的展開，召集百姓，穿起胡服，訓練騎馬射箭。首先建立起一支強大的騎兵部隊。

接著就開始打中山國，先後在五年之內攻取中山國數個城邑，侵奪的土地北面到達燕、代，西到雲中、九原，「辟地千里」，其中一次由趙武靈王親率左、右、中軍三路大舉進攻中山，中山獻四邑求和。武靈王班師回國後，將王位傳給第二個兒子，是為趙惠王並叫肥義輔佐他。自己號稱主父。

主父想讓兒子治理國事，自己身穿胡服，率領士大夫們到西北勘視胡地，並想從雲中，九原直接向南偷襲秦國。於是自己矯裝成趙國的使者進入秦國，窺探秦國的虛實。秦王親自己接見，武靈王恐身份敗露，不敢久留。待離開後，秦王始覺得剛才接見的來人，面貌非凡不像是一個普通的人，立刻吩咐追捉回來，而主父已快馬加鞭逃出函谷關了。秦王得知，驚恐而後悔不已。

惠王三年，主父又親率軍攻滅中山國，將中山王遷到膚施，從此，去掉腹心之患，趙國的本土到北方代地的交通暢通無阻，不僅領土大為擴充，國力大增。回國後，頒行獎賞，大赦天下，設置筵席，歡樂飲宴，連續五天。

當初主父將王位傳給第二個兒子，封長子為安陽君時，長子章便很不服氣，主父就有些擔心，偏偏又派田不禮作章的宰相，更增加他的狂妄。

李兌對惠文王的宰相肥義說：「公子章一向邪佞驕橫，黨徒眾多而欲望又大。他的宰相田不禮也是一個為人殘忍狠毒而又縱恣不訓的人。兩人在一起，恐怕有陰謀。」旋勸肥義「把國政交給公子成，不要成為眾怒聚集之地，不要成為災禍攀登的階梯。」肥義說：「不可以，以前主父把你託付給我時說：『不要改變你的念頭，不要改變你的思慮，惠心一志，以終你的一生。』我接受命令記錄在簡冊上。……我要承諾我的話，貞節之臣必待災禍臨身然後操守才顯現，盡心之臣必待牽累臨頭然後行事才彰明。」肥義謝絕了李兌的忠告，李兌流著眼淚哽咽而出。好幾次又去找公子成商議防備田不禮的事。

有一天，肥義跟信期說：「公子章和田不禮在一起真令人擔憂，他們兩個人表面上對我友善，而暗地裡打壞主意，在裡面投合王君之意，在外面胡作非為。公

子章想依仗主父作亂，災禍將要逼臨國家，因此我很擔憂，寢寐不安，飲食難進。以後誰要見王，必先見我，我要保護王。」就在主父和惠文王遊覽沙丘的時候。因為各位在不同的宮室。公子章率兵徒和田不禮作亂起來，公子章先拿主父的假詔令欺詔惠文王，肥義明知有詐，先進出察看，立遭殺害。公子成聽說後馬上和李兌從國都邯鄲趕來，調兵平亂，將公子章和田不禮殺掉，殲滅了他們的黨羽，安定了王室。公子成繼肥義為惠文王的相國，號稱安平君，李兌當司祭。由於惠文王年少，所以朝政大權都操在公子成和李兌的手中。

當亂事發生時，公子章敗退後曾逃入主父的行宮，所以公子成和李兌乃包圍主父的宮室，公子章雖然已死，公子成和李兌不敢解散軍隊，恐怕將來被誅。決定繼續包圍下去，並令宮室中的人都出來，而主父卻出來不了，被困在宮中三月之久，活活餓死。這件事只怪主父當年廢太子立幼子的不當，但既然做了之後又後悔，本想將趙國分為兩個王國讓公子章及惠文王各據一地，猶豫未決，而亂事已起，堂堂一個趙國有名的君主竟落得如此下場，被天下人訕笑，豈不悲哉。

（七）燕昭王求才

燕國本孤處北隅，初與中原各國少有關係，自蘇秦游說起，漸與諸侯來往。

齊燕兩國的感情本來很好，齊桓公時曾親率軍隊擊破山戎，救助燕國，回來時還送了一塊土地給燕國。

燕國的歷史傳到易王時，齊宣王便乘著燕國正在辦理其父文公喪事時攻打燕國，奪取了十個城池，旋經蘇秦的游說，齊王又退還給燕國。由於蘇秦曾與燕文公的夫人私通，畏懼被殺，便游說易王讓他去齊國當反間諜，藉以擾亂齊國。易王去逝，其子即位是為燕噲王。

燕噲王即位後，齊國人殺掉蘇秦，而以其弟蘇代為宰相。蘇代與燕國的宰相子之很要好。這時代表齊國出使燕國，燕王問他「齊王這個人怎麼樣？」蘇代回答說：「一定不能稱霸。」燕王說：「為什麼？」蘇代回答說：「不信任他的臣子。」蘇代說這些話的目的是想激使燕王尊重子之。自是燕王果真非常信任子之。子之因此贈送蘇代一百鎰黃金。

這時又有一位叫鹿毛壽的人向燕王說：「不如把國家讓給宰相子之。人民認為堯賢聖的原因，便是由於他把天下讓給許由，許由不肯接受，結果竟有了讓天下的美名而實際上並沒有失去天下。現在大王如果把國家讓給子之，子之必定不敢接受，如此一來，大王的行為就和堯一樣了。」燕王於是把國家託付給子之，子之的

地位因而更加重要起來。又有人向燕王說：「夏禹推薦伯益，接著以啟的臣子當伯益的官吏。等到年老時，又以為啟不能治理天下，把天下傳給伯益，接著啟和他的朋黨攻打伯益，奪取了天下。所以天下人民說夏禹名分上把天下傳給伯益，接著實際上又命令啟自己奪取天下。現在大王說把國家託付給子之，然而官吏沒有一個不是太子的臣子，這種情形名分上是託付子之，實際上是太子在管事！」燕王於是把俸祿三百石以上的官吏的印信收起來，然後交給子之。子之從此「南面行王事」，就是坐在朝南的國王王位上，執行君王的事務。這樣一來，燕噲王直到終老不但不能治理國事，反而成了子之的臣子。

子之行使燕國的王事經過三年，燕國便因此發生大亂，百姓驚慌怨恨。將軍市被與太子平計謀進攻子之。齊國得悉燕國的內亂，想乘機攻打燕國，故意派人向燕國的太子平表示支持。太子於是聚集黨羽，命令將軍市被圍攻子之王室，但未能獲勝。沒想到將軍市被和百姓卻反過來攻打太子，未幾將軍市被戰死。這個內戰拖延了好幾個月，死傷好幾萬人。百姓對於這個內戰，非常不滿。這時，孟軻游仕於齊，乃建議齊王：「現在攻打燕國，就如同周武王要完成周文王的偉業而攻打商紂王時一樣，這種機會不可以失去。」於是齊王命令章子率領臨淄等五個都的軍隊，以及齊國北部的丁壯，一起去攻打燕國。燕的軍隊根本就不想作戰，城門也不關閉，齊軍順利進入燕都，殺死燕王噲，擒拿子之，剁為肉醬。齊軍前後五個月，占領燕國大片土地。據大陸史家研究：從河北平山縣三汲中山王𗊸墓出土的銅器文上，當燕國內亂時，中山國也乘機率三軍侵燕，占地數百里，認為這是過去史書從沒有記載的一件事。

前面說過，司馬遷在《史記・燕世家》中說：當燕內亂時，孟軻勸齊王去攻打燕國。但《孟子・公孫丑下》的記述卻是這樣的：

> 齊國的大臣沈同，以私人的身分問孟子說：「燕國可以去攻打嗎？」孟子說：「可以的，天子在上，燕王子噲不可以私自把燕國讓給別人；燕相子之也不可以私自在子噲手上接受燕國。……
>
> 後來齊國人去攻伐燕國了。
>
> 有人問孟子說：「聽說夫子曾經勸齊國攻打燕國，有這事嗎？」
>
> 孟子說：「沒有啊。沈同問：『燕國可以去攻伐嗎？』我回答他說：『可以。』他認為我說的對，就伐燕去了。他如果再問我說：『誰可以去伐燕？』那我將要回答他說：『做奉行天命的「天吏」，就可以去伐燕。』好

比現在有個殺了人的人，有人問我道：「這人可以殺了他嗎？」我就要回答他說：「可以。」他如果再問我說：「誰可以殺他？」我就要回答他說：「做執行法律的獄官，就可以殺他。」如今齊國和燕國一樣無道，拿齊國攻伐燕國，等於是拿燕國攻伐燕國，我為什麼要勸他呢？」

由見孟享並沒有勸齊王去打燕國。

當齊軍攻占燕國後，齊宣王曾問孟子可不可以占領燕國。孟子說：「占領他如果燕國人民喜歡，那就占領好了。……如果燕國人不喜歡，那就不要占領。……」孟子告訴齊王如果齊國占領燕國更為暴虐，人民也只好逃生去了。

齊宣王又問孟子，現在各國諸侯都反對齊國占領燕國，想要出兵救燕，該怎樣來對付？

孟子以為討伐一國的暴君，該國的人民「若大旱之望雲霓也。」殺了那暴君，撫慰那些人民，好像應時的雨水下降，人民非常歡喜。「現在燕王虐待他的人民，王去征伐他，燕國人都以為王要把他們從『水深火熱』中救出來，所以用筐盛好飯菜，用壺裝滿了酒漿，拿來迎接王的軍隊。假如王反而捆綁他們的子弟，拆毀他們的宗廟，搬去他們的寶器，那怎麼可以呢？天下的諸侯們本來就畏忌齊國的強大，現在又占領燕國，增加了一倍的土地，卻還不施行仁政，這分明是自己發動天下的兵來討伐自己了。王趕快發布命令，把俘虜的燕國老少放回去，把那些寶器全部留在燕國；再和燕國人民商議，給他們立一個賢君，然後帶兵離開燕國；那麼，還來得及阻止諸侯興兵啊。」

但齊宣王沒有聽孟子話，繼續占領燕國的領土。統治了二年，燕國的人民終於起來反抗，擁立他們的太子平為君，是為燕昭王。齊王沒有聽孟子的勸告，後來也覺得慚愧，孟子因與齊王的意見不合也就離開了齊國。

燕昭王即位，面臨國家殘破不堪，決心復興燕國和報仇雪恥，自己非常謙恭，想求得賢臣良將，乃對郭隗說：「齊國乘我國混亂的時候，打敗我國。可是燕國力量薄弱，無法報仇。要是能夠求得賢士和我一起治國家，洗雪先王的恥辱，這是我的願望。先生說如何求得賢士？」郭隗於是說：「如果大王向著東面盛氣凌人求臣，可能只有幹苦力、服勞役的人會來；如果向看南面以君臣的禮儀求臣，那也只會有普通才能的人要來；如果向著西面十分恭敬十分虔誠的求臣，那就會有很多才

德的人來。」郭隗又說：「臣聽說從前有人用千金買千里馬，三年沒有買得，主人另派一人去買，三個月花了五百金買得一匹死馬的馬頭。主人大怒，問為什麼花這麼多的錢買一死馬的頭，買者回答說：「買了死馬，不愁買不到活馬，果然不出一年，來賣千里馬的有三次。大王真心求才，可以先從我郭隗開始，因為像我這樣的人，大王都能看重，何況比我賢能的人，當然不遠千里而來。」昭王聽了以後，馬上為郭隗修建宮室，並以老師的禮節侍待他。

果然，不久鄒衍從齊國游說來到燕國，昭王用衣袖裏著掃把一邊退走一邊掃地接他，表示十分尊敬。昭王又坐在弟子的座位，請鄒衍給他受業，還為他修築碣石宮。接著，樂毅從魏國來，劇辛從趙國前往，賢士紛紛來到燕國。燕昭王弔祭死者，慰問孤寡，和百姓同甘共苦，積蓄力量廿八年，國家富強，士卒百姓鬥志旺盛。

附語：按鄒衍著《五德終始》說，據《呂氏春秋》記戴：「黃帝之時，天先見大螾（蚯蚓）大螻（能飛之害虫，食農作用）。黃帝曰：土氣勝。土氣勝，故其色尚黃，其事則土。及禹之時，天先見草木秋冬不殺。禹曰：水氣勝。水氣勝，故其色尚青，其事則木。及湯之時，天先見金刃生於水。湯曰：金氣勝。金氣勝，故其色尚曰，其事則金。及文王之時，天先見火，赤鳥銜丹畫，集於周社。文王曰：火氣勝。火氣勝，故其色尚赤，其事則火。代火者必將水，天且先見水氣勝。水氣勝，故其色尚黑，其事則水。」鄒衍以金木水火土「五氣」就是「五德」。五氣相勝，一氣勝一氣，即木勝土，金勝木，火勝金，水勝火，土勝水，循環往復，這五行的消長。使時勢推移，王朝更迭，這顯然是以宗教迷信的色彩賦于皇權神授。鄒衍並預言「代火著必將水」，認為火德的周王朝已近衰亡，勢必有「水德」的帝王要統一中國。秦初並天下，齊國人即以此修五德之說上奏，始皇以水勝火，周既火德，故秦當為「水德」。其後漢又為土德，土勝水，漢代秦而有天下。王莽漢光武都信奉這種學說而得天下，直到東漢王充將之批判，五德終始說才衰落下去。

三、合縱與連橫

《韓非子·五蠹》中說：「縱者，合眾弱以攻一強也；而橫者，事一強以攻弱也。」又在忠孝篇中說：「從（縱）成必鼎，橫成必王」。這是戰國之世，一些游說之士，研究當時天下形勢，奔走於各國之間，他們為合縱游說稱縱說，為連橫游

說稱橫說。歷史上把他們稱為縱橫家。

實事上「縱橫家」就是以蘇秦和張儀為兩個主角，另外一個犀首（公孫衍）也是搞合縱的一個人。而且據大陸史家認為最早發起合縱的就是魏國的公孫衍（犀首）他曾發起魏、韓，趙、燕、中山國聯合抗秦，然而他在各國《史記》中沒有紀錄，太史公在張儀列傳中附帶提到了他，因為張儀與犀首兩人不和，彼此勾心鬥角都做過魏、秦的宰相，其後犀首搞合縱還是陳軫促成的。總之蘇秦和犀首是游說東方的六國齊楚趙燕韓聯合起來抵抗秦國的東出；張儀則誘使東方六國一個個事奉秦國方可以自保；換句話說，合縱是使六國團結，連橫是使六國分化瓦解。

關於合縱連橫的史料都是以《戰國策》和《史記》為主要來源。一九七三年，湖南長沙馬王堆的漢墓中已出土一本《戰國縱橫家書》的帛書，全書共廿七章，一萬一千多字，其中十一章的內容大體與《戰國策》和《史記》相同。另外十五章是有關蘇秦的書信。從這些史料中發現蘇秦的游說活動比張儀要晚，而且也死在張儀之後，因而與《史記》〈蘇秦列傳〉〈張儀列傳〉中的記述有很大的差異，於是大陸史家已經依據這一出土的新文獻，改寫了有關戰國時代合縱連橫的歷史。

司馬遷是否看過蘇秦這些書信，實在無法斷定，但他在編撰的〈蘇秦列傳〉中也說：「世俗一般對於蘇秦的傳說多有不同。蘇秦以後的時代，有和蘇秦事跡相類似的，都附會到蘇秦身上。」但司馬遷列出他的事跡時，已依照「正確的時間順序加以陳述」（列其行事，次其時序）。

所以本書不作這方面的辯論，仍依傳統的史料向讀者列述。

（一）蘇秦的合縱

蘇秦，東周洛陽人。曾在齊國跟隨鬼谷子先生習藝。

《戰國策》說，他首先以「連橫」策略游說秦惠王：

> 大王之國，西有巴蜀漢中之利，北有胡貉代馬之用，南有巫山黔中之限，中有殽函之固。田肥美，民殷富，戰車萬乘，奮擊百萬，沃野千里，蓄積饒多，地勢形便，此所謂天府天下之雄國也，以大王之賢、士民之眾，車騎之用，兵法之教，可以并諸侯，吞天下，稱帝而治。願大王少留意，臣請奏其效。

秦惠王才殺掉商鞅不久，顯然對外來的政客不感興趣。於是語氣婉轉而帶諷刺的拒絕說：「寡人聞之毛羽不豐滿者不可以高飛，文章不成者不可以誅罰，道德不厚者不可以使民，政教不順者，不可以煩大臣，今先生儼然不遠千里而庭教之，順

以異日。」

　　然而蘇秦仍然呆在秦國，一連寫了十篇游說的文章，秦惠王還是無動於衷。於是失望而回。《國策》的作者形容他：「穿的黑貂皮大衣也破了，黃金百斤的旅費也花光了，腿上纏了布，腳穿草鞋，背著書，挑著擔子，形體容貌，枯槁乾瘦，面目黃中帶黑。」真是一幅狼狽不堪而慚愧的神情。

　　回到家，「妻不下紝，嫂不為炊，父母不與言。」蘇秦乃長長的嘆了一口氣而自責的說：「妻不以我為夫，嫂不以我為叔，父母不以我為子，是皆秦之罪也。」於是當天夜晚就開始發奮讀書，把家裡幾十部藏書，從箱子裡搬出來，一本一本檢看，找到其中一部「陰符」，有人說就是太公的兵法。開始伏案研讀，特別選了揣摩二篇，有人說這二章是鬼谷子的東西，「揣」就是定；「摩」就是合的意思，「揣・摩」告訴你如何「揣人主之情，摩而近之其意。」蘇秦簡擇熟練。讀得倦極想睡時，便拿錐子刺大腿來提神，腿上的血流到足邊，蘇秦心想，如此自勵奮發「安有說人主不能出其金玉錦繡取卿相之尊者乎？」就這樣花了一年的工夫，依據「揣・摩」的道理，加以發揮，寫出心得，頗有信心的自言自語：「此真可以說當世之君矣。」於是經過叫燕烏集闕的地方，見到趙國的蕭侯，兩人就在草屋之下，拍手高談，趙王聽得好開心，顯然蘇秦已「揣摩」到趙王的心意。趙乃聘他為宰相，封為武安君，送他「兵車百乘，錦繡千匹，白璧百雙，黃金萬鎰」，以隨其從，約縱散橫，以抑強秦。可見蘇秦一下子出師即利，使被游說的國君「出其金玉錦繡矣。」

　　以上是《戰國策》的說法。而《史記》是說蘇秦從鬼谷子學了一點技藝後，便出外遊歷，沒有什麼成就，只好回家，家裡的人譏笑他，以為不安分地在家鄉幹自己的農工本行，要到外面去賣弄口舌，落得窮困的下場，不也應該嗎？蘇秦聽了這些話，自然傷心慚愧，「乃閉室不出，出其書徧觀之……於是得《周書》陰符，伏而讀之。」花了一年時間，依據研讀所得，寫出揣・摩兩篇心得，然後對自己說：「用這套道理可以說明現在的許多國君了。」

　　因此，他首先去求說周顯王，但因周顯王的左右平素就熟悉蘇秦的為人喜歡浮說而不中用，因而輕視他。沒有採信他的話。蘇秦只好跑到西方的秦國，游說秦惠王。《史記》裡面有關蘇秦對惠王的說詞，跟前面《戰國策》中的語意大同小異。也是勸秦「兼吞天下」。惠王拒絕蘇秦的話也跟國策中差不多。這以後，關於蘇秦游說諸侯的順序，依據《史記・蘇秦列傳》的說法：是先到趙

國，但趙肅侯的宰相奉陽君不喜歡蘇秦，蘇秦於是遊歷到了燕國，經過一年的時間才有機會見到燕文侯。

　　蘇秦到燕國後，是他正式游說「合縱」的開始。燕文侯給他車馬、黃金、布匹，叫他負責約合各國。於是他又拆返趙國，因反對他的奉陽君已死，趙肅侯乃聽了他說的說詞，給一百輛車子，一千鎰黃金，一百雙白璧，一千束錦繡，「以隨其後，約縱散橫，以抑強秦。」接著他就到了韓國、魏國、齊國，最後到了楚國。完成了六國的合縱：「當此之時，天下之大，萬民之眾，王侯之威，謀臣之權，皆欲決於蘇秦之策，不費斗糧，未煩一兵，未戰一士，未絕一弦，未拆一矢，諸侯相親，賢於兄弟。

　　蘇秦究竟用什麼法寶游說各國國君呢？《史記·蘇秦列傳》描述極為詳細，大致蘇秦每到一個國家，總是一本正經而又略帶安慰的口吻指出各國都有優越的地理環境，強大的軍事裝備，進而分析彼此的利害衝突。但有時也「危言聳聽」，使各國國君感到不安，於是叫大家「如何如何」採用他的策略，只要緊緊的團結在一起，便可抵抗秦國的束出。

　　按各國的國情，領土的形勢，難道自己的國君，會不明瞭，需要一個外國人來陳述，豈不是多此一舉。這一點無非是顯示蘇秦對天下形勢完全在掌握之中，令諸侯各國不得不予信服。至於他能在各國君王面前把各國的軍事機密如數家珍的說出來就更令其「目瞪口呆」了。真不知蘇秦從那裡弄來這些資訊。

　　要知以上兩件事，可不能信口開河，務必實事俱在，件件真確，否則豈不穿幫。由見蘇秦所表現的不僅是外交方面的才華，還堪為當代的地理權威和軍情專家。

　　同時，蘇秦也學會了世俗的「恭維奉承」。每說到緊要關頭時，突然給對方戴戴高帽子，如對韓王說：「夫以韓之勁與大王之賢」對魏王說：「魏天下之強國也，王天下之賢王也。」對齊王說：「夫以大王之賢，與齊之強，天下莫能當」對楚王說：「楚天下之強國也，王天下之賢王也。」對方聽了無不高興。喜歡恭維吹拍乃自古以來官場陋習，像「鞠躬盡瘁」「肝膽相照」「主席關懷的眼神」等等都是時下的「馬屁經」，蘇秦當年很會抓住這一點，因而名利雙收。

　　至於，先有「合縱」？還是先有「連橫」？這是很多史家所爭論的問題。

　　《戰國策》首先提到蘇秦前往秦國「以連橫說秦」。《史記·蘇秦列傳》記載：蘇秦游說六國的時候，秦國的「連橫」政策似乎早已在運用了。如蘇秦游說趙

肅侯時曾說：「夫衡人者，皆欲割諸侯之地以予秦……是故衡人日夜務以秦權恐愒諸侯，以求割地。說韓宣惠王時：「夫以韓之勁與大王之賢，乃西面事秦，交臂而服，羞社稷而為天下笑。……臣聞鄙諺曰『寧為雞首，無為牛後』（雞口雖小猶進食也，牛後雖大乃出糞也。）今西面交臂而臣事秦，何異於牛後乎……臣竊為大王羞之。」據韓世家。時張儀正在韓國勸韓與秦和好，求送一名都給秦。說魏襄王時：「然衡人怵王交虎狼之秦，以侵天下，卒有秦患。……王天下之賢王也，今乃有意西面事秦，稱東藩，臣竊為大王恥之。」據張儀列傳此時張儀正在游說魏王先事秦，而諸侯效之。說齊宣王時：「夫以大王之賢與齊之強，天下莫能當，今乃西面而事秦，臣竊為大王羞之。」說楚威王時：「以楚之強，王之賢，今乃欲西面而事秦。……秦天下之仇讎也，衡人皆欲割諸侯之地以事秦，此所謂養仇而奉讎者也。」

從以上記錄來看，戰國時代的「合縱連橫」政策，很難斷定何者先何者後，何況《戰國策》中當蘇秦游說趙肅侯成功後，趙王送他大批金玉錦繡隨其後，要他「約縱散橫」。顯然蘇秦「約縱」的目的是「散橫」。這不是很明白的說連橫政策已早在各國展開了？所以前述蘇秦每到各國就提到「衡人」如何如何要各國「西面事秦」。

就情理來看，既不可能「連橫」完成後，才有「合縱」，也不可能「合縱」完成後，才有「連橫，應該是兩者在那個時代交相展開。由於各國之間的矛盾複雜，形勢不斷發生變化，合縱連橫也就很不穩固。時而合縱時而連橫，所謂朝秦暮楚是也。不過根據蘇秦列傳的記載，是司馬遷把它「列其行事，次其時序。「看來他的「合縱」是由燕而趙而韓而魏而齊而楚一氣呵成」

於是六國南北聯合，而將力量併集在起，蘇秦成為這個合縱盟約的領導人，同時成為六國的宰相。旋即將六國合縱的事向秦國宣布，秦國十五年之久，不敢窺視函谷關。當他達成任務後，回到北方的趙國向趙王覆命。途中經過洛陽，隨行車馬滿載軍糧雜物。諸侯們各自派出來送行的使者非常的多，簡直讓人懷疑是帝王出行呢。

《史記》說：周顯王聽到這個消息，有些害怕，趕快派人替他修治清除所經行的道路，並且到郊外迎接送上禮物加以慰勞。國策說：父母親聽到消息，灑掃了房間，清潔了道路，舖張了音樂，陳設了酒宴，在城外三十里迎接他。為什麼如此大排場面，誰家的父母不望子成龍，於今兒子雖沒有當皇帝，但做了一人之下萬人之

上，而且還是六國的宰相，還不夠光祖耀宗嗎？所以大張旗鼓，告訴鄉里的親朋好友，我兒子衣錦榮歸啦。

《國策》《史記》都記載，當蘇秦回到家門時：「妻側目而視，側耳而聽，嫂蛇行匍伏，四拜自跪而謝」讀史至此也許有人以為丈夫既做了大官，又帶了金玉回來，為何不見太太歡天喜地，而是「側目而視」，似乎不合常理。然著者認為這所表示的不是太太的「畏懼」，而是妻子的「矜持」。當然想到丈夫上次窮困回家「不下紝」，自然也有些羞慚，何況此刻如此盛大場面，怎不令她傻眼，不知所措。蘇秦看到妻子這般表情，想必也感到有些茫然。但不可能在大庭廣眾之前，將妻子摟在懷裡，總還有他的威嚴。不管怎樣，蘇秦回家對妻子的態度，較之後世陳世美之對待秦香蓮，薛平貴之對待王寶釧要好個千百倍。

嫂嫂何以「蛇行匍伏，四拜自跪而謝」？這裡的「謝」字有人釋為「謝罪」。試問嫂嫂有「何罪」。她只不過「勢利」一點。她知道過去「待慢」的態度不對。（但《史記》沒有記載蘇秦第一次回家妻嫂父母冷漠的情景，只是譏笑他的不自量力。）現在見他如此榮顯，喜不自禁的磕個頭也不失常理。至於當嫂子跪下來時，蘇秦有沒有立即扶她起來，吾人豈可臆斷，說不定就在扶她起身之際，順口說出「嫂何前倨而後卑也」。嫂嫂也回答得直接了當：「以季子位尊而多金」。這個場面或者就在一家子團聚後，在父母的「張樂設飲」上，大家話家常，談笑風聲中的戲言。況蘇秦並不是一個勢利眼的人，他曾拿出一千金贈送宗族朋友，他曾向人借百錢，卻以百金償還，如此慷慨豪爽的人，怎麼會在得意後對嫂來「報復」呢？

總之，戰國時代是一個極端現實的社會，寫史的人最後藉蘇秦的感嘆：「貧窮則父母不子，富貴則親戚畏懼，人生世上，勢位富厚，蓋可以忽乎哉！」用以對整個社會予以諷刺和警惕。

不久，六國的合縱因秦人的分化而解散，齊魏趙燕又打成一團，蘇秦仍然游走於齊、燕之間，由於與齊國的許多大夫爭寵而遭殺害。〈張儀列傳齊王車裂蘇秦〉後來他的弟弟蘇代和蘇厲見兄長過去的風光顯赫，也學習了縱橫之術，繼承了蘇秦的游說策略。蘇代很受燕昭王的敬重，燕王進而派人邀約各諸侯國聯合起來抗秦。但各諸侯有的加入，有的沒有加入，這以後的合縱政策草草收場，整個來講沒有收到什麼效果。

（二）張儀的連橫

張儀，魏國人，曾和蘇秦一起跟鬼谷子學藝。蘇秦自認為自己的才學比不上張儀，學成之後各自游說諸侯。張儀首先去了楚國。有一次陪伴楚國宰相喝酒，楚相遺失了一塊玉璧，本來是楚相門下食客中所竊，但大家誣指張儀貧窮，行為又不好，一定是他所偷。便把他抓起來鞭打數百，張儀以人窮志不窮，堅不屈招。最後釋放回家，遍體鱗傷。妻子諷刺他說：「你假如不去讀書遊說，又怎麼會受到這種侮辱呢？」張儀沒有說別的話，只問舌頭還在不在，妻子笑著說，舌頭不在還能跟我說話嗎？張儀說，這就夠了。意思是說將來就靠我這「三寸不爛之舌」來打天下。

就在那個時候，蘇秦已說服了趙王，當了趙國的宰相，正準備邀約其他各國聯合抗秦，但恐怕秦國先攻打諸侯，以致於縱約未成就被破壞，憂心之餘，乃派人暗中去指引張儀說：「你以前和蘇秦要好，聽說他已經很有地位，為什麼不去走訪他，以求達成你的願望呢？」

於是張儀趕到趙國，求見蘇秦，蘇秦故意待慢他，並冷言相譏。但暗中派人以金幣車馬資助張儀。張儀去到秦國馬上就獲得秦惠王的重用，並計劃要攻打東方諸侯。當他得悉之所以順利來到秦國，原來是蘇秦暗中的資助，不勝感嘆的說：「這些都是我所學習過的術業，而蘇君已用來對我，我卻一直沒有悟解過來」於是張儀暫且放下了攻打趙國的計劃。這也是給蘇秦的一個面子，報答他的恩惠！

這以後，張儀便開始推動他的「連橫」策略，首先叫惠王派遣公子和他本人圍攻魏國的薄陽，並將它降服。但張儀卻接著勸秦王又將薄陽還給魏國，並乘機對魏王說：「秦王對魏國如此寬厚，魏國不能不禮貌上做個回報呀！」因此魏國就將上郡，少梁兩地獻給秦國，以答謝秦惠王。

秦國為了使魏國完全站在秦國這邊，故意免去張儀的宰相，讓張儀到魏國去做宰相，張儀擔任魏相後，批評搞合縱的人，只會講大話，不切實際。他說了大篇理由勸魏主事奉秦國，不要和韓，楚親善。於是魏哀王違背了蘇秦辛苦促成的合縱，聽了張儀的話事奉秦國了。

張儀完成第一個任務後，便又回到秦國作宰相。三年後，魏又背叛連橫，加入合縱的盟約，秦國派兵改佔魏國的曲沃，第二年，魏國又再臣事秦國。

張儀第二個遊說的國家是楚國，他用「割地」引誘的方式進行。當時齊，楚是

東方大國，兩國都是合縱的主要國家，如果這兩國緊緊團結在一起，秦國是絕對沒有出路的。只惜當時楚懷王是一個沒有主見而且貪圖便宜的君王，當張儀來到楚國時，由於他的聲名顯揚，楚王竟以上賓款待。還請求張儀教導他。

張儀便直截了當的對楚懷王說，只要馬上跟齊國斷交，秦國把商，於一帶六百里的土地送給楚國，並派遣秦國的女子，作為姬妾。楚王聽了非常高興，滿口答應，朝中大臣都向楚王道賀。惟有陳軫表示傷悼，並指出這完全是張儀的一套陰謀，用以分化齊楚，勸楚王不妨表面跟齊斷交，並派人隨張儀到秦國，假如給我們土地，再跟齊斷絕邦交，也還不遲，假如得不到土地，齊國仍是我們的邦交。」楚王對陳軫的話一點都聽不進去，要他閉上嘴巴不要再說，把相印交給張儀，又送他大批財物。於是關閉縱約不與齊國往來。

張儀回到秦國，在途中故意從車上跌落，假裝受傷，三月不上朝，楚王還以為張儀是因為齊楚沒有正式斷交而藉故拖延送地。乃派了一個勇士跑到齊國邊境大罵齊王。齊王非常憤怒，情願降低自己的地位與秦國交往。張儀見齊國與秦國建交，證明齊楚已斷交，他的分化工作達成，這才上朝辦公，告訴跟隨來接受割地使者說：「我有秦王所賜的土地六里，願意獻給你的大王。」這位使者一聽，原來講的是六百里，怎麼一下變成六里呢？急忙趕回報告楚王，楚王大怒，知道上了張儀的當，又不聽陳軫的意見，遽然派兵攻打秦國，被秦國打得大敗，斬首甲士八萬，並損失丹陽漢中一帶土地，楚懷王更怒，動員全國兵力，與秦國戰於藍田，傷亡更慘，而韓、魏兩國也在此時進擊楚國，楚王不得已又割了兩個城邑後班師請和I。

楚懷王遭受這次教訓後，後悔不已，乃派屈原出使齊國，希望齊楚恢復邦交，與諸侯各國重組「合縱」，並表示自己願擔任縱長。

第二年，秦國見楚齊又將合作，乃派使者到楚國，表示將漢中一半土地還給楚國恢復兩國友好。楚王因被張儀欺騙而又兩次被秦國打敗，傷兵拆將，心頭怒氣未消，乃對秦使說：「願得張儀，不願得地」

張儀聽到這消息，自動請求前往楚國。秦王不放心，張儀說：「我和楚王的左右靳向很要好，靳向又得到楚王寵姬鄭袖的信任，鄭袖所說的話，楚王無不聽從。而且我上次出使，因商於之約虧欠了楚國，現在兩國交惡，如果不親自向楚王謝罪，這個結一定沒辦法解開。再說有大王在，楚國應該不會殺我。即使被殺而對秦國有利，這也是我的願望」

張儀去到了楚國，楚王不願會見，立即下令將張儀囚禁起來，想要殺他。果然

張儀事先賄賂了楚王左右靳尚，向楚王講情，接著靳尚又煽惑楚王寵姬鄭袖，說秦王將送大批美女進宮。鄭袖恐怕因此失寵，乃日夜勸懷王釋放了張儀。張儀被釋放後，楚王又像以前善待他，張儀於是勸楚王叛合縱和秦國親善。他先指出秦國地理之險要，兵力之強大說：「秦地半天下，兵敵四國，被險帶河，四塞以為固，虎賁之士百餘萬，車千乘，騎萬匹，積粟如山，法令既明，士卒安難樂死，主明以嚴，將智以武，雖無出甲席卷常山之險，必拆天下之脊，天下有後服者先亡。」接著指出「夫縱者，無以異於驅群羊而攻猛虎，虎之與羊不格明矣。」；「夫縱者，聚群弱而攻至強，不料戰而輕戰，國貧而數舉兵，危亡之術也。」「夫縱人飾辯虛辭高主之節，言其利不言其害」一連串訴說合縱之不切實際。認為「秦與楚，接境壤界，固形親之國也。」勸秦楚交換人質，兩國和親，長為昆弟之國，終身無相攻伐。

楚王被張儀這麼一說，便想答應張儀的建議，就在這時，出使齊國的屈原，聽說張儀已被楚王囚禁，立刻趕回勸楚王殺了張儀，但楚王已先釋放了張儀，而且離開了楚國，楚王雖後悔，派人追捕張儀已來不及了。

張儀離開楚國後，馬上去到韓國。他遊說韓王時，指出韓國是地脊民窮的國家，無法跟國富兵強的秦國相比，惟有事奉秦國，國家才能安定。韓王聽從了張儀的話並答應協助秦國攻打楚國。

張儀完成對楚、韓的「連橫」任務回到秦國，秦惠王賞賜五個都邑給他（通鑑作六邑），封為武信君。接著又派他遊說齊國。

張儀對齊湣王說：齊國從表面上看起來是一個強國，齊王也只顧聽信合縱的人讚美齊國而不衡量實際情形。現在秦楚已約為兄弟之國，韓魏都已臣事秦國，如果齊國不事秦，秦國聯絡韓魏攻打齊國，那麼臨淄、即墨就不是齊國所能擁有的了。

齊王聽了張儀的一番說詞後表示「齊僻陋隱居東海之上，未嘗聞社稷之長利也。」遂答應了張儀的建議。國策記載：「今大客幸而教之，請奉社稷以事秦，獻魚鹽之地以事秦」

張儀離開齊國去到趙國，趙國曾是派蘇秦，首先完成「合縱」的國家，所以他向趙王說：「大王率天下諸侯來共同抗拒秦國，使得秦兵有十五年之久，不敢走出涵谷關。……」但是，我們已經「繕甲厲兵，飾車騎射，力田積蓄……秦國雖被迫在偏僻荒遠的地方，但內心滿懷憤怒的日子已很久了。……」「大王所最相信而依靠來倡合縱的人，就是蘇秦。蘇秦炫惑諸侯，顛倒是非，他又想暗中傾覆齊國，終被齊國車裂於市，可見天下各諸侯無法聯合為一，這是很明顯的情形了。」張儀又

告訴趙王，楚，韓，魏都已向秦稱臣，齊也獻出魚鹽之地，也認為「過去的合縱政策不是國家長遠的利益」於是答允了張儀的建議，準備割讓土地而臣事秦國。

最後張儀往北到燕國，向燕昭王指出趙王是狠毒暴戾，不認親屬的人，而且過去兩次圍困燕國，逼得燕國割讓十個城邑請罪，這樣的國家怎麼可以和它結盟呢？何況趙國已向秦國朝拜成為秦國的附庸，燕王也馬上接受了張儀的游說，表示願意西面臣事秦國。

自是東方的魏、韓、楚、齊、趙、燕六國皆因張儀的游說紛紛事奉秦國。張儀回到秦國，準備向秦惠王報告「連橫」的情形，但還沒有到達咸陽，惠王已死。

秦惠王死，其子繼立，是為武王。武王為太子時，就不喜歡張儀，張儀與朝臣多不合，於是群臣都毀謗張儀，說他不講信用，反覆出賣許多國家，以獲取國君的善待，如果秦國再用他，恐怕要被天下人譏笑。

這時，諸侯聽說張儀和武王之間有嫌隙，都又背叛連橫政策而實行合縱政策。秦武王的左右日夜不停地攻擊張儀，齊國也派來使者責備秦國用張儀。張儀恐怕被殺，乃對武王說：「聽說齊王怨恨我，只要是我所在的地方，齊國必會發動軍隊加以攻討，所以讓我去到魏國，齊國必定會攻打魏國。」張儀的這一計謀，為了脫身逃離秦國。秦武王備妥三十輛兵車，把張儀送到了魏國，在魏國作了一年宰相，死在魏國。

太史公在寫完〈蘇秦・列傳〉後說：「蘇秦兄弟三人，都是因為游說諸侯，而顯揚了自己的名聲。他們策略擅長於權變，而蘇秦卻背負著反間的罪名而被殺死，天下的人都譏笑他，避免學習他的策略。但世俗一般對於蘇秦的傳說多有不同。蘇秦以後的時代，有和蘇秦事跡相類似的，都附會到蘇秦身上。論起蘇秦這個人，他由一個里巷間的平民出身，卻能聯合六國一起抗秦，這正表示他的智慧有過人的地方。所以，我列出他的事跡，依照正確時間順序加以陳述，不要讓他只是蒙受不好的名聲」

太史公寫完〈張儀列傳〉後說：「韓、趙、魏三晉有很多善於權變的人。說起來，那些提倡合縱、連橫，使秦國強大的，大多是三晉人士。論到張儀所作的事，比蘇秦更不好。但世人都只厭惡蘇秦，那是因為他先死，而張儀在後面振揚顯露蘇秦的短處，以支持他自己的說辭，而促成連橫的政策。總而言之，這兩個人真是使天下國家傾覆危亡的人士啊！」

有人問孟子，像公孫衍，張儀這批人算不算是大丈夫？孟子認為張儀這種人只

是到處逢迎諸侯的意旨，才能討得尊位，怎麼能是大丈夫呢！孟子認為「居天下之廣居，立天下之正位，行天下之大道，得志與民由之，不得志獨行其道；富貴不能淫，貧賤不能移，威武不能屈，此之謂大丈夫！」

司馬溫公曰：「縱橫之說，雖反覆百端，然大要合縱者，六國之利也；使六國能以信義相親；則秦雖強暴，安得而亡之哉！故以三晉而攻齊楚者，自絕其根柢也；以齊、楚而攻三晉者，自撤其藩蔽也。安有撤其藩蔽以媚盜，曰：「盜將愛我而不死，豈不悖哉！」

（三）秦齊稱帝與燕齊火拼

秦惠王用張儀的「連橫」政策，瓦解了六國的「合縱」。秦武王即位後，就想「通三川，窺周室。於是派甘茂攻取韓之宜陽，斬首六萬。宜陽為韓國西垂重鎮，土地肥沃，人口眾多，築有若干城邑。秦如果自函谷東侵，韓國為其必經的孔道。秦從惠王開始三次進攻宜陽。於今完全取得，完成了武王欲窺周室之通道的心願。武王是一位大力士，經常與左右幾個力士玩舉重的遊戲，有一天因舉鼎弄斷膝蓋骨而死。

秦武王娶魏女為后，無子，乃由異母弟繼位，是為昭襄王，昭襄王的母親是楚國人，姓芊氏，號宣太后，她有一個弟弟叫魏冉，在惠王武王時，即任職用事，武王死後，發生王位之爭，魏王消滅諸弟擁立昭襄王，昭襄王以魏冉為將軍，衛戍咸陽。時昭襄王年幼，由宣太后當政，但大權操於魏冉手中。史家認為這是國史上太后外戚干政的首例。不久魏冉繼樗里疾為相，昭襄王封他於穰地，繼而加封定陶，號為「穰侯」。富比王室。在昭襄王前期，極積向東方開拓：主要對象是「三晉」：

（1）昭襄王十四年魏冉推荐白起為將，率兵攻打韓、魏聯軍，大敗之於伊闕，斬首二十四萬。虜魏將公孫喜，攻陷五個城池。昭襄王升遷白起為國尉。

（2）昭襄王十五年，白起為大良造，領兵攻魏，佔據大小六十一個城池。

（3）昭襄王十七年，魏將河東之地包括安邑等四百里的領土割讓給秦。韓也將武遂地二百里割讓。

（4）昭襄王十九年攻取趙國的梗陽。

秦國對三晉，尤其是韓、魏一次一次的攻擊，攻占了三晉幾乎一半的國土，殺死的軍民數百萬。當時的人分析韓、魏的戰略意義，認為「韓，天下之咽喉；魏，天下之胸腹。」秦國更認為韓國對秦國來說，像是木頭裡的蠹蟲，一定要除掉。

韓，魏雖遭到秦國的打擊，但東方的燕國在燕昭王的勵精圖治下，日漸強盛，而齊國此時任用孟嘗君為相，國威鼎盛，對東方諸侯頗具號召力。秦雖國富兵強，但仍懼怕東方合縱。於是再度運用「分化」政策，派魏冉到齊國告訴齊湣王，要他稱東帝，秦則稱西帝，這樣一來，齊國成為「帝」，其他諸侯是「王」，豈不比齊國矮了一級，自難服氣，秦國便可達到分化六國合作的目的。

一九七三年的湖南省長沙馬王堆出土《戰國縱橫家書》對秦齊稱帝的意圖，認為是：秦齊稱帝後，齊便去攻滅宋國，秦則攻取魏的上黨，這樣韓魏不得不聽從，接著進攻趙國，秦攻取趙的上地（趙的上黨），齊攻取趙的河東，趙國不得不聽從，秦再取韓的上地（韓的上黨），齊取燕的陽地。於是：「三晉大破，而攻楚。」這就是秦，齊稱帝的如意算盤。大陸史家已採信這一新發現的史料，於是秦齊相約稱帝，秦為西帝，齊為東帝。

這時，正好蘇代從燕國來到齊國，齊湣王問蘇代：「先生來得正好，秦國派魏冉把帝號送給寡人，先生以為如何？」蘇代對齊王說：

> 王問得太倉促了，而禍害往往都從最細微之處發生，希望王先接受秦國的意見，但不忙著稱帝。待秦稱帝後，天下如果不反對，王再稱帝也不遲。秦稱帝後，如果天下都厭惡秦國，王也不要稱帝，以便收服天下人心，是一很好機會。

蘇代又繼續問齊王：「秦國稱帝，王以為天下人是尊齊呢？還是尊秦！」

齊王說：「尊奉秦國。蘇代又問：「如果齊國放棄稱帝，天下人是敬愛齊國呢？還是敬愛秦國呢！」

齊王說：「當然一定敬愛齊而憎恨秦國」

原本秦齊約好稱帝後，共同去攻伐趙國。蘇代更向齊王分析利害關係：「和秦齊一起稱帝，天下獨尊秦而輕齊；王若放棄稱帝，那麼天下敬愛齊而憎恨秦，攻打趙國不如攻打宋國有利。願王放棄稱帝來收服天下人心。擯棄稱帝之約，而擯棄秦國，讓秦國處於被動境地而不能與齊爭勝。然後，王乘機攻打宋國，得到宋國後，衛國的陽城就危急了，擁有濟水西岸，趙國黃河東岸的土地亦危險了，擁有淮河北岸，楚國的東部就受到威脅，擁有定陶和平陸，魏國的城門不敢開了。齊去帝號加之伐宋，則國重名尊。名義上尊重秦國，結果讓天下人恨他，這叫做以卑賤換尊貴。願王仔細考慮。」

齊王接受了蘇代的游說，去掉帝號，前後僅稱帝二天，秦國也只好去掉帝號。

以上這件事大陸史家完全採信〈戰國縱橫家書〉的新史料，認為說服齊王去帝的是蘇秦，不是蘇代。孰是孰非還有待史家辨正。就整個過程來說，秦齊稱帝的事是在西元前二八八年十月到十二月，僅兩個月的時間，時間雖短，影響頗大。第一個影響，促成齊國滅宋，第二影響使燕齊火拼。

先說齊國滅宋。這是蘇代向齊湣王建議的。按宋國的歷史發展到宋康王時，居然東邊打敗齊國，奪取了五個城池，南邊打敗了楚國，奪取了三百里的土地；西邊又打敗魏國。從此齊，魏都成了宋國的敵國。因此宋王非常驕縱，自以為要稱霸天下，經常用皮袋裝滿血，懸掛起來，然後對準它射箭，叫做「射天」，以示威服鬼神。而又為長夜之飲，淫亂婦女，群臣如果有敢進言規諫的，立即將他射死。並下令要國人呼之萬歲，國人沒有人敢不服從，諸侯都稱他為「桀宋」，並說他重蹈商紂王的覆轍，不可不加以誅戮。於是齊湣王聯合魏、楚伐宋，殺了宋王，滅亡宋國，三國瓜分了宋國的領土。

當齊湣王要討伐宋國時，秦昭襄王很不高興，認為宋國是他所喜愛的，加以齊國一會合縱，一會連橫，心意難測，經過蘇代向秦王解釋一番後，也就沒有反對了。齊國與楚，魏聯合滅宋，〈宋微子世家〉雖這三國「三分其地，但如何瓜分沒有記錄，而〈田敬仲完世家〉既沒有說「聯合楚、魏共伐宋」，也沒有說「三國瓜分宋地」，而且還說，齊國滅亡宋國後，接著就向南方割據楚國淮河以北的領土，又向西侵略三晉，還想併吞周室而自立為天子。當時泗水沿岸的諸侯如鄒，魯的國君都已向齊國俯首稱臣，其他的諸侯都恐懼齊國。尤其秦國見齊國擴張勢力於此之快，大有駕乎其上之勢，影響秦國東侵之途。於是除了在第二年乘齊國方與宋戰而元氣尚未恢復之際，派蒙武攻齊，奪取了九個縣城。接著又與燕，三晉合謀聯合攻齊。

前面說過，燕昭王即位後，非常謙恭，以優厚待遇招致賢人，和百姓同甘共苦，未嘗一日忘報齊國之仇。這時齊湣王滅宋後，異帝驕傲，而諸侯都感到恐懼之際，燕昭王乃詢問樂毅討伐齊的事，樂毅說：「齊仍保有以往霸國的餘業，地大人眾，不易獨立攻破。如果一定要攻打他，最好聯合趙，魏，楚一起行動。昭王乃派樂毅前往趙國與趙惠文王訂約，趙王滿口答應還將相印交給樂毅。昭王又另遣使者連絡楚、魏同時還請趙國以伐齊之利誘說秦國。於是燕以樂毅為上將率領諸侯攻打齊國。參加這次戰役的諸侯國有不同記載：

〈樂毅列傳〉：「樂毅並護趙、楚、魏、燕之兵以伐齊」，其中沒有秦國。

《資治通鑑》：「樂毅並將秦、魏、韓、趙之兵以伐齊」，其中秦，楚都有。

〈燕世家〉：「樂毅為上將軍與秦、楚三晉合謀以伐齊」。

〈秦本紀〉：「秦昭襄王派尉斯離與三晉，燕伐齊」，其中沒有楚。

〈趙世家〉：「樂毅將趙、韓、魏、燕攻齊」，其中也沒有楚國。

〈田敬仲完世家〉：「燕、秦、楚、三晉合謀，各出銳師以伐敗我於濟西」。

〈楚世家〉：「頃襄王十五年，與秦、三晉、燕共伐齊，取淮北。」

〈魏世家〉：「昭襄王十二年，與秦、趙、韓、燕共伐齊」其中沒有楚。

　　韓世家沒有記載助燕伐齊的事。但說「佐秦攻齊，齊湣王出亡」，應該就是與燕國伐齊的同一件事。

　　綜合以上九處記載，有五處沒有楚國參戰記錄，有的史家認為參與燕國伐齊者有三晉及秦、楚。有的史家認為楚國在燕國開始打齊國時並沒有參加，《史記》六國表齊欄僅稱：「五國共擊湣王，王走莒」足証初伐齊者僅五國而已。又據田敬仲完世家說：當齊國被諸侯軍打敗，齊王亡走莒城時，楚國才派淖齒率兵救齊。齊湣王並任淖齒為相，不久淖齒藉機殺了湣王。楚既派淖齒救齊，又何以殺齊王，此或為楚國的陰謀，欲與燕國分割齊地，其後楚國果然獲得淮北之地，以及分得擄獲燕國的寶物。

　　就整個事件來看，據〈樂毅列傳〉說：齊湣王在齊西敗走後，諸侯都收兵回去。樂毅獨自率燕軍緊追，攻入齊王首都臨淄，把齊國的寶物和祭器全部搬到燕國，（這中間的寶物很可能原本就是燕國的）。並燒毀宮室和宗廟。這就是「歷史重演」。因為當年齊宣王打敗燕國後，搶了他的寶器，拆毀他的宗廟，於今齊國完全得到燕國的報復，也可說是「報應」。

　　燕昭王得到消息，非常高興，親自到前方勞軍，行賞饗士，封樂毅為昌國，號為昌國君。昭王將戰利品帶回，命樂毅繼續攻打齊國的城邑，樂毅留在齊國有五年的時間，先後攻取了齊國七十多個城邑，然後變成燕國的郡縣。齊國只剩下莒城和即墨城。

　　讀史至此，有一點令人懷疑：諸侯既聯合伐齊，何以不一鼓作氣將齊滅亡，通

鑑說：「秦、韓兩國因離齊國較遠，所以樂毅要他們先收兵回去。齊國原侵奪的宋地靠近魏國，又河間之地靠近趙國，所以樂毅就叫他們分別去進攻這兩個地方。其餘由燕國獨自負責。

其實，這次燕率諸侯軍伐齊，在燕國來說，全完是為了報仇，在三晉來說，一方面恐懼齊的強盛對彼等不利，一方面討厭齊湣王的驕橫。至於秦國完全是因為齊國在東方已成舉足輕重的國家，是秦國最大的敵人，所以秦國之所以協助燕國攻打齊國，其用意是在藉此消弱齊國的力量。但不能完全讓燕國吞滅齊國，因為這樣雖消弱了齊而壯大了燕。所以當齊國在濟西被燕國打敗後，諸侯軍都撤走，讓燕齊兩國去火併，猶鶴蚌相爭，漁人得利。

且說樂毅率燕軍直入臨淄，湣王逃到衛國，起先衛國的國君對他很好，還把自己的宮室讓給他居住，甚至稱臣侍侯他。在這種情況下，湣王居然還非常傲慢，衛國人氣憤的將他趕走，他乃逃去鄒國和魯國，傲慢的態度仍然沒有改，鄒、魯國君都不肯收留他，最後只得逃回莒城。這時，楚國就乘機派淖齒率兵進入莒城，表面看來是援助齊國以免被燕國滅亡，實際上是一大陰謀，所以不久淖齒就藉機殺了湣王，而和燕國瓜分了從齊國侵略的土地及擄獲的寶器。楚國真是撿了一個大便宜。

湣王被殺後，他的兒子法章改名換姓，躲在莒城太史的家中當傭人。太史的女兒覺得法章面貌不凡，不像常人，因而憐恤他，並偷偷接濟他衣食，日久生情，進而私通。這時有一個叫王孫賈的人，平素追隨在湣王左右，此刻竟不知湣王的去處，而且不聞不問，母親乃激將他說：「汝朝出而晚來，則吾倚門而望，汝暮出而不還，則吾倚閭而望。汝今事王，王走，汝不知其處，汝尚何歸焉」王孫賈聽母親這麼一說，自知不對，乃跑到市區，沿街大呼：「淖齒亂齊國，殺死湣王，欲與我誅之者，袒右。」一時市上的人聽從者聚集了四百多人。攻殺了淖齒，莒城的人民及齊國的亡臣都一起找尋湣王的法章，要立他為王。法章害怕被人殺掉，起先不敢吭聲，過了很久，探聽真象後才說出自己的身份，於是莒城人一同擁立法章是為齊襄王。原太史的女兒立為王后。並向國人宣告：「王已立於莒矣」。

樂毅攻陷齊都臨淄後，討劃如何治理齊國，廣求人才，聽說畫邑人王蠋很賢明。先是下令軍中在畫邑四周三十里內不得去侵擾。並派人前往請王蠋，王蠋辭謝不往，燕國人宣稱如果不來，將屠殺畫邑，王蠋說：「忠臣不事二君，烈女不更二夫，國破君亡，吾不能存，而又欲劫之以兵，吾與其義而生，不若死。」於是吊死於樹上。

樂毅在齊國五年之內：「修整燕軍，禁止侵掠。求齊之逸民，顯而禮之。寬其賦斂，除其暴令，修其舊政……祀桓公管仲於郊，表賢者之閭，封王蠋之墓。齊人食邑於燕者二十餘君，有爵位於薊者百有餘人。」

這時齊國的土地都在燕國控制之下，獨獨莒城及即墨城沒有攻下，樂毅曾令右軍、前軍合圍莒城；令左軍、後軍合圍即墨。花了一年的時間沒有攻下，樂毅乃下令解圍，將軍隊退在城外九里的地方築壘，並向城裡的齊人宣告：「城中民出者勿獲，困者賑之，使即舊業」可是兩城的人並沒有響應樂毅的號召，因為呂城已經在楚將淖齒控制下，而即墨則在田單的領導下矢志守城，誓死不降。經過了三年還是攻不下。因而有人在燕昭王面前說樂毅的壞話，說「樂毅智謀過人，伐齊呼吸之間，剋七十餘城，今不下者兩城耳，並非力不能拔，所以三年不攻者，欲久仗兵威以服齊人，南面而王耳。今齊人已服，所以未發者，以其妻子在燕故也。且齊多美女，又將忘其妻子，願王圖之。」

燕昭王於是置酒大會，將那個讒言的人帶到會場上當著群臣責備他說：「先王舉國以禮賢者，非貪土地以遺子孫也，遭所傳德薄，不能堪命，國人不順。齊為無道，乘孤國之亂，以害先王。寡人統位，痛之入骨，故廣延群臣，外招賓客，以求報仇，其有成功者，尚欲與之同共燕國。今樂君親為寡人破齊，夷其宗廟，報塞先仇，齊國固樂君所有，非燕之所得也，樂君若能有齊，與燕並為列國，結歡同好，以抗諸侯之難，燕國之福，寡人之願也，汝何敢言若此。」說著立即下令武士將他推去斬首。這真是給那些拍馬屁喜歡說他人壞話的人一個很好警惕。接著昭王賜給樂毅的妻子一套后服，賜其子以公子之服，以及輅車乘馬，派宰相前往臨淄立樂毅為齊王。

按樂毅既掌控齊國，若有意王齊乃輕而易舉之事，燕昭王也無可奈何，倒不如順水人情，而樂毅乃是深明大義的人，接到燕昭王的賞賜後，惶恐不安，不敢接受，回報昭王，以示「以死自誓」。齊國知道了這件事，對樂毅如此講義氣，敬佩不已，而「諸侯畏其信，莫敢復有謀者」。

然而就在這時，燕昭王去世，其子繼立是為燕惠王。燕惠王在太子時，曾與樂毅不和。守在即墨的田單得到消息後，乃「縱反間於燕」。

《史記·田單列傳》說：「田單是齊國田氏王族的遠房本家，曾為臨淄市椽，負責市場行政工作。樂毅攻打齊國時，田單由臨淄逃到安平。他叫族人把露在車輪外頭的車軸鋸斷，再在車軸上加上鐵皮。不久，燕軍又進攻安平，城中人爭先恐後

搶路逃難，由於彼此車輪突出的車軸相互衝撞，以致軸斷車毀，不能前進，被燕軍俘擄。只有田單的族人因車軸短而且有鐵板護著，因此得以順利脫困逃到即墨。不久，燕軍又攻打即墨，即墨城的首長出戰陣亡。一時城中慌亂無主，人們相議以田單能事先教族人改裝車軸而安全逃出，可見他懂得兵法，於是擁立他為將軍，領導即墨人抵抗燕軍。與燕軍相持達三年之久。

現在得悉燕昭王已死，新君與樂毅不和，乃首先乘機在燕國展開離間工作，派人散佈謠言說：「齊王早就死了，齊城沒有被打下的只兩個小城而已，樂毅是怕國君要殺他，所以不敢回國。」他是以繼續攻打齊國為幌子，實際上是想與齊國兵力結合，做齊國的國君。因齊國的民心尚未歸順，所以才慢慢的拖拉著攻打即墨，以便俟機在齊國稱王。目前齊國最怕的是燕國調派其他將領來攻打，果真那樣，即墨城是必垮無疑了。」

燕惠王聽到這些謠言，即信以為真，就派遣騎劫為將，接替樂毅的職位。樂毅因此奔趙國，燕國的軍民對這件事感到忿忿不平。

接著田單展開了一連串的詐騙工作。

首先命令城中的居民，每餐吃飯之前，先在庭院中祭祀祖先，吸引鳥兒在城的上空盤旋，然後飛下來啄食祭品。城外的燕軍看到這種情景，都覺得很奇怪。於是田單就乘機宣揚說是「神仙由天而降，來授給我天機。」並說：「還有一神人來當我的軍師。」就在這時，有一個士兵開玩笑的說：「我可以作軍師嗎？」說著回頭就跑走了。田單立刻把他請回來，安排他坐在朝東的上座，拜他為師。那個士兵有些惶恐的說「我是騙你的，我什麼也不懂」。田單叫他不要說，並約束他外出時，必說自己是神師，田單發號施令時也說是宣達神師的旨意。就這樣使燕軍疑神疑鬼之外，接著又宣稱：

我們只怕燕軍把所俘擄的齊兵割掉鼻子，然後排列在隊伍的前頭和我們作戰，那即墨就非垮不可了。

燕國人聽到了就照著去做，城中人看到那些投降的齊國人，鼻子都被割掉了，軍民上下忿怒異常，守城之志更加堅決，唯恐被燕軍所捉。接著再次縱反間說：「我們怕燕國人挖我們城外的墳墓，辱及祖宗的靈骨，將是使我們感到寒心的事」。燕國的軍人便把齊人在即墨城外的墳墓挖開，焚燒屍骨。即墨人從城頭上望見那種情景，不禁悲傷流淚。都想趕快出城與燕軍決一死戰，殺敵的心志十倍於前。

田單知道民心士氣已經培養起來，已是作戰的時機，於是親自帶著工具和士兵

一起從事防禦工事，又將自己的妻妾家人也編在隊伍中，並將家中的所有飲食全部拿出來慰勞士卒。然後將武裝齊備的精銳部隊埋伏起來，由老弱殘兵和婦孺站在城頭上擔任防守的工作。這表示齊軍已無能為戰，派遣使者到燕營中接洽投降，燕軍聽說齊軍要約降，都高呼萬歲，士氣因而低落起來。

田單又商請民間百姓，湊集了兩萬兩黃金，由即墨城中有名的富豪為代表，前去送給燕軍的將領，請求他們說：「即墨就要投降了，希望大軍進城後，不要擄掠我們族人的妻妾，讓我們可以如往常一樣的生活。」燕軍的將領們接受了這些賄賂後，極為高興的滿口答應了。而燕軍的戒備因而鬆懈。

同時，田單又收聚好城中的一千多頭牛隻，在牠們身上裹著紅色綢布，上面畫著五彩龍形花紋。在牛角上綁上利刀，把灌滿油脂蘆葦束在牛尾上。於是選了一個黑夜，在城牆下面掘開幾十個洞，把牛從洞口放出，派五千精壯戰士偷偷的跟在牛後，快到燕軍軍營時，點燃牛尾巴上的蘆葦，燒痛了牛尾巴，一頭頭牛性大發，憤怒的直衝燕營，燕軍從夢中驚醒。牛尾巴上的烈火照明了牛身，燕軍看到牛身上的龍紋，不知是何怪物，碰著非死即傷，牛後的五千人悶聲砍殺，即墨城上的人則敲鼓吶喊，聲動天地，燕軍個個驚惶不戰逃走，燕騎劫遂被齊軍殺死。一時燕軍沒有首領，四處竄逃，齊軍在背後緊追不捨，所過城邑，百姓都紛紛叛離燕軍歸附了田單，齊國亡失的七十餘城全部光復。齊襄王亦由莒城回到首都臨淄，因為田單是由安平到即墨復齊，所以封田單為「安平君」。

曾任中華民國的總統蔣中正曾在金門大武山上題寫「毋忘在莒」四個字，用以激發「反攻復國」之志。一時社會上掀起一鼓「田單精神」，尤其在學校、軍中雷厲風行的展開。然而這一運動卻引起了不少專家學者的質疑，有人認為，當年齊桓公流浪在外，最後是由莒國回到齊國作了國君，齊襄王則是由莒城回到臨淄。按這兩個人的「復國」過程，都沒有什麼值得效法的地方，若是指田單恢復齊國的史實而言，實事上田單是由即墨復國那麼應書寫「毋忘在即墨」才對，總之，在當時沒有人敢請示究竟指何者而言，就那麼含含糊糊的在軍中既有「莒光營」，又有「田單連」，更可笑的當時救國團邀請一批「專家」，包括筆者在內，到各級學校社團講述了「毋忘在莒」的故事，依據「指示」，先述說兩個在「莒」的史實，再談及田單復齊的事作結論，三件事「風馬牛不相及」，講起來實在彆扭。好在不是討論會，沒有人發問，講完之後，溜之大吉。不過，筆者還是忍不住，冒著最大忌諱寫了一篇〈論田單復齊〉，在《民土潮雜誌》上發表，現在節錄後段以供參閱。

附錄：論田單復齊

司馬遷寫〈田單列傳〉，頗為精彩，首先安排了一個「反間」策略，使燕王撤換樂毅，樂毅不去，田單復齊根本無法做到。因為燕昭王還在位時，已經把攻下的齊國土地，劃出了一部分封樂毅為一個小王國了，這件事後來樂毅寫給燕惠王的書信透露過。因此田單所宣言的「樂毅欲連兵南面而王齊」本是事實，田單只得利用燕惠王與樂毅間的宿怨，同時又因為樂毅不是燕國人，新即位的燕王疑心是情所當然，所以這個「反間」之計，運用起來很是順利。田單復齊的主要關鍵便在此。

至於田單傳中所謂田單「令城中人食必祭其先祖於庭，飛鳥悉翔城中，使燕人怪之」，又「宣言神來教我，強一士兵為神而師之」，此一「疑神疑鬼」的計劃，只是欺騙童騃之輩，設若城中有人洩漏消息，即白費心機。另外田單宣言「吾唯恐燕軍之劓所得齊卒，置之前行，與我戰，即墨敗矣」，又「吾懼燕人掘吾城外冢，僇先人，可為寒心」，因是燕人割掉齊國俘擄的鼻子，挖齊國人的祖墳。這一「心理」運用，固可激齊人憤怒之心，堅守城之志，但燕軍的這種罪行，實是田單的罪行。至於最後的「火牛」戰，更是一種未可預料的冒險，這一冒險，固足以造成燕軍的亂陣，那究非兵家之法，總之這種策略既失仁道，而根本就不實在。

一般對田單復國的精神，頗為贊佩，我不敢獨唱反調，但我總覺得田單復齊，大部份得力於秦國的「分化」政策的運用，田單只是乘機施了些小技巧，利用了對方一些弱點，雖曾「身操版插，與土卒分勞苦」，這也只是在出戰前作作樣子。因為事實告訴我們，樂毅率燕軍佔據齊地前後共五年，這五年中，田單並未做什麼事，燕軍因楚國的助齊，久攻莒城不下，再去攻即墨，即墨大夫出戰陣亡，城中人，才因田單曾在安平戰役中逃亡有術，以為他「知」兵，乃一時推舉他出來為將軍，來抵抗燕軍。可見田單只是「逃亡有術」而已。或許齊國僅有即墨、莒城，無處可逃了，如果還有地可逃，田單可能又率宗人用鐵皮包裹車軸逃跑了。所以田單復國又可謂「置之死地而後生」。

再則燕昭王死，惠王即位，田單才能用「反間」去掉樂毅，而燕惠王元年，田單就恢復了齊國。換句話說，從田單縱「反間」到使用「火牛」，一年的時間都不到，便能復國，談不上什麼堅苦奮鬥，難怪司馬遷在字裏行間也隱隱的說只不過「出奇制勝」而已。這和越王勾踐二十年的「臥薪嚐膽」就不能比了。

田單後來做了齊國的宰相，勤政愛民，齊襄王一直對他很好，並加封夜邑地方

一萬戶給他。

至於樂毅被田單「反間」逃往趙國後，受到趙王的尊寵封他在觀津，號曰「望諸君」。不久，田單復齊，燕惠王很後悔中了田單的計撤換了樂毅，因而慘遭兵敗將亡，不但喪失了所得齊國的土地，而此刻樂毅又在趙國，恐怕趙國重用後，乘燕國元氣未復前來攻打，於是燕惠王派人向樂毅表示道歉，承認自己因初即位，上了左右小人的當，但也責備樂毅誤聽傳言，就投奔趙國，將如何對得起先王對將軍的知遇之恩呢？

樂毅於是寫一封言辭懇切的信，詳細述說了當年燕昭王如何用他，以及他為燕國報仇的經過，並表明他不會違背道義協助趙國攻打燕國。

於是燕王封樂毅的兒子樂閒為昌國君。而樂毅則往來於燕、趙王間燕，趙都以他為客卿，後來樂毅死在趙國。

（四）秦、趙外交角逐

（1）秦、趙「和氏璧」之怨

《韓非子·和氏篇》記載：

> 「楚人和氏得玉璞楚山中，奉而獻之厲王，厲王使玉人相之。玉人曰，石也。王以和氏為誑，而刖其左足。及厲王薨，武王即位，和氏又奉其璞而獻之武王，武王使玉人相之，又曰石也。王又以和氏為誑，而刖其右足。武王薨，文王即位，和氏乃抱其璞，而哭於楚山之下，三日三夜，泣盡而繼之以血。王聞之，使人問故曰，天下之刖者多矣，子奚器之悲也？和氏曰，吾非悲刖也，非夫寶物而題之以石，貞士而名之以誑，此吾所以悲也。王乃使玉人理其璞，而得寶焉，遂命曰和氏之璧。」

按當時的國際情勢，楚國已經衰敗，齊國已被燕國打敗只剩下二個城邑。韓、魏已在秦的掌握中，獨趙國尚能與秦一爭雄長。楚國因一再被秦國所欺騙，怨氣難消。見趙國在趙武靈王「胡服騎射」後，國勢日盛，便想和趙國聯合起來對抗秦國。於是乃向趙國求婚以結和親，並以「和氏之璧」為聘禮。

秦昭襄王獲悉，趙國得到「和氏之璧」，便想據為己有，乃派人送信給趙王：「願以十五個城來交換。趙王與廉頗等諸大臣商量：「欲予秦，秦城恐不可得，徒見欺，欲勿予，即患秦兵之來。」不知如何是好，轉而問藺相如，相如說：「秦強而趙弱，不可不許。秦以城求璧而趙不許，曲在趙；趙予璧而秦不予趙城，曲在

秦。均之二策，寧許以負秦曲。臣願奉璧而往。使秦城不入，臣請完璧而歸之。」藺相如知道這完全是一個騙術。但秦國強大，若相應不理，也不是對策，要是兵戈相見，趙國豈是秦之對手；於是藺相如懷璧至秦。

秦王並沒有按照外交禮節在正式場合接見藺相如，故意安排在一個離宮的章台上。藺相如奉上璧，秦昭襄王接過璧，非常歡喜，端詳一番後，再把璧傳給左右觀賞，一付狂傲的神情，左右皆呼萬歲，藺相如察覺這根本就是一種戲弄，那有給城的誠意。於是走上前去，假裝說璧上有一處小瑕疵，要指給秦王看，秦王不疑有他，把璧交給相如，相如緊緊抱著璧，立刻退到一根柱子旁邊，怒髮衝冠聲色俱厲的數說秦王的不是，並表示要與璧俱碎於柱。

秦王怕璧被撞碎，連忙向相如道歉，並令主事者攤開地圖，指指點點將某處十五個城畫給趙國。藺相如看在眼裡，想在心裡，這只不過是一招騙態。於是另生一計，要求秦王齋戒五天，在正式場合舉行交換儀式，秦王答應照辦，並把相如安排行館住下。就在這個空檔，相如偷偷的派屬下化裝溜出行館將璧帶回了趙國。

秦王原想詐騙趙國，反而被藺相如所欺弄，這一招顯然藺相如已抱定殉國的決心。在第二次接見的典禮上，秦王獲悉被耍，當然會異常氣憤，左右的人也要舉刀砍殺相如。然而秦王卻容忍下來。想是既得不到璧，反有斬來使惡名。何況秦國正謀統一天下大計，小不忍則亂大謀，因是就在彼此虛應一番後，終於在雙方你騙我詐的情況下，結束了這場「外交遊戲」。

綜觀藺相如之所以能「完璧歸趙」，固因其個人之智勇兼備，然秦昭襄王之顧全大局，能屈能伸，也不失為一個有器度的大丈夫。

（2）秦趙「澠池之會」

秦、趙「和氏之璧」的事不了了之，秦王似有未甘。五年之後，派使者告訴趙王，願兩國和好，約在澠池相會。趙王原先不敢赴會，廉頗，藺相如認為如果趙王不去，表示趙衰弱膽卻，於是藺相如隨趙王去到了澠池。秦王想在「澠池之會」上，好好侮辱趙國一番。就在酒會間，秦王要趙王彈琴給他欣賞，旋命在旁的史官記錄這件事：

秦王也真健忘，當年為了璧的事要騙他的藺相如正隨侍在趙王跟前，沒想到說時遲那時快，藺相如立刻捧了秦國的一個瓦盆子來到秦王面前，也要秦王為趙王敲盆作樂。秦王大怒，起先不肯，相如正色說：「五步之內，臣請得以頭血濺大王矣」。秦王左右欲拔刀砍殺相如，相如張大雙眼，一聲大吼，嚇得左右急忙後退。

秦王只好敲了一下盆子，相如也立刻召趙史官記下「某年某月秦王為趙王敲瓴。」

秦王左右的大臣見這方沒有占到便宜，接著乃說：「請趙國用十五座城為秦王祝壽」。藺相如也立刻說：「請秦國以咸陽城為趙王祝壽」。

澠池會上，秦國一點便宜也沒有得到，反而丟了顏面。藺相如能夠在秦王的威逼下，維護了趙國的國格，乃因廉頗在趙國邊境集結了大軍以為後盾，使秦國不敢妄動。

趙王回國後，封藺相如為上卿。地位超過了廉頗，廉頗很不高興，認為「我身為趙國的將軍，有攻城野戰，擴土保疆的功勳，而藺相如只不過動動口舌，立了一點功罷了，竟然位高於我，況且相如本出身微賤，太使我難堪了，我怎能忍受位居他之下。」因此揚言：「我如碰到藺相如，一定要他好看！」相如聽到傳聞後，於是避免與廉頗碰面。即使要朝會時，也託病不出席。有一次，相如外出，遠遠望見廉頗，乃立刻調轉車頭躲避。相如的門客見他如此膽小怕事，認為是一種羞恥，都要離他而去。相如乃對左右說：「以秦王的權威，我尚且敢在大庭廣眾前呵責他，以及羞辱他的群臣，難道我會怕廉將軍嗎？只因為我每想到強秦之所以不敢對趙國發動戰爭，是因為趙國有我和廉將軍的關係。如果我們兩人鬧意氣，就如同兩虎相鬥，那有兩全之理，我之所以避著他，無非是把國家的急難放在前頭，把個人恩怨擱在後面罷了。」後來有人把這話告訴了廉頗，廉頗感到慚愧，於是袒露上身，帶著荊鞭，由朋友相陪前往向藺相如謝罪，兩人終於結為生死與共的「刎頸之交」。

（五）戰國後期三次大戰

（1）閼與之戰

秦國原想以和平方式使趙國拆服，但在「完璧歸趙」與「澠池會上」兩件事情上，秦國一點便宜也沒有沾到，反而自處其辱。但秦國志在滅六國，統一天下，自是之後，秦對各國重用兵事，陷城斬首，使各國幾乎無能招架。

先是白起攻佔了楚國的郢都，設置了南郡，迫使楚國遷都至東北的陳地。昭襄王卅年又攻取楚國的巫郡及江南，設置黔中郡。昭襄王卅二年相國穰侯攻佔魏國三個城邑，斬首四萬，同年，白起攻打三晉，斬首十三萬，拋入河中淹死者二萬。

秦昭襄王卅七年，秦軍圍攻趙國的閼與。但被趙奢擊敗。

趙奢，原為趙國管收稅的官。當時平原君家不肯交稅，趙奢殺了平原君家管事的九個人，平原君大怒，要殺趙奢，趙奢說：「你是趙國的貴公子，你不守法，法就消弱，法消弱，國家也就消弱，國家消弱，諸侯便來攻打，國家亡了，你還有富

貴嗎？以君之貴，奉公如法，則上下平，上下平則國強，國強則趙國鞏固，公子是貴戚，天下能看輕你嗎？」平原君覺得他說得有道理，並向趙王推荐他治理整個國家的田賦，因而「國賦大平，民富而府庫實。」

秦國圍攻閼與時，趙王曾問廉頗和樂乘，「可以救嗎？」他們兩人都認為「道路遠又險，難救。」趙王問趙奢，趙奢說：「道路遠又險狹，好像兩鼠在洞穴裡相鬥，將帥勇敢就能取勝。」趙王欣賞趙奢的說法，乃派他帶兵去救。

趙奢帶領軍隊才離開邯鄲都城三十里就駐紮起來，且下令「有以軍事諫者死」。

這時，秦國的軍隊駐紮在武安的西方，擂鼓勵兵，吶喊的聲音，震動了屋瓦。趙軍中有一士兵沉不住氣，要求出兵，趙奢立即把他殺了。下令更加修築堡壘增強防禦工事，堅守了二十八天，沒有向前推進。也就在這時有一個秦國的奸細潛入趙軍，趙奢不但沒有殺他，反而熱情招待一番後，送他回去。這位秦軍奸細把他看到的趙軍的情形報告秦軍的將領，秦的將領高興的說：「趙軍離都城三十里就駐兵不前，反而忙於修築防禦工事，看情形，閼與不再歸趙國所有了。」

趙奢當秦奸細離去後，立刻下令全軍輕裝急行奔赴閼與。經過兩日一夜便趕到離閼與僅五十里之地。秦軍得到情報也急向閼與前進。

當時，趙軍中有一軍士叫許歷，向趙奢陳述戰略，認為要搶先佔據北山，趙奢採納了他的意見，派了一萬人佔領了那個山頭，秦軍由於晚了一步，也想搶登北山不能，趙奢命令全軍出動，奮勇進擊，秦軍大敗，潰散而逃。閼與之圍解除，趙奢凱旋，被封為「馬服君」，與廉頗、藺相如祿位相等。許歷亦任為國尉。

閼與之戰，大破秦軍，給秦國一次沉重的打擊，因之秦軍東進之策，一時受挫。於是有范雎「遠交近攻」的策略出現。

（2）遠交近攻

范雎是魏國人，家境貧困，無法維持生計，乃在魏國中大夫須賈家裡當差。有一次，魏昭王派須賈出使齊國，須賈帶范雎一同前往，留在齊國數月，齊襄王聽說范雎很有辯才，派人賜給范雎黃金十斤和一些牛酒，范雎辭謝，不敢接受。而須賈得悉此事，頗為生氣，以為范雎把魏國的機密告訴了齊國，所以才會得到賞賜，他命令范雎收下牛酒，退還金子。回國以後，須賈心中很不平衡，認為在齊國期間，所受待遇不及隨從，因對范雎十分惱怒，並將此事告訴了魏相國。魏相國是魏國的公子，名叫魏齊。魏齊聽了以後，不問是非，便叫門下痛打范雎，牙齒被打落肋骨

也被打斷。范雎裝死，門人用草蓆包裹把他丟入廁所。當時魏齊正在宴客，賓客喝醉了酒都在范雎身上撒尿，故意污辱他，以告誡後來的人，使他們不敢再洩漏國家的機密。范雎在草蓆裡偷偷的告訴看守人說：「老丈能救我出去，我一定重重酬謝你。」看守人乃請求魏齊把蓆子裡的死人拿出去丟掉，魏齊因醉得醺醺的答應了。

范雎逃出後，魏齊後悔，想把他找回來。魏人鄭安平帶了范雎逃走，躲藏起來，改名換姓叫張祿。這個時候秦昭襄王正派謁者王稽出使魏國，鄭安平扮成小廝，服侍王稽，王稽問他「魏國有沒有賢人，可以和我一同西游？」鄭安平告訴他「屬下里中有一個張祿先生，想要見您，和您談談天下的事情，但這個人有仇家，不能白天來見您。」於是鄭安平在夜間帶著范雎前往會見王稽，兩人話還未說完，王稽便知范雎是個賢人，便約叫范雎在魏國郊境一個叫三亭的隱避地方等他。

王稽立刻辭謝魏王回國，經過三亭，用車子帶著范雎回秦國。途經湖關，望見車馬從西邊而來，范雎問「那邊來的人是誰？」王稽告訴他「是秦國的宰相穰侯，在巡察東邊的縣邑。」范雎說：「聽說穰侯獨攬秦國大權，他最討厭諸侯的說客進入秦國，這下恐怕會侮辱我，我還是暫時躲在車裡吧。」

過了一會兒，穰侯來到，站在車子上問王稽「函谷關以東有沒有什麼變動？」王稽說「沒有」。接著又問他「有沒有帶諸侯的說客回來？這些人毫無用處，只會擾亂人家的國家罷了。」王稽回答說「不敢帶」。

穰侯問完便離開他往。范雎說：「聽說穰侯是個聰明人，但對事情的反應稍為遲緩一點，剛才他懷疑車裡有人，只是忘記了搜查。」范雎預料穰侯後悔，一定會再來查看。乃下車步行，走了十多里，果然，穰侯派騎兵來搜查。范雎因得安然跟隨王稽進入咸陽。

王稽向秦王報告說他帶來一位「天下能言善辯」的張祿先生回來。秦王並不相信，只讓他住在客館，供應下等菜飯。范雎就這樣等了一年。秦王沒有接見他，他也沒有機會向秦王進說。

那個時候，秦國的穰侯、華陽君，是昭襄王母親宣太后的弟弟，而徑陽君、高陵君是昭襄王的同母弟弟，這四個人被尊之為秦國的「四貴」。穰侯做宰相，其餘三人輪流統率軍隊，每個人都有封邑，因為太后的緣故，他們的財富比王室還要多。穰侯還要想使自己的封地擴大到陶縣。於是帶領軍隊越過韓、魏去攻打齊國的綱壽。范雎乃乘著穰侯不在國內的機會上書秦王。

上書中首先說：「臣聞明主立政，有功者不得不賞，有能不得不官，勞大者

其祿厚，功多者其爵尊，能治眾者其官大，故無能者不敢當職焉，有能者亦不得蔽隱。」接著很明白的表示「如果認為臣的話對，希望能夠實行，賜給一個進言的機會，如果認為臣的話不對，那麼久留在這裡也沒有用。」最後乃以牢騷、諷刺、懇切的幾種口吻說：「俗語說：『庸主賞所愛而罰所惡，明主則不然，賞必加於有功，而刑必斷於有罪。』現在我的胸膛當不起椹板、挫刀等刑具，腰也承不超大斧、小斧的一砍，怎麼敢以不了解的事在您面前賣弄呢？雖然您認為我低賤，輕易的差辱我，難道你就不重視保荐我的人，他是能隨便保荐他人的人嗎？⋯⋯深切的話，我不敢寫在書裡，淺顯的話又不值得聽。我想，或許是我太愚笨，不能啟發君王的心，或是您認為我太卑賤而不能任用。如非這樣，我希望您能賜給我一、二次進宮的機會，得見您的天顏，如果我說了一句沒用的話，就請即刻把我處死。」

秦昭襄王看了范雎的上書，非常高興，向王稽表示致歉外，派人用傳車召見范雎。范雎下車後，假裝不知那一條是通往內宮的路，就逕自走進去，昭襄王從內宮出來，宦官看到范雎，生氣的把范雎趕開，並大聲的對他說：「大王來了。」范雎想激怒昭襄王也故意的大聲說：「秦國那有什麼大王，獨有太后、穰侯而已。」昭襄王走來聽到范雎和宦官爭論，就請他進宮，首先向他致歉說：「寡人早該親自接受您的教誨了，只是正巧遇到義渠侵邊的事非常緊急，早晚和太后研究對策，所以沒有閒暇向您討教，如今義渠的事已結束，寡人才有時間承受您的教誨，我自覺昏昧愚鈍，所以誠敬的執守著賓主之禮，請您開導。」范雎推辭謙讓，當時，看到范雎會見昭襄王的臣子們，沒有一個不洒然（驚奇訝異）變色易容的。昭襄王屏退左右，宮中沒有其他的人，秦王曾三次跪下來請問范雎：「先生何以幸教寡人？」

起先，范雎故意不答話，只是「嗯嗯」罷了，當秦王跪著說：「先生卒不幸教寡人邪？」范雎這才說：「我不是不說，只因我只是一個過客，與君王的交情又十分疏遠，而我想要進諫的事，又是牽涉到王骨肉之親，我想進獻自己的愚忠，但又不知君王內心的意向如何？臣不是害怕而不敢講，臣知道今日講了明日就會被害。人固然免不了要亡，如果能夠對秦國有些好處，這是臣最大的願望。⋯⋯臣所畏懼的，臣死之後，天下的人看我為盡忠而身亡，皆閉口不言，停腳不前，不再有人肯為秦國賣力了。」接著范雎在昭襄王面前指出如今君王「上畏太后之嚴，下惑於姦臣之態，居深宮之中，不離阿保之手，終身迷惑，無以昭姦，大者宗廟滅覆，小者身以孤危，此臣之所恐耳，若夫窮辱之事，死亡之患，臣不敢畏也，臣死而秦治，是臣死賢於生。」秦王仍然跪下來向范雎表示，今後「事無大小，上至太后，下至

大臣，願先生悉以教寡人，無疑寡人也。」

於是，范雎先指出秦國既有優越的地理環境，強大的兵力以及可用的民心，應該是統治諸侯，完成霸業的條件，但是大臣們都不稱其職守，至今閉關十五年，不敢向函谷關以東的地區進兵，乃是「穰侯為秦謀不忠，而大王之計有所失也。」秦王又跪下來說：「寡人願意聽聽我失策的地方究竟在那裡？」

這時，臣子們雖不在秦王身邊，但可能都在裡面偷聽，范雎心裡害怕，不敢提到宮裡的事，就先說朝廷外的事，來觀察秦王的反應和態度。於是向昭襄王進言說：「現在穰侯要越過韓、魏去攻打齊國的綱壽，這就是失策的事，因為出兵少，不足以打敗齊國，出兵太多，對秦國本身有害，……像以前齊國攻打楚國，開拓了千里土地，但最後一寸土地也沒有得到，反而因各國見齊國疲憊的時候，趁機攻打齊國，齊國幾乎亡國，就是因為齊國去伐楚國，而肥了韓、魏，此所謂『借賊兵齎盜糧者也』（借兵給賊，送糧給盜）。王不如『遠交而進攻』，得寸則王之寸也，得天則王之天也。今放棄這樣的策略而去遠攻，不是很荒謬嗎？現在韓、魏二國，位在中原，是天下的中心地帶，大王一定要征服韓、魏，以威懾楚、趙。如果楚、趙依附秦國，齊國也必定依附秦國。」這就是戰國時代著名的「遠交近攻」的策略。秦王很贊賞范雎的主張，於是拜他為客卿，經常和他商議國家大事。

范雎日益受到秦王的信任，又過了好幾年，這才決定對秦王進宮內廷的事。他說：「臣在山東時，只聽說齊國有孟嘗君，沒有聽說有齊王，只聽說秦國有太后、穰侯、華陽、高陽、涇陽，沒有聽說有秦王。今天太后能擅自行事，穰侯把持對外大權，華陽、涇陽君可以自行決斷罪犯，高陵君要用人、貶人，從不向您請示。這四個人被稱為秦國的『四貴』，秦國有這四貴，國家怎麼會不發生危險呢？在這四貴之下，簡直沒有君王的存在，國家的權柄怎麼會不傾覆？國家政令又怎能向君王頒佈呢？」范雎更提醒昭襄王說：過去的崔杼、淖齒二人曾獨攬齊國的大權，結果崔杼派武士射殺了齊莊公；淖齒殺了齊湣王；李兌獨掌趙國的大權，結果囚禁了主父趙武靈王，讓他活活餓死。現在秦國的四貴，就跟崔杼、淖齒、李兌等人的情形相似，況且，今天秦國從有等級的官吏到諸大臣，以及大王左右的人，沒有一個不是屬於相國的人。大王在朝廷已是「孤家寡人」。臣實在為大王惶恐不安。於此下去，以後「有秦國者非王子孫也」。

昭襄王聽了范雎的這番陳述，十分懼恐。於是果斷的廢掉太后的權柄，把穰侯、高陵、華陽、涇陽君一一放逐關外，這就是歷史上有名的范雎「逐四貴」。穰

侯被逐，收回他的相印，讓他回到他的封地陶縣，派縣官供給他車、牛等工具裝運財務，總數在一千輛以上，經過函谷關口時，守關的人查驗他的財務，寶器珍怪，比王室還要多。但不久就憂死於陶邑，旋秦收陶邑為郡。

太史公評論說：「穰侯是秦昭襄王的親舅，秦國之所以能增加東方的土地，削弱諸侯，曾稱帝於天下，天下諸侯西向朝秦，穰侯之功為大。正在他富貴中天的時候，一夫開說（范雎），身拆勢奪而憂死。況於其他無親無故的羈旅之臣，要想保有富貴功名，是件很困難的事啊！」

司馬光說：「穰侯援立昭襄王，除其災害，荐白起為將，南取鄢郢，東屬地於齊，使天下諸侯稽首而事秦，秦亦強大者，穰侯之功也。雖其專恣驕貪，足以賈禍，亦未至盡如范雎之言。若雎者亦非能為秦忠謀，直欲得穰侯之處，故搖其吭而奪之耳。遂使秦王絕母子之義，失舅甥之恩，要之雎真頃危之士哉。」

余按范雎說昭襄王：「太后、穰侯、華陽、高陵、涇陽、擅行不顧、擊斷不諱。」然除穰侯外，史籍未言太后及涇陽、高陵等專權擅政之事，且穰侯數度免相，涇陽嘗為人質，彼等仍一本初衷共輔朝政、協弱諸侯，四十年來如一日。既如范雎所言：「聞秦之有太后、穰侯、華陽、高陵、涇陽，不聞其有王也，今太后擅行不顧，穰侯出使不報。華陽、涇陽等擊斷無諱，高陵進退不請」。此適足以說明昭襄王本身之無能。而彼等權宜輕重、竭己之能，否則，秦焉能駕平諸侯之上。若彼等有竊國之意，何以至昭襄王四年尚不為亂？事實上，除穰侯外，彼等皆一家人，何竊國之有？穰侯若有此意，亦何待至於今。故范雎之言，極盡挑撥之能事，全為求進之謀也。而昭襄王何其不智不察，夫臣猶可逐也，母安可廢乎，收其權可也。

秦王以范雎為相國，將應地（河南寶豐縣）封給他號為應侯。范雎既為秦相，仍名張祿。魏國不知，以為范雎死了很久。這時魏國聽說秦國要出兵討伐韓、魏，魏國乃派須賈出使秦國。范雎聽說須賈要來，故意化裝成普通平民，穿著破爛衣服，從小路走進客館去見須賈。須賈看見了他，吃驚地說：「范叔固無恙乎！」並問他有沒有向秦王進言什麼？現在做什麼事情，范雎說：我流亡在這裡，還能進言什麼，只為人做佣工罷了。須賈很憐憫他說：「范叔一寒如此哉！」留他下來一起飲酒吃飯，並送他一件絲綢袍子。接著就問他：「秦國的宰相張君，你知道嗎？我聽說他很得秦王的寵幸，天下的事，都由相君決斷，現在我的事，或去或留，全在張君手上，你有沒有朋友和相君熟的呢？」范雎說：「我家主人和他很熟，我這個

僕人也可以去謁見他，請讓我帶您去見張君吧！」須賈還要求范雎換了馬車，一同駛入秦國相府，須賈在門口等候，久久不見范雎出來，後來才知道秦相張祿就是范雎。嚇得魂不附體，於是赤著上身，跪著行走，向范雎謝罪說：「想不到你能自己取到青雲高位，我再也不敢讀天下的書，也再也不敢談天下的事了，我犯了很重的罪，請你將我放逐到蠻荒之地去，是死、是活，任憑先生處置。」

范雎數說了他三大罪狀：「你從前以為我在齊國出賣魏國，就在魏齊面前進讒言，罪一也；當魏齊鞭打我後丟入廁所侮辱我，你不阻止，罪二也；你喝醉了，在我受傷的身上撒尿，罪三也。」你今天所以能夠不死，是因為你送了一件袍子給我，總算還有一點老朋友的情意，所以饒了你。

范雎讓須賈離開相府，自己進朝稟告昭襄王，將須賈驅逐回國。須賈到相府向范雎辭行。范雎大擺宴席，把各諸侯的使節都請來，美酒佳肴，非常豐盛。卻讓須賈坐在堂下，在他面前放乾草拌豆的馬料，命兩個囚徒兩邊夾著，像馬一樣餵他。范雎又接著說：「回去告訴魏王，快拿魏齊頭來，否則，血洗大梁。」

須賈回到魏國，告訴了魏齊，魏齊害怕，乃逃到趙國，躲在平原君的府邸。秦昭王為了替范雎報仇，故意寫信給平原君，騙他願意與他結為朋友，邀請他到秦國來暢飲。平原君畏秦，不得不前往，來到秦國，兩人暢飲十天後，昭襄王要求平原君把魏齊的頭拿來，否則不放他回去。平原君說：「人在顯貴的時候，結交很多朋友，是為了將來卑賤的時候，有個依靠。人在富裕的時候，結交很多朋友，是為了將來貧窮的時候，有個地方投奔。那魏齊是我的朋友，就是他在家裡，我也未必會把他交出來。況且，現在又不在我那裡。」可見平原君與魏齊交情頗為深厚。昭襄王只好再寫封信給趙王，告訴他把躲藏在平原君家的魏齊的頭拿來，否則便要發兵攻打趙國，並不放平原君回去。

趙王接信後，畏懼秦國，就派兵去包圍平原君家，魏齊在夜裡逃走，逃去求救趙國的宰相虞卿。虞卿預料趙王不會答應，乃解下相印，和魏齊一起喬裝逃亡。但想來想去，在當時諸侯中沒有一個可以馬上抵擋秦國的，於是又逃回魏國大梁，想要靠信陵君的力量，逃到楚國去。信陵君聽到這個消息，也因為畏懼秦國，心中猶豫，沒有立即接見他們，並且問道：「虞卿是怎樣的一個人啊！」

當時侯嬴在信陵君的旁邊說：「一個人固然是不容易瞭解，要真瞭解那人怎樣，也是很不容易啊！那虞卿一天穿著草鞋，挑了斗笠去見趙王，第一次見趙王，趙王就賜白璧一雙，黃金百鎰；第二次見趙王，趙王拜為上卿；第三次見趙王，就

接受了趙國的相印，被封為萬戶侯。當此之時，天下爭知之。那魏齊窮困得無處去，逃到虞卿那裡，虞不顧爵祿的尊貴，解下相印，拋棄萬戶侯，喬裝和他一起逃走。為了魏齊的窮困，焦虞萬分，而逃到公子這裡來，你卻問他是怎樣的人，人固然是不容易瞭解，那真瞭解那人怎樣也是很不容易啊。」

信陵君聽侯嬴這麼一說，自覺慚愧萬分，就立刻駕車到郊外去迎接。魏齊聽說信陵君原先不太願意見他，一怒之下，自刎而死。

按魏齊為當年魏國宰相，聽說范雎曾出賣魏國，當然要懲處他。只因是須賈的讒言，使范雎受了很大的冤屈，所以罪魁惡首應在須賈，而須賈已經在秦國被范雎在諸侯使節面前大大侮辱一番於願夠了，這事情也應該告一段落，實在不應再追究下去。何況范雎若不經過這一段境遇，又那會有今天的地位呢？所以司馬遷說：「范雎能在秦國取到卿相的地位，名垂天下，這固然與國力強弱不同的形勢有關，但士人也有遇與不遇的際運。世上像范雎一樣賢能，但卻沒有機會發展抱負的人，又怎能數得盡呢！但范雎要是沒遇到困厄的境遇，又怎能激發他們向上的心志呢。」

魏齊雖死，在生前能有平原君和虞卿這樣講義氣的朋友，死亦無憾矣。

趙王將魏齊的頭送到秦國，秦王才把平原君送回趙國。

回頭再說范雎當年之所以能來到秦國，乃是得力於鄭安平和王稽的協助。於今范雎做了秦國的宰相，而鄭安平和王稽仍然是老樣子。有一天王稽對范雎說了一些話、暗示他。范雎才進宮稟告昭襄王說：「當年若不是王稽的忠誠，就不能帶我到函谷關來，若不是大王的賢明，就不能使我顯貴。現在我的官位已至宰相，爵位已經封到列侯，但是王稽仍只是個謁者，這並非他帶我來秦國的本意呀！」於是昭襄王就召見王稽，封他為河東太守，接著范雎又保荐鄭安平，昭襄王亦封他為將軍。

自是，范雎將家裡的財務分散，報答那些在他窮困時，曾經幫助過他的人。即使只是給一飯的小恩小惠，他也一定要償還。然而他也器度狹窄，有仇必報，即使瞪他一眼的小仇小怨，也一定要報復，何況前面所說的魏齊鞭打的仇恨就非報不可了。

范雎在秦國做宰相期間，也就是在秦昭襄王四十二年及四十三年間，先後攻下了韓國的少曲、高平以及汾陘等地，並在河上、廣武山二地建造二座城市，五年以後，又用范雎反間之計大破趙軍於長平。

（3）長平之戰

秦昭襄王四十五年，秦將白起攻韓的野王郡，野王降秦，切斷了韓國上黨郡通往外界的道路。上黨郡守馮亭跟百姓謀議說：「上黨通往城都的道路已經斷絕，我們必定不能再為韓的百姓了，秦兵逐日逼近，國家既不能救應，不如將上黨歸附趙國，趙國如果接受，秦一生氣，必定攻趙，趙國受攻，必親近韓。韓、趙聯合為一，就可以抵擋秦。」

於是，韓國上黨太守馮亭派使者告訴趙國孝成王說：「韓國守不住上黨，要把上黨納入秦國。但上黨的吏民都甘心歸附趙國，不願意歸附秦國。上黨一共有十七個城邑，任憑大王如何賞賜吏民。」

趙王非常高興，乃召見平陽君趙豹來商議。趙豹認為「聖人把沒有來由的利益看做非常的災禍」，不主張接受。但孝成王說：「人家感念我的德義，怎麼說沒來由呢？」趙豹分析說：「那秦國正像蠶齧桑葉般慢慢侵吞韓國土地，從中間斷絕了韓國，不讓韓國的首都與上黨相通，因而以為可以穩坐而接受上黨的土地。韓國所以不納入於秦，是想把災禍轉移到趙國啊！試想，秦國付出勞力而讓趙國來接受利益，即使是強大之國也不能從小弱之國貪得這樣的便宜，小弱之國卻能從強大之國貪得這樣的便宜嗎？怎麼可說不是沒有來由的利益呢！如今秦國像用牛耕田播種總要有收穫般的覬覦上黨，從渭水漕運糧食逐次侵佔，出動最好的戰士，決心要把上黨成為秦國的土地，所以不要跟秦國作對，不要接受馮亭的十七邑土地。」

趙孝成王認為「派遣百萬大軍去攻擊，越年經歲也不能得到一城，現在人家拿十七個城邑贈送我國，這是最大的利益啊！」

由於趙豹的不贊同，趙王乃召見平原君和趙禹來徵詢他倆的意見。他們一直贊同接受，於是派平原君趙勝前往接受土地。平原君到上黨，告訴馮守說：「敝國使者臣勝，奉敝國君傳達命令，請以三個萬戶之都封賜太守，以三千個萬戶之都封賜縣令，都世世承襲為侯；官吏都加爵位三級，百姓能夠安和聚集的都賞賜他們六金。」

馮亭雖然自動將上黨送給趙國，但內心萬般無奈，此刻流著淚不願接見使者，既後悔而自責的說：「我不願居處於三不義：為國家防守土地，不能拼命堅守，這是第一件不義；國君要把上黨納入於秦，我不願聽從君命，這是第二件不義；出賣國君的土地而繼續為官食祿，這是第三件不義。」趙國於是派遣軍隊佔取上黨。

前面說過，秦國派白起攻佔韓國的野王郡，是為了切斷韓國通上黨的道路，

目的就是要取得上黨。於今見上黨已降趙，更加速秦國攻取上黨的決心。於是秦派左庶長王齕攻取上黨，上黨軍民敗退到趙國。秦接著又進攻趙國的長平。趙國派廉頗防守。情勢危急，趙王與左右商議對策，大臣樓昌主張派重使前往秦國媾和，宰相虞卿主張派使者先賄賂楚、魏，如果與楚、魏聯合起來，秦國以為東方又在「合縱」，然後媾和才能達成。趙王沒有採納虞卿的意見，就直接派鄭朱前往秦國媾和，然秦已志在破趙，不願與趙媾和。並加速攻長平，廉頗雖築壘防守，但傷亡甚多，不敢冒然出城應戰。趙王懷疑廉頗膽怯不敢戰，好幾次派人責備廉頗。秦相應侯范雎得悉趙國這個內情，乃使人為反間，用千金賄賂趙國的大臣，散布流言說：「秦國最怕的就是馬服君趙奢的兒子趙括來做趙國的統帥了，至於廉頗倒是容易對付的，他快要投降了。」趙王信以為真的用趙括替代廉頗的將職。

藺相如得悉此事後，立刻反對說：「大王僅憑聲望任用趙括，就如同『膠柱鼓瑟』耳。趙括這個人只唸他父親留下的兵書罷了，並不會體悟戰略上因時因勢的變通。」趙王不聽，還是用趙括為將。

趙括從小學習兵法，愛談戰爭的道理，以為天下誰也比不上他，常跟父親趙奢議論兵家之事，他父親也說不過他，但趙奢並不認為他可取。趙括的母親問趙奢是什麼緣故？趙奢說：「用兵，是生死存亡的大事，而括兒卻說得輕鬆容易。將來趙國不用括兒為將則已，若用他，趙軍一定會敗在他的手裡。」這就是後人所謂的「紙上談兵」的故事。於是趙括的母親馬上上書，勸趙王不可用趙括為將，趙王問她「為什麼？」趙母乃詳細分析說：「當初我嫁到趙家時，趙括的父親正做大將軍，他親自奉進飲食而師事的有數十人之多，他以朋友般敬重的，有數百人之多。國君及貴族所賞賜的財務，他令分給士卒及謀臣們享用。每當他接奉出征令，就專心籌劃軍務，不再過問家事。而今天，趙括才當上將領，馬上就架子十足的朝東坐著接見屬下，大王賞賜的金玉幣帛，都帶回家裡，妥為收藏，並天天留意位置理想的田地房屋，能買的，都買下來。大王看，他這種只為私利的行為如何能跟他父親相比，父子倆思想全然不同，請千萬別讓他去領兵打仗。」然而趙王對這番話沒有聽進，叫老夫人不要管，他已經決定。趙母見趙王不願改變原意，只好要求日後如果趙括有不稱之處，希望不要誅連。趙王答應了。

趙括取代廉頗的職權後，馬上全盤更改法令，調動官吏，引起軍中的不滿。秦國得到趙括代廉頗的情報後，立即暗裡以武安君白起為大將，以王齕為副將，命令全軍，不得泄漏以武安君為將的消息。

　　趙括下令大舉進攻秦軍，白起運用奇兵謀計，佯裝失敗逃走，然後背後偷襲趙軍的輜重及補給路線，將趙軍分割包圍。秦王知道趙軍糧食被斷絕，乃親至河內，賜民爵各一級，徵發年齡十五歲以上的男子，全部開往長平，阻止趙國的援軍及糧食支援，饑餓一天天奪去了趙軍的生命，趙軍斷糧四十多天、互相殘殺，以人肉充饑。趙軍多次輪番突圍，攻不破秦軍的包圍陣勢，最後趙括出銳師，親自督師博戰，想殺出一條生路，結果被秦軍射殺而死。趙軍大敗，四十萬人投降。白起心想：「前秦已拔上黨，上黨民不樂為秦而歸趙，趙卒反覆，非盡殺之，恐為亂。」於是將其中二百四十個弱小送回趙國，其餘的人乃「挾詐而盡坑殺之」。長平之戰，趙國被秦國「前後」斬虜四十五萬人，而秦卒亦死傷過半。白起說：「秦雖勝於長平，士卒死者過半。」

　　論者以長平一役，為秦帝業成敗之最大關鍵，也是國史的一件大事。趙王所敗，乃由於未能堅守廉頗持久之策，而臨陣易將，為秦所乘。這次戰爭，合兩軍兵數，蓋在百萬以上。前述昭襄王親至河內，發民十五以上者，悉至長平，可見動員之多，不過這些人並不是到前方去打仗，只是幫助修築堡壘和運糧而已。至於所云趙卒四十五萬人，也並非全為趙之正規軍，其中或者包括了上黨和長平的一般居民。觀其武安君曰：「上黨民不樂為秦而歸趙，趙卒反覆……」足證白起所坑殺者並非趙之正規軍人，包括了上黨和長平的一部分百姓。再則趙括率領的趙軍究竟有多少，史無可考，在雙方交戰的過程中趙軍已傷亡很多，在四十天缺糧期間，互相殘殺，饑餓而死者也不少。所云「降卒四十萬人」決不是趙之正規軍，白起列傳說是「前後斬虜四十五萬人，趙人大震。」由此可見這四十幾萬人，老百姓占了不少的比例。又前述白起將弱小者二百四十餘人送歸趙國，可見這些「弱小者」當非軍人，應是平民，可見秦坑殺趙國的四十萬人，可能包括絕大多數的老百姓。

　　胡三省注通鑑質疑：「四十萬人安肯束手而死」。前述既稱「挾詐而坑殺之」，當非「束手而死」。至於白起採用何種「挾詐」方法，史無可考。但據日人足立喜六在其所著「長安史蹟的研究」中稱：黃土因水蝕作用，能形成二三里之深坑，坑周圍斷壁深達數十丈，秦將白起之坑趙降卒四十萬於長平，以及後來項羽坑秦降卒二十萬於新安，或者事先將他們綑綁之後，然後將之推落黃土水蝕坑中而致死。如今經過新安附近，仍頻頻可見廣大的深坑。

（4）邯鄲之役

秦趙長平之役以後，秦國在昭襄王四十八年接著又分三路軍攻趙，上黨的城邑全部被秦國的白起佔有，另大將王齕攻取趙的武安及皮牢兩地；司馬梗北定太原。接著又計劃圍攻趙國的國都邯鄲。

在此之前，韓、趙見秦國三路軍來攻，異常恐慌，乃派蘇代前往秦國，以厚幣賄賂秦國的宰相應侯范雎，問知秦國即將圍攻趙國的邯鄲，乃對應侯說：「武安君白起為秦攻佔七十多城，南平鄢、郢及漢中，北俘趙括軍，雖是周公、召公、呂望的功業，也無法超過他啊！如今趙國一旦滅亡，秦稱帝後，那武安君一定被封為三公，你能處在他的位下嗎？雖然您不願意，卻也辦不到。」蘇代又說：「秦曾攻韓，包圍邢丘，困上黨，上黨的百姓，都反而歸順趙國，天下長久以來就不喜歡當秦的百姓。如今若滅了趙國，秦的疆土北到燕國，東到齊國，南到韓魏，但秦所得的百姓，卻沒多少。因此，不如藉此機會令韓、趙割地求和，不要讓功勞全歸於武安君。」

於是應侯向秦昭襄王稟告說：「秦兵太辛勞了，請允許韓趙割地求和，暫且養精蓄銳。」秦王應允，韓、趙準備分別割城求和，秦則全部罷兵。武安君白起聽到這件事，自是與應侯有了仇怨。

然而，趙國既已答應割六個城邑向秦求和，卻又馬上聽虞卿的計謀，以為秦國之所以願意講和，也是因為自己兵力疲倦，無法持續下去。虞卿認為把領土割給秦國，是增強了秦國，削弱了趙國。以愈強盛的秦國，來宰愈貧弱的趙國，他的理由是層出不窮的，再說趙國的國土有限，而秦國的要求無盡，以有限的土地來應付無止境的要求，最後趙國必定會滅亡的。

虞卿的話，表面看來頗有道理，然趙王前此使蘇代說秦相應侯時，彼為趙國的上卿，既以割地為不是，何不及時阻止，如今和約已定，見秦國罷兵離去而不與割地，豈不是欺騙了秦國。虞卿甚至主張將原來準備割給秦國的六城轉而割給齊國，以便齊國與趙國共同對抗秦國，甚之希望韓、魏也站在趙國這一邊，顯然的是在圖謀「合縱」。

趙王本已派定趙郝到秦國割地媾和，聽了虞卿的意見後，乃停止趙郝之行。趙郝與適從秦國而來的以前的秦相樓緩都勸趙王履行諾言，然趙王終不聽；而聽虞卿之計，遂派他東見齊王，共謀圖秦之事。

秦昭襄王聽到消息後，對趙國不但毀約而且與齊國聯合的事，非常憤怒。於是

舉兵攻趙，當時武安君白起因病，所以派五大夫王陵率師，直攻趙都邯鄲。

　　王陵出師不利，損失很多人馬，這時武安君白起的病已經痊癒，秦王想派白起代替王陵為將，白起說：「邯鄲是趙國的首都，趙人勢必誓死守衛，不易攻破，而諸侯長久以來就怨恨秦國，也勢必援救趙國，而援救的軍隊一天之內就可抵達。如今秦國雖攻破長平的趙軍，而秦兵也傷亡過半，國內兵力空虛，再跋山涉水地去攻打人家的都城，趙國從內應戰，諸侯從外攻擊，必破秦兵，萬不可這樣做。」秦王自命白起不行，乃使應侯范雎請求白起，白起乃託言生病，始終拒絕不肯領兵前往。按白起之所以不肯領兵，除了「戰略上」認為沒有勝利的把握之外，另一原因乃與前年蘇代游說應侯造成應侯與白起之間的仇隙也有關。

　　白起既不願行，王陵的軍隊又接連失敗，秦王只好免除王陵，改派王齕為將。秦圍邯鄲至此已數月未下。

　　當秦國圍困邯鄲時，趙國乃求救於諸侯，也就是希望與諸侯「合縱」，趙王首先派平原君到楚國求救。平原君趙勝特別從門下食客中挑選了文武兼備的二十人同行。但最先只選中到十九人，就在此時，突然有位食客，叫毛遂的，走到平原君的面前，自我介紹的說：「聽說你要和楚國合縱救趙，準備從門客中帶二十人，現在還差一個，就帶我一同去吧！」平原君問他在門下待了幾年，毛遂說已經三年，平原君說：「一個賢能的人活在世上，有如鐵錐放在袋子裡，尖銳的地方馬上會穿露出來，先生在我這裡已經三年，沒有人稱讚過你，我也沒有聽說你有什麼本領，你不能補這個缺，還是留下吧！」

　　毛遂說：「我今日才得請處囊中，如果我得處囊中，則早『穎脫而出』，何只露出一點點尖端來。」於是平原君帶毛遂同行，其他十九人竟對毛遂輕蔑相視而笑。但一路上毛遂與十九人議論不止，十九人都佩服他的才能。

　　到楚國後，平原君與楚王一再以兩國的利害關係，商議合縱抗秦的事，談了一個上午都沒有結果。來的人就叫毛遂上去，毛遂按著劍把，急促地拾階而上對平原君說：「聯合抗秦的事幾句話就可決定了，你們談了這麼久，怎麼還不能定？」楚王問平原君他是什麼人，平原君說是我的門客。楚王喝叱說：「我與你主人談話，你來幹什麼，還不下去！」毛遂按著劍把，一個箭步走到楚王面前，厲聲說：「大王你所以喝叱我，是仗恃楚國人多勢大，現在十步之內，您是沒法仗恃楚國的壯盛了，您的生命就操在我毛遂的手中。我的主君就在你面前，你簡直太無理了。我聽說商湯以七十里的地方，便統治了天下，周文王也以百里之地，號令諸侯。難道是

他們士卒眾多的關係嗎？那是因為他們能夠掌握形勢，發揮出自己的威力罷了。今天楚國擁有五千里的土地，士卒百萬之眾，足以稱霸天下，以楚國盛勢，天下諸侯誰能阻擋。可是，白起率數萬人，興師伐楚，一仗就攻取鄢、郢，再戰焚毀楚國的陵廟，三戰污辱了楚國的祖先，這是楚國百代的怨仇，趙國都為您感到羞辱，可是大王卻不引為恥！趙楚聯合抗秦，完全是為了楚國，而不是為了趙國。」

毛遂義正詞嚴，楚王連連說是，答應以整個楚國與趙國合縱抗秦。毛遂恐口無憑，吩咐左右取來雞、狗、馬血「歃血為盟」（就是以血塗於嘴上），先由楚王開始，接著平原君，最後是毛遂。就這樣簡單的完成了楚趙合縱抗秦的盟約。同時，毛遂左手拿著血盤，右手招乎其他十九人說：「你們也歃血在堂下吧！」並且諷譏那十九人為「庸庸碌碌」的人，「真所謂『因人成事』呀！」

平原君完成合縱後趕回趙國，很感慨的說：「我再也不敢相信天下的士了，打從以外貌取人以來，多者總有千人，少說也有百人，一直以為不曾有差錯，今天，對於毛先生卻看走了眼，毛先生一到楚，使趙國的地位，比九鼎、大呂（周廟大鐘）還要重。毛先生以三寸之舌，勝過百萬大軍。我再也不敢以貌取人了。」於是拜毛遂為上客。而楚國在結盟後，立即遣春申君將軍北上救趙。

當秦國攻邯鄲時，趙國也同時求救於魏國，魏王首先派大將晉鄙率領十萬大兵救趙。秦王聽說楚魏援助趙國，乃派使者威脅魏王說：「我攻打趙國，趙國很快就會被攻下，誰敢救趙，秦攻下趙以後就攻打誰。」魏王害怕，就命令晉鄙把軍隊暫駐在鄴地，不再前進，名義上是救趙，實際上是看情勢的變化。同時魏王還派將軍辛垣衍潛入邯鄲，想說服趙王和魏國共同尊秦國為帝，以便解邯鄲之圍。

魏王的這一舉動，顯然是受了秦國使者的計誘。因為秦國攻邯鄲久久不能攻破，也騎虎難下，於今想魏、趙尊秦為帝，是為撤兵之計。

當時有一位齊國的高士魯仲連正在趙國游說，不了解實在情況，以為秦國真想稱帝，經平原君的介紹，前往會見辛垣衍。《史記·魯仲連列傳》記述魯、辛兩人見面後，魯仲連首先對辛垣衍說：「……今天的秦國，是個拋棄禮義、崇尚斬獲敵人首級多寡來計算功勞的國家，用權詐的手段驅遣知識分子，用待俘虜的方式奴役百姓，如果讓秦王憑藉暴力，毫無忌憚的當了皇帝，那我魯仲連寧可跳東海而死，也不願為秦國的人民。現在我所以久留圍城之中，以及所以要求要見將軍的原因，並不是為我一己打算，主要是想要幫助趙國，共同反抗暴秦。」辛垣衍問他用什麼方法幫助趙國。魯仲連說聯絡魏國和燕國，以及齊國和楚國也會跟著來協助。辛垣

衍說，我是魏國派來勸趙王尊秦為帝的代表，你又如何能使魏國去助趙抗秦呢？魯仲連說那是因為魏王還沒有看清楚秦王稱帝之害的緣故。辛垣衍問他秦王稱帝的害處是什麼？魯仲連乃列舉了商紂王的種種暴行，乃是稱帝的結果，以及齊湣王想在魯國和鄒國行天子之禮，遭到魯、鄒大臣的堅決反對的史實，接著又指出魏、秦都是萬乘之國，各自都有稱王的名號，於今看到秦國在長平打敗趙國，就嚇得要勸趙國去尊秦為帝，如此看來，堂堂三晉大臣，比鄒、魯兩國的奴僕婢妾都還不如了。再說秦王的野心也不會因你們尊他為帝，就會滿足的，如果他一旦當起皇帝來，所有人事將是一個大的調動撤換，『魏王安得晏然，將軍又何以得故寵』？

辛垣衍聽魯仲連這番話，連忙站起來拜了兩拜說，現在我知道先生真天下之賢士也，從今以後再也不敢倡導尊秦為帝的事了。魯仲連列傳還記載說：圍攻邯鄲的秦國將領聽到了這個消息，退軍五十里。若退軍五十里，邯鄲之圍，豈不是自解了。故胡三省注通鑑有云：「按魯仲連所言，不過論帝業之利害耳，使辛垣衍慚怍而去則有之，秦軍何預而退軍五十里乎，此亦游說者之誇大也。」

前面說過，魏國本來派晉鄙帶了十萬大軍求助趙國，因受了秦國的威脅不敢前進。趙國的平原君乃求救於魏國的信陵君。信陵君的為人，仁慈謙讓，士不論是否賢能，都謙恭的和他們交往，不因自己的職位高貴而對士人傲慢。因之周圍數千里的士人，都來歸附他，所以門下食客三千多人。

平原君是信陵君的姐夫，所以寫信責怪信陵君說：「我趙勝所以高攀和魏國結為婚姻的緣故，是因為公子崇尚道義，是個能關心別人困難的人。現在邯鄲城早晚要投降秦國了，而魏國的救兵卻遲遲不來，公子急人之困的高義在哪裡呢？況且公子即使輕視我趙勝，難道你就不同情你的姐姐嗎？」其實信陵君對救助趙國的事一直關心而憂慮，他不但自己數次去請求魏王救趙，也叫門下賓客辯士想盡各種理由去勸說，但因魏王畏懼秦國，仍然按兵不動。

信陵君這方勸說魏王不動，那方趙國又逼迫得急，決定自己帶了一百多輛車騎去跟秦軍死拚。路上碰到他一向敬愛的隱士侯嬴。侯嬴對他說，你這樣去和秦國拚，無異「以肉去投餵餓虎」，有什麼用？於是悄悄的告訴他如何弄到兵符調動晉鄙的軍隊。

魏王有一位寵妃叫如姬，三年前她的父親被殺，信陵君曾幫她殺了仇人，如姬一直感激在心。所以侯嬴叫信陵君找如姬去偷竊魏王的兵符，信陵君如法炮製，果然，如姬從魏王那裡竊出兵符。侯嬴又告訴信陵君說：「將在外，主令有所不

受」，如果晉鄙不交出兵權，反而向魏王請示，事情就危險了。於是侯嬴就叫他帶了他的朋友朱亥一起同往。朱亥只是一個賣肉的大力士，很講義氣，信陵君平常對他很好，所以他說：「今公子有急，乃臣效命之秋也。」

信陵君等一行人到了鄴地，拿出兵符，叫晉鄙將軍權交給他，晉鄙合了兵符，但突覺懷疑，舉手對信陵君說：「我擁十萬之眾，屯於境上，國之重任，今單車來取代我的職位，是什麼道理？」晉鄙認為不大對勁，打算不聽從。說時遲那時快，朱亥迅猛地從袖中抽出四十斤重的鐵鎚將晉鄙打死。古時的將軍頭戴鋼盔，身披甲鎧，沒有如此重的鈍器很難將之擊斃，只是四十斤重的鐵鎚是如何藏在袖子中頗令人懷疑。

信陵君奪得軍權，重新整頓軍隊，下令說：「父子都在軍中者，父親可以回家，兄弟都在軍中者，哥哥可以回家，沒有兄弟的獨子，可以回家去奉養父母。」原十萬大軍經過挑選後尚有八萬精兵。信陵君統率這八萬大軍救援邯鄲，這就是「竊符救趙」的故事。於是秦軍在楚軍、魏軍以及趙軍內外夾攻下大敗，邯鄲之圍因而解除，這件事可謂是戰國以來最具體而成功的一次「合縱」。

前面說過，秦國攻打趙國邯鄲時，起初是派王陵前往，王陵失利後，秦王要派白起，白起預料不易攻破，拒絕前往，並勸秦王不要去攻打，秦王不聽仍派王齕代替王陵，結果大敗消息傳回，武安君白起說：「不聽我的勸告，今天怎樣？」秦王正因秦軍的失敗而懊惱不已，又聽到白起的風涼話，非常氣憤，硬要白起領兵去邯鄲救援，白起還是假託病情嚴重，應侯范雎也去請求，白起仍不肯出兵，於是秦王免除了白起的官位爵祿，貶為士伍。過了三個月，秦軍失利的消息不斷傳來，秦王更加憤怒，不准白起留在咸陽城內，當白起離開咸陽，走到離城十里的杜郵，秦王與應侯及群臣謀議說：「白起被流放，心中不樂不服，有許多怨言。」秦王於是派使者賜白起一把劍，令他自殺，白起拿起劍要自刃的時候說：「我作錯什麼？竟落得如此地步！」繼而又說：「我該死，長平之戰，趙國降卒數十萬人，我騙了他們把他們全部坑殺了，這就足夠死了。」於是自刎而死。對秦國而言，白起的戰功是不可抹滅的，對邯鄲之戰的預言更是正確的，所以司馬遷說他「料敵合變，出奇無窮，聲震天下」。秦國百姓認為他罪不該死，頗為同情，鄉邑還修廟祭祀他。《史記斐駰集解》引了何晏的一段話大大的批了白起長平之役坑殺趙降卒之不應該。宋太祖趙匡胤一向主張要厚待俘虜，所以當他看到白起的祠堂時，立即派人將其剷平。

（5）秦以蔡澤為相

白起死後，秦以鄭安平為將，率師協助王齕攻圍趙國的邯鄲，王齕敗走，而鄭安平也被趙軍包圍。在情況十分危急之下，乾脆帶著二萬士兵，投降了趙國。

前面說過，秦國的應侯范雎是鄭安平協助他從魏國逃出來的，並把他介紹給秦國的謁者王稽，王稽帶他到秦國做了宰相。范雎為了報答救命恩人，先後保荐鄭安平為將軍，王稽為太守。按照秦國的法律，被保荐的人如果不稱職或者有罪，保荐的人就按被荐人的罪處罰。現在鄭安平投降趙國，所以范雎的罪，應該要罪及三族。應侯范雎乃跪在槀台上向昭襄王請罪。然昭襄王對應侯非常喜愛，恐怕因此傷了他的心，乃下令國中，有敢言鄭安平之事者，以其罪罪之。同時賞賜給應侯的食物，反而一天天的豐厚，來順應侯的心。

前面也說過，王稽為河東太守，也是范雎保荐的。二年之後，王稽因與諸侯勾結，被秦昭襄王處死。由於鄭安平和王稽的事情，因此，應侯范雎日漸憂鬱，而秦昭襄王在臨朝的時候，也不禁嘆息。應侯聽到昭襄王的嘆息，於是趨前對昭襄王說：「臣聽說主上憂愁是臣子的恥辱，主上受辱，臣子應被處死，現在大王在朝中憂愁，臣膽敢請罪。」

昭襄王說：「……現在武安君白起已死，鄭安平等人又背叛秦國，國內沒有良將，國外又多敵國，我正為這些事而憂慮。」應侯非常害怕，不曉得要想什麼辦法，蔡澤聽到這件事，乃進入秦國。

蔡澤，是燕國人，曾經游學各地，遍訪大小諸侯，都沒有遇到機會。現在他來到秦國，想進見昭襄王，先派人傳話去激怒應侯，傳話的人說：「燕人蔡澤，是天下雄俊善辯的智士，只要他一見秦王，秦王就一定會逼您退休，奪去您的相位。」

范雎聽到這些話後，便派人把蔡澤召進來，兩人見面後，便展開辯論，司馬遷在《史記·蔡澤傳》中記述很詳細。蔡澤縱論往昔人臣成敗得失，句句使應侯折服。應侯雖有功於秦，但他聽到蔡澤談到商鞅、白起均不得善終等事實後，於是說：「一個人的欲望如果永無止境，就失去了有這個欲望的意義，已經有了還不滿足，就失去了有的意義，承蒙先生的教導，尊受您的指導。」

於是范雎請蔡澤入座，奉為上賓。幾天之後，范雎上朝向昭襄王推荐蔡澤，昭襄王召見蔡澤，交談之下，昭襄王大為喜悅，就拜他為客卿。應侯就此託病辭退，昭襄王還要挽留應侯，應侯假稱病重歸還相印。昭襄王遂以蔡澤為相。

蔡澤只做了幾個月的宰相，在此期間，秦國滅掉了周室。蔡澤列傳說：「昭

襄王新悅蔡澤計劃，遂拜為秦相，東收周室。蔡澤相秦數月，人或惡之，懼誅，乃謝病歸相印，號為綱成君，居秦十餘年，事昭襄王、孝文王、莊襄王，最後事始皇帝，曾為秦國出使到燕國。」

司馬遷在寫完范雎、蔡澤列傳後評論說：「韓子說：『長袖的人，一定很會跳舞；錢多的人，一定很會做生意。』這句話一點也不錯。范雎、蔡澤二人，就是世人所謂的權宜辯士。但有些辯士去游說諸侯，卻到白頭也沒有遇合，這並非他們的計策不高明，而是說服人主的口才差。至於這兩個人，旅居秦國，一個接著一個取到卿相的地位，名垂天下。這固然與國力強弱不同的形勢有關，但士人也有遇與不遇的際運。世上，像范雎、蔡澤二人一樣賢能，但卻沒機會發展抱負的人，又怎能數得盡呢？但這兩人要是沒有遭遇困厄的境遇，又怎能激發他們向上的心志呢？」

（6）秦滅周

前面在東周帝系表中已經說過，在周孝王時封他的弟弟王子揭在成周洛陽，稱為周公，說是為了繼承周公旦的官職，歷史上稱他為周桓公。於是在周王室的領土上又出現了一個小國，形成「國中有國」的現象。周桓公死後，三傳到惠公時，將他的長子封在洛陽叫西周公，封小兒子在洛陽東南，沿襲父親的稱號叫東周惠公，因是這個「周桓公」一分為二，變成了西周、東周兩個小國家。這兩個小國，幾乎把王室的土地都佔盡了，使得後來正統的周赧王沒有容身之地，或寄住東周，或寄住西周。最後依附西周君武公。周赧王五十九年時，由於秦國大舉進攻韓、趙，西周恐慌，因此以赧王名義出而與諸侯合縱，率領天下精銳的軍隊出伊闕去攻打秦國。秦昭襄王大怒，命令將軍摎攻打西周，西周無法抵抗，結果西周君武公奔向秦國，叩頭領罪，將西周的三十六邑，三萬人口全部獻給秦國。秦國接受西周君的貢獻，但將西周君武公送回國。就在這一年，依附西周的周朝正統帝王周赧王去世，沒有人為他立後。本來有一個叫王稽的可以繼承赧王，但秦昭襄王不讓他繼承，並把他殺了「棄市」。於是秦國取了九鼎及其他寶物，將西周君遷到𢾺狐。七年之後又滅東周君。自是東西周都併入秦國，從此周就斷了祭祀。不過史家都認為周赧王五十九年去世後，周朝便正式結束，共計八百六十七年。

第九章 秦統一中國

一、滅六國之前的發展

（一）伐滅蜀國

巴、蜀是位於今天四川境內的兩個古國。據「華陽國志」的記載，兩國氣候溫和，物產豐富，巴地盛產五穀、六畜，蜀地有五金之饒，山林澤漁之富，有「天府」之稱。考古學家先後從一九五九、一九五六、一九七二年中在成都等地出土的青銅器、玉器，說明巴、蜀文化前身與中原地區文化已有密切關係。

巴、蜀曾屬周王朝管轄，並對巴、蜀封官任職。但「周失綱記，蜀先稱王」。戰國時代巴國也稱王。後來蜀王封他的弟弟在漢中，號為苴侯。苴侯因與巴王很要好，蜀王對此不滿，發兵攻打，苴侯乃逃到巴國，向秦國求救。秦惠王準備派兵討伐蜀國，但因蜀道險狹難行。這時，韓國又正發兵侵秦。秦國究竟伐蜀呢？還是伐韓？惠王猶豫不決，乃召集大臣商議。司馬錯主張伐蜀，張儀主張伐韓，惠王問他伐韓的理由，張儀說：「親魏善楚，進兵三州，攻打新城宜陽，兵臨東西周，周天子恐懼，必定獻出九鼎和寶物，我們得了九鼎，照了地圖、戶籍，借了周的名號去號令天下，天下哪個敢不聽從命令呢？這是成就天下的大事業。至於蜀國，是西方偏僻的國家，消耗人力物力，也不能夠成就什麼名望，就是得了他的地，也沒有什麼利益的。聽說『爭名者於朝，爭利者於市。』今三川周室是天下之市朝而不去爭，反而去爭偏遠的戎狄，那就離王業極遠了。」

司馬錯馬上反駁說：「我聽說要富國的人，一定要推廣他的地方；要強兵的人，一定要富足他的百姓；要王天下的人，一定要博施他的德行。這三件事完備了，那麼王天下的事業，自然跟他起來了。現在秦國的地方小、百姓窮，所以要把容易的事情先辦起來。蜀國是西方偏僻的國家，是戎狄的首領，乘現在有內亂去攻打他，就像『使豺狼逐群羊』那麼容易，『取其地，足以廣國，得其財，足以富民繕兵』，而且是因蜀國的內亂去攻打，天下的人不以為是暴虐，得了蜀國的財物，諸侯們不以為是貪鄙。甚至獲得『禁暴止亂』的美名，真是一舉名實兩得。如果去攻打韓國，威劫天子，那將是惡名昭彰。周是天下的宗主，韓是周的聯盟國，周知

要失去九鼎，韓知要損失三川，必將緊密聯合，一面聯絡齊、趙、楚、魏援助，那時秦國就危險了，不如去伐蜀比較萬全有利。」

有人對這件事評論說：「周雖衰弱名器猶存，張儀首倡破周之說，實是喪心。司馬錯建議伐蜀，句句駁倒張儀，生當戰國而能顧惜大義誠超乎人一等。惠王平日信任張儀，而此策獨從司馬錯，可謂識時務之要。」

秦惠王終於採納司馬錯的意見，並派他領兵伐蜀。《史記·秦本紀》「司馬錯伐蜀滅之」。而《史記正義》、索引都說「張儀伐蜀」（李斯在《諫逐客書》中有張儀西併巴蜀之句）。按情理，張儀既不贊同伐蜀，不可能獨當這個任務，也許司馬錯、張儀共同伐蜀。秦兵一共花了十個月的時間才把蜀國滅亡，並非司馬錯事先預料「豺狼逐羊」那麼容易。另外還有一個傳說的故事：「惠王欲伐蜀，山路險阻，兵路不通，乃雕了五大石牛，日暗置黃金於後，宣言石牛便金，欲以此異寶貽蜀侯。蜀侯乃塹山填谷，以迎石牛。惠王以兵隨其後，遂得滅蜀。」另一傳說「惠王將五女嫁給蜀侯，蜀侯派人迎五女回國，秦軍跟隨於後，遂滅蜀國。」這是歷史上貪小利和女色而亡國的例子。

秦滅蜀國後，接著又滅了巴國。秦王封兒子為蜀侯，以陳北為相，不久陳北造反殺了蜀侯，秦派甘茂入蜀殺陳北。於是秦先後設巴郡和蜀郡治理，採取發展各項經濟的措施，如修築從秦國到巴、蜀的棧道，大量移民到巴蜀，興修水利，如後來李冰修築的著名的都江堰，以及陸續修築城邑，其中成都城周圍就有十二里，高七丈。

秦國兼併巴、蜀之後，《戰國策·秦策》及《史記·張儀列傳》都說：「秦益強，富厚輕諸侯。」自是秦國的領土增廣，人力物力雄厚，而且除去後顧之憂，可以專心向東方發展。

（二）再度誘騙楚國

前面已經說過，張儀首先以「割地」之計引誘楚懷王與齊絕交，楚懷王一而再的上了張儀的大當，與秦國結盟。齊、韓、魏三國以楚國違背縱約，乃聯合攻打楚國，楚國求救於秦，且以太子橫為人質，秦乃遣兵救楚，三國見秦兵出援，不敢戰。不久楚國在秦國作人質的太子因與秦大夫私鬥，而殺了大夫逃回楚國。之後秦國屢派兵攻打楚國，斬首數萬，並侵占楚國很多險要之地。楚懷王為了想復仇，準備再與齊修好，派太子到齊國作人質。秦昭襄王見齊楚兩國又將和好，於是寫信給楚懷王約在武關相會。

　　楚王接到秦王的書信，進退兩難，欲往，恐怕又被欺騙，不去，又怕秦國不高興。屈原、昭雎都勸楚王不要去，他們說：「王毋行，而發兵自守耳，秦虎狼不可信，有并諸侯之心。」然而懷王的另一個兒子子蘭卻勸懷王說：「奈何絕秦之歡心？」

　　按當時楚國有親齊、親秦兩派，屈原、陳軫主張親齊，子蘭、靳向等主張親秦。

　　楚懷王不聽親齊派的忠告，還是前往武關會見秦昭襄王。秦昭襄王本人並沒有去武關，只派了一位將軍冒充他的身分，並埋伏一隊人馬，等楚懷王來到武關，一聲令下，封閉武關，楚懷王就這樣被劫持到咸陽，在章台上朝見秦昭襄王，昭襄王把他當蕃臣一樣對待他，並脅迫他割讓巫、黔中的郡縣。楚懷王大怒，後悔沒有聽屈原和昭雎的話。在這種情況下，楚懷王想先和秦定下盟約，但秦王要先取得土地。楚王不肯答應，秦王因而扣留楚王，不放他回去。

　　楚懷王被秦國扣留，太子又在齊國作人質，楚朝臣非常憂慮，有的主張立懷王的庶子為王，昭雎主張詐說楚王去世，訃告齊國，要齊國將太子送回以便立為新君。起初，齊湣王還想藉此要挾楚國割地，但因宰相認為是不義的行為而作罷，最後還是將楚太子送回，即位為王，是為楚頃襄王，並通告秦國已有新王。

　　秦昭襄王因挾持楚懷王而得不到土地，楚國反而立了新王來對付秦國，秦昭襄王大怒，立發大軍攻打楚國，大敗楚軍，斬首五萬，取十五個城邑而去。楚懷王被扣留三年，一日想偷逃回國，秦國發覺，派人遮斷通往楚國的道路來攔截，懷王驚恐，從小道逃走趙國，要求趙國送他回國。當時趙主父剛將王位傳給兒子惠王處理政事，畏懼秦國，不敢收容，楚王想逃走魏國，但秦使追來，趙國乃將楚王及左右送回秦國，不久就憂憤病死於秦，秦王將屍體送回，楚人都非常哀悽，諸侯各國對秦國行為表示不滿，而秦楚亦從此絕交。

　　前面說過，楚懷王因不聽信屈原的忠告，才落得如此下場。屈原對楚國忠心耿耿，終因被小人讒害也不得善終，然其名節留傳千古，太史公特為他立傳，現在將他的生平事績介紹於下。

　　屈原名平，學識淵博，記憶力驚人。在楚懷王時擔任過左徒官職，擅長辭令，對國家治亂的道理非常清楚。在朝中常和楚王商議國家大事，發佈命令，對外接待各國使節，和各國的君王相酬酢。

　　當時上官大夫和屈原爵位相等，為要爭取楚王的寵信，故嫉妒屈原的才華。有

一回，楚王指派屈原制定國家的法令，屈原完成草稿後，上官大夫便想奪取這份草稿，據為己出。屈原不肯給他，上官大夫因此在楚王面前毀謗屈原，說他制定法令後就自誇其功，總以為除了他之外，便沒有人作得出來。楚王聽了很不高興，於是疏遠屈原。

屈原對於楚王聽信於小人，以致不能辨別是非，使正直君子不為所容，感到痛心，所以憂愁苦悶，沉鬱深思，寫成《離騷》一文。司馬遷說：「所謂《離騷》，就是憂愁之意。『夫天者人之始也，父者人之本也。』人們遇到窘困的處境，常會追念本原，所以當人們勞苦困頓之時，沒有不呼叫上天的；當人們病痛慘惻之時，沒有不呼叫父母的。屈原持心端正，竭盡他的忠心和智慧，奉侍他的國君。但因讒邪小人的挑撥離間，使楚王疏遠他，他的處境可以說極為艱苦了。他誠信謀國而被君王懷疑，忠心事主而被小人毀謗，怎能沒有怨憤呢？屈原所以作《離騷》，本是為發抒內心的怨憤而產生的。《詩經》中的〈國風篇〉雖描寫男女的戀情，卻不荒淫；小雅篇反映了百姓誹謗抱怨朝政的情緒，卻也不至於公然報仇；而屈原的《離騷》，可以說兼有國風小雅的優點。在《離騷》裡，敘述遠古帝嚳的事跡，稱揚近世齊的偉業，同時論及湯武的事功，用來譏刺當時的政局。他闡明了道德的重要性，以及國家所以治亂的因果關係。他的文辭簡約，託意深微；他的心志高潔，行為廉正。所以至死不為小人所容。他從濁穢的社會中自我超拔，不屑與眾人同流合污。他毫不受社會惡習的感染，雖處污泥，卻如蓮花一般，仍能保持自身品德的高潔。他這種偉大的心志，若說它可以跟日月爭輝，也不算過分推崇。」

前面說過，屈原雖因上官大夫的讒言使楚懷王疏遠了他，但他對楚國還是非常懷念，心裡惦記懷王，總希望能再回到朝中，故在他的文章中再三示意，而懷王還是沒有瞭解屈原的忠誠。所以在內被鄭袖迷惑，在外被張儀所欺騙，終於死在秦國，其子頃襄王即位後，用弟弟子蘭作令尹，當年楚懷王到秦國去會盟，就是子蘭勸他去的，所以屈原對子蘭的貽誤國事，極為痛恨。子蘭聽說屈原嫉恨他，大為發怒，遂叫上官大夫在頃襄王的面前讒說屈原，頃襄王就這樣把屈原放逐了。

屈原被放逐後，披散著頭髮，在荒野澤上且行且歌，臉色憔悴，容貌枯瘠，來到汨羅江邊，有一位漁夫看見了他這個樣子，就問他說：「你不是三閭大夫嗎？為什麼來到此地呢？」屈原說：「世上的人都是污濁的，只有我保持清潔；眾人都昏醉了，只有我依然清醒。所以我被放逐了。」漁夫說：「一個修養達到最高境界的聖人，對於事物的看法並不是一成不變的，而是能圓通地隨著世俗風氣轉移、隨

波逐流。世上的人都是污濁的，你為何不把水底的污泥攪動起來，使清濁不分呢？眾人都昏醉了，你何妨也喝點糟酒和薄酒，使醒醉莫辨、同流合污。為何要守身如玉，與世俗相忤，而卻招致被放逐的命運呢？」屈原說：「我聽說：剛洗過頭的人，一定要把帽子上的灰塵彈去；剛洗過澡的人，一定要拂去衣服上的塵土，我怎能以清潔的身體，去接受外界污垢的事物呢？我寧願躍入流中，葬身魚腹，又怎能讓自己高潔的品格，受到世俗的污染呢！」於是作了一篇〈懷沙賦〉，以示其志。終於抱著石頭，投汨羅江自殺。一百多年之後，漢人賈誼也因為朝臣讒言被皇帝疏遠，貶為長沙王的太傅，經過湘水，想起屈原，因此寫了一篇賦來憑弔屈原。

　　太史公說：「我讀了《離騷》、《天問》、《招魂》、《哀郢》等文，對於作者屈原的心志，感到悲痛。當我到長沙時，特地去看了屈原投江自盡的地方，不禁掉下眼淚，更加想念他的為人。待讀了賈生弔屈原的賦，又怪屈原以他那樣的才能，如果游事諸侯的話，那一個國家不會容納他呢？而竟然自己造成這樣的結果。當讀服鳥賦時，看到文中把生和死等量齊觀，對去和就看得很淡，又不禁爽然若失了。」

　　著者曾撰有下列一文：

附錄：論屈原之死

　　每年端午節，都有人寫文章紀念屈原先生，近幾年來從報章雜誌，讀到多篇有關〈屈原之死〉的文章，歸納起來有三種看法：

　　一、認為他的〈天問〉篇中，否定了人生，對宇宙和生命的真義懷疑，在這種情形之下，他不得不死。

　　二、屈原應該當政治上失意時，專心於文學寫作。他之投汨羅江是一種消極而不值得效法的行為。

　　三、屈原的感情脆弱，缺乏殉道精神。應效史可法等身死封疆。

　　本文對上述三種意見，不擬批評，謹就歷史事實略述管見。

　　屈原為楚懷王左徒時，「博聞彊志，明於治亂，嫻於辭令，入則與王圖議國事，以出號令，出則接遇賓客，應對諸侯，王甚任之。」他當時的職位僅次於令尹。不幸朝中有一位上官大夫靳尚，在懷王面前爭寵，而自己的能力又不行，他看到屈原為懷王草擬的法令文稿，想奪為己出，屈原不肯，靳尚乃在懷王面前讒說：「王使屈原為令，眾莫不知，每一令出，平伐其功曰：以為非我莫能為也。」懷王信以為真，怒而疏之。這是屈原首次受到的打擊。

屈原不肯把自己草擬的文稿，送給上官大夫，這是文人本份，並非邀功。無奈靳尚無恥，懷王昏庸，糊裡糊塗「親小人遠賢臣」。

屈原雖「信而見疑，忠而被謗」，他只是把他的遭遇與內心的悲痛，藉文字表現出來。他並沒有如後世一般失意政客，來反對他的政府，或任意攻訐。他也沒有因此消極。當他「竭智盡忠，而被障於讒，心煩慮亂，不知所從」時，他還往見太卜鄭詹尹，求神靈的指引。楚王雖疏遠了他，他仍「睠念楚國，繫心懷王」。熱愛自己的國家，忠於已討厭他的君王。

當時楚國有親齊親秦兩派，屈原陳軫主親齊，懷王稚子子蘭和上官大夫靳尚親秦。故屈原雖不在朝，仍能代表楚國東使齊國。未幾懷王被秦使張儀花言巧語所騙，竟與齊國絕交，召回屈原。這固然又是親秦派的勝利，事實上親秦派的子蘭、靳尚，並不是為了國家利益，完全是貪圖私利出賣了國家民族。

屈原奉召回國，懷王仍疏而不用，沒有參預政治的機會。但他一片愛國熱忱，不容他坐視祖國的危亡，他認為張儀的「連橫」政策，挑撥離間，是對楚國最危險的人物，曾勸楚王殺了他。怎奈楚王愚蠢，不知秦國的騙局，在張儀掌中，一誤再誤，終至被騙到秦國，死在秦國。

懷王一死，太子立，是為楚頃襄王，子蘭做了令尹。大權在握，他又是親秦有力分子，當然容不了親齊派的屈原。不但不任以朝政，甚至不讓他住在國都裡，把他放逐到僻遠的江南。

屈原被放，他並沒有馬上就自殺，他仍希望有機會為國家服務，但他失望了。（卜居：屈原既放，三年不得復見）他當然也想忘情政治，專攻文學，寫些更高超的文學作品，但時間不容許他了，秦國的大軍已打到楚國來了。他知道大勢已去，楚國將亡，秦國很怨恨他這個親齊派的人物，一定不會放過他。與其被俘受辱而死，不如先投江自殺，他又怕他高潔的身軀被秦國所僇，所以他懷石投到江底去。他死得其時，死在事無可為時；死得其所，死在自己國土裡，沒有遠走高飛。

宇宙最偉大的是殉道精神，屈原就是具有這種精神，他明知內有昏庸無知的懷王，與那些希旨愛財的官僚的阻擾陷害，外有陰謀家張儀的挑撥活動，他仍堅持他「連齊制秦」的主張，不願向惡勢力低頭，不肯與那些小人同流合污。他曾在《離騷》中表示：「亦吾心之所善兮，雖九死其猶未悔」「雖解體吾猶未變兮，豈吾心之可懲」。像這種連抽筋剝皮也不怕的人，難道還會消極的去自殺嗎？後來雖是「自殺」而死，但那還是「為政治而生，為政治而死」。他這一番忠君愛國之心，

國人卻少有人了解他，難怪他說：「己矣哉，國亡，人莫我知也。」

　　或說屈原應該如張巡、文天祥、史可法等「殺身成仁，捨生取義」的精神，不可遽爾輕生。屈原又何嘗不希望如此。可是，他是被放逐了的，他變成了一老百姓。如果楚王不放逐他，任他以朝政，授他以兵柄，他當然會身死封疆。然而，國家不要他，敵人痛恨他，他手無寸鐵，用武無地，叫他還有什麼辦法。況且「成仁取義」不一定要死在敵人手裡。屈原之死，由於被放逐，他之被放逐，又是由於反對親秦，反對親秦，就是忠君愛國，以當時戰國七雄形勢而論，齊楚秦三國最強，屈原的主張關係楚國內政外交之轉變以及國運之盛衰。如蘇秦所說：「秦所害於天下莫如楚，楚強則秦弱，楚弱則秦強，此其勢不兩立也。」張儀也說：「今天下強國非秦而楚，非楚而秦。」如果當時楚懷王採信屈原的主張，一直與齊國和好，站在同一條戰線上，楚國又何至於敗亡。屈原之死，能說非成仁取義嗎？

二、呂不韋與秦王政

　　秦昭襄王在位五十六年卒，子孝文王立，在位一年，子莊襄王立，在位四年，子政立，是為秦王政，也就是後來的秦始皇。從孝文王、莊襄王以及秦王政初年的政治都與呂不韋有關係，《史記》和《戰國策》都有詳細的記述。《史記·呂不韋列傳》說：

　　呂不韋是湯翟的大商人，到各地「販賤賣貴」，以致家產擁有千金之多。按當時一個中產農家的財產標準為十金（十斤黃金），呂不韋可以說是一個富翁了。

　　秦昭襄王四十年時，太子死了。四十二年時，以他的次子安國君為太子。安國君姬妾眾多，有二十多個兒子，但眾姬中卻有一個沒有生孩子，安國君最為寵愛，立為正夫人，號曰華陽夫人。

　　安國君有一個排行在中間的兒子名字叫子楚，母親叫夏姬，但不受安國君的寵愛，所以把他派到趙國去當人質，古代的人質是可憐的人物，用來一旦兩國失和，人質往往就會被「撕票」。子楚何時質於趙，史無可考，大概在秦趙長平之戰以前無疑。

　　秦雖將子楚質於趙，理應兩國和平相處，然秦國卻數次攻打趙國，故趙國對秦國的人質很不禮遇。所以子楚在趙國的車乘、財用並不富足，生活困苦，很不得意。當時，呂不韋正在邯鄲做買賣，邯鄲為當時製鐵工業中心，呂不韋可能在那裡

批買鐵器，偶然發現了子楚，對他的處境頗為憐憫，而又自言自語的說：「此奇貨可居也」。於是乃往見子楚，向他游說：「我能光大你的門庭。」子楚笑著說：「你且去光大你自己的門庭吧！」呂不韋說：「我的門庭要靠你的門庭來光大。」子楚心裡領悟了呂不韋所說的意思，乃引他入坐深談。呂不韋說：「秦王年紀已很大了，你爸爸安國君是太子，我聽說安國君非常寵愛華陽夫人，而華陽夫人沒有兒子，而能夠立為嫡嗣的人只有華陽夫人而已。現在你們兄弟有二十多人，你又排行中間，並不受到寵幸，長久在趙國作人質。將來秦王死後，太子繼立為王，你根本就沒有機會與兄弟爭立為太子啊！」子楚說：「是啊，為之奈何？」呂不韋說：「你很窮，在此作客，沒有什麼可奉獻給親戚及結交賓客。不韋雖然貧窮，願拿出千金為你到西邊游說，侍奉安國君及華陽夫人，立你為嫡嗣。」前述呂不韋「家累千金」，現在拿出千金，可以說傾全部家產來為子楚辦事了。子楚聞言，立刻叩頭說：「如果你的計劃能夠成功，我願意和你共享秦國。」

於是，呂不韋先給五百金給子楚，作為日常用途，以及用以結交趙國的顯要賓客，另外用五百金買了珍奇寶物去秦國。到了咸陽以後，求見華陽夫人的姐姐，請她把珍奇寶物獻給華陽夫人，並通過華陽夫人的姐姐傳話給華陽夫人，說是子楚是個很賢能的人，在趙國廣結天下賓客。又說「子楚把夫人看成像天一樣，日夜傷心思念太子和夫人」。華陽夫人大為高興。呂不韋更進一步通過華陽夫人的姐姐向華陽夫人游說：「我聽說用美色來侍奉人的人，一旦色衰，寵愛就跟著鬆弛，你現在侍奉太子，甚被寵愛，卻無兒子，應及早在眾子中結交有才能而孝順的人，推舉他立為嫡嗣，以後夫人立的兒子稱為王位，夫人就不會失勢。現在子楚對夫人很賢孝，他自己知道排行在中，不能為嗣，如果夫人立他為嫡子，那就是『子楚無國而有國，夫人無子而有子』，夫人終身必在秦國受到寵幸了。」這就是歷史上所謂的「妻以夫貴、母以子貴」的傳說。

華陽夫人認為很有道理，就在承奉太子的時候，適時的提及在趙國做人質的子楚是個非常有才能的人，往來趙國的人都稱讚他。接著又在太子面前哭泣著說：「妾有幸得以充塞後宮，不幸沒有兒子，希望能得子楚以為嫡嗣，我以後就有依靠了。」

安國君正寵愛華陽夫人，自然答應了她的請求，乃和華陽夫人刻玉符立下誓約，決定子楚為嫡嗣，並送了很多錢物給子楚，還請呂不韋來輔佐他，自是子楚的聲名在諸侯間盛傳開來。

　　呂不韋原與一姿容絕美而又精於舞蹈的邯鄲女子同居，並且已有身孕。一天呂不韋與子楚飲酒，看到此女，神魂顛倒，酒後，子楚要求呂不韋將這女子送給他，呂不韋很不高興，心想已為子楚破費家財，想要釣到奇貨，只好獻上他的姬妾。趙姬隱瞞她的身孕，後來生下一個男孩，就是後來的秦始皇。

　　前述秦昭襄王五十年，派王齕圍攻趙國邯鄲城的時候，趙國要殺秦國的人質子楚，子楚與呂不韋用六百斤黃金賄賂了守城的官吏，逃出了邯鄲。趙國又想殺子楚的太太和兒子，子楚的太太是趙國富豪的女兒，母子藏在趙家，得免於難。

　　秦昭襄王在位五十六年死，太子安國君繼立為王，華陽夫人為王后，子楚為太子。趙國也護送子楚的太太和兒子回到了秦國。

　　有關呂不韋與子楚之間的事，《戰國策》和《史記》的記述略有出入。據國策秦策五稱：呂不韋見秦質子異人困於趙，先與其父商議後，乃放棄商賈力田的事，為異人西入秦國，游說秦王后之弟陽泉君，然後由陽泉君往說王后，請立異人為后子，王后答允。於是呂不韋又前往趙國，勸趙王送回異人，以結秦歡。趙國乃遣送異人回到秦國。異人回到秦國後，呂不韋勸他穿著楚國服裝去見王后，因為王后華陽夫人是楚國人，看到異人這身裝束，非常喜悅，乃將原來「異人」這個名字改稱為「子楚」，接著就立他為太子。

　　《史記》與《國策》的記述雖略有出入，然大體上仍相吻合，本書前面的內容以引述《史記》為主。惟觀《史記》所言，呂不韋對秦國宮闈中的事，竟然瞭如指掌，似乎並非一個單純的生意人，實是一個陰謀多端的政客。讀《戰國策》述其奔走於秦、趙之間，可媲美蘇、張游說之輩。

　　前述昭襄王死，太子安國君繼立是為孝文王，時年已五十三歲。這時他並沒正式即位，穿著喪服，大赦罪人，善用昭襄功臣，厚賜親戚，疏捨苑囿遊樂。經過三個多月後才脫去喪服，在當年的十月己亥日正式就帝位，不幸三天後辛丑日就去世。為何死亡於此之速，歷史上沒有絲毫記錄，也沒有史家去查原因，倒有人懷疑與呂不韋有關。

　　孝文王死，太子子楚立，是為莊襄王。

　　莊襄王元年，以養母華陽夫人為華陽太后，尊生母夏姬為夏太后，以呂不韋為相國，封為文信侯，食河南洛陽十萬戶，擁有家僮萬人。這是《史記·呂不韋列傳》的記載，而《戰國策》說是「食藍田十二縣」。

　　〈秦本紀〉說，莊襄王就位後也大赦罪人，善用孝文王的功臣，厚施德惠於親

戚骨肉，廣布恩澤於人民。

這時的東周君還保有河南、洛陽等七個縣邑。因為在七年以前西周君已被秦昭襄王滅亡。東周君乃與諸侯合謀抗秦。秦派相國呂不韋率師將他滅亡，完全併滅東周君的土地，但遷東周君在陽人聚的地方，繼續祭祀他的祖先。

三、信陵君率五國兵攻打秦國

在前面秦趙邯鄲之役的時候，信陵君因平原君的請求，曾竊取魏王兵符，殺了魏將晉鄙，領兵救了趙國危急。趙王和平原君對信陵君非常禮遇，信陵君一直留在趙國有十年之久。這時，秦國知道信陵君在趙國，國內賓客也追隨在他的左右，所以魏國內已沒有人才。於是乘機日夜出兵派將軍蒙驁東來攻打魏國，魏王為此擔心不已，派使者到趙國請信陵君回國。但信陵君怕魏王還在怨恨他矯令殺將的事，所以告誡門下，不許為魏王使者通報。後來因為信陵君住留在趙國期間新結交的賓客毛公和薛公的勸告：「公子所以重於趙，名聞諸侯者，徒以有魏也，今秦攻魏，魏急而公子不恤，使秦破大梁，而夷先王之宗廟，公子當何面目立天下乎！」話還沒有說完，信陵君臉色大變，立刻備了車馬趕回魏國。

魏王見到信陵君，兩人相對哭泣。旋即把上將軍的印信交給信陵君。信陵君接奉印信後，一方面帶領兵馬備戰，一方面遍告諸侯，諸侯們聽說信陵君擔任上將軍親領魏軍，乃各派遣將軍帶兵馬前往救助魏國。信陵君帶燕、趙、楚、魏五國的軍隊，在黃河的南方打敗了秦軍，秦將蒙驁遁走，諸侯軍乘勝追至函谷關。

按此為東方諸侯合縱，第二次打敗秦軍。第一次是在秦昭襄王九年時，齊、韓、魏三國聯軍也擊敗秦軍於函谷關。

信陵君率領五國的軍隊打敗秦軍後，聲名威震天下，諸侯各國的賓客紛紛送上兵法給信陵君，信陵君都題上自己的名字，當成自己的著作，所以一般人都稱之為「魏公子兵法」。

秦莊襄王以為諸侯軍在此時能夠合縱攻打秦國，完全是因為信陵君在諸侯之間的號召力。於是用上萬斤的黃金在魏國訪求當年被信陵君殺害晉鄙的賓客，教他們在魏王面前詆毀信陵君，說「信陵君亡在外國十年，現在當上魏國的上將軍，諸侯各國的將領，都歸他統領。諸侯國只聽說有信陵君，不知道還有魏王。而信陵君也想趁此機會南面稱王，諸侯畏懼信陵君的威權，正打算共同出面擁立他為魏國的國

王。」秦國又多次利用反間諜，在魏國假裝祝賀信陵君，問他當上魏王沒有。魏王天天聽到這些毀謗的話，不由得不信，乃派人代替了信陵君的將軍職務。信陵君知道被讒毀失去將職，從此藉口生病，不再上朝參與國事，和賓客們通宵達旦以酒色作樂，四年之後，終以酒色過度而死。

四、鄭國渠與呂氏春秋

秦莊襄王在位三年，死後由其子政即位，尊呂不韋為相國，號稱「仲父」，這大概是仿效當年齊桓公以管仲為「仲父」的例子。秦王政年僅十三歲，大權掌握在呂不韋手中。

就在這時，韓國因為亡國之禍，迫在眉睫，打聽到秦國喜歡大興土木，便想消耗秦國的人力與物力，使其疲敝而無力東伐。乃派水利工程師鄭國在秦國當間諜，替秦國開鑿涇水及洛水間的大渠。《史記·河渠書》記載：「韓國聽說秦國喜好建設，想疲乏他的國力，使他不能向東出兵，於是請了水利專家鄭國做間諜，勸說秦國，鑿穿涇水從山西到瓠口為一條渠，使之向東注入洛水，渠長三百多里，用來灌溉。在工作時，秦國察覺鄭國陰謀，想殺鄭國，鄭國說：『我最初的目的的確是作間諜，但是築渠完成後對秦國也很有利呀！』秦國以為對，便讓他把渠開成。能夠灌溉四萬多頃田地（約合今之一百二十多萬畝左右），因是關中盡成沃野，沒有荒年，秦國因此更加富強。為了紀念鄭國的功勞，便稱之為『鄭國渠』」。

呂不韋當了秦國的宰相後，原來在趙國邯鄲的舊情人，也就是秦王政的母親成為當朝的太后。秦王政年幼，對他與呂不韋及太后之間的私情一無所知。而呂不韋與這位年輕守寡的太后自然舊情復發，時相私通。

呂不韋家僮多達萬人，在戰國之世，魏國曾有信陵君，楚國曾有春申君，趙國曾有平原君，齊國曾有孟嘗君，他們都禮賢下士，結交賓客，而互相傾軋。呂不韋認為秦國這麼強大，感到自覺不如他們而恥辱，於是也招來文人學士，對他們非常禮遇厚待，一時門下食客聚積也有三千多人。

在那個時候，諸侯中有很多辯才之士，像荀卿等人，著書立說遍佈天下。呂不韋也不甘落後，便使門下食客每人記下他們各自所見所聞所知的一切寫下來，然後綜合他們的言論完成八種覽、六種論、十二種紀。八覽亦稱《呂覽》，包括：有始、孝行、慎大、先識、審分、審應、離俗、恃君。六論包括：開春、慎行、貴

直、不苟、似順、士容。十二紀即禮記之十二月令。一共有二十多萬字。採取儒家「修齊治平」的理論，參以道家「清淨無為」的學說，主張「適欲」與「貴己」，反對墨家「自苦」與「兼愛」，以為俱備了天地萬物古今之事。由於是呂不韋主持由賓客所編輯成的書，所以號為「呂氏春秋」。

書完成以後，據《史記・呂不韋列傳》記載說：「布咸陽市門，懸千金其上，延諸侯辯士賓客，有能增省一字者，予千金。」

這個記載有幾點值得懷疑：

是將書懸掛在咸陽市的城門口？還是將全書刊刻在城門口？沒有說清楚。

如果只是把書掛在城門上，一部二十多萬言的書，大家如何去翻閱。當然是把那一卷一卷木片竹片攤開掛在城門的城牆牆壁上，讓人閱讀。

也有人說是將全書刊刻在城牆的牆壁上。

由於書的內容太多，恐怕沒有那麼有耐力的人去站立在牆腳下研究那本書。

該書既標明為「呂氏」春秋，懼於呂不韋的權勢，縱使書中有問題，恐怕也沒有人敢去自討麻煩。

顯然的這一道「命令」只不過是炫耀該書之完美無缺，「一字千金」罷了。

然而《呂氏春秋》是以儒家思想為中心，集諸學說之大成。由於古籍殘存極少，而此書乃著述戰國時代各學派之思想，所以，我們從《呂氏春秋》察知戰國時代各派思想之重要參考資料，尤為我們所不可忽略者，乃《呂氏春秋》之完成，在秦王政統一之先，可以說是為秦統一學說的文化事業，書中所述陰陽五行之說，至西漢時頗為流行。

五、嫪毐入宮與呂不韋之死

秦王政一天天長大，呂不韋與太后私通淫亂的事繼續不斷。呂不韋怕事情敗露，乃私下尋求一位陰莖特別粗大的人叫嫪毐，收為自己的門客。由於太后是個放縱淫樂的女人，呂不韋自覺年歲已高，不能應付太后的需求，希望由嫪毐取而代之。故意叫嫪毐用他粗大的陽具貫入桐木所做的車輪行走，讓太后知道這件事，來引誘太后。太后獲悉後，果然想私下擁有他，呂不韋於是和太后商量，假裝稱嫪毐行了腐刑，把他悄悄送入宮中，作為宦官留在宮裡，侍候太后。自是太后偷偷與嫪毐通姦，不久就懷有身孕，為怕人知道，利用占卜的方法，說是需要迴避一段時

間，離開咸陽宮移居到雍的地方去居住，後來還生下兩個孩子，把他們藏匿起來，外面也有人知道這種事，但沒有人敢說。

太后這樣寵愛嫪毐，並要求秦王封他為長信侯，賞賜他無數金銀財寶，從此嫪毐擁有數千門客和奴僕，並掌握秦國大權，「事皆決於嫪毐」。

在此之前，因秦王年幼，對宮中的醜聞雖時有所聞，但因是自己的母親不便過問，後來漸漸長大了，有天要到雍城舉行冠禮，於是就有人告發嫪毐根本不是宦官，以及生了兩個兒子，還計劃將來要繼承王位…等等的事一一告訴了秦王。秦王聽了非常憤怒，下令調查嚴懲嫪毐，嫪毐得悉後，發兵反抗，但不久兵敗被俘，被車裂而死，夷三族，重要黨徒二十多人斬首示眾，其他被處刑或流放蜀地的有四千多家，與太后私生的兩個兒子也被殺了。

後來，秦王探聽到這一幕宮中的醜劇，原來是他的仲父相國呂不韋所導演的，想要誅殺他，但因他曾侍奉先王有功，加以賓客辯士都為他講情，所以只是免了他的相位，遷他到洛陽的封地去。在洛陽一年多裡，諸侯賓客使者絡繹的前往拜見他，引起秦王疑懼，恐怕他叛變造反，乃寫了一封信給他，信中說：「你對秦究竟有什麼功勞，秦封你在河南，食邑十萬戶，你與秦有什麼關係，號稱仲父，現在你全家遷到蜀地去」。呂不韋接到信後，知道難免一死，走到中途便喝下毒酒自殺了。

有些史家認為《戰國策·秦策》沒有呂不韋納姬的事，魏策也認為嫪毐不是呂不韋介紹進宮的，因此認為呂不韋與嫪毐沒有關係。假若嫪毐不是呂不韋介紹進宮，則嫪毐與太后私通的事，豈是呂不韋所能容忍者。故本書還是採信《史記·呂不韋列傳》的說法。

六、李斯和尉繚的離間政策

秦國的統一政策，李斯的貢獻很大，然秦國的滅亡，李斯也有不可辭之咎。自秦王政十年至秦二世胡亥，李斯為一朝首腦人物，司馬遷在李斯列傳中記述得很為詳盡。

李斯原是楚國上蔡地方的人，年輕的時候，曾在本地縣城當個小官吏。他常見官署內廁所裡的老鼠吃穢物，每逢人或狗走近時，就驚慌恐懼。後來他走進倉庫，發現倉庫裡的老鼠，吃的都是囤集的粟米，而這些老鼠卻不怕人狗的接近，於是產

生了他的人生哲學：「一個人的賢與能或者不肖，好像老鼠一般，就看處在什麼樣的環境了。」

於是開始跟荀子學習儒家的帝王之道，學成之後，衡量當時的國內外情事，以為侍奉自己國家的楚王，成就不了大事，而其他諸侯各國的形勢都很危弱，也沒有建功立業的希望，所以決心來到秦國。他到秦國時，正是秦王政初即位，呂不韋作丞相，是秦王身邊的紅人，而呂不韋也正在網羅天下賢士，李斯因此被收為門下食客，呂不韋見他很賢能，任用他為郎官。李斯因此找到了游說秦王的機會，他首先上書秦王說：「……自從秦孝公以來，東周王室卑賤微弱極了，諸侯各國互相兼併，函谷關以東之地形成六國對峙的局面，秦國趁著用商鞅變法，國勢強大，逐漸征服六國，迄今已有六個世代了（指孝公、惠王、武王、昭襄王、孝文王、莊襄王）。現今諸侯都被秦國征服，就像直接隸屬於秦國的郡縣一樣，以秦國國勢的強盛，加上大王的賢明，簡直像炊婦掃除灶上的塵垢一般，輕而易舉就可消滅諸侯，建立帝王事業，完成天下的統一，這是萬世難逢的時機，現在如果疏忽怠惰而不抓緊時機，待諸侯實力漸次恢復，再度強大起來，彼此互相團結訂立合縱盟約，那時大王即使有黃帝之才幹，也沒有辦法吞併它們了。」

秦王看到這個上書後，非常賞識他，就拜他為長史。接著又聽他的計策，暗地裡派遣有謀略的游說之士，帶著金玉寶物到諸侯各國作反間。諸侯國家內的知名人士，凡可以用財貨收買的就將他們收買，如果不肯被收買的，就用利劍把他們刺死。這就是李斯的離間諸侯君臣的恐怖暗殺的手段。秦王因此拜升他為客卿。

可是不久秦王卻下了一道「逐客令」。秦王為何要下逐客令？有幾個原因。

第一個原因就是在前已經說過的「鄭國渠」事件。韓國派來的間諜鄭國表面為秦國修水壩，實際是消耗秦國的財力和民力，使秦國無力東征的陰謀被發覺了。於是秦國的宗室大臣們紛紛對秦王說：「諸侯各國的人來委身事秦的，大多是為他們的國君來游說，以離間秦國罷了。懇請大王把諸侯各國來的客卿一律驅逐出境。」

第二個原因是嫪毐事件。

第三個原因是呂不韋事件。

李斯是楚國人，當時是呂不韋的門客，當然也被驅逐之中。他聽到這個消息後，立刻寫了一封信給秦王，這就是《戰國策》中很有名的〈李斯諫逐客書〉，司馬遷在李斯列傳中全都抄錄下來，學者都認為這篇文章可以說是秦代文學的代表，「亦史亦文」，讀起來非常舒暢、百讀不厭。高中國文教材選為範文，想必能背誦

的人很多，還是將全文抄錄在這裡。

臣聞吏議逐客，竊以為過矣。昔穆公求士，西取由余於戎，東得百里奚於宛，迎蹇叔於宋，求丕豹公孫支於晉。此五子者，不產於秦，而穆公用之，開國二十，遂霸西戎。孝公用商鞅之法，移風易俗，民以殷盛，國以富強，百姓樂用，諸侯親服，獲楚魏之師，舉地千里，至今治強。惠王用張儀之計，拔三川之地，西并巴蜀，北收上郡，南取漢中，包九夷，制鄢郢，東據城皋之險，割膏腴之壤，遂散六國之從，使之西面事秦，功施到今。昭王得范雎，廢穰侯，逐華陽，強公室，杜私門，蠶食諸侯，使秦成帝業。此四君者，皆以客之功。由此觀之，客何負於秦哉！向使四君卻客而不內，疏士而不用，是使秦國無富利之實，而秦無強大之名也。今陛下至崑山之玉，有隨和之寶，垂明月之珠，服大河之劍，乘纖離之馬，建翠鳳之旗，樹靈鼉之鼓，此數寶者，秦不生一焉，而陛下說之何也？必秦國之所生然後可，則是夜光之璧，不飾朝廷，犀象之器，不為玩好，鄭魏之女，不充後宮，而駿馬駃騠，不實外廄，江南金錫不為用，西蜀丹青不為采，所以飾後宮，充下陣，娛心意，悅耳目者必出於秦然後可，則是宛珠之簪，傅璣之珥，河縞之衣，錦繡之飾，不進於前，而隨俗雅化，佳冶窈窕，趙女不立於側也。夫擊甕叩缶，彈箏博髀，而歌呼嗚嗚，快耳目者，真秦之聲也。鄭衛桑間，韶虞武象者，異國之樂也。今棄甕而就鄭衛，退彈箏而取韶虞，若是者，何也？快意當前適觀而已矣。今取人則不然，不問可否，不論曲直，非秦者去，為客者逐。然則其所重者在乎色樂珠玉，而所輕者在乎人民也。此非所以跨海內，制諸侯之術也。臣聞地廣者粟多，國大者人眾，兵強則士勇。是以泰山不讓土壤，故能成其大，河海不擇細流，故能就其深，王者不卻眾庶，故能明其德。是以地無四方，民無異國，四時充美，鬼神降福，此五帝三王之所以無敵也。今乃棄黔首以資敵國，卻賓客以業諸侯，使天下之士，退而不敢西向，裹足不入秦，此所謂藉寇兵而齎盜糧者也。夫物不產於秦，可寶者多，士不產於秦而願忠者眾，今逐客以資敵國，損民以益讎，內自虛而樹怨於諸侯，求國之無危不可得也。

《史記・索隱》引《新序》說，李斯這封信是在被驅逐後的路上寫的，信到秦王政的手中看了之後，非常後悔，馬上廢除了逐客令，並派人把李斯追回來，恢復了他原來的官職。

逐客令廢除不久，就有一個大梁人尉繚來到秦國，也勸秦王用財物賄賂各國的豪臣，搞亂他們國家的君臣關係。秦王也採用了他的建議，並封他為掌管全國軍隊

的國尉。

七、韓非入秦及其死

　　韓非，是韓國的貴族，愛好刑名法術的學說，他的理論系統根源於黃老之道。可是他生來就口吃，不善於言說，卻善於寫文章著書。與李斯同時受教於荀子的門下，但李斯自認為才學比不上韓非。

　　韓非眼看韓國漸漸衰弱下去，屢次上書規諫韓王，但韓王都不能接受。於是韓非就痛恨國君治國不能講求法術，不知用權勢統御臣下；身為一國之君，不能使國富兵強，不知任賢舉能，反而「舉浮淫之蠹，加之於功實之上」。所以韓非以為「儒者用文亂法，而俠者以武犯禁，寬則寵名譽之人，急則用介胄之士。」又以為當時國家「所養非所用，所用非所養」，他又悲傷那些清廉正直的君子，不被邪曲枉亂之臣所容（韓非所言亦恰當今政治現象）。於是，韓非體察古來國君得失之變異，所以發憤著書，寫了五十五篇文章，總共十多萬字，後世稱之為《韓非子》。但書中的「初見秦、存韓」兩篇是後來到了秦國後所寫的。韓非知道「游說之道」很難，所以寫的〈說難〉一篇非常完備，不但文筆華美，且舉證詳實，司馬遷因而全部收錄在《史記‧韓非列傳》中。

　　按《韓非子》一書，本名「韓子」，到了唐朝因韓愈也被稱為「韓子」，為免混淆不清，乃曰「韓非子」。《韓非子》一書傳入秦，秦王讀到「孤憤、五蠹」兩篇之後很感嘆的說：「嗟乎！寡人得見此人，與之游，死不恨矣。」但秦王當時不知道是韓非寫的，也不知道韓非是怎樣的一個人。李斯告訴秦王是他的同學韓非所寫的，秦王為了得到韓非，於是發兵攻打韓國，韓王在緊急情況下，乃派韓非出使秦國，秦王見了大為高興。

　　《韓非子》書中第一篇為〈初見秦〉一文，就是韓非到了秦國後向秦王的上書。書中先言天下大事，類似蘇秦、張儀當年游說的語調，接著對秦國過去與東方諸侯相戰的經過，作了一番檢討，指出：秦與楚、趙、韓、魏之戰均有「東以弱齊、燕，中以凌三晉，一舉而霸王之名可成，四鄰諸侯可朝」之機會。然而皆「謀臣不為，引軍而退」失去霸王良機。韓非以為「六國當亡不亡，秦當霸而不霸」，反使天下量秦力之不及，然而「秦地拆長補短，方數千里，名師數十百萬，秦之號令賞罰，地形利害，天下莫如也」。實則「以此與天下，天下可兼而有也」。最

後，韓非勸秦王：「舉趙亡韓，臣荊（楚）魏，親齊、燕，以成霸業之名，朝四鄰諸侯之道」，則天下縱約必破，秦之霸業必成矣。

《韓非子》書中第二篇文章是〈存韓〉。前述第一篇〈初見秦〉主張「亡韓」。有的人認為韓非前後矛盾。其實《韓非子》〈存韓〉篇中僅前段三分之一為「存韓」之論，三分之二為李斯之言。清人王先慎認定《韓非子》書中的「初見秦諸篇為後來附入者」。既是後人附入，可能在排列時產生錯誤，將〈初見秦〉列為第一篇，〈存韓〉列為第二篇。按情理韓非入秦後，應該先言「存韓」，次言「亡韓」，蓋韓非雖為韓使，然以韓王之不能用己，到了秦國後，衡觀天下大勢，乃背韓事秦，向秦王提出兼天下之術。可是秦王對韓非之言並不盡信，加以李斯挑撥說：「……詔以韓客之所上書，書言韓之未可舉，下臣斯甚以為不然……」又說：「非之來也，未必不以其能韓也；為重於韓也，辯說屬辭，飾非詐謀，以鈞利於秦，而以韓利闚陛下……視非之言文，其塗說靡辯，才甚，臣恐陛下淫非之辯，而聽其盜心。……」雖然如此，李斯還是擔心秦王任用韓非，會影響自己的前途，於是和姚賈兩人更乘機毀謗韓非說：「韓非韓之諸公子也，今王欲並諸侯，非終為韓不為秦，此人之情也。今王不用，久留而歸之，此自遺患也，不如以過法誅之。」

秦王認為李斯說的也是，於是下令將韓非關在雲陽宮。韓非想要向秦王陳述意見，始終沒有機會。李斯又擔心秦王會後悔，把韓非放出來，乾脆一不做二不休，拿了毒藥到監獄表面去探視關心，並假惺惺的而又帶聳恿的口吻對韓非說，表示老同學到秦國來，不但沒有幫上什麼忙，不幸還遭秦王拘禁，以秦王的為人來看，遲早免不了一死。所謂士可殺，不可侮，不如自行了斷算了。韓非本來就口吃，一時也不知要表達什麼，糊裡糊塗的把李斯給他毒藥吞下。就在這時，秦王突然想起韓非，派人來赦免他，但韓非已氣絕身亡，回生乏術矣。

太史公說：「申子、韓子皆著書傳於後世，學者多有，余獨悲韓子為說難，而不能自脫耳。」

司馬溫公說：「臣聞君子親其親以及人之親，愛其國以及人之國，是以功大名美，而享有百福也，今非為秦盡謀，而首欲覆其宗國，以售其言，罪固不容其死矣，烏足愍哉！」

韓非雖死，其學說則活於秦國政治中，後來李斯所用的方策，有許多就是韓非的主張。由見韓非的死，不是他的學說不當，或過法，完全是李斯嫉妒他的才能而加以陷害，這不僅是李斯的不仁不義，亦顯示秦國政治道德的缺失。

八、秦滅六國的經過

秦自長平之役以後，不斷蠶食東方諸侯，把侵奪各國的土地先後設置了①三川郡，包括今河南西部洛陽、滎陽、宜陽一帶的領土；②南陽郡，包括今河南南部南陽為中心的地區；③太原郡，包括今山西太原為中心的地區；④東郡，包括今河南東北部以濮陽為中心的地區。

以上這些地方都具有重要的戰略意義。軍事家認為控制了這些「咽喉」，滅六國之事便在掌中矣。

（一）滅韓國

西元前二三〇年開始向山東各國大舉進軍，首先攻打韓國，俘虜韓安王，全部佔了韓國的土地，設置潁川郡，以陽翟為郡治所在地。

（二）滅趙國

西元前二二九年，秦派王翦等率兵攻圍趙國首都邯鄲，趙王遷派大將李牧，將軍司馬尚抵禦。秦國素知李牧是當年防守匈奴的名將，善於作戰，乃行反間之計，用重金賄賂趙王的寵臣郭開，說李牧、司馬尚圖謀造反，趙王信以為真，乃改派趙蔥和顏聚代替，李牧不肯接受，趙王設計暗中將李牧捕殺，並廢掉司馬尚的官職。趙既斬李牧，國無良將，秦將王翦攻佔趙國所有土地，顏聚逃走，趙蔥被殺，邯鄲城遂陷，趙王遷被虜。秦王親至邯鄲，將過去曾與母家有仇怨的人統統殺掉，然後從上原返回咸陽。趙王被俘後，趙國的公子嘉率領一些宗族，逃到代的地方，自立為王。司馬遷在《史記·趙世家》最後說：「我聽馮王孫說：『趙王遷的母親是一個娼妓，因悼襄王很寵愛，所以廢掉嫡子嘉，立遷為太子。遷向來品行惡劣，繼承趙王之後，相信讒言，所以用郭開之言殺了李牧。』這樣做怎麼不荒謬呢！秦俘虜了遷以後，趙國逃亡的大夫們一起立嘉為王，六年之後，秦兵攻破嘉，終於滅亡了趙國而改設郡縣。」

（三）滅魏國

秦王政廿二年，西元前二二五年，秦派大將王賁攻魏。包圍魏國首都大梁，挖開黃河堤防，用黃河的水，淹滅大梁，經過三月，大梁城被河水沖毀，魏王投降，王賁殺了魏王，魏國遂亡，秦國也將魏國的土地設立郡縣。關於王賁掘黃河灌滅魏國的影響及善後的事，史籍一點也沒有提到。論者以王賁之攻大梁，何竟不擇手

段，此時的魏國僅以一個大梁城來對抗秦國，何必用黃河的水來灌滅呢？王賁為求速戰速決，殘殺城中的無辜的百姓，其心何忍！

司馬遷在《史記·魏世家》的後面說：「我到過大梁的故城，聽墟里中的人說：『當年秦軍戰勝魏國，導引河溝灌淹大梁，經過三月，城才毀壞，魏王請求投降，秦終於滅了魏國。』評論的人都說，魏國因為不重用信陵君的緣故，所以國家才會削割衰弱以致於亡。我卻認為不是這樣。天意正要讓秦平定海內，秦的功業方興未艾，魏王即使得到像商湯的河衡（伊尹的別稱）一般人才的輔佐，又有什麼用呢。」可見魏國的被滅亡，是情勢使然也。

秦滅亡魏國後，接著又派了一個使者到魏國的屬國安陵君，據《戰國策·魏策》的記載：使者以秦王的語氣對安陵君說：「寡人欲以五百里之地易安陵，安陵君其許寡人！」安陵君曰：「大王加惠，以大易小，甚善，雖然，受地於先王，願終守之，弗敢易。」秦王很不高興。安陵君乃派遣唐雎到秦國去修好。秦王對唐雎說：「寡人以五百里易安陵，安陵君不聽寡人，何也？且秦滅韓亡魏，而君以五十里之地存者，以君為長者，故不錯意也，今吾以十倍之地，請廣於君，而君逆寡人者輕寡人與？」

> 唐雎對曰：「否，非若是也，安陵君受地於先王而守之，雖千里不敢易，豈直五百里哉！」
>
> 秦王勃然大怒，對唐雎說：「公亦嘗聞天子之怒乎？」
>
> 唐雎對曰：「臣來嘗聞也。」
>
> 秦王曰：「天子之怒，伏屍百萬，流血千里。」
>
> 唐雎曰：「大王嘗聞布衣之怒乎？」
>
> 秦王曰：「布衣之怒，亦免冠徒跣，以頭搶地乎。」
>
> 唐雎曰：「此庸夫之怒也，非士之怒也。夫專諸之刺王僚也，慧星襲月；聶政之刺韓傀也，白虹貫日，要離之刺慶忌也，蒼鷹擊於殿上，此三子，皆布衣之士也，憤怒未發，休祲降於天，與臣而將四矣。若士必怒，伏屍二人，流血五步，天下縞素，今日是也。」

說著，唐雎就拔了劍起立上前，欲刺秦王。

秦王立刻態度軟化下來，跪在地上向唐雎謝罪說：「先生坐，何至於此，寡人喻矣，夫韓、魏滅亡，而安陵君以五十里之地存者，徒以有先生也。」

於是秦王義而許之，國策之言是否誇大，不必去考證，而論者以秦王善收場，真不愧是個英雄。

（四）滅楚國

秦王滅楚之前，將軍李信年少賢勇，非常信任他，並問他如果去攻楚國，將需多少兵力？李信回答二十萬人就夠了。秦王再問王翦，王翦說非六十萬不可。秦王說：「王將軍老矣，何怯也，李將軍果勢壯勇，其言是也。」

秦王遂派李信及蒙武率二十萬軍南伐楚國，與楚軍大戰三天三夜，李信等被楚軍打得大敗，逃回秦國，秦王聽說李信戰敗，既憤怒又後悔沒有聽王翦的話。王翦因秦王不用他，已謝病歸老回家，秦王親自快馬加鞭趕到王翦的住處，見謝王翦曰：「寡人以不用將軍計，李信果辱秦軍，今荊兵日進而西，將軍雖病，獨忍棄寡人乎！」王翦仍以病婉拒，秦王一再堅請，王翦乃曰：「大王必得已用臣，非六十萬人不可！」秦王答應了王翦的意見。

於是王翦將軍六十萬，秦王親送至灞上。據《史記·王翦列傳》記載：王翦就在此時要求秦王賞賜很多良田、屋宅和園地。秦王說：「將軍已出兵，何必憂愁貧窮呢？」王翦說：「當大王的部將，即使有功亦不能封侯，故趁大王親臣時，臣要及時求賜園地以作為子孫的產業。」王翦的軍隊走了很遠之後，還五次派人回朝廷向秦王請求良田。有人說：「將軍的請求，未免太過份了吧！」王翦說：「秦王既暴戾又不信任人，今傾全國武裝士兵，全數交付給我，我不多請求田宅作為子孫基業以穩固自家，反要讓秦王因此懷疑我嗎？」

楚國聽到王翦揮軍而來，乃發動全國兵力抵抗。但王翦暫且只堅壁防守，不與楚軍接戰。楚軍好幾次出來挑戰，王翦故意不理，每天叫士兵休息沐浴，並弄些好飲食，與士兵們一起共食。楚軍見王翦不出戰，士氣也就消沉下來，大家玩著投擲石頭與跳遠的遊戲。過了一陣子見秦軍還是不出戰，便帶領軍隊向東方退走。王翦探聽到這種消息後，便趁機派壯兵追擊，遂大破楚軍，殺楚將項燕，前後歷經一年多，在西元前二二三年攻占楚國首都壽春，俘虜楚王負芻，將楚地改設郡縣，接著又平定了楚國所屬的百越地方。

（五）滅燕國

先是燕國太子丹，曾在秦國作過人質，秦王對他不好，便逃回燕國。這時秦國已兵臨易水，燕國君臣都害怕戰禍來到。太子丹乃找老師鞠武商量如何抗秦。

關於燕國最後抗秦的事，司馬遷在《史記·刺客傳》中寫得很詳盡而且精采。

荊軻傳中說：太子丹詢問鞠武時，鞠武認為「秦國的土地已遍及天下，人民眾多，而且士卒勇猛，兵器精良又多，如果他想向外擴張，燕國是無法安定的，不要因為受了一些欺侮而去觸犯秦國的逆鱗。」勸太子丹從長計議。

　　沒有多久，秦國的將軍樊如期得罪秦王，逃亡到燕國。太子丹收留他並給他館舍住下。鞠武以為秦王這樣暴虐，又一直不滿燕國，聽說樊如期被收容在此，這等於把肉放在餓虎所經過的路上，禍患一定救不了，勸樊如期趕快逃到匈奴去，打消秦國侵略燕國的藉口。同時鞠武並建議「西約三晉，南連齊楚，北面與匈奴修好」共同抗秦。太子丹認為這樣做，曠廢時日，遠水救不了近火。太子丹是很重義的人，他認為樊如期既然投靠他來，不忍心把他送到匈奴去，有意要留他下來協助他。而鞠武認為這樣是「做了危險的事想求平安，造了禍患卻求幸福，計劃淺薄卻怨恨很深。為了結交一個朋友，便不顧國家的大害，這可以說是加深怨恨、擴大禍患了。」於是鞠武乃介紹智勇多謀的田光與太子丹認識，可是田光已年老，不能擔當大事，乃轉而介紹荊軻給他。由於太子丹曾懷疑田光會洩漏燕國將刺殺秦王的機密，田光為表明心志，把荊軻介紹給太子丹後便自殺死了。

　　燕太子丹接見荊軻後，便希望他效法當年魯國用曹沬劫持齊桓公的方法，來劫持秦王，還給諸侯的侵地。如果不行，便將秦王刺殺。

　　於是拜荊軻為上卿，讓他住在上等館舍，每天給他車騎美女，供給牛、羊、豬三牲具備的酒席，以及奇物珍寶，盡量滿足荊軻的欲望。太子丹還每天到館舍去問候他。

　　過了好一陣子，荊軻還沒有動身的表示，而這時，秦國的軍隊已經逼近到燕國南方的邊境。太子丹希望荊軻趕快起程，但荊軻認為急著由他一個人去，秦王一定不相信，不會接見他。秦王正懸賞千金、邑萬家，捕捉樊如期，假如奉上樊如期的頭和燕國最肥沃的督亢地方的一片土地，秦王一定會接見，我便有機會行事。太子丹仍以為「樊將軍窮困來歸，不忍己之私，而傷長者之意。」希望荊軻另外想辦法。

　　於是荊軻乃私往會見樊如期，說明來由，樊如期以父母宗族都被秦王所殺，日夜切齒痛心，聽荊軻要帶著他的頭才有機會去刺殺秦王，正是他報仇的良機，因是毫不猶豫自刎而死。太子丹聽到消息，急忙跑來，伏屍慟哭。既然無可奈何，只好包裹樊如期的頭，用匣子封著。

　　這時太子丹訪求天下最鋒利的短劍，從趙國徐天人那裡，花了一百金買到一

把匕首，再由工匠將毒藥浸染在刀鋒上，然後用獄中一個死囚作試驗，見血立即死亡。另外又找到一個名叫秦舞陽的勇士當副使，他在十三歲時，殺了人，人都不敢瞧他一眼。

於是準備行李，催促荊卿動身，但因荊軻還想等候另一個朋友到來，以便一道前往，所以沒有起程。太子丹懷疑荊軻悔改，準備派秦舞陽一個人去好了，荊軻見太子丹如此急促，所等的友人又因路遠沒有趕來，在叱責太子丹幾句後也只好動身出發了。

太子丹以及知道這事的賓客們，都穿戴著白衣白帽送行。到了易水邊，餞行之後，荊軻就要上路入秦了。這時高漸離擊著筑（類似琴，用竹擊絃），荊軻和著筑唱歌，唱的是一種「變徵」淒涼的調子，送行的人都掉下眼淚。荊軻又走上唱道：

　　　風蕭蕭兮，易水寒；壯士一去兮，不復還！

又唱出悲壯慷慨的「羽聲」調子，使送行的人感動得睜起怒眼，頭髮豎起衝頂帽子，於是荊軻上車走了，一直沒有回頭。

到了秦國用價值千金的禮物，賄賂秦王的寵臣蒙嘉，蒙嘉先在秦王面前稟報說：「燕王震驚大王的聲威，不敢出兵抵抗我國的軍隊；希望全國做秦的臣子，因為心裡恐懼，不敢親自來陳說，特地斬了樊如期的頭，並獻上燕國最肥沃的土地的地圖，使者已經來到廷外，敬候大王的命令。」秦王聽了，極為高興，便穿上朝服，設九賓大禮，在咸陽宮召見燕國使者。

荊軻捧著裝樊如期頭顱的匣子，秦舞陽捧著裝地圖的匣子，兩人一前一後按次序進入宮廷。秦舞陽雖然是一個殺人不眨眼的勇士，但從未見過大場面，此刻來到宮廷前階，見到文武百官，非常害怕，臉色都變了，群臣覺得奇怪。荊軻連忙解釋說：「北方藩屬蠻夷的野人，從來沒見過天子，所以非常害怕，希望大王寬恕他，使他能在大王前盡了使者的任務。」秦王命荊軻把秦舞陽手中的地圖呈上。

秦王打開地圖來看，「圖窮匕現」，真是「說時遲、那時快」，荊軻一個箭步，右手拿起匕首，左手抓住秦王的袖子，向秦王刺去，沒有刺到身體。秦王大驚，奮力跳起來，袖子被荊軻拉斷，由於心裡十分惶恐緊張，佩劍也拔不出來，繞著柱子轉，荊軻在後面追，秦舞陽傻呆在那裡，群臣只是一陣驚慌，因事起倉猝，出乎意料，全失常態，目瞪口呆。按秦朝的法令，群臣在殿上侍駕時，不得帶任何兵器，只有擔任侍衛的郎中可以帶兵器，但他們都排列在殿下，沒有皇上的命令，也是不准上殿的。秦王一時驚嚇惶恐，也來不及傳令侍衛。就在這時有一位侍醫官

夏無且，用他的藥袋將荊軻打倒，下面的臣子們提醒秦王「負劍」，就是把劍往背後移，然後舉手從右肩把劍拔出來。秦王已稍微定心，如法炮製，拔出劍來，砍斷了荊軻的左手，荊軻受傷累累，行動不得，乃將匕首擲刺秦王，沒有刺中，匕首刺在銅柱上。荊軻知事已不成，便坐靠銅柱旁邊，笑而罵曰：「事所以不成者，以欲生劫之，必得約契，以報太子也。」隨即左右上前殺了荊軻。

如果把它拍成電影，真是令人心驚膽慄很夠刺激的一幕。《史記》說：「秦王不怡者良久，已而論功賞群臣，及當坐者，各有差，而賞賜夏無且黃金二百鎰（廿四兩為一鎰）。

關於荊軻刺秦王的事，後世有些人認為司馬遷又不是在場的人，怎麼知道那麼清楚，認為他的刺客傳好像現在的武俠小說。其實，司馬遷在《史記·刺客傳》中說得很清楚。有人說燕太子遣荊軻刺秦王的事，就像「天上落下粟米，馬頭生出角來」的荒唐。司馬遷說，用這種態度來批評這件事未免太過份了，司馬遷接著解釋說：這件事是董生（董仲舒）當面告訴他的，而董仲舒又是聽夏無且說的，夏無且就是真正在場目睹而且參與行動的人。所以這件事的真相是不庸質疑的。司馬遷在荊軻傳最後說：「自曹沫至荊軻五人此其義或成或不成，然其立意較然，不欺其志，名垂後世，豈妄也哉。」

然而司馬溫公評之曰：

「燕丹不勝一朝之忿，以犯虎狼之秦，輕慮淺謀，挑怨連禍，使召公之廟，不祀忽諸，罪孰大焉！而論者或謂之賢，豈不過哉！夫為國家者，任官以才，立政以禮，懷民以仁，交鄰以信，是以官得其人，政得其節，百姓懷其德，四鄰親其義。夫如是，則國家安如磐石，熾如焱火，觸之者碎，犯之者焦，雖有強暴之國，尚何足謀。功隳身戮，社稷為墟，不亦悲哉！夫其膝行蒲伏狀，非恭也；復言重諾，非信也；糜金散玉，非惠也；刎首決腹，非勇也；要之謀不遠，而動不義，其楚白公勝之流乎！荊軻懷其豢養之私，不顧七族，欲以尺八匕首，強燕而弱秦，不亦愚乎！故楊子論之，以要離為蛛蝥之靡；聶政為壯士之靡；荊軻為刺客之靡，皆不可謂之義。又曰：荊軻君子盜諸！善哉！」

其實，秦滅六國統一天下的情勢已經造成，而且已經完成了大半，即使秦王被荊軻刺殺身亡，也影響不了大局。歷史的發展，不是以一個人的存亡為轉移，而此刻荊軻的失敗卻加速了燕國的滅亡。秦王當然大怒，更命令增派兵力討伐燕國，以

王翦為主力，王翦的兒子王賁，和李信相助，一舉攻下燕國的首都薊城。燕王喜及太子丹亡走遼東，秦派李信率兵急追。燕國代王嘉寫信給逃亡的燕王說：「秦所以追燕急者，以太子丹故也，今王誠殺丹獻之秦王，秦王必解，而社稷幸得血食。」太子丹得到消息，立刻逃亡，躲藏到遼東東邊的衍水地方，燕王派人把他追斬，將人頭送給秦國，秦國並不領情，四年之後，秦軍攻到遼東，俘虜了燕王喜，遂滅燕國。

（六）滅齊國

由於齊國位於極東方，所謂「東負於海」，沒有後顧之憂，又有漁鹽之利。國力較東方其他五國都要富強，再則秦國採行的是「遠交近攻」的政策，當五國被滅之後，秦最後才大舉向齊舉兵。

再則由於齊國自燕、齊火併後，元氣大傷，田單從莒城迎立襄王，襄王在位十九年，沒有什麼作為。兒子建繼立之後，不再與諸侯合作。秦趙長平邯鄲之役時，袖手旁觀，見死不救。當秦國日夜侵略三晉及燕、楚時，齊王正用后勝當宰相。后勝接受了秦國間諜的賄賂，經常派遣賓客到秦國去，秦國又大量用黃金賄賂他們。因此賓客回齊後皆成為秦國的間諜，勸齊王放棄合縱的政策向秦國入朝。因是，齊國既不修戰備，又不與五國合作，雖然國內四十多年沒有兵禍，但當五國一一被秦滅亡後，秦國大兵壓境時，齊王已無可措手足，就準備入秦朝貢。守在雍門的司馬（軍官即守將）前往勸諫說：「所為立王者，為社稷耶？為王耶？」齊王說：「為社稷。」司馬說：既然「為社稷之王，王何以去社稷而入秦。」齊王終於被司馬勸醒而止。

即墨大夫聽說齊王沒有去向秦國朝貢，就更加的勸諫齊王說：

> 「齊地方數千里，帶甲數百萬，夫三晉大夫皆不便秦，而在河甄之間者百數，王收而與之百萬之眾，使收三晉之故地，即臨晉之關可以入矣。鄢郢大夫不欲為秦，而在城南下者百數，王收與之百萬之師，使收楚故地，即武關可以入矣。如此則齊威可立，秦國可亡，豈特保其國家而已哉。」

顯然這些進諫的話，齊王已經聽不進去，五國都已滅亡，大勢已去，齊國又那能有如此號召的威力，即墨大夫的話一點都不切實際，齊王當然也沒有採用。秦國也就在這時派了使者向齊王誘騙，說要以五百里的地方封給他，齊王便投降了秦國，秦國卻把他遷徙到一個叫共的地方住下來。那地方只有一片松柏森林，沒有其他稻穀糧食，不久他就餓死在那裡，這個亡國之君的下場真悲慘。齊國的人民得到

消息，並沒有人同情他，而且怨恨他因沒有跟五國合作，聽信奸臣賓客的邪說而落得如此下場，咎由自取，乃諷刺的說：「是松樹呀！是柏樹呀！還是使王建住在共邑的賓客呀！」

（七）秦滅亡六國的檢討

按戰國之世，七國紛爭，生民塗炭，而今天下一統，民可得安居樂業，固為秦之一大功業。更自政治演進而論，遠古人民聚落而居，繼而嬗變為封建社會，封建崩潰，逐漸成為中央集權。秦滅六國，開疆拓土，中國成為大一統帝國，後世受其影響者至深且鉅，故西元前二二一年，秦王政廿六年乃中國史上之重要年歲也。

考秦在春秋之世，尚不足稱霸中原，而偏處西隅，何以能獨服群雄，一統天下，究其原因，不外如下數端。

一、六國君王，不明大事，輒受秦間之禍。如楚國的削弱，自楚懷王開始受張儀的誘騙，聽權臣之言，一誤再誤；趙之衰弱的關鍵，在長平一役，而長平一役，錯在免廉頗而用趙括，晚年，李牧之被殺，魏信陵君之不用，無不被秦間之誘。燕齊之火併，也是秦國所策劃。晚年的齊國，更完全在秦間的掌握中。

二、六國君王不知人善任。屈原忠心耿耿，楚王將其放逐；樂毅欲完大功，燕王疑其謀反。魏之吳起，趙之廉頗、李牧不得善終，至於各國人才均不為本國所用，而紛紛入秦者有：

百里奚	虞人	蹇叔	齊人	丕豹	晉人
由余	戎人	公孫支鏡	晉人	商鞅	衛人
甘茂	下蔡人	張儀	魏人	公孫衍	魏人
樓緩	趙人	范雎	魏人	李斯	楚人
蔡澤	燕人	蒙驁	齊人	蒙武	齊人
蒙毅	齊人	蒙恬	齊人	呂不韋	陽翟人

以上諸人，均為秦國重用，其中若干人且為滅亡六國之主要計謀人物。

三、國君不信任臣下，臣下亦不忠於國君。所謂四君子者，徒收養賓客，為增長個人聲望，對國君無所匡正，及不得志，賓客隨亦四散；信陵君雖曾救趙以退秦師，然殺己國之大將晉鄙；趙之平原君亦惟說楚救趙一功；齊之孟嘗君曾一度事秦為相；楚之春申君既無見其有功，且亂其國。故四君子及其賓客猶尸位素餐者也。

四、六國不合作。蘇秦所倡之合縱政策，若能堅持到底，未嘗不能抵禦強秦。

只以彼此利害不同，合縱既不成，反而自相攻伐，自削實力。齊、燕之不振，在於互伐，韓、魏之衰，亦因相攻。故云「國必自伐，而後人伐」；「滅六國者，六國也，非秦也。」司馬光在通鑑中評論說：「從衡之說，雖反覆百端，然大要合縱者，六國之利也。昔先王建萬國，親諸侯，使之朝聘以相交，饗宴以相樂，會盟以相結者，無它，欲其同心戮力以保家國也。曏使六國能以信義相親，則秦雖強暴，安得而亡之哉！夫三晉者，齊、楚之藩蔽，齊、楚者三晉之根柢，形勢相資，表裡相依。故以三晉而攻齊楚，自絕其根柢也，以齊、楚而攻三晉，自撤其藩蔽也，安有撤其藩蔽以媚盜曰，盜將愛我而不攻，豈不悖哉！」

五、秦國君主之能力較六國為強。如穆公、孝公、昭王、始皇等，各國皆不及。其歷代國策一貫，專志統一中原。

六、秦國地理環境優越。秦國僻處西隅，當列國兵戎相擾之時，獨得閉關休養，培植國力，故能以逸待勞，不為諸國所乘。尤其秦以陝西為根據地，有天然要塞，荀卿說：「秦國險峻，形勢便，山林川谷美，天府之利多，此形勝也。」田肯說：「秦帶河阻山，隔絕千里，地勢便利，以其下兵於諸侯，譬猶居高屋之建瓴水也。是故閉關自守，列國不能攻；開關破敵，諸侯不能禦，此一進可攻、退可守的地利，乃東方各國所無有也。」

《前漢書》鼌錯傳中也特別指出秦國之所以滅六國，乃因秦國「地形便山川利」，加以「六國臣主皆不肖，謀不輯，民不用」，當此之時，「秦國最為富強，秦國富強而鄰國亂者，帝王之資也。」

七、秦國人民，自商鞅變法以後，樸實守法，有英勇尚武精神，平時勤於耕作，戰時勇於公戰。

八、秦國之國策運用得當。初用商鞅變法，獎勵生產，重視軍功，消除貴族淫靡驕橫，奠定國家富強的基礎。次用張儀連橫政策，瓦解六國合縱陣線，繼用范雎遠交近攻之策，先削弱三晉。最後用李斯、尉繚之離間政策，間離各國君臣，去其良將，然後大軍隨其後，六國焉有不亡者乎。

此外，人民的需求亦促成秦統一的因素。蓋春秋戰國，周王室失勢，天下分裂，諸侯目無王室，弱肉強食，兼相并吞，連戰不已，民不聊生，人民無不盼望有一和平統一的政府，俾能安居樂業。又此時商業興起，而人民經商，非限於本鄉本土，而須向外發展，時各國紛爭，貿易往來受阻，若國家統一，則能貨暢其流，所以海內一統，是全國大多數人民的願望，是大勢所趨。

第十章　春秋戰國時代的文化簡介

農業方面

　　農業的耕作發生了巨大的變化，從過去「人力耦耕」開始向牛耕發展。從考古發掘的材料看，春秋戰國時代已由青銅器進入鐵器時代。考古學家在一九五五年在河北、河南、山東、山西、陝西、湖南、湖北等省，先後發現了戰國時代的鐵製農具，最重要的是牛耕用的鐵犁。

　　在播種方法上不再是過去的「撒播」和「點播」，已經注意到播種的行數、間隔和距離，並注意到農作物的通風和陽光等問題。從《詩經》、《國語》、《呂氏春秋》、《荀子》等書的記載，為了使收成好，故對施肥、除草、滅蟲等一系列田間管理已經做到了符合科學原理的措施。

　　灌溉方面是農業上極為重要的措施。前述在夏禹時就已經「盡力乎溝洫」，但如何「盡力」法卻無史料可考。據若干史書的記載，早期的灌溉不外「鑿井抱瓮」。如莊子天地篇中說，孔子弟子子貢看到一個農夫用瓦罐子從井中打水澆地，既費力而且慢，乃建議他用「桔槔」的方法。到春秋戰國時代，演變為「開渠築堰」，興修水利乃成為各國政府應該要辦的事。據記載我國最早的水庫工程是春秋時代楚莊王的令尹（宰相）孫叔敖在今安徽省壽縣境內所開位於淮水流域上的「勺陂」，但到趙宋時已經淤積荒廢。

　　戰國時代水利工程極為可觀。首先是魏國的「引漳灌鄴」的工程。魏文侯時西門豹當鄴地縣令時，破除當地惡俗，改革弊政，發動群眾開鑿了十二條溝渠，到魏襄王（惠王子）由史起完成這些灌溉渠，使所有田地都得到灌溉，至到漢代還受到灌溉的利益。一九七四年考古學者還在當地看到了這個二千多年前的開鑿的水渠遺跡。另外在魏惠王時，據北魏酈道元的《水經注》記載還開鑿了一條「鴻溝」，就是楚（項羽）、漢（劉邦）相爭時所劃分的「楚河漢界」的那一條。到了元代有一位名叫賈魯者曾領導修浚過此溝，因改名為現今之賈魯河。

　　秦國的「都江堰」。秦昭王時，李冰為巴蜀守，親自察訪岷江的水勢，然後制訂治水方案。方案中先在江的上游修築一條長堤，稱作「百丈堤」，接下去又修築

了所謂的「都江魚嘴」、「金剛堤」、「飛沙堰」、「寶瓶口」等各種不同功能的工程，有的是引水，有的是堵水，有的是排水，使岷江的水分出許多大小支渠流入今之成都平原，形成一完整的水利自流灌溉系統，而且免除了岷江對川西平原的水患，使之成為「水旱從人，不知饑饉」的「天府之國」，造福後世無窮。唐代大詩人岑參：「始知李太守、伯禹亦不知」，認為其功有勝於大禹。據記載，秦時在江心立有一石人，用以測量水位。如水枯時，江水不過石人腳；水漲時，水位不沒石人肩。一九七四年三月大陸整修都江堰工程時，發掘出一尊高達二‧九米的完好無損的李冰石像。據研究這尊李冰石像就是原來立於江心測量水位的石人，東漢靈帝時為了紀念李冰，乃將此石人刻成為李冰巨像，意態雍容，面目衣著均清晰猶存。

秦國的「鄭國渠」。本書前章已經談到過，是韓國政府為了消耗秦國的人力物力，延緩東向發展，乃派了水利工程家鄭國到秦國，游說秦王開鑿引涇水到洛水的運河。最初的動機雖然是從事間諜活動，但修建的過程仍是精心計劃，充分利用自然地形特點，將渠道開鑿在高處，形成一套自流灌溉系統。在開築過程中，秦國發現了韓國的陰謀，要將鄭國殺掉，鄭國也坦承了他的動機，但渠成之後對秦國卻有萬世之功，於是秦王允予完成了這項巨大工程，灌溉面積可達四萬多頃，約今之一百廿多萬畝左右，使關中地區成為「無荒年」的「沃野」之地，真是為秦國統一六國提供有利的條件。為了紀念鄭國的功勞，人們乃稱為「鄭國渠」。一九七三年六月，大陸有關方面曾實地調查測量，這條渠的幹道長約一百廿六公里。

從《呂氏春秋》中的〈上農〉、〈任地〉」、〈辯土〉、〈審時〉諸篇文章中，戰國時代的農業已經重視農業與政治的關係，以及從技術上如何發展農業生產，包括整理土地，利用和改良土壤，除草通風，對主要農作物的栽培都有相當的研究。

工業方面

《周禮》一書原名《周官》，全書分為〈天官〉、〈地官〉、〈春官〉、〈夏官〉、〈秋官〉、〈冬官〉六篇。學者研究，《周官》中原本沒有〈冬官〉這一篇，是漢景帝的兒子河間獻王從民間收集到的《周官》一書中，因缺少〈冬官〉一篇，於是把另外收到的〈考工記〉放入《周官》中代替了〈冬官〉，所以〈冬官〉就是〈考工記〉。而考工記據學者研究又是春秋戰國時代經由許多知識分子的先後

整理而成，但主要記述當時齊國官營手工業生產的情況。其組織部門繁複，分工細密，包括木工、金屬工、皮革工、上色工、刮磨工、陶工等等。從採礦冶煉等大型手工業到與人民日常生活極為密切的日用生活必需品的生產，如煮鹽、紡織、竹木、漆器等等都有驚人的成就。

春秋戰國時代鹽業生產已分為海鹽、池鹽和井鹽。據《華陽國志》的記載，李冰作蜀守時，四川就開始有了井鹽。《管子》書中譯：「齊有渠展之鹽，燕有遼東之煮」，《戰國策·齊策》更記載「齊獻魚鹽之地三百里」，可見齊國是當時產鹽的重要地區。

紡織業在中國的歷史最為悠久。大陸考古學家於一九七二年在江蘇、浙江等省境內先後發現了五千年前的絲麻織物留下的殘跡。前面提到商代的絲織品已達到相當高的水準，到春秋戰國時代，紡織業不僅發達，而且織工精細、花色豐富多采，世所罕見。

由於鐵器工具的發明使用，所以使竹、木、漆器手工業飛躍發展。考古學家從戰國時代的墓葬中出土無數的精美漆器，包括日用雜品如杯、盤、奩、盒；兵器中的盾牌、戈、矛、戟的把柄，刀劍的鞘殼，以及樂器和士大夫們的棺椁等等。這些物件上都施有各色彩漆，描繪有細膩的人物、鳥獸等花紋。

其他在玉石雕刻、金銀骨器各方面的加工製造，以及釀酒等方面都有相當大的發展。

至於冶煉技術，全世界望塵莫及。大陸考古學家先後於一九六五、一九七四、一九七九、一九八二年在湖北大冶、湖南麻陽發現古礦遺跡。湖北大冶銅綠山的遺跡長達二公里，寬約一公里，堆積的礦渣約四十萬噸，是春秋戰國時代規模最大的一座礦冶基地，發現的採掘工具有銅鐵的斧、鋤、錘等等。

學者研究，我國青銅器鑄造在商代就已經達到極高的水準，到戰國時代已進入尾聲，而戰國時代是以冶鑄鐵器為主，當時趙國的邯鄲、楚國的宛地、韓國的賓山等地都是有名的鐵器冶鑄中心。中國對生鑄冶煉的技術，比歐美國家早約二千多年。

在西周春秋時代，我國的主要手工業生產都是官家經營，如銅、鐵礦山的開發，鹽的燒煮之類都是政府直接控制。到戰國時代，隨著私有土地制度的發展，地主、自耕農等的普遍出現，手工業生產的性質自然也起了變化。學者研究除了兵器、禮器以及專供新貴族和官僚們使用的部分消費品仍歸政府掌管外，其他都可私

營。據《史記·貨殖列傳》中記載，如趙國邯鄲的郭縱因冶鐵致富，可與王侯相比，魯國人猗頓是一位煮鹽的大亨，秦國的一位名字叫清的寡婦，繼承她的先人經營丹砂，成為當時的首富，秦始皇還為她修築「懷清台」來紀念。其他蜀郡的卓氏、宛城的孔氏等等都是冶鐵的大工業家。

商業方面

「壟斷」是時下人們口中常提到的一個名詞，古書中寫作「龍斷」或「隴斷」。學者認為它的原意是指田野間地勢高的地方。根據《孟子·公孫丑下》的記載，首先有個季孫的人（迄無人考證何許人也）把它用作官場上「把持權柄，引用私人」的意思。接著孟子引用為「操縱市場，獨占利益」的商場上。孟子說：「古之為市也，以其所有易其所無者，有司者治之耳。有賤丈夫焉，必求壟斷而登之，以左右望，而罔市利。人皆以為賤，故從而征之。征商自此賤丈夫始矣。」孟子所稱之「賤丈夫」是指一些私人工商業者。商業本來是受官方經營管理，這些私人工商業者是非法的，所以不能到官府設立的市場去交易，於是在鄉間找個高地東張西望，尋找買賣的有利時機，以便獲取市上的利益，人們以為這種專利的行為卑賤，所以要去征收他們的稅，征收商人的稅就從這時開始。但私人商業也從此發達起來，商人地位也顯著上升。社會上對從事工商業的人不僅不以為下賤，反以為榮。原為高貴的士大夫也做起買賣來，司馬遷在《史記·貨殖列傳》中列舉了很多因商致富的人物，如孔子的弟子子貢且因經商致富，「結駟連騎」聘問諸侯，所遇國君，「無不分庭與之抗禮」。顯赫一時的越國宰相范蠡也棄官經商，經濟家採用了計然的經商理論：「公貴上極，則反賤。賤下極，則反貴」，計然認為物價漲到頂，就必然下降降到極低，就又會上漲，所以賤時大量收買，貴時及時賣出。善於觀察行情，掌握時機，因而越十數年便「三致千金」。其子孫繼續經商更富致巨萬（萬萬）。魏文侯時大臣白圭，是戰國時代最善於經商的理論家和實踐者，他「樂觀」商場上的「時變」，善於利用「人棄我取，人取我與」的辦法：「歲熟，取穀，予之絲漆璽玉，凶，取帛、絮、與之食。」也就是在豐年拋出絲漆，收進穀物，待荒年欠收又售出穀物，收進手工業產品，從中獲取巨額利潤，可謂一位標準的投機商人。他強調做生意就是要像范蠡所說的善於「權變」，要機智、果敢，掌握好時機。

　　秦國有一位烏氏地方的人名字叫倮，經營畜牧業，將中原出產的絲織品運往西戎，交易牛馬、牲畜之多，無法用以頭計數，而用多少個「山谷」來量數。秦始皇命令他比照封地的貴族，按時與大臣到朝廷謁見皇帝。前面提到的巴邑地方的一個名字叫清的寡婦，經營祖先傳下來的丹砂礦業，家產多得也不能計算。魯國人猗頓則以挖掘鹽地，經營鹽業而致富。至於呂不韋往來於趙之邯鄲與秦國咸陽之間，經營鐵器珠寶等物，賤買貴賣，家累千金，因而登上政治舞台，名揚史冊。

　　商業雖然如此的發達，社會財富逐漸集中於少數人的手中，而農人工人在統治階級的橫征暴斂和富商大賈的屯積居奇之下，雖辛苦終年，有時還難得一飽。為了養活父母妻子，逼得向富戶借貸度日，有些巨富本來就為富不仁，而今又以高利貸與貧民，於是富者愈富，貧者愈貧，形成貧富相差懸殊的現象。

　　《史記·孟嘗君列傳》，孟嘗君雖是一個好人，他為了養三千食客，不得不在他的封地薛地向人民放高利。後來，食客中有一個叫馮煖（諼）的人見他用高利剝削老百姓，必然失去民心。於是利用孟嘗君派他去薛地收債的機會，召集了窮苦的借貸人，假借孟嘗君的名義，聲稱不要他們還債，通通把債券燒了，這就是史書記載的「市義」故事。

　　最令人不解的周王朝最末的一位天子，竟也負債累累，被債主逼得東躲西藏，不敢回正宮居住，乃另外修築了一座「諕台」避債，人們稱為「逃債台」。當時洛陽有很多宮殿，統稱為南宮，諕宮混雜在諸多宮殿中，債主不容易找到。然而堂堂周天子住在其中，寢寐不安，生怕債主追上宮來，因此後人把負債多叫做「債台高築」。這故事反映了戰國時代高利貸商人勢力的雄厚，連周天子也逃不了高利貸的羅網。

　　由於商業的發達，貨幣的使用自然發達起來。學者們研究，我國在夏以前的商業行為仍停留在「以物易物」階段，從夏朝開始便正式有貨幣的使用，依據考古發掘的資料，以及甲骨文和金文中的「貝」字的記載，夏、商及西周的貨幣是以「貝幣」為主。又據《史記》、《平準書》和許慎的《說文解字》的記載，貝幣的使用，直到秦統一天下，才下令停止通行。但新莽時代，在幣制的改革中又見「貝幣」的出現。

　　春秋時代雖然有了金屬貨幣的使用，但人們大多以珍寶珠玉、車馬布帛和穀物作為財富的積聚。到戰國時代，人們的財富觀念不再以實物計算，而是以金錢貨幣為主。但周天子微弱而「七雄」並立，各自為政，貨幣自然無法統一，所以產生不

同的「形制、重量、單位」的貨幣，學者從各種文獻及考古資料的研究，在秦統一之前的貨幣形制大致包括：（1）三晉地區流行的「鏟形幣」。考古發現的鏟形幣有的是銅質，有的是銀質。（2）貝形和塊形金版是楚國主要流通的貨幣。（3）刀形幣是齊國的主要貨幣。燕國也通行過刀形貨幣，但比不上齊國刀幣的精緻規整。（4）環形貨幣，一般叫做圓錢。主要流行於秦國，以及東、西周地區。齊國也曾使用過圓形錢。

秦統一天下，廢各國貨幣，一律使用圓形半兩錢。

商業的發達，必然促進城市的繁榮、交通的發達。據「鹽鐵論」一書中所說，戰國時的「燕之涿、薊，趙之邯鄲，魏之溫、軹，韓之滎陽，齊之臨淄，楚之宛丘，鄭之陽翟，三川之兩周，富冠海內，皆天下之名都。」除此之外，當時宋國的定陶，越國的離石，魏國的安邑、大梁，齊國的莒、薛，楚國的郢、陳、壽春等等，也是工商發達，人口眾多的大都市。

據專家研究，當時齊國的僅臨淄一個城的人口便超過卅五萬人，考古學者揭露出的臨淄故城，總面積達六十平方華里，城內幹道寬敞平坪，有完整的排水系統。城裡發現的有冶鐵、煉銅、鑄幣、制骨等各種手工業作坊。據有關文獻記載，那時的大都市已經是店舖毗鄰、各行各業、交易繁忙、買賣興隆。

商業的發達，要依賴交通的暢通，然後東西南北才能貨暢其流，從文獻的記載與近年來大陸考古資料的顯示，戰國時代今遼寧朝陽地區是當時燕國通往東北的要道，有人依據《史記》《封禪書》上的記載，認為那時的中原各國與今日的朝鮮半島、日本列島，甚至美洲大陸都已有交往。

南方的楚國在秦滅巴蜀之前，就已通過巴蜀、黔中，經現在的雲南與印度等南亞地區，所以到了漢代，能在印度見到巴蜀的特產巴蜀布和邛竹杖。

學者再依據《穆天子傳》、《管子》、《山海經》等書的記載，認為西方的交通已到達今之新疆，考古學者在新疆境內發現了中原的絲綢、布帛和其他手工業產品，而大西北的各種土特產，也傳入到內地，如文獻中常見的「昆山之玉」，可見當時大西北直至中亞地區交通貿易極為活躍。

戰國時代，東、西、南、北、中土實際上已經是四通八達，形成了一個交通貿易網。正如荀子在「王制」篇所說：北方的犬馬牲畜、南方的羽毛丹青、東方的魚鹽海產、西方的皮革紋旄之屬，都可在中原地方買到，形成「四海之內若一家」的新局面。

政治制度

戰國時代，諸侯各國建立了中央和地方的官僚政治制度。中央設立「相」和「將」。相是百官之長，也稱為相國、丞相、宰相、相邦等。秦國在商鞅變法時稱為「大良造」，秦惠王時才改稱為相。楚國稱相為令尹，統帥軍隊的長官稱為將，楚國稱為上柱國。

尉是次一級的武官，尉吏則是協助國王處理日常事務的秘書性質的官吏。中央另有負責司法的廷尉；守衛宮廷的郎中；負責太子教育的太師、太傅；負責宗教事務的太祝、太卜，這些名稱各國不一，後來演變發展為秦漢的三公九卿。

地方設郡、縣，郡管轄縣。但各國都先設縣，縣以下設鄉、里、邑、聚、亭。鄉有三老、廷掾，里有里正，亭有亭長。又按什伍編戶組織，十家為什，五家為伍，伍有伍長（又稱伍老）。於是從中央到地方建立了有系統的，而且相當嚴密的各級組織。

戰爭的性質和武器

春秋時代的戰爭，一般來說都是車戰為主，雙方排成整齊的車陣，步兵隨其後，戰爭的過程都很短。一些著名的戰爭如城濮之戰、邲戰、鄢陵之戰都是在一、兩天之內就決定了勝負。戰國時代的戰爭則是以步兵為主，雙方相戰往往對峙數月乃至數年之久。騎兵作戰本來是北方邊族的專長，華夏國家自趙國的武靈王「胡服騎射」才開始建立了中原國家第一支騎兵主力部隊。從此各國都以步騎為主，車戰退居次要地位。

武器方面，春秋時代到戰國初期還是大量使用青銅兵器。到戰國中晚期便有了鐵製兵器，從考古發掘的資料顯示，鐵製兵器佔百分之六十五。學者研究，東方六國的兵器還是使用青銅器的較多，而西方的秦國則全部使用鋼鐵所造，殺傷力強，所以六國與秦交戰動輒被斬首十數萬。秦統一天下後，六國兵器流入民間，所以秦下令收民間兵器，將這些已淘汰的銅質兵器一律銷毀，一部分用以修馳道的基礎，其餘鑄為十二大金人。

戰國時代各國都已實行徵兵制，除了常備兵之外，另依戰爭的需要隨時強迫徵召。如長平之戰，秦國全國總動員，將年齡十五歲以上的男子全部徵上戰場。據學者研究，在春秋時代，各諸侯國擁有的兵力，最多數萬人左右，到戰國時代各國的兵力都增加到數十萬到一百萬以上，如長平之戰。趙國投降秦國而被活埋的就有

四十多萬；伊闕之戰，韓國被秦斬首者二十四萬；大梁之戰，魏國被秦斬首者十五萬。這麼龐大的兵力，都是從農民中徵召而來，除了享有當兵的俸祿外，並免除全家賦稅。入伍之後，再經過嚴格訓練，據說一個士兵穿上甲冑，除了佩上戈、弩之外，另帶五十支箭，還要背三天的糧食，往往日行一百里，如此笨重的裝備與勞累，不知怎樣應付突發的戰爭。

法與刑

《左傳》昭公六年：「夏有亂政而作禹刑，商有亂政而作湯刑，周有亂政而作九刑」。前面已經提到過周穆王時制定了「五刑」，《尚書》、《呂刑》說得很詳細：墨刑一千條，劓刑一千條，剕刑五百條，宮刑三百條，大辟二百條。五種刑罰有三千多條。《周禮·司刑》也記載了五刑，每種刑有五百條，還規定受刑的人還要罰各種勞役：「墨者使守門（宮門），劓者使守關（離王都遠處的關門），宮者使守內（宮中），剕者使守囿（范圍）…」不過受刑的人可以用金錢贖罪免刑，如墨刑百鍰，劓刑二百鍰，宮刑六百鍰，大辟千鍰。窮人是沒有能力贖罪的，這種贖罪的規定到漢代還有像司馬遷被判大辟，後來繳了五斤黃金改為宮刑。

戰國時代的法與刑比以前更苛又繁。就以死刑來說有「誅」、「腰斬」、「烹」、「車裂」（五馬分屍）、「梟首」（將腦袋掛在木杆上）、「湛」（沉於水中至死）。

此外尚有「髡鉗」（剃光頭用鐵鍊鎖住脖子）城旦（修長城）、「矐目」（用馬屎熏瞎眼睛）、「收孥」（沒收妻子為官奴婢）、「籍」（一家人削去戶籍沒收為官奴婢）、「遷」（也就是流刑）。以上都是秦國的刑罰。一九七五年大陸考古學者在湖北境內的秦墓中發掘出一千一百枚竹簡，上面書寫的完全是秦國的法律內容，其中有：

> 禁止砍伐木材，不許堵塞水道
>
> 飼養官府牛馬好壞，要受獎罰
>
> 欠官府的債不得超過當年
>
> 有關度量衡的統一與差誤的法則
>
> 軍官任免、軍隊訓練、戰場紀律、戰後賞罰
>
> 盜、賊的處罰包括斬左趾、左腳、黥為城旦……
>
> 沒有做到「守望相助」者也要罰。

奉令捕拿山中盜罪如山險不能帶回可先斬首級帶回報告

....

我國古代法律，在唐以前的已全部散失，所以過去學者都以「唐律」是古代最早的一部法律，然而大陸出土的秦律則是成為今天所見最早、保存條文最多，內容最豐富而又有系統的定型的成文法典，學者認為不僅是中國法制史上的一件大事，也在世界法制史上佔有重要地位。

醫學方面

前面已談及商代醫學已發展到一個相當的水平。到周代，從西周到戰國的八百年間，不僅繼承並發揚了商代醫學的傳統。考古學家於一九七三年從長沙馬王堆的漢墓中出土的帛書中保存的「五十二病」、「足臂十一脉炙經」、「陰陽十一脉炙經」等醫學著作可為明證。戰國時代，已使我國傳統的醫學衛生科學全面發展奠定了理論基礎，而且出現了一批在理論和臨床實踐的醫學家，如被稱為神醫的扁鵲就是傑出的代表人物。

扁鵲擅長診脉，能洞察五臟內腑的症結，有起死回生的本領。他本姓秦，名越人，據說黃帝時代也有一位神醫叫扁鵲，故當時的人也叫他為扁鵲。扁鵲的醫術極為高明，經常帶著弟子在各國巡回行醫。

有一次經過虢國，聽說虢國太子死了，扁鵲到宮門詢問太子生前的病情後，認為太子剛死不到半月，依據他醫療經驗，認為還有救治的希望，於是虢國國君連忙請他進宮。扁鵲經過仔細的「望、聞、問、切」，確定太子不是真的死去，而是一種「尸蹶」，也就是現代醫學上所謂的「休克」。扁鵲立即叫弟子為他用針砭進行急救，不一會兒，太子果然醒了，繼續搶救一番後，太子更能坐起，接著又開了一副湯劑，連服二十天後，太子的病完全康復。自是扁鵲能「起死回生」的醫術傳遍到當時各國。

另一次，扁鵲到了齊國，齊侯召見他時，扁鵲告訴他：「君有疾，在腠理（表皮），不治將深」。齊侯說「寡人無疾」，扁鵲離開後，齊侯還對左右說，醫生總是希望別人生病好賺錢。五天後，扁鵲再去見齊侯，說：「君有疾在血脉，不治恐深」。齊侯仍不信。再過五天，扁鵲又去見齊侯，說：「君有疾在腸胃間，不治將深」。五天以後，扁鵲第四次見齊侯，沒有說一句話便退了出來，齊侯派人問他，為何不說一句話就走了。扁鵲說：「病在表皮用湯熨即可治，病在血脉，用針石可以治，病在腸胃間，服些酒藥可治。現在齊侯的病已經進入骨髓，無藥可治了」。

不久，齊侯大病暴發，派人找扁鵲已找不到了，齊侯就死了。

扁鵲是一位全能醫生，對於內科、外科、五官科、婦科、小兒科無所不精。在診斷上，創造了切脉診病法，為後來中醫的「望、聞、問、切」的四診法奠定了基礎。在治療和藥物調劑上，根據不同病情的需要運用，發展了針砭，為了發揮藥物的效力和便於服用，把藥配成「丸、散、膏、丹、湯劑或制成藥酒」。據《漢書藝文志》記載有〈扁鵲內經九卷〉、〈扁鵲俞柎方二十三卷〉的醫學著作傳世。

另外，在戰國時代還有傳世的一部醫學經典《黃帝內經十八卷》。對各種病症、藥方、針砭技術、保健衛生等等都有深刻的論述，特別強調「治未病」，就是預防生病。《呂氏春秋》一書並從「穿著、飲食、居住、運動」各方面將之發揮出來。

國家圖書館出版品預行編目資料

先秦史新論 / 彭友生作.--初版--臺北市：蘭臺，2012.2
　　冊；　　公分
ISBN 978-986-6231-19-3（平裝）
1.先秦史

621　　100000655

中國上古研究叢刊第一輯 2

先秦史新論

作　　者：彭友生
美　　編：成貴理
封面設計：林育雯
編　　輯：張加君
出 版 者：蘭臺出版社
發　　行：蘭臺出版社
地　　址：台北市中正區重慶南路一段121號8樓之14
電　　話：（02）2331-1675或（02）2331-1691
傳　　真：（02）2382-6225
E—MAIL：books5w@yahoo.com.tw或books5w@gmail.com
網路書店：http：//store.pchome.com.tw/yesbooks/
http：//www.5w.com.tw、華文網路書店、三民書局
總 經 銷：成信文化事業股份有限公司
劃撥戶名：蘭臺出版社帳號：18995335
網路書店：博客來網路書店http：//www.books.com.tw
香港代理：香港聯合零售有限公司
地　　址：香港新界大蒲汀麗路36號中華商務印刷大樓
C&CBuilding，36，Ting，Lai，Road，Tai，Po，New，Territories
電　　話：（852）2150-2100傳真：（852）2356-0735
出版日期：2012年2月初版
定價：新臺幣800元整（平裝）
ISBN：978-986-6231-19-3